1000/24

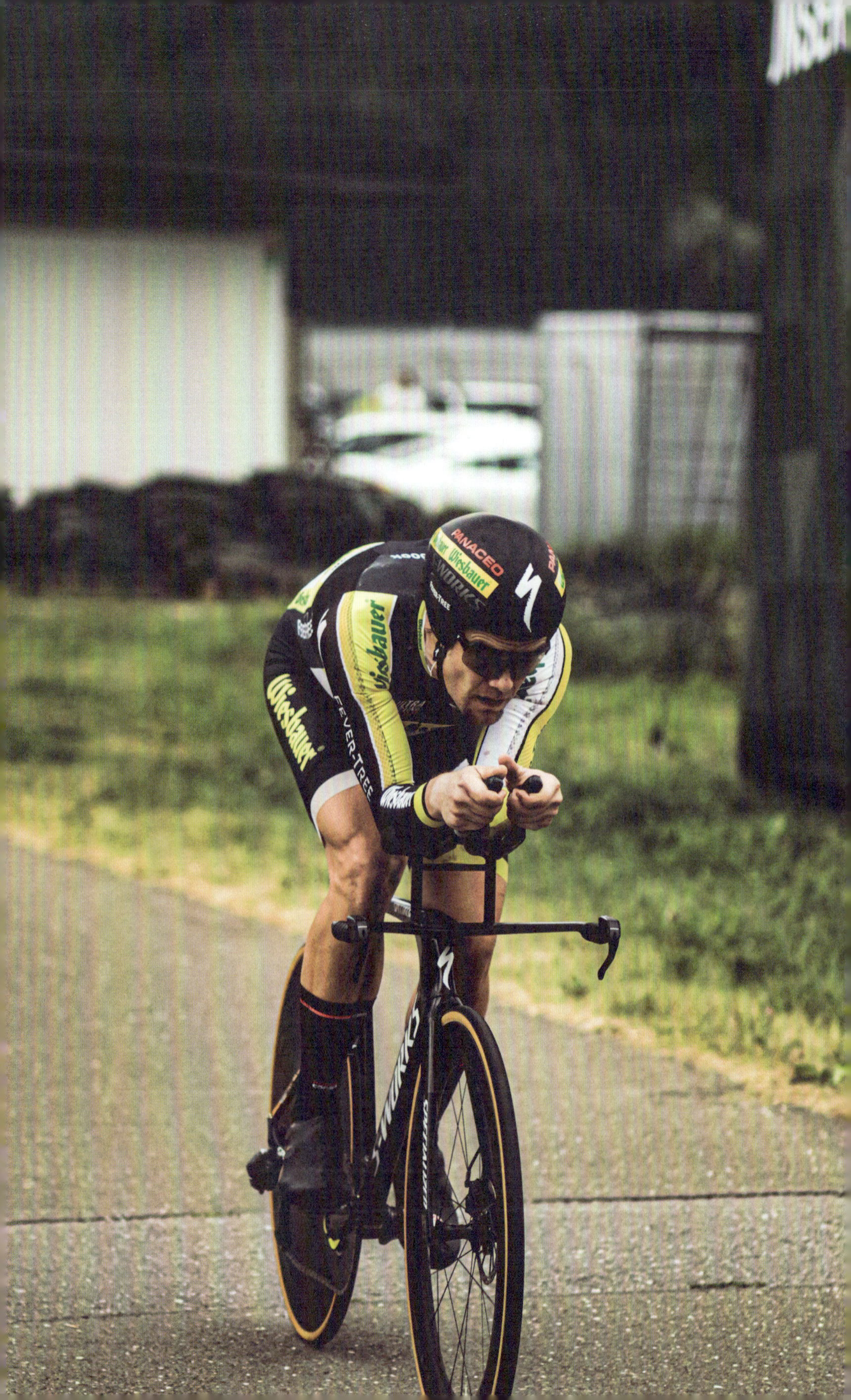
PANACEO
Wiesbauer
Wiesbauer
FEVER-TREE

1000/24

CHRISTOPH STRASSER UND DIE JAGD NACH DEM PERFEKTEN TAG

Ein Buch von
David Misch

covadonga

David Misch & Christoph Strasser:
1000/24 – Christoph Strasser und
die Jagd nach dem perfekten Tag

ISBN (Print) 978-3-95726-061-1
ISBN (E-Book) 978-3-95726-064-2

Covadonga Verlag, Spindelstr. 58, D-33604 Bielefeld

Umschlagfotos: Manuel Hausdorfer (Cover + Backcover unten);
Lex Karelly / lexkarelly.com (Backcover oben)
Druck und Bindung: Lensing Druck GmbH & Co. KG, Dortmund

1. Auflage, 2021

FSC www.fsc.org MIX Papier aus verantwortungsvollen Quellen FSC® C113405

Bibliografische Information der Deutschen Nationalbibliothek:
Die Deutsche Nationalbibliothek verzeichnet diese Publikation
in der Deutschen Nationalbibliografie; detaillierte bibliografische
Daten sind im Internet über http://dnb.dnb.de abrufbar.

Covadonga ist der Verlag für Radsportliteratur.
Besuchen Sie uns im Internet: *www.covadonga.de*

Für Jana, Simon und Nina

INHALT

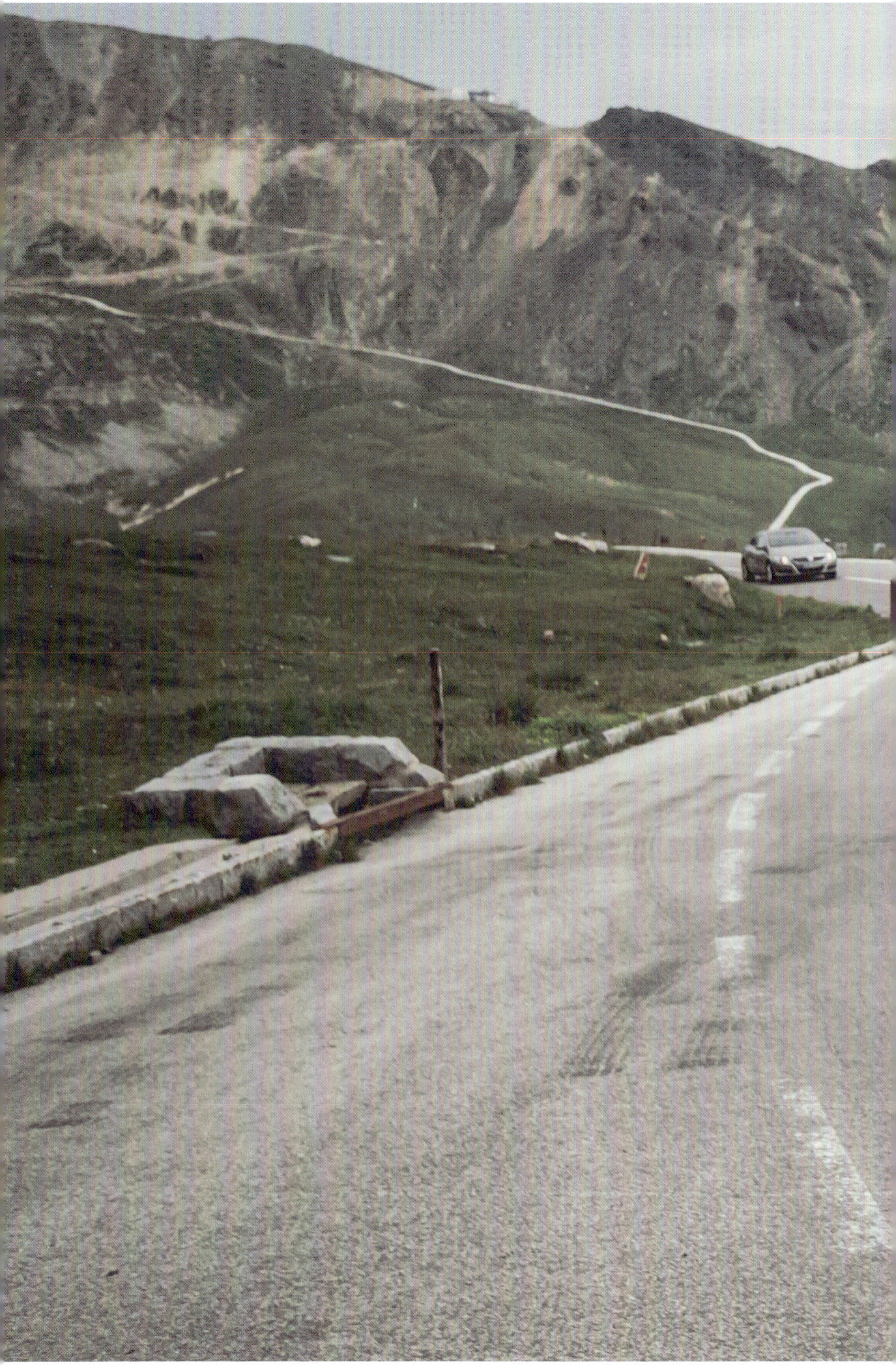

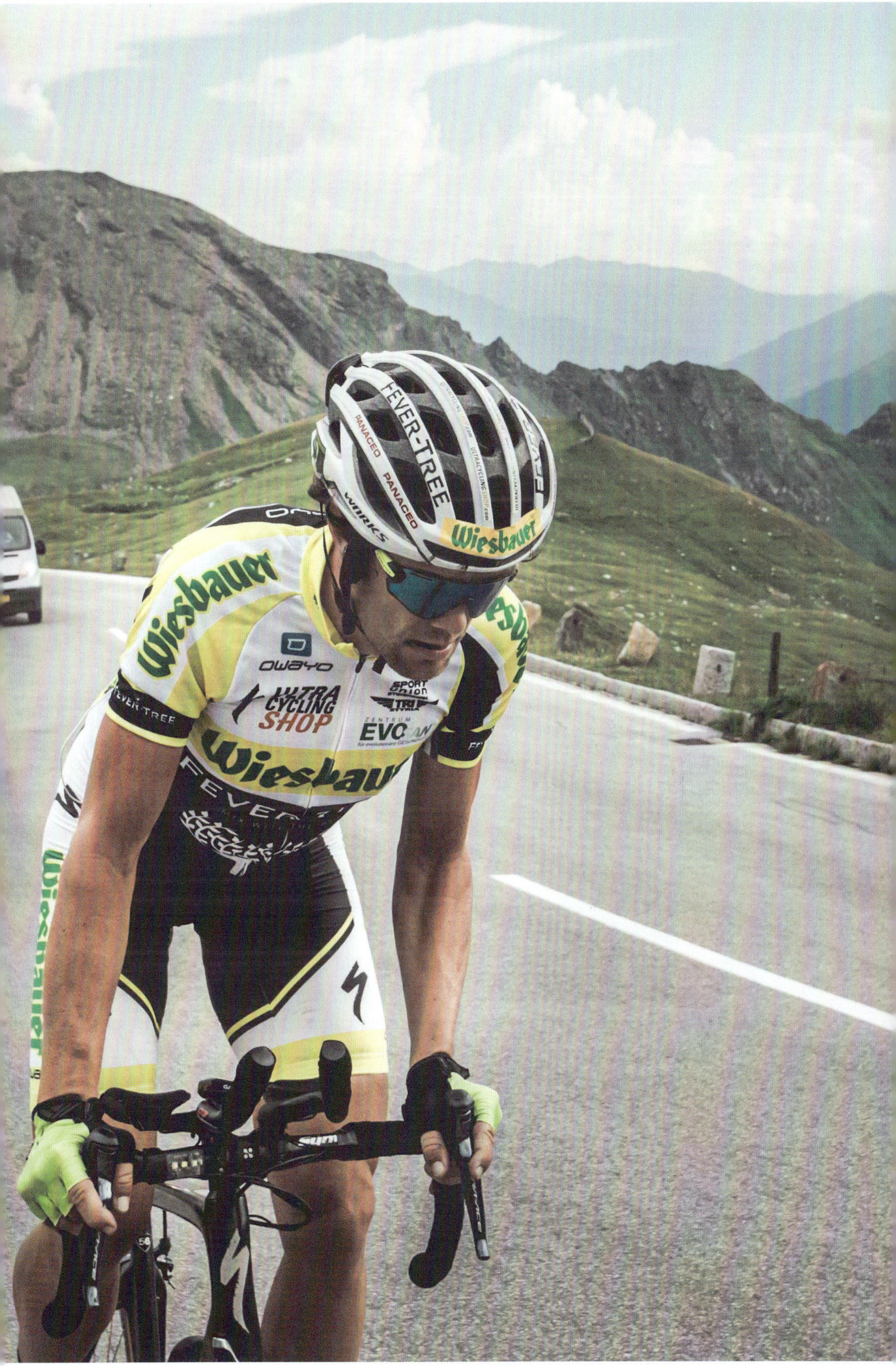
FEVER-TREE
PANACEO
Wiesbauer
OWAYO
ULTRA CYCLING SHOP
EVCON
FEVER-TREE

DER AUTOR

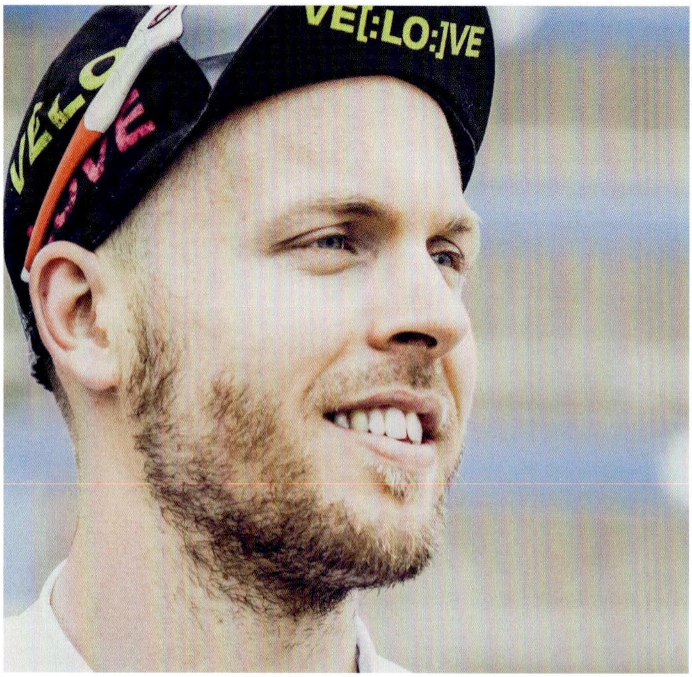

David Misch ist Universitätsdozent für Geologie und Autor zahlreicher wissenschaftlicher Publikationen. Inspiriert durch seine eigenen Erfahrungen beim härtesten Radrennen der Welt, dem Race Across America, das er 2013 als »Rookie of the Year« beenden konnte, veröffentlichte er zwei Bücher über Extremsport (*»Randonnée«*, 2016; *»Intensität«*, 2018). Sein Debütroman *»Schatten über den Brettern«* thematisiert die Gefahr von autoritären Eingriffen in die Kulturlandschaft und stand auf der Shortlist von »Das Debüt 2020«. Außerdem hat Misch Erzählungen in renommierten Literaturzeitschriften wie Lichtungen und Manuskripte veröffentlicht. Sein erster Erzählungsband *»Außen Innen«* erscheint voraussichtlich im Frühjahr 2022.

www.davidmisch.at

DER ATHLET

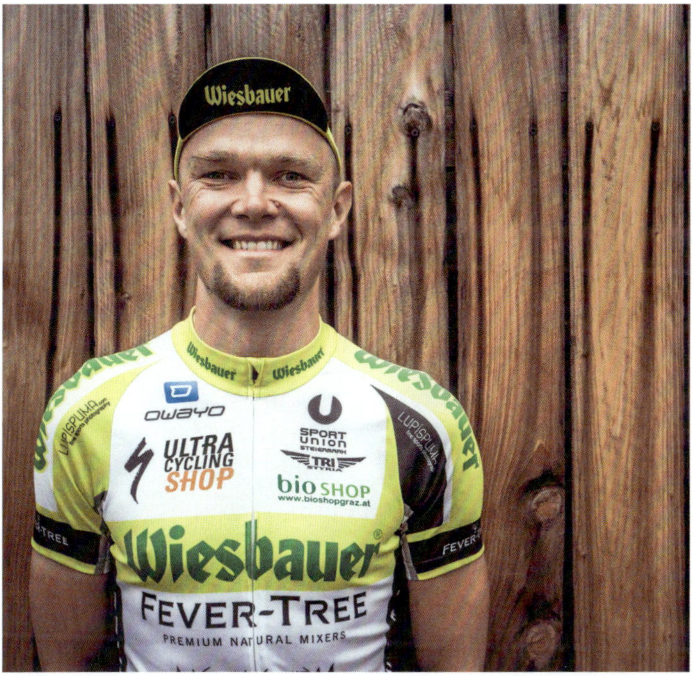

Christoph Strasser ist der erfolgreichste Ultraradsportler der Welt. Seine sechs Siege beim Race Across America – davon 2017–2019 erstmals drei in Folge – sind ebenso unübertroffen wie zahlreiche Bestmarken bei den größten und wichtigsten Langstreckenrennen. Er ist der erste gekrönte österreichische Meister im Ultracycling und hat mehrere 24h-Zeitfahrrekorde inne. Als erster und bisher einziger Fahrer konnte er bei der 24-Stunden-Einzelzeitfahr-Weltmeisterschaft in Borrego Springs eine Distanz von mehr als 900 Kilometern erreichen. Weiterhin ist er der amtierende Rekordhalter im 24-Stunden-Einzelzeitfahren auf der Bahn: Die 941 abgespulten Kilometer entsprechen einem Stundenmittel von 39,2 km/h. Dieses Buch dokumentiert seine Jagd nach dem Weltrekord in der Kategorie »24h Road« der World Ultracycling Association (WUCA).

www.christophstrasser.at

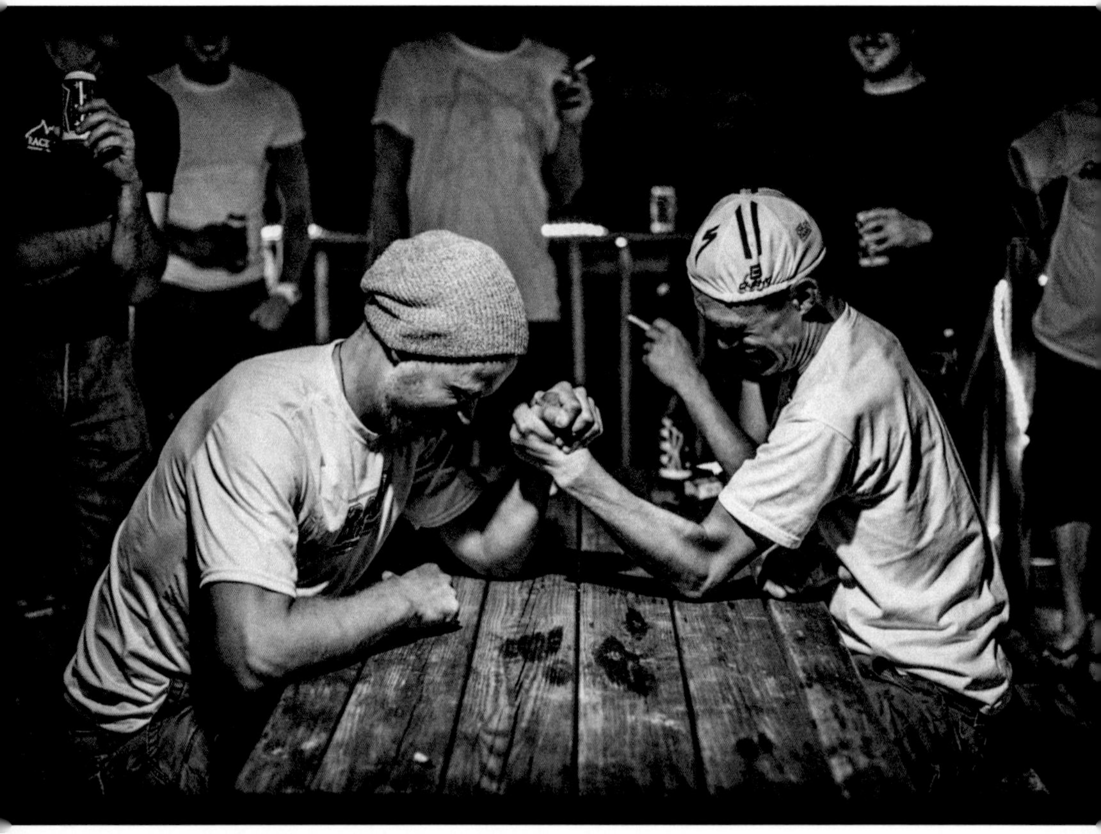

DIE VORGESCHICHTE ZUM BUCH

Christoph Strasser und David Misch lernten sich im Jahr 2010 beim Glocknerman, der selbsternannten Ultraradmarathon-Weltmeisterschaft, kennen. Auf der Strecke kamen sie sich damals nicht in die Quere: Christoph als bereits etablierter Siegfahrer gewann, David beendete sein erstes Langstreckenrennen auf dem neunten und vorletzten Platz. Dennoch: Aus der Bekanntschaft entwickelte sich eine Trainingsgemeinschaft und schließlich eine Freundschaft, die sportlich in der gleichzeitigen Teilnahme am Race Across America 2013 gipfelte.

Nach dieser legendären Ausgabe des Langstreckenklassikers, den Christoph zum ersten Mal in der Geschichte in unter acht Tagen siegreich beendete, während David als zweitbester der sieben in der Solokategorie angetretenen Österreicher den Titel »Rookie of the Year« holte, gingen die Lebenswege auseinander. Christoph führte seine erfolgreiche Profikarriere mit voller Energie weiter, David wandte sich der Familiengründung und anderen beruflichen Zielen zu. Die gemeinsame Leidenschaft für das lange Radfahren verband beide jedoch weiterhin – 2016 steuerte Christoph das Vorwort zu Davids Ultracycling-Tagebuch *»Randonnée«* bei, 2018 wurde er als Protagonist in Davids zweitem Extremsportbuch *»Intensität«* porträtiert.

Die Idee zu einem neuen gemeinsamen Buch entstand während einer Spätsommerausfahrt im Corona-Jahr 2020, kurz nach Christophs Entscheidung gegen einen 24h-Weltrekordversuch in Colorado noch im Herbst 2020. Ein Jahr auf der Jagd nach dem perfekten Tag im Herbst 2021, auf dem holprigen Weg durch eine globale Pandemie, sollte literarisch festgehalten werden. Die folgenden Seiten sind das Ergebnis dieses gemeinsamen Vorhabens und gewähren einen Blick hinter die Kulissen einer bemerkenswerten Leistung abseits des sportlichen Mainstreams.

WAS BISHER GESCHAH...

Die Entwicklung der Weltrekorde im 24-h-Einzelzeitfahren

1.000 KM

KATEGORIE »ROAD«

1997	ANDY WILKINSON (GBR)	844 KM *
2002	WOLFGANG FASCHING (AUT)	856 KM *
2004	JURE ROBIČ (SLO)	840 KM
2011	ANDY WILKINSON (GBR)	870 KM *
2015	CHRISTOPH STRASSER (AUT)	896 KM
2018	CHRISTOPH STRASSER (AUT)	913 KM **
2020	STANISLAV VERSTOVŠEK (SLO)	914KM

KATEGORIE »OUTDOOR TRACK«

1988	JIM ELLIOTT (USA)	883 KM
2008	MARKO BALOH (SLO)	890 KM
2018	MITCHELL ANDERSON (AUS)	894 KM
2020	RALPH DISEVISCOURT (LUX)	915 KM
2021	RALPH DISEVISCOURT (LUX)	928 KM

KATEGORIE »INDOOR TRACK«

2007	MICHAEL SECREST (USA)	862 KM
2010	MARKO BALOH (SLO)	904 KM
2017	CHRISTOPH STRASSER (AUT)	941 KM

OFFIZIELL VON DER WUCA ZERTIFIZIERTE REKORDE

* KEINE ODER FRAGLICHE ZERTIZIERUNG

** KEIN OFFIZIELLER REKORD, DA IM RAHMEN DER 24H-EINZELZEITFAHR-WM ERZIELT

Anm.: Liste womöglich unvollständig, da es immer wieder Fahrten ohne offizielle Zertifizierung gab.

Meilensteine in der Karriere von Christoph Strasser bis zum Jahr 2019

Jahr	Rennen	Anmerkung
2002	24H-RENNEN FOHNSDORF, 9.PLATZ	ERSTE TEILNAHME AN EINEM RADRENNEN
2003		
2004		
2005	RACE ACROSS THE ALPS, 14. PLATZ	ALS DAMALS JÜNGSTER FINISHER
2006	24H-RENNEN KELHEIM, 1.PLATZ	ERSTER SIEG BEI EINEM 24H-RENNEN
2007	RACE AROUND SLOVENIA, 3.PLATZ GLOCKERMAN (WM), SIEG #1	RAAM-QUALIFIKATION STRECKENREKORD / JÜNGSTER ULTRA-WELTMEISTER
2008	RACE AROUND SLOVENIA, 3.PLATZ	
2009	RACE ACROSS AMERICA, DNF	ERSTER RAAM-START / AUFGABE AM HALFWAY-POINT
2010		
2011	RACE ACROSS AMERICA, SIEG #1	
2012	RACE AROUND SLOVENIA, 1.PLATZ RACE ACROSS AMERICA, 2.PLATZ	
2013	RACE ACROSS AMERICA, SIEG #2	ALS ERSTER UNTER 8 TAGEN – 7:22:11
2014	RACE ACROSS AMERICA, SIEG #3 RACE AROUND AUSTRIA, SIEG #1	STRECKENREKORD – 7:15:56
2015	WELTREKORD 24H ROAD, BERLIN RACE ACROSS AMERICA, DNF RACE AROUND AUSTRIA, SIEG #2	896 KILOMETER
2016	RACE AROUND AUSTRIA, SIEG #3 WELTMEISTER 24H-EINZELZEITFAHREN	 886 KILOMETER
2017	RACE ACROSS AMERICA, SIEG #4 WELTREKORD 24H INDOOR TRACK, GRENCHEN	 941 KILOMETER
2018	RACE ACROSS AMERICA, SIEG #5 WELTMEISTER 24H-EINZELZEITFAHREN	 913 KILOMETER
2019	RACE ACROSS AMERICA, SIEG #6	

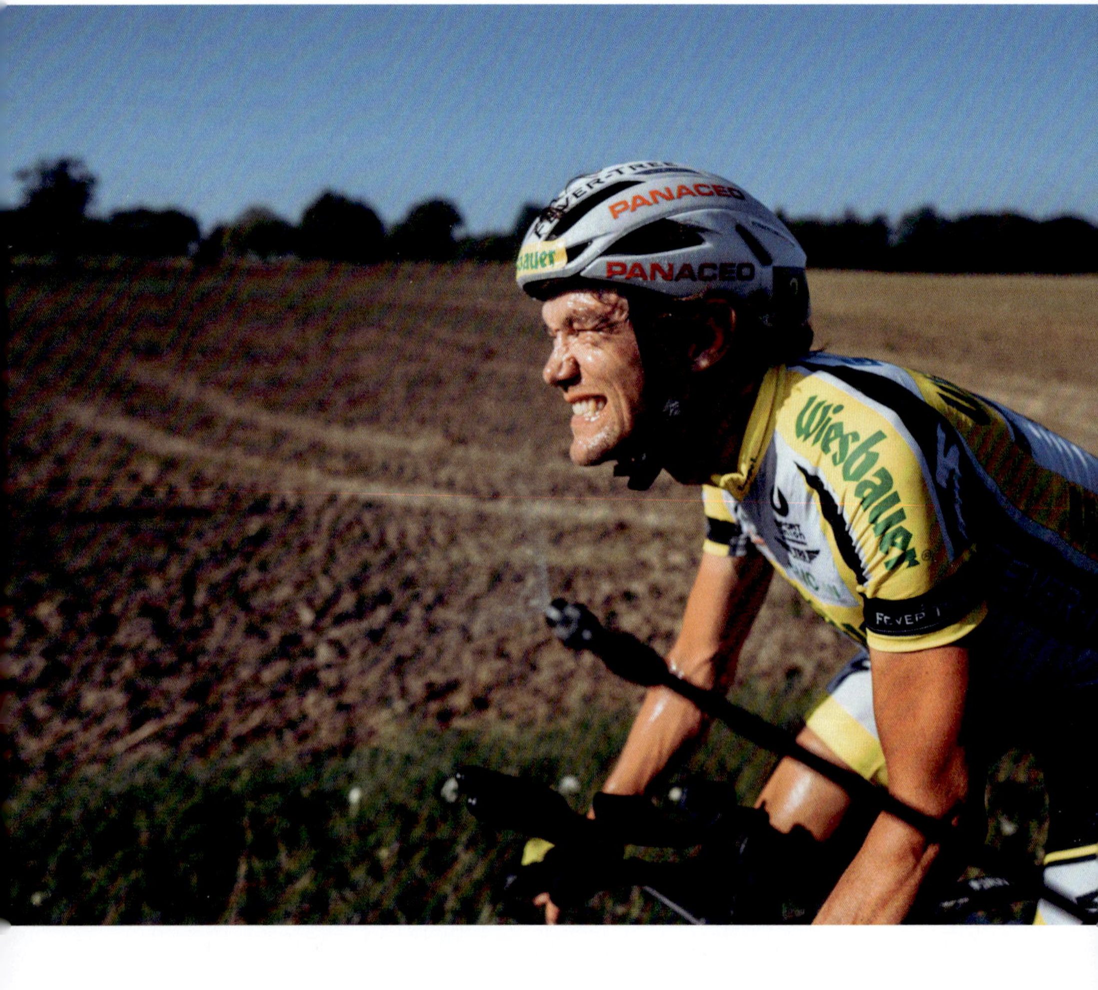
PANACEO
PANACEO
Wiesbauer

Stunde 1

ZURÜCK ZUM START

Eigentlich sollte er nicht hier sein. Eigentlich sollte er eine dieser Trainingseinheiten absolvieren, die ihm schon am Morgen beim Einschalten der teuren Espressomaschine, die er sich ausnahmsweise gegönnt hat, die Nackenhaare zu Berge stehen lassen. Vor denen selbst er, der vermeintliche Star, zu dem sie alle aufblicken und dem sie alle, irgendwie, ähnlich oder nahe sein wollen, sich fürchtet. Die er aufschiebt und aufschiebt und aufschiebt, bis es beinahe zu spät ist zum Losfahren, weil am Abend ein Sponsorengespräch oder ein Vortragstermin wartet. Die selbst ihm, dem scheinbar Unverwundbaren, tagelang, vielleicht sogar noch Wochen später in den Knochen stecken. Die es aber dennoch braucht, um ihn zu dem zu machen, der er ist: der absolut Beste in einer Sportart, die schon respekteinflößend genug ist, auch wenn man nicht er ist, und die einen erschaudern lässt, wenn man sich vorstellt, man müsste er sein.

Ultracycling. Einsame Radrennen über extreme Distanzen, nicht im Schutze eines Pelotons, oft mehrere Tage am Stück, gegen eine unerbittlich weitertickende Uhr. In diesem Metier kennt Christoph Strasser alles: die ersten Stunden, von denen sie alle nicht glauben wollen, wie hart sie sich anfühlen; die erste Nacht, in der sich das System umstellt und gegen seinen Willen stemmt, bis ihm die Augen zufallen und er sich auf die falschen Fragen die richtigen Antworten zu geben hat, einmal, zehnmal, hundertmal wenn nötig, denn das ist sein Beruf. Mit der Zeit, mit den Jahren und der Erfahrung, ist es leichter geworden: Er hat gelernt sich von dem Schmerz, der Kälte, der Monotonie zu distanzieren, bis sie ihm nichts mehr anhaben können – jedenfalls redet er sich und ihnen das erfolgreich ein. Seine Hochs dauern länger und seine Tiefs kürzer, seine Gegner können sich kaum mehr vorstellen, wie es ist, ihn zu schlagen. Er weiß das und schöpft daraus Kraft, bricht sie oft, so wie auch dieses Mal, schon am ersten Tag, ganz gleich ob das Rennen zwei, vier oder acht Tage dauert.

Christoph Strasser ist der unbestrittene König des Ultracycling. Und er sollte nicht hier sein, mit vor Müdigkeit verschwollenem Gesicht und vom endlosen Treten aufgequollenen Beinen, taumelnd und wankend, aber schlussendlich, wie immer oder fast immer, doch nicht fallend, an der Spitze des Race Around Austria 2020. Der dritte Tag beim RAA ist brutal:

Während es anderswo reicht, ein Rennen auszusitzen, kommen hier Berge auf ihn zu, gefährliche Abfahrten, noch mehr Berge. Kein Rhythmus will sich einstellen, dazu die schwankenden Temperaturen, der Regen. Er kennt das alles und es macht ihm nichts aus. Er freut sich, denn seinem einzigen Gegner, dem Strasser von 2015, ist er Stunden voraus. Dennoch, er sollte nicht hier sein, und dieser Gedanke ist es, der sich immer wieder einschleicht und droht, seinen Fokus zu brechen. Das lässt er letztlich nicht zu – natürlich nicht, denn er ist er –, doch er kann sich nichts vormachen: Das hier ist nicht dasselbe und er wäre lieber auf dieser Trainingseinheit, der einen von vielen entscheidenden, die ihn noch am Abend schwitzen und schlecht einschlafen lassen, in Gedanken bereits auf dem Weg nach Colorado.

Menschliches Neuland

Alles begann mit der Suche nach etwas Unbekanntem. Es ist schwer sich vorzustellen, wie es sich anfühlt, geleistet zu haben, was Christoph Strasser vorweisen kann: fast jedes Langstreckenrennen gewonnen, die meisten Rekorde gebrochen, Australien in Rekordzeit durchquert und in 24 Stunden aberwitzige und magenzertrümmernde 3.767 Runden auf einer 250 Meter langen, spiegelglatten Holzbahn zurückgelegt. Auch wenn Christoph selbst bescheiden die noch fehlenden Trophäen den bereits abgesahnten gegenüberstellt: Er ist zweifellos einer der historisch erfolgreichsten Athleten seiner Disziplin, wenn nicht der erfolgreichste von allen und jedenfalls der bestimmende seiner Zeit. Vom Siegerpodest bis zur Intensivstation kennt er alle Schattierungen des extremen Sports, den er seit knapp 20 Jahren betreibt – und doch gibt es noch Neues zu erfahren. Eine Bestmarke fehlt ihm noch, und seit er für sich beschlossen hat, sie sei – wenigstens in der Theorie – machbar, geht sie ihm nicht mehr aus dem Kopf. *One day, one thousand k* – das wäre nicht bloß ein Sieg mehr im ohnehin schon endlosen Palmarès.

Am Ende des Tages, das hat Christoph Strasser längst begriffen, ist die neue Herausforderung und nicht die bestandene Prüfung die größte Belohnung. Dieses Rennen, das er da gerade bestreitet, die zwölfte Ausgabe des RAA im August 2020, die er mit neuem Streckenrekord von knapp unter dreieinhalb Tagen gewinnt, wird bald nur mehr eine weitere Anekdote sein, eine schöne Erinnerung zwar, aber doch nur eine von vielen, beinahe unzähligen aneinandergereihten, deren Ausläufer schon verblassen. Was die Vermarktung angeht, strahlt die letzte Heldentat immer am hellsten, und eigentlich ist sie die einzige, die zählt. Christoph ist lange genug im Geschäft, um das nicht persönlich zu nehmen, und speist seine Selbstwahrnehmung wohlweislich nicht aus dem Strohfeuer der medialen Aufmerksamkeit. Mit Wertschätzung für das Erreichte blickt er zurück, verspürt eine tiefe Zufriedenheit, und doch: Der Blick nach vorne ist auch ihm wichtiger als der nach hinten.

1000/24. Eintausend Kilometer Einzelzeitfahren und das in 24 Stunden, besser noch ein paar Minuten weniger, keinesfalls mehr. Das wäre keine stetige Verbesserung, wie man sie von ihm kennt und erwartet. Nein, das ist geradezu eine Mauer, unbarmherzig, unüberwindlich, jedenfalls würde man das denken, wäre man nicht er. Selbst ein Laie, selbst jemand, der noch nie auf einem Rennrad gesessen ist, versteht die Tragweite von 1.000 Kilometern aus eigener Kraft innerhalb eines Tages. Von Wien an die Ostsee könnte man kommen, oder von Paris nach Barcelona. Oder man fährt im Kreis, auf einer Autorennstrecke in Colorado, im Herbst, damit einen die Tornadosaison nicht streift, auf knapp 1.700 Metern Seehöhe, wegen des geringen Luftwiderstands. Gedanken, die dem Ahnungslosen Respekt einflößen, den Wissenden milde lächeln lassen. Menschliches Neuland.

Er wäre der Erste und vermutlich für lange Zeit der Einzige. 1000/24 – das ist der Sub-Zwei-Stunden-Marathon seiner Disziplin und es wäre nur logisch, würde er, Christoph Strasser, der die Grenzen im Ultracycling ein ums andere Mal neu definiert hat, auch hier allen anderen vorangehen. Bis vor zwei Monaten beherrschte nichts anderes sein Denken als dieses Vorhaben, und doch ist er jetzt hier beim Race Around Austria und nicht zu Hause, wo das Training – eines der letzten vor seiner Abreise in die Staaten – mittlerweile beendet wäre, und seine Chance ist dahin für dieses Jahr. Corona und seinen mannigfaltigen Folgen sei Dank.

Eine neue Zeitrechnung

Im Ziel des RAA beginnt eine neue Zeitrechnung. Er hält sich nicht lange damit auf, sich selbst zu gratulieren – das erledigen andere für ihn. Christoph Strasser wäre nicht der Champion, der er ist, würde für ihn hier eine verkorkste Saison vorzeitig ablaufen und nicht eine neue, wichtigere, verfrüht beginnen. Ein paar Tage Pause nur, darauf hat sich sein faules Fenster über die Jahre verkürzt, dann sitzt er wieder auf dem Rad und an den Plänen, die längst seinen engsten Kreis verlassen haben; und eigentlich wollten sie ihn, alle, bereits in diesem Herbst dort sehen, in Colorado, wie er sich am Unmöglichen versucht.

Christoph hat sich schon so an die Erwartungshaltung gewöhnt, dass sie ihn kaltlässt. Beinahe. Denn seine Existenz hängt nicht nur vom Erfolg, sondern vor allen Dingen vom Geschichtenerzählen ab und das ist, seit Ausbruch der Pandemie, nicht einfacher geworden. Vorträge verlangen konzipiert zu werden, Jahr für Jahr ausgeschmückt mit neuen, anderen Erfahrungen, die auch er nicht aus dem Ärmel schüttelt. Natürlich, er kann nicht klagen, aber ein kleiner Zweifel bleibt, ob denn alles wieder so werden wird wie vorher.

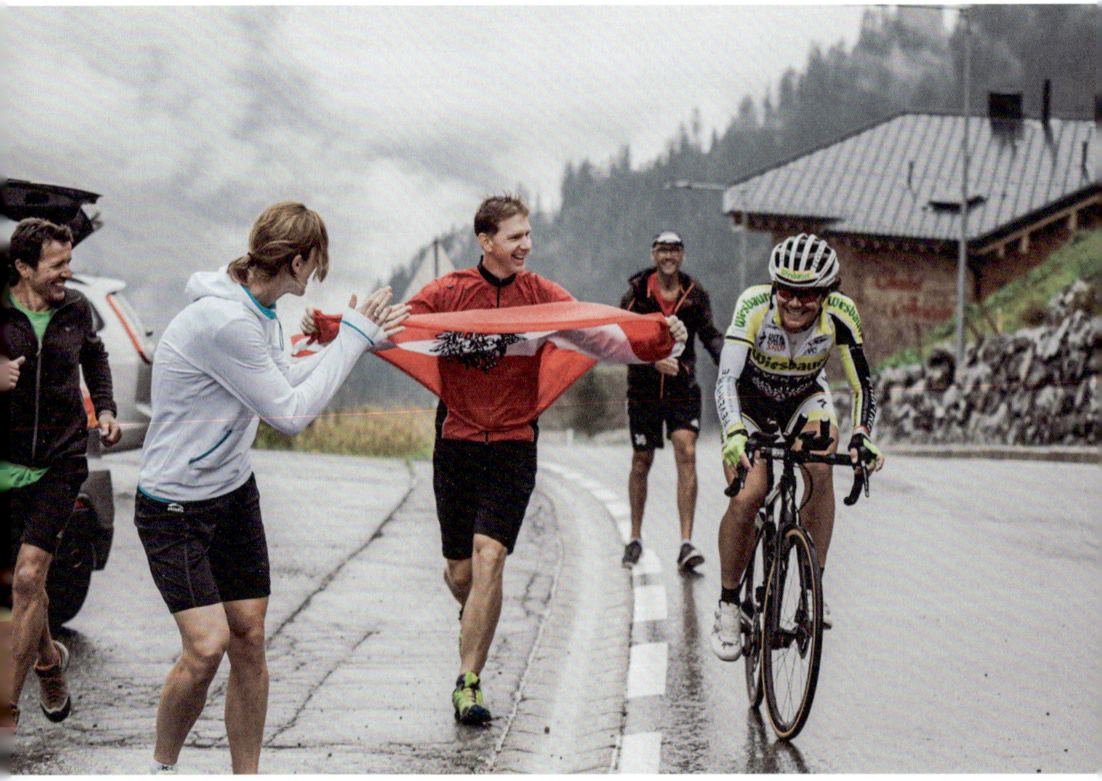

Sein Vorteil: Er kennt diese nagenden, bohrenden Quälgeister und weiß mit ihnen umzugehen. Denn auch wenn selbst seine treuesten Fans sich daran heute nicht mehr erinnern können, selbst wenn diese Phase seiner Karriere heute begraben ist unter Superlativen: Es gab eine Zeit, da flogen sie ihm um die Ohren, bis er sich gar nicht mehr sicher sein konnte, ob es sich um Zweifel oder den gesunden Menschenverstand handelte, der ihm empfahl, oder eher befahl, doch bitte, endlich, die Reißleine zu ziehen, noch rechtzeitig vor dem freien Fall ins Bodenlose.

Die offenen Krankenhausrechnungen – selbst um die Einreisegenehmigung in die USA musste er bangen deswegen – stotterte er brav ab. Er lebte auf Sparflamme, trotz seines Status als einer der Besten, den er längst innehatte. Immer im vollen Vertrauen darauf, dass das, was er am leidenschaftlichsten tat, schließlich auch Früchte tragen würde. Sollte er zurück an die Universität, oder gleich als Vertreter Fahrräder verkaufen, um hartes Geld zu verdienen? Keine ernsthaften Fragen für ihn.

Damals sagte man ihm nach, er könne nicht zu Ende fahren, er sei und bleibe das ewige Talent. Er habe einfach nicht die Härte, nicht den Kopf. »99 Prozent Kopf, 1 Prozent Körper« – einer dieser Heldenmythen seines Sports. Er hält das für ausgemachten Schwachsinn, hatte immer Vertrauen in sein Team, die Vorbereitung, und auch in seine Fähigkeit, aus Krisen mental stärker hervorzugehen.

Auch wenn ihm die Pandemie und ihre Begleiterscheinungen Kopfzerbrechen bereiten wie lange nicht, kann er gerade in solchen Zeiten auf den Schatz aus schwierigen Erfahrungen bauen. Wie damals nach 2009, als er sich das Race Across America, seinen Lebenstraum, längst nicht mehr leisten konnte und wenig Aussicht darauf bestand, es sich jemals wieder leisten zu können. Monatelang standen die Räder in der Ecke, ehe er, zwei Jahre nachdem man ihn in Pratt, Kansas, mit einem Lungenödem aus dem Rennen nehmen musste, das legendäre RAAM dann doch völlig unerwartet gewann – im zweiten Anlauf und mit Riesenvorsprung.

Im Nachhinein bewertet Christoph den großen Rückschlag 2009 als Segen:

> *»Wenn ich heute zurückblicke, tut das erste RAAM zwar immer noch etwas weh, aber mittlerweile glaube ich, dass es für mich wirklich gut und gewinnbringend war. Scheiterst du bei deinem ersten Anlauf, wirst du auf eine echte Probe gestellt. Will ich das wirklich? Habe ich die Entschlossenheit, mir das nochmals anzutun? Wie wichtig ist mir das eigentlich? Wäre das erste RAAM bereits ein Erfolg gewesen, ich wäre vielleicht abgehoben, mein Ego wäre befriedigt, der Hunger gestillt gewesen. Aber nach einem derartigen Rückschlag musst du dir ehrlich deine Schwächen eingestehen. Das Gute daran ist, dass dir klar aufgezeigt wird, woran du*

arbeiten musst, wo du dich verbessern musst. Mir selbst Fehler einzugestehen, anstatt einen Misserfolg auf andere zu schieben, das ist wohl eine meiner Stärken. Heute glaube ich, dass mich das erste RAAM geformt und geprägt hat, gerade weil ich es nicht zu Ende gefahren bin. Ich entschied mich dafür, mich der Herausforderung nochmals zu stellen und alles dafür zu tun, um es in Zukunft doch noch zu schaffen, anstatt es als misslungenen Versuch abzutun und mich abzuwenden.«

Sein Kapital

Es gab in seiner Laufbahn immer wieder Situationen, in denen die quälende Fragen überhand zu nehmen drohten. Konnte er sich im Jahr 2015, nach dem dritten Lungenödem (diesmal wieder in den Rocky Mountains, während das zweite ihn 2010 beim Race Around Austria erwischte), sicher sein, stärker zurückzukommen? Oder nach dem ersten großen Sturz seiner Karriere, als er sich nicht länger als zwanzig, dann dreißig, dann vierzig Minuten belasten sollte in der Reha, den Ergometer auf Leerlauf, weil kein Schweiß in die Wunden kommen durfte? Wie war es nach dem zweiten Sturz, als es zuerst harmlos aussah, der MRT-Befund jedoch niederschmetternd ausfiel? Christoph hat darauf stets auf seine Weise reagiert. Auch jetzt nach dem RAA und der kurzen Pause – es ist wieder so eine Kopfsituation – hält er sich daran und macht das, was er am besten kann: Er arbeitet an sich, seinem Kapital, seinem Körper. Dem Einzigen, das zählt, wenn er trotz aller Unwägbarkeiten schaffen will, was seine Karriere krönen soll.

1000/24. In diesem Fall, da ist er sich sicher, heißt es: »99 Prozent Körper und 1 Prozent Kopf«. Ein großes Prozent zwar, doch davor fürchtet er sich nicht. Natürlich weiß er darum, dass er dem Kopf in seiner aus jahrelanger Erfahrung gefärbten Betrachtung zu wenig Platz einräumt; dass die mentale Basis für eine derartige Ausnahmeleistung nicht vom Himmel fällt und stets neu erkämpft werden will. Wieso sonst die neu begonnene Ausbildung zum Mentaltrainer, die ihm helfen soll, die Kausalität zwischen unterbewusster Programmierung und bewusster Handlung noch klarer zu sehen? Und dennoch: Wovor er sich an diesem Punkt wirklich fürchtet – und das trotz aller Freude, die ihm gerade der steinigste Weg schon immer bereitet hat –, ist die drohende Erkenntnis, dass es, trotz all dieser Übelkeit verursachenden Trainingseinheiten, trotz der exzellenten Planung seines Trainers, trotz der vielen Erfahrung, trotz Windkanaltests und Aerodynamikspezialisten, trotz Spezialreifen, Zeitfahranzug und in teure Formen gepresstes Carbon, am Ende nicht reichen könnte. Vielleicht um Haaresbreite, vielleicht sogar mit Abstand. Er fürchtet sich nicht vor dem Schmerz, sondern vor der Unzulänglichkeit seines Körpers, dem nüchternen Gradmesser im Spitzensport. Deswegen fällt es ihm leicht, an diesem Herbstmorgen den zweiten Espresso auf später nach der Ausfahrt zu ver-

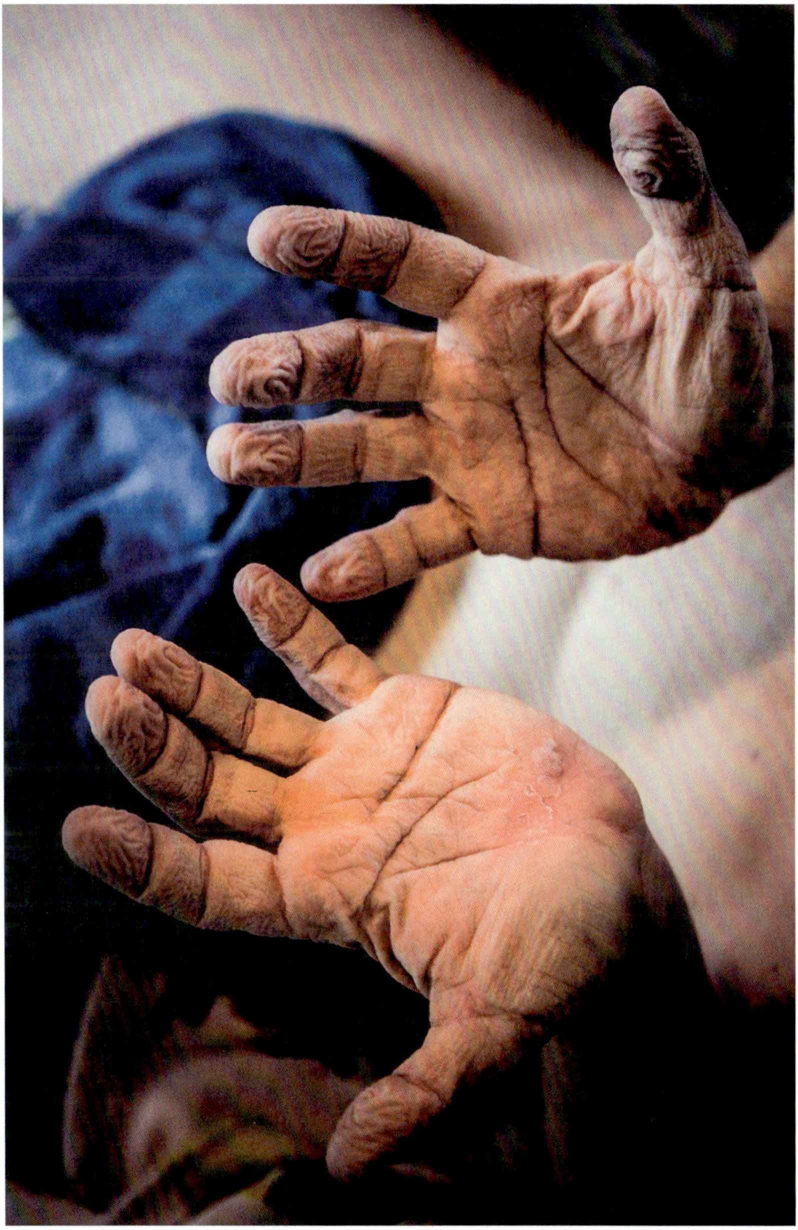

schieben – obwohl er noch immer keine Ahnung hat, wann er wieder in die USA einreisen darf.

Es ist noch ein knappes Jahr hin bis zum geplanten großen Tag, doch die Zwischenziele sind niedergeschrieben und, wie immer bei ihm, unumstößlich. Das liebt er und nichts ist ihm so verhasst wie das Vermeidbare. Erst recht jetzt, in dieser Phase seiner Karriere, da er alles gewonnen hat und nur mehr verlieren kann, wenn er nicht weiter gewinnt. Während er daheim die erste Stunde der Trainingsausfahrt zerstreut vergehen lässt, um sich für den schwierigen Teil der Übung warmzufahren, wäscht viele Tausend Kilometer weiter westlich ein nächtlicher Gewitterschauer den Staub vieler Wochen ohne ohrenbetäubende Spritfresser vom Pikes Peak International Raceway am Rande von Fountain, Colorado. Denver, die nächste größere Stadt, ist zu weit entfernt, als dass ihr Schein das Oval, das einmal die schnellste Meile der Welt, ganz sicher die schnellste der USA gewesen sein soll, in nächtliches Licht tauchen könnte.

In Colorado infizieren sich zu dieser Zeit täglich in etwa so viele Menschen mit Corona wie in Österreich; damit steht der Bundesstaat ähnlich da wie seine Nachbarn, aber wesentlich besser als die dichtbesiedelten Küstengebiete. Die Pandemie hat das Land der unbegrenzten Möglichkeiten – das Land, vielleicht das einzige, in dem man ein Oval wie den Pikes Peak International Raceway findet, auf einer Hochebene und ausgelegt auf nichts als Höchstgeschwindigkeit – fest im Griff. Und das noch auf unbestimmte Zeit.

Aber die Windkanaltests sprechen eine eindeutige Sprache: Ohne den Pikes Peak International Raceway oder einen sehr, sehr ähnlichen Kurs kann es den Rekord, den er sich wünscht, nicht geben. Als wäre es nicht genug, die irrwitzige Menge an Training abzuspulen, natürlich ohne die kleinste Verletzung, den kleinsten Infekt, muss Christoph Strasser sich dieser Tatsache stellen: Zum ersten Mal seit langer, langer Zeit sitzt ihm die Unplanbarkeit im Nacken. Außerdem ist da die Frage, ob ein solcher Rekord in Zeiten von Corona überhaupt von Belang wäre, zumindest für jemanden wie ihn, der den Zivildienst im Altersheim als eine seiner prägendsten Erfahrungen schildert.

Christoph Strasser ist nicht die Rampensau, Typ Porschefahrer, der seinen Erfolg wie selbstverständlich nach außen trägt. Die Frage nach dem Porsche stellt sich nicht – Ultracycling ist für Enthusiasten, verhält sich zu Fußball wie Jazz zu Stadionrock –, doch das spielt keine Rolle. Einer wie er, der monatelang ohne Lenkerband fährt, weil er das vom Sponsor gestellte voreilig verkauft hat, um die Kasse zu füllen, verlernt die Demut nicht in ein paar Jahren. Noch heute fällt ihm das Geldausgeben schwer, isst er am liebsten zu Hause, macht sich nichts aus VIP-Empfängen und kleinen Portionen bei großem Gerede. Nur wenn es um seinen Beruf geht, ist er scheinbar maßlos, nahezu gierig, als gälte es, alle denkbaren Ziele mit Haut und Haaren zu fressen. Schonungs- und rücksichtslos, vor allem den eigenen Ressourcen gegenüber, könnte man denken, doch hinter allem steckt, was ihn betrifft, nicht nur wohlüberlegtes Kalkül, sondern ein gänzlich anderes Selbstbild, eine grundlegend andere Motivation.

»Gierig sehe ich mich nicht, auch nicht unersättlich oder geil auf neue Erfolge und Rekorde. Es ist viel simpler, viel emotionaler: Auf Erreichtes zurückzublicken, macht dich nicht glücklich, das macht dich vielleicht stolz – was mir nichts gibt. Ich bin dankbar und froh, wie gut die Dinge bisher gelaufen sind, aber trotzdem setze ich mir gerne neue Ziele. Der Grund: Auf dem Weg zu neuen Zielen zu sein, die kleinen Schritte vorwärts zu machen, sich etwas zu erarbeiten, aus dem Nichts aufzubauen, macht dich glücklich und erfüllt dich als Mensch. Der Moment, wo du es vielleicht tatsächlich schaffst, ist schön, aber die viel längere Phase, in der du dich auf dem Weg befindest und ebenso schöne Momente sammelst, ist viel nachhaltiger.«

Auch das Weitermachen im Angesicht einer Welt in Unsicherheit ist letztlich nichts anderes. Er tut es, weil es ihn erfüllt. Christoph Strassers Versprechen an sich selbst, seine Fans und Sponsoren, ist simpel: bereit zu sein, falls – *wenn!* – die kleinste Chance sich bietet.

Selten war Ultracycling ein Geduldsspiel wie in diesem Jahr, denkt er, senkt den Kopf gegen den Wind und zählt im Stillen die selbst in der kühlen Herbstluft schweißtreibenden Intervalle. Nummer vier jetzt, noch sechs sollen folgen. Das Surren der Kette über die ölverschmierten Ritzel bringt ihn in den Tunnel. Als er zu Hause dem dicken, braunen Elixir beim Eintropfen in die vorgewärmte Tasse zusieht, zufrieden, dass er es für heute hinter sich hat, geht in Colorado langsam die Sonne auf. Die felsigen Gipfel der Rocky Mountains glimmen golden, die dicht bewachsenen Hänge sind rostig verfärbt vom Indian Summer. Ein neuer Tag; einer mehr, oder einer weniger, je nachdem, wen man fragt. Er grübelt über die – vermeintlichen – 99 Prozent Körper nach, die er heute ein kleines bisschen vorangebracht hat. Beim Blick auf die verlockende Tasse Kaffee, voller Vorfreude auf die kleine Belohnung, spielt die Prozentklauberei für den Moment keine Rolle. Er wird dazu bereit sein, tiefer in die eigenen Beweggründe einzutauchen. So tief wie nötig, auf der einjährigen Reise zum perfekten Tag.

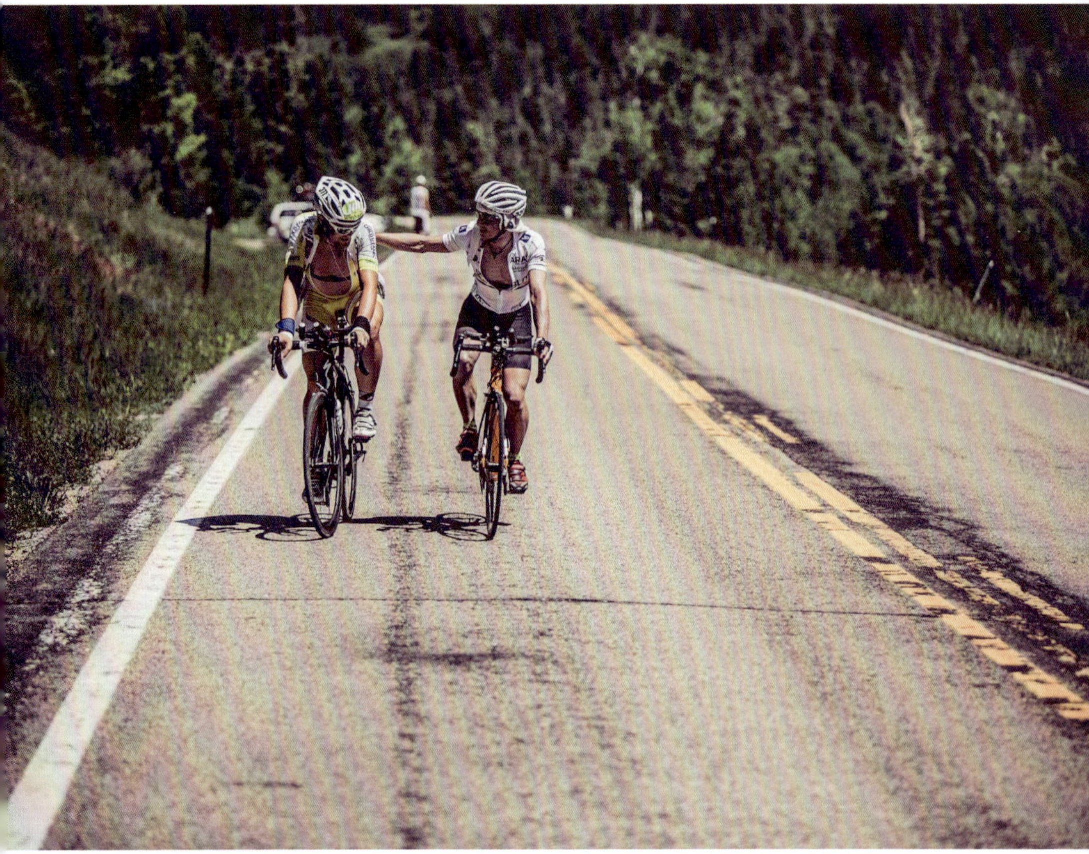

Stunde 2

VERTRAUEN

Das Race Around Austria im August 2020 war nicht nur das erste Rennen einer schon wieder auf ihr Ende zusteuernden Saison, einer Saison, in der Christoph Strasser mehr Zeit zu Hause verbrachte, als ihm lieb war, keine Vorträge in ausverkauften Hallen und bei Sponsoren anstanden und nur wenige Möglichkeiten bestanden, sich mit medienwirksamen Siegen und persönlichen Bestleistungen – gar dem geplanten Fabelrekord – für zukünftige Veranstaltungen zu empfehlen. Es war auch vielleicht das erste Mal seit 2015, dass er den Atem eines anderen im Nacken spürte, und völlig unerwartet war es erneut der eines Rookies.

2012 fügte ihm Reto Schoch beim RAAM eine Niederlage zu, von der er sich lange nicht erholte. 2015 sein Freund Severin Zotter, ebenfalls beim RAAM, in einem schwarzen Jahr voller kleiner, ungünstiger Verkettungen und, ja, auch Fehler, die sich einzugestehen wehtat, aber auch den Weg zu drei weiteren Siegen ebnete. Insgeheim hatte Christoph sich Konkurrenz gewünscht, wann immer er am Start stand, doch 2015 hatte er sich, daheim in Graz, die denkbar stärkste Konkurrenz selbst gezüchtet und die bitteren Früchte dann in den Rocky Mountains ernten müssen. Der verbleibende Weg an die Ostküste, statt auf dem Rad tatenlos im Camper-Van, mit aufgeschwollenem Gesicht wie ein geschlagener Boxer, den Freund auf dem Weg zu seinem Rookie-Sieg wissend, führte ihm die Unwägbarkeiten seines Sports nach zwei Rekordjahren umso deutlicher vor Augen. Nun, beim RAA 2020 hätte es, er selbst weiß das als Einziger, gut wieder so kommen können. Die Parallele: Sowohl damals als auch diesmal sprang ihm im Vorfeld der Teamchef ab.

Sein Team bezeichnet Christoph gerne als das wichtigste Drittel im Gesamtpaket Strasser, seinen Teamchef als das wichtigste Glied in der Kette neben ihm selbst. »Auf die Frage, ob Körper oder Psyche wichtiger für meinen Erfolg auf der Langstrecke sind, lautet meine Antwort, für viele überraschend: das Team. Meine persönliche Aufteilung des Ganzen auf Körper versus Psyche versus Team lautet 33 zu 33 zu 34 Prozent.« Wenn er das auf Vorträgen mit Fotos und Videos der schwierigsten Momente des vergangenen Rennens untermalt, klatschen seine Zuhörer und sie nicken bestätigend, wenn er ihnen Einsichten mit auf den Weg gibt, die sich auch in anderen Lebensbereichen gewinnbringend umsetzen lassen. Aber nehmen sie es ihm auch wirklich ab, so richtig, dass nicht doch alles einzig und alleine an ihm hängt? Wohl nicht immer, oder jedenfalls nicht alle, denn auf den Bildern sehen viele nur den übermenschlichen Athleten, und wer kann es ihnen verdenken? Er aber weiß es besser, auch wenn ihn diesmal – wieder hat nach dem ungewollten Wechsel im Team längst nicht alles perfekt funktioniert – seine Form und nicht das wichtigste Drittel gerettet hat.

Devise Angriff

Im Ziel des RAA 2020 ist Christoph Strassers Vorsprung auf den Rookie Robert Müller letztlich groß genug, um seiner Souveränität keinen Abbruch zu tun. Den Nimbus des Unschlagbaren nimmt er einmal mehr mit nach Hause – nur er weiß, wie knapp es wirklich war.

Im Training begleitet ihn die ambivalente Hoffnung, dass sich solche Duelle wiederholen mögen. Was nicht heißt, dass er vorhat, auch nur einen Millimeter nachzugeben. Das hat er in sich, und das war die Bedingung, damals, als der Langstreckenguru Rainer Hochgatterer, der RAAM-Doktor von Wolfgang Fasching, sich 2011 bereiterklärte, sein Team zu leiten: Wie ein Champion solle Christoph fahren, das sei das Einzige, was zähle, und das Mindeste, was er sich selbst schuldig sei. Nach zwei katastrophalen Nullnummern beim RAAM 2009 und beim RAA 2010, das Selbstvertrauen am Boden, das Konto leergeräumt, lautete Rainers Devise dennoch Angriff: Die Wattvorgabe für die ersten Stunden, in denen er den Gegnern zeigen sollte, dass der Sieg nur über ihn gehen konnte, schien für Außenstehende selbstzerstörerisch, doch der wohlüberlegte Plan ging auf. Vertrauen wuchs und wurde bestätigt, kontinuierlich und das jahrelang, trotz kleiner und großer Rückschläge, die in fulminanten Comebacks mündeten. Der Teamchef Rainer wurde zum Freund und zur ersten Bezugsperson in jedem Rennen, immerhin bündelte er medizinisches und renntaktisches Wissen mit dem Selbstvertrauen zahlreicher erfolgreicher Betreuungen von Spitzenfahrern. Wie kaum ein anderer Betreuer in der Langstreckenszene verstand er, seinem Fahrer das Gefühl der Unbezwingbarkeit mitzugeben. Und zu jedem Aspekt oder Mythos des Sports hatte er eine trockene und treffende Meinung, der man sich nur schwer entziehen konnte.

»Wenn die Diskussion aufkam, was wichtiger ist, Körper oder Geist, brachte es Rainer folgendermaßen auf den Punkt: Dein Kopf sagt dir, warum du fährst und ob du weiterfährst. Du musst wissen, wieso du dir das antust. Aber deine Beine entscheiden, wie schnell du bist. Geht es um ein Finish in der Karenzzeit, was für viele Teilnehmer auf der Langstrecke das allergrößte Ziel ist, kann der Geist tatsächlich die größere Rolle spielen. Wenn es körperlich sehr hart wird, wird der Kopf immer wichtiger, und zwölf Tage unterwegs zu sein, ist psychisch definitiv härter als acht

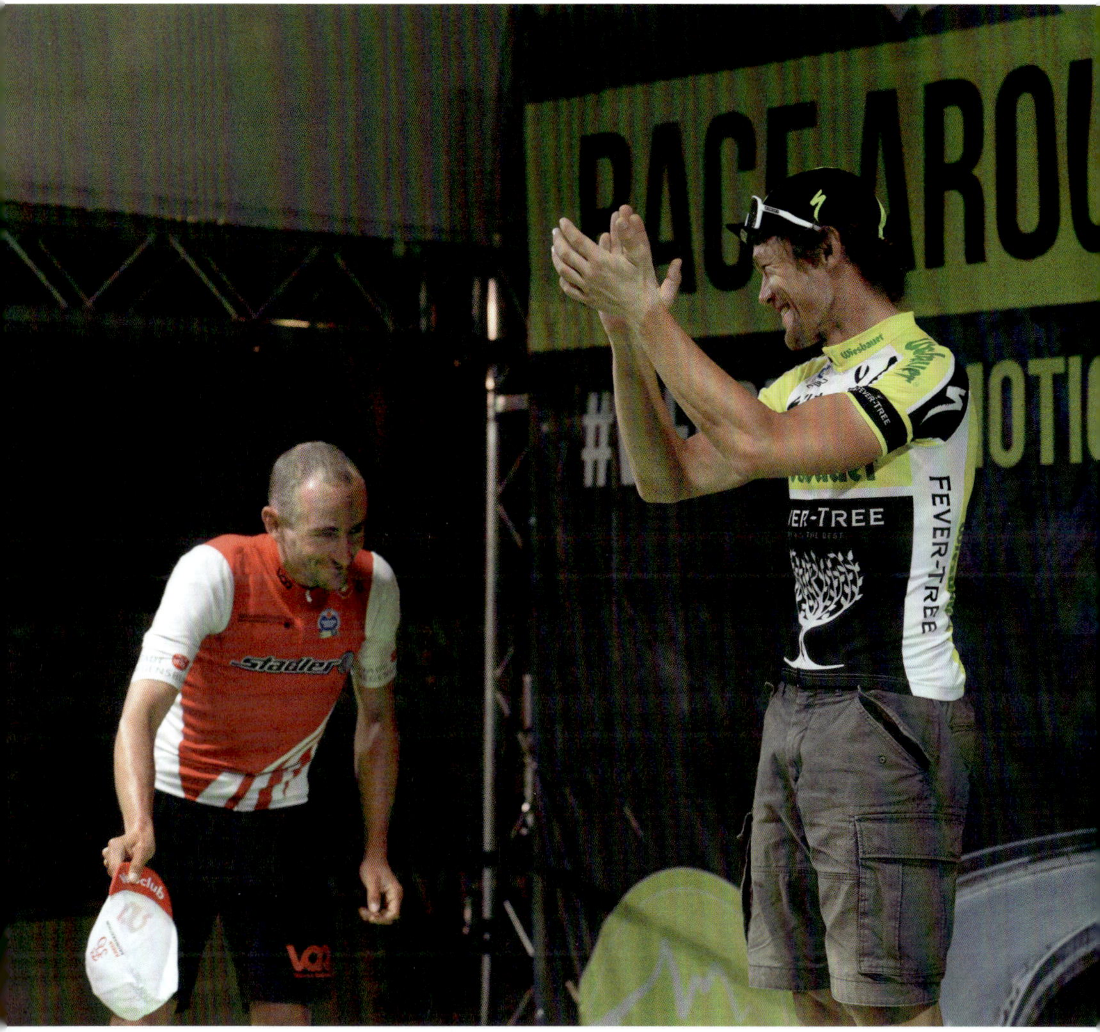
FEVER-TREE

intensivere Tage, ermöglicht durch eine ganzjährig professionelle Vorbereitung. Ich leide in der Vorbereitung also sicher mehr als andere, dafür läuft es im Rennen schneller und geschmeidiger. Trotzdem: Ob es dir nun körperlich oder mental schlecht geht oder sowohl als auch – in jeder Krise kann dir dein Team helfen. Die Moral, der Spaß, die gute Stimmung, die zwischenmenschliche Verbundenheit innerhalb meiner Truppe – all das hilft mir enorm. Wenn ich selbst verzweifelt bin, aber in die Augen meiner Betreuer schaue und merke, dass alle das Beste für mich wollen, finde ich wieder neue Kraft. Und das Vertrauen zum Team und allen voran zum Teamchef, der mir im Hintergrund alle Entscheidungen abnimmt, der der sichere Dirigent des RAAM-Orchesters ist, vorausschauend und je nach Situation mitfühlend oder mit gut gemeinter Strenge agiert, ist dann der letzte, wichtigste Faktor, wenn es hart auf hart kommt. Dieser Spirit in unserer Crew ist mein größtes Kapital und etwas, das sich neben der besten körperlichen Vorbereitung während der Zeit mit Rainer etabliert hat.«

Im Fall von Christoph Strasser fiel die Betreuung durch Rainer Hochgatterer, den vielleicht erfahrensten unter den nicht-selbst-fahrenden Pionieren der Ultradistanz in Österreich, auf den denkbar fruchtbarsten Boden. Gerade er, der ruhige und bescheidene Harmoniemensch, konnte sich dem Alphatier und seinem Gefolge uneingeschränkt anvertrauen und aus einer vermeintlichen Schwäche – vielen schien er neben der Urgewalt Jure Robič zu brav – seine größte Stärke entwickeln. Christoph kann seit jeher vertrauen und daher war Abhängigkeit nie ein Problem. Erst 2015 wurde sie ihm einmal unverhofft zum Verhängnis: Als Rainer ihm seine Entscheidung, die RAAM-Pause, vielleicht gar den endgültigen Abschied, eröffnete, wurde er jäh gezwungen, darüber nachzudenken. Ein RAAM ohne den Strippenzieher? Ohne die Gewissheit, auf jedes Wehwehchen die richtige Antwort parat und in jeder Krise das richtige Wort im Ohr zu haben? Insgeheim wusste Christoph, was ihm bevorstehen konnte, falls es nicht optimal laufen würde, doch sein Selbstbewusstsein machte ihn unvorsichtig und er wischte den Gedanken beiseite, anstatt ihn tiefer zu erforschen. Auf dem Cuchara-Pass, als alles zusammenbrach, dämmerte ihm sein Fehler. Nicht, dass sein Team schlecht gewesen wäre, doch die vielen kleinen Abstimmungsprobleme zusammen mit seinem dysfunktionalen Körper, der Wasser einlagerte wie ein Schwamm, ließen letztlich einen Schneeball zur Lawine anwachsen, die ihn vom Leaderboard fegte.

In seinen Vorträgen beginnt Christoph Strasser den Rückblick auf diese schwere Zeit gerne mit einem sinngemäßen Zitat von Bill Gates. »Erfolg ist ein schlechter Lehrer, denn irgendwann vergisst man, dass man auch verlieren kann.« Er spielt damit auf die sich aus zwei aufeinanderfolgenden

RAAM-Rekorden unter acht Tagen, einem damaligen 24-Stunden-Zeitfahrrekord sowie seinem ersten Sieg beim RAA speisende, menschlich nur allzu verständliche Überzeugung an, ein weiteres RAAM wohl gesund und ohne große Probleme überstehen zu können.

> *»Für das RAAM 2015 dachten wir fieberhaft über Verbesserungen und eine schnelle Endzeit nach und stellten uns auf das Duell mit Severin Zotter ein. Aber wir vernachlässigten das Worst-Case-Szenario eines massiven körperlichen Problems. Die Vorgabe muss immer sein, gesund ins Ziel zu kommen, was wir – vermutlich unterbewusst – als zu selbstverständlich ansahen. Natürlich hatten wir einen Plan B wie üblich, aber der war nicht zu einhundert Prozent in uns und unserem Tun verankert.«*

Demütige Analyse

Ein RAAM ist kein Zuckerschlecken und diese Dinge passieren – doch das Thema Vertrauen sollte Christoph Strasser noch länger begleiten. Als er im Jahr darauf aufgrund eines verhängnisvollen Trainingsunfalls samt schleppender Genesung erneut nicht starten konnte, musste er sowohl an seinen Körper als auch an ein Team glauben, das trotz der langen Pause wieder für ihn da sein würde. Und daran, dass die vermeintliche Pleite auch ihr Gutes haben würde.

> *»Nach dem Ausscheiden von 2015 wurden wir zur demütigen Analyse unserer Gesamtleistung und aller Fehler gezwungen, und das war für den jungen Teamchef Kougi, genauso wie für mich, eine immens wichtige Lernerfahrung. In der Fehlersuche erkannten wir viele Mechanismen, auch in meiner Physis. Mein begleitender Arzt Arnold erkannte beispielsweise gemeinsam mit Rainer, dass durch die Hitze und die zu hoch dosierte Flüssigkeitszufuhr die Ödembildung zuerst in den Beinen, danach im restlichen Körper, zuletzt in der Lunge, massiv begünstigt wurde. Diese Erkenntnisse von damals helfen mir bis heute enorm und kamen erst durch diese bittere Erfahrung zustande.«*

Erneut kam seine große Stärke zum Tragen, denn an keinem Punkt zweifelte er an einer der beiden Tatsachen. Mit seinem Cousin Michael Kogler – im RAAM-Modus nur »Kougi« genannt – wuchs trotz des holprigen Starts allmählich ein neuer Anführer, in dessen Hände er das Gelingen großer Herausforderungen legen konnte. Das Rezept bewährte sich und brachte schließlich zahlreiche Rekorde und drei weitere RAAM-Siege in Folge; bis eben, in diesem merkwürdigen, von Ausgangsbeschränkungen und Rennabsagen geprägten Jahr 2020, in dem ohnehin alles anders sein sollte, auch diese Serie endete.

Das RAA mit seinen 2.200 Kilometern zu bestreiten, liegt in Christoph Strassers Komfortzone, doch ungewollte Änderungen im Team machen es nicht einfacher. Er hätte tatsächlich verlieren können, und vielleicht wäre das auch gar nicht schlimm gewesen, jedenfalls nicht gegen diesen Gegner. Mehr noch als jedes klar gewonnene Rennen gibt ihm dieses knappe Ergebnis, das Kratzen an seinem Thron, Vertrauen in die eigene Stärke und daran, dass alles wieder so werden wird wie vor der Zwangspause. Zum Glück konnten die kleinen Steinchen im Getriebe des diesmal von Florian Kraschitzer geführten Teams seiner Form nicht gefährlich werden, und darum – so einfach ist die Logik des Spitzensports – gibt es wenig zu beanstanden nach dem Saisonhöhepunkt. Wieder einmal kehrt er mit einem neuen Rekord auf der Habenseite heim.

Was aber nun als Nächstes ansteht, kommt dem perfekten Tag, den er anstrebt, auf den er sich aber noch nicht hinzufiebern gestattet, deutlich näher als das mehrtägige Rundherum einmal ums komplette Heimatland: Die 600 Kilometer des Race Around Niederösterreich (RAN) kann Christoph, wenn alles gutgeht, ohne ernsthaften Leistungseinbruch abspulen. Wieder geht es um Vertrauen. In diesem Fall um Vertrauen in die Zahlen, die er sich im Training erarbeitet hat und die er sich, unbedingt, zutraut, ganz nüchtern und ohne Großtuerei. Diese Zahlen – seine Tretleistung in Watt – lassen sich in Durchschnittsgeschwindigkeiten umrechnen, diese wiederum in Zwischenzeiten, bis sich alles zu einem Marschplan fügt, der ihn wieder von allen anderen abheben dürfte, wenn es denn so kommen soll. Christoph hält sich nicht mit alternativen Szenarien auf und nimmt sich vor, anzunehmen, was immer ihm die Strecke – voraussichtlich sein größter Gegner beim RAN – auch servieren möge. Eine lange Herbstnacht und die dementsprechenden Temperaturen. Den Wildwechsel im dünn besiedelten, nördlichen Niederösterreich. Die unberechenbaren Autofahrer überall, wo mehr los ist. Und: auch den neu aufgegangenen Stern, der ihm erst vor ein paar Wochen beim RAA über fast vier Tage auf den Fersen zu bleiben vermochte – vielleicht ist ja doch Robert Müller sein größter Gegner? Das alles sind Fakten und Gedanken, die bei ihm nicht den kleinsten Zweifel an den eigenen Fähigkeiten auslösen. Wenn schon, machen sie ihn ruhiger und besonnener, sein Training härter und zielgerichteter. Wie denkt der andere über ihn? Wie wird er sich vorbereiten? Christoph Strasser freut sich, das auf die harte Tour herauszufinden, auch wenn er als Profi vom umkämpften Erfolg nicht mehr hat als vom gegen schwächere Konkurrenz eingefahrenen.

Keine Nervosität, nur Zuversicht

Als das nächste Aufeinandertreffen mit Robert Müller endlich näher rückt, das zweite, gleichzeitig das letzte, zumindest in diesem Jahr, verspürt

Christoph keine Nervosität, nur Zuversicht und Vorfreude. Diese Geisteshaltung zieht sich durch das letzte Jahrzehnt seiner Karriere wie ein unmerklicher roter Faden, an dem er sich entlanghantelt und dabei alles Geschehene aussehen lässt, als sei es ihm vorbestimmt. Natürlich war sein Erfolg alles andere als das, und niemand weiß besser als er, welche negativen Wendungen möglich gewesen wären und wann. Er denkt nie an das lose Ende, sondern vertraut auf die nächste Verknüpfung, an der es – meistens besser – weitergeht. Als sein erster Mentor Rainer Hochgatterer ihm seinen Ausstieg eröffnete, dauerte es nicht lange, da folgte auf die Ernennung eines jungen Teamchefs mit dem neuen Trainer Markus »Max« Kinzlbauer gleich ein zweiter Glücksgriff. Das Resultat: drei Siege in Folge beim RAAM, Weltbestleistungen im 24-Stunden-Einzelzeitfahren, mehr und mehr Erfahrung, eine sich verfestigende Vertrauensbeziehung zwischen Trainer und Athlet, und – noch immer – langsam, aber stetig steigende Wattzahlen.

Was aussah, als sei es nicht zu überbieten, die Zusammenarbeit mit dem Langstreckenguru Rainer Hochgatterer, behielt in der Erinnerung einen Ehrenplatz, wurde aber dennoch, schneller als man erwarten konnte, ersetzt durch etwas Neues, in so mancher Hinsicht vielleicht sogar Besseres. Absurde Trainingsziele machten, als sich die Adaption einstellte, plötzlich Sinn und führten den Beweis, dass sich ein Weltklasseathlet Stagnation, selbst auf höchstem Niveau, nicht leisten kann. Kleine, neue Reize im Training schienen selbst vor ihm, dem Arrivierten, Wände aufzutürmen. Doch gerade diese zu durchbrechen, im Glauben, es würde sich letztendlich bezahlt machen, krönte ihn auf seiner Paradestrecke und – noch wichtiger – ließ ihn vielseitiger werden.

So pflanzte die erzwungene Veränderung neue Rituale neben die altgedienten und verbreiterte Christoph Strassers Leistungsspektrum. Plötzlich durfte er sich selbst das irrwitzigste aller denkbaren Unterfangen im Ultracycling zutrauen. Die große, ewige Schallmauer: 1.000 Kilometer in 24 Stunden. Seine Aufgabe: schneller als je zuvor anfangen und weniger als je zuvor abbauen. Sich sicher sein, dass der Plan aufgeht. Es würde einer erneuten Umstellung im Training bedürfen, ein Jahr des Experimentierens mit dem Vertrauten.

Dieses Jahr ist jetzt, und Christoph hat kein Problem damit, sich das Endergebnis vorzustellen. Das anstehende RAN ist dem, was er im nächsten September vollbringen möchte, viel ähnlicher als die Rennen über mehrere Tage. Die 600 Kilometer entsprechen in seiner Welt einem Sprint vom Start bis ins Ziel. Beim Gedanken daran, wie sich die ersten Stunden anfühlen werden, beschleunigt sich sein Puls kaum merklich. Er hat das, was ihm bevorsteht, abgespeichert als angestrengtes Wohlfühlen. Er kann sich keine größere Freiheit vorstellen als die auf einer ebenen Strecke, wenn er seine Stärke ausspielen kann, zwei Gänge größer gekettet als allen anderen – jedenfalls die meisten –, im Fahrtwind bei 40 km/h und mehr.

Nervös wird er bestenfalls in der unmittelbaren Vorbereitung, wenn es gilt, keinen wichtigen Gegenstand im Trainingskeller zurückzulassen. Am Start aber gibt es nur ihn, sein Rad und die Gewissheit des Seriensiegers. Er ist nicht überheblich, nur frei von Angst und Zweifel. Die kleinen Aussetzer, die es früher gab, hat er ausgemerzt; inzwischen gilt Christoph Strasser als die personifizierte Planbarkeit. Was andere bis zur Handlungsunfähigkeit blockieren würde, nimmt er kaum wahr, denn es geht nur um den Zweikampf mit dem jungen Herausforderer und um den Kampf gegen den kleinen, elektronischen Fingerzeig in Form einer dreistelligen Zahl auf dem Display, die es hochzuhalten gilt, solange es eben dauert. Der Tank soll leer sein, wenn er ankommt; das schreibt sich Christoph, seit er den Durchbruch endgültig geschafft hat, als wichtigste, vielleicht einzige Vorgabe in sein Fahrtenbuch. Bislang hat er sich nicht enttäuscht und die Geschichte ist noch nicht zu Ende geschrieben.

Der Unwille, stehen zu bleiben

Das RAN 2020 wird ein Kälterennen; auf der Fahrt zum Start in einer der kältesten Ecken des Landes denkt Christoph Strasser zurück an andere, noch kältere Rennen. Es hat seinen Reiz, die Extreme seines Sports zu erfahren. Manche machen es nur deswegen, und auch wenn für ihn der eingefahrene Sieg die Maßgabe sein muss, kann er dem alten, puristischen Geist viel abgewinnen. Er ist ein Verehrer der Legenden, er kennt die Statistiken wie kaum einer anderer, auch und gerade, weil er sie längst anführt. Er hat aufgehört, den leise geäußerten Bedürfnissen der Komfortstimme in seinem Kopf Beachtung zu schenken, dafür kennt er die Stimme seines Körpers genauer als noch vor Jahren und erreicht sein Limit einfacher und mit der Sicherheit, nicht blind darüber hinauszuschießen.

Es braucht viel, um Christoph im Rennen dazu zu bewegen, sich etwas Trockenes überzuziehen. Wo andere Stunden oder Tage verlieren, macht er nicht mit seinen Beinen, sondern vielmehr mit seiner Unkompliziertheit und dem schier unbeugsamen Unwillen, stehen zu bleiben, den Unterschied. Es gab Rennen, da konnte er im Regen seine vor Kälte steifen Knie kaum beugen, nur um Tage später bei Sonnenschein mit geschmeidigem Tritt ins Ziel zu treten. All das ist unterbewusst gespeichert und verschafft ihm jetzt einen mentalen Vorsprung vor weniger erfahrenen Konkurrenten. Die Zuschauer wissen, dass unter anderem deshalb die Chancen der anderen bestenfalls minimal sind. Er selbst kann sich auf den alten Lorbeeren aber nicht ausruhen, denn wer weiß, ob nicht eine Unwägbarkeit, sei es ein Defekt oder eine Magenverstimmung, seinen Herausforderern in die Hände spielt.

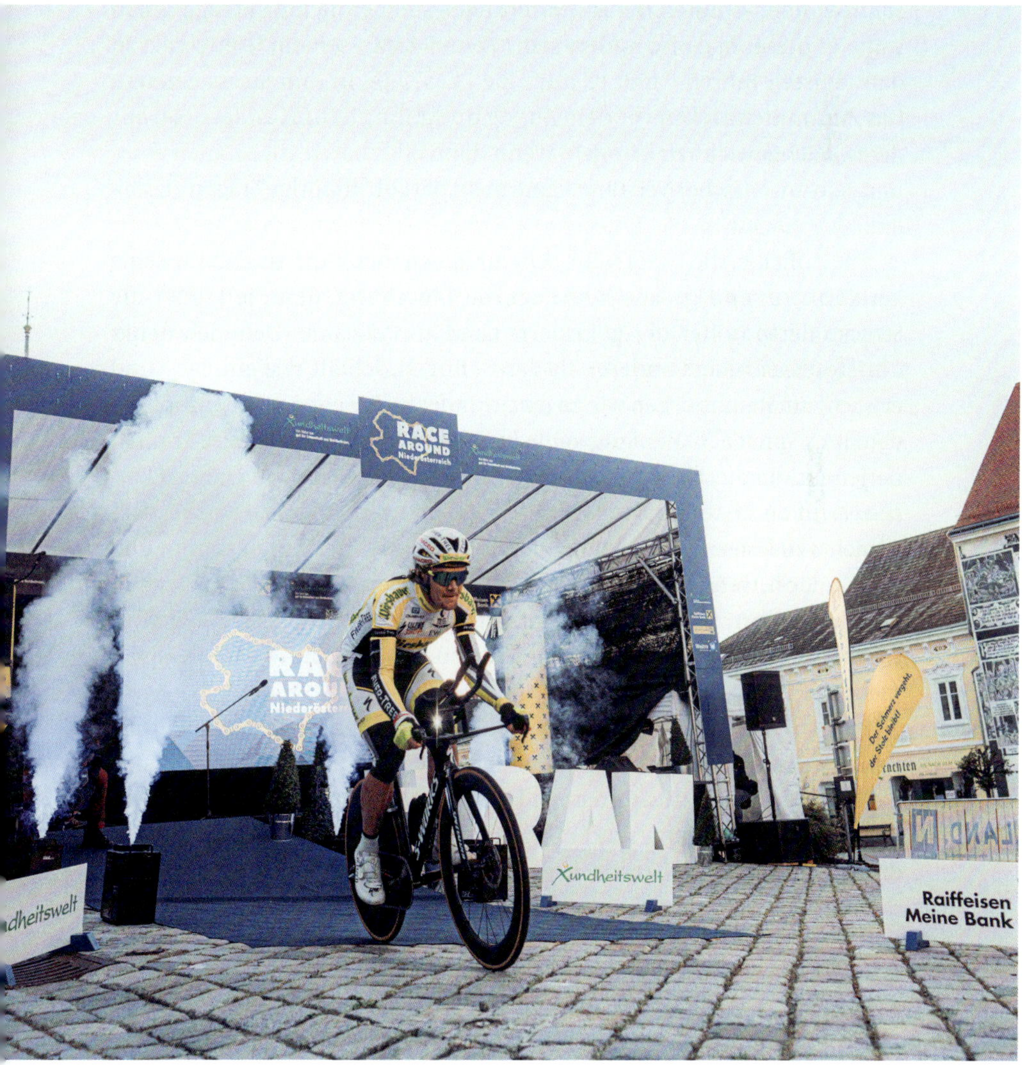
RACE
AROUND
Niederösterreich
Xundheitswelt
Raiffeisen
Meine Bank

Und dazu kommt noch eine ganz andere Überlegung:

»Ich selbst versuche mir die Gegner manchmal sogar absichtlich stärker zu reden, um die Siegerwartung ja nicht zu groß werden zu lassen. Umso stärker die Gegner sind, umso fokussierter bin auch ich – ich kann zwar auch eine Woche alleine quer durch Australien Gas geben, aber das letzte Prozent geht meist nur dann, wenn es starke Gegner und Druck von hinten gibt. Daher hüte ich mich, die Chancen der Gegner schlecht einzuschätzen.«

Kein Spaß

Am Vorabend des Rennens ist Christoph Strasser unwiderstehlich ruhig. Selbst vor den größten Herausforderungen stellt er nichts in Frage, wieso sollte es dieses Mal also anders sein? Beim RAAM – seinem Höhepunkt in den meisten Jahren – gibt es nur eine Phase, die in ihm Stress erzeugt. Das Zusammenpacken vor dem Abflug droht ihn ein ums andere Mal aus dem Gleichgewicht zu bringen. Wenn dann alles bereit ist, ist auch er es, und sein analytischer Verstand käme nicht darauf, unnötige Fragen zu stellen.

Die Aufgabe, die bevorsteht, scheint ein kleiner Wurf zu sein für seine Verhältnisse; und gerade hier liegt die Täuschung, denn je kürzer die Strecke desto höher der geforderte Grad an Präzision. Dennoch denkt Christoph an nichts anderes als das Gelingen, schläft wie ein Baby und erwacht am Rennmorgen wie an jedem anderen. Bei einem Wettkampf wie dem RAN spielt Schlafentzug keine Rolle, doch selbst wenn, wäre er nicht derjenige, der aus hysterischer Angst vor den Konsequenzen einer zu kurzen Nacht als Erstes im Bett läge. Er ist rational genug, um zu wissen, dass es nichts zu konservieren gibt in diesem Sport, dass der Verfall kommt und gerade dann, wenn man ihn fürchtet, besonders wehtut. Er hat unerschütterliches Urvertrauen. Er ist darauf vorbereitet, aus sich herauszugehen, wenn er muss, und auch dann zu Ende zu fahren, wenn es keinen Spaß mehr macht.

An diesem Abend macht es nicht einmal besonderen Spaß, loszufahren. Der späte Start passt nicht zur Jahreszeit, und die Muskulatur spricht sich gegen die Belastung aus. Christoph kennt weit Schlimmeres, also hämmert er, ohne viel zu hadern, mit knapp vierzig Kilometern pro Stunde durch das nördliche Niederösterreich, wie auf der Flucht vor den Temperaturen, die ihm unweigerlich noch bevorstehen in dieser Septembernacht. Der Windchill senkt die gefühlte Temperatur schnell unter den Nullpunkt.

Früher hat Christoph im Winter oft bei weit kälteren Temperaturen den ganzen Tag draußen trainiert, bis er beim Heimkommen seine Finger nicht dazu bewegen konnte, den Reißverschluss seiner Thermojacke aufzuziehen. Manchmal musste er sich dann in voller Montur unter die Dusche stellen, bis die Wärme in seinen Körper zurückkehrte. So wie die Bergsteiger im Himalaya hätte er einmal beinahe Erfrierungen an den Zehen davongetragen – als einsamer Radfahrer in der Südsteiermark nicht gerade heldenhaft. Mittlerweile sitzt er nach einigen Stürzen und ebenso vielen virtuellen Erdumrundungen in der kalten Jahreszeit lieber im Keller auf seinem Heimtrainer, unter kontrollierten Bedingungen, die die Härte seines Trainings von den äußeren Bedingungen entkoppeln. Das ist eine von zahllosen kleinen Verbesserungen, die sein Leistungsniveau weniger absinken und den Aufbau schneller voranschreiten lassen, so dass seine Saison heute viele Spitzen verträgt. Auch wenn er sich im Training die Kälte aus pragmatischen Gründen nicht mehr antut, erträgt er sie jetzt im Rennen wie eh und je. Nicht nur, weil das sein Beruf ist, sondern weil er nicht nach Gründen sucht, wieso es anders sein sollte.

»Training soll ja auch Spaß machen. Ich bin so oft bei Kälte und schlechtem Wetter draußen gefahren, ich möchte einfach nicht mehr alleine bei Sauwetter trainieren, nur um mir meine Härte oder sonst was zu beweisen. Und nein, es ist für mich im Vergleich zum Training auf der Rolle auch nicht spannender, die immer gleichen Trainingsrunden im Freien abzustrampeln, besonders wenn Wetter und Aussicht nichts hergeben. Drinnen kann ich nebenbei fernsehen, Musik hören, meine Idole aus dem Tennis bei den Australian Open bewundern, meine Mails bearbeiten oder mich per Telefon oder Laptop um organisatorische Dinge kümmern, damit der Abend frei bleibt. Dazu gibt es Essen und Trinken zu jeder Zeit. Und das Beste: Ich bin deshalb kein schlechterer Radfahrer bei schlechtem Wetter. Wenn es sein muss, kann ich bei Regen und Kälte fahren, aber ich mache mir das Training so angenehm und nicht unnötigerweise so hart wie möglich.«

Beinahe ein Sprint

Die ersten Stunden, in denen sich der Organismus auf die nicht enden wollende Belastung einstellt, sind vergangen und der Systemcheck sagt ihm, dass alles in Ordnung ist. Er konzentriert sich auf Treten, Trinken und den Leistungswert auf seinem Display – Letzteres nur aus Gewohnheit, denn sein Muskelgedächtnis lässt ihn die Zahl spüren, auch ohne sie vor sich zu sehen. Erst in einem anderen Stadium, wenn sein Geist beginnt, ihm Streiche zu spielen, entkoppelt sich die wahrgenommene von der tatsächlichen Wahrheit. In diesen Zustand wird er hier nicht kommen, dafür reichen 600 Kilometer nicht aus. Hier macht das Tempo die Musik, ein Rennen dieser Kategorie ist in seiner Wahrnehmung beinahe ein Sprint. Fehler zu vermeiden, ist entscheidend, es herrscht pure Rennstimmung und meist härtere Konkurrenz. Richtig hart wird es erst nach frühestens zwölf bis fünfzehn Stunden, aber dann ist die verbleibende Distanz längst zu kurz, um ihn mental ernsthaft zu fordern. Es wird Teilnehmer geben, die einen halben Tag länger brauchen werden, und für die wird es sich anders anfühlen. Für Christoph ist ein Rennen wie dieses rein körperlich eine Herausforderung und eine nüchterne Zahlenspielerei, wenn es läuft wie immer.

Im Mittelteil läuft es diesmal sogar besser, wenn das noch möglich ist. Dass das genau dem entspricht, was von ihm erwartet wird, ist die Tragik des ewigen Siegers. Wer am nächsten Morgen in den *Niederösterreichischen Nachrichten*, der *Kleinen Zeitung* oder sonst wo von seinem Rekordsieg liest, wird sich nicht am Kaffee die Zunge verbrennen, so vorhersehbar ist, was kommt. Die einzigen Fragen, die aufhorchen lassen: Wie viel schneller als der nächste Verfolger war er diesmal, und wurde ein Rekord gebrochen?

Christoph Strasser düpiert seine Konkurrenten, viele davon sind immerhin gute Bekannte oder Freunde, nicht gerne, und wenn das Rennen ausgefahren ist, findet man ihn unter den Ruhigeren. Aber wenn dann nicht eine anständige Packung zu Buche steht, rauscht nichts oder zumindest kaum etwas im Blätterwald. Er selbst gewinnt lieber knapp nach einem harten Duell als einsam an der Spitze. Auf dieser Strecke, den knapp 600 Kilometern rund um Niederösterreich, wird es *nur* eine Stunde Vorsprung sein; quer durch Amerika von Ost nach West, wo seine Stärken kumulieren, waren es schon eineinhalb Tage. Das lässt die hinter ihm blass aussehen, dabei ist es nicht ihre Schuld und auch nicht ihr Unvermögen, sondern seine Eigenschaft, alles, was dieser Sport von einem Athleten verlangt, in einer Person zu bündeln. Er aber verneint weiterhin hartnäckig ein ganz besonderes, herausstechendes Talent für die Langstrecke.

> *»Mir fällt auf, dass die äußere Wahrnehmung meiner Ergebnisse und Leistungen sich sehr oft auf den aktuellsten Zeitraum, die vergangenen paar Jahre, beschränkt. Das mag zugegebenermaßen für den Neuling oder Quereinsteiger einschüchternd wirken. Aber viele sehen nicht, wie lange ich den Sport schon mit vollem Ernst und Hingabe betreibe. Seit mittlerweile gut 15 Jahren trainiere ich diese hohen Umfänge, da gab es kein Jahr mit weniger als tausend Stunden Trainingszeit. Und die stärkste Phase meiner Karriere hat erst nach etwa acht Jahren begonnen. Kontinuität und Geduld sind also enorm wichtig, um sein bestmögliches Level erreichen zu können. Viele wollen nach kurzer Zeit schon an der Spitze mitfahren und sind dann enttäuscht, wenn das nicht klappt. Ich wehre mich dagegen, als Übermensch gesehen zu werden. Ich bin sicherlich übermäßig geduldig und fleißig in der Vorbereitung, habe gute körper-*

liche Voraussetzungen, aber trotzdem ist alles ein Ergebnis von viel investierter Arbeit und Zeit. Und von großer Leidenschaft, denn ich liebe den Radsport wirklich, habe immer noch viel Freude in mir. Sonst würde ich das nötige Training nicht durchziehen können. Es gibt auch Fahrer, die vorübergehend schneller fahren oder weniger pausieren – aber immer auf Kosten des jeweils anderen Faktors.«

Wie auch immer er es macht: Keiner im Ultracycling hält dieses Tempo länger durch, bei ähnlich kurzer Stehzeit. Es stimmt nicht, dass seine Art des Radfahrens langsam ist – deshalb auch die Faszination der perfekten 24 Stunden. Ein Tag, das ist vermittelbar. Nicht zufällig gibt es immer mehr Rundenrennen über 24 Stunden, aber auch Distanzrennen wie dieses, die man – auch als Hobbyfahrer im Mittelfeld – ohne Schlaf bewältigen kann, während die Zahl an ganz großen Brocken nach RAAM-Vorbild eher stagniert. Bei einem Wettkampf wie dem RAN nimmt, normalerweise, die mentale Komponente noch nicht überhand, jedenfalls auf seinem Niveau. Er kann aufs Prozent genau vorhersagen, wie viel er zu leisten imstande ist, und sie können es nachvollziehen und staunen, wie nahe das an ihre eigene Maximalleistung herankommt – oder diese womöglich deutlich übersteigt.

Natürlich ließe sich das auch gut verkaufen; er tut es aber, wie alle Champions, nicht deshalb. Es geht nicht darum, es der versammelten Ultracycling-Szene zu beweisen. Entscheidender ist, es sich, seinem Trainer und den engsten Vertrauten zu zeigen. Er kennt sich gut, aber wozu er an einem perfekten Tag in der Lage ist, nach einem Jahr akribisch abgestimmter Vorbereitung und ohne Stolpersteine, das könnte selbst ihn noch überraschen, und dieser Luxus ist jemandem in seinem Karrierestadium selten vergönnt.

Hier, nach knapp der Hälfte des RAN, kaum mehr als eine Stunde entfernt vom Fuße des Semmering, eines mit knapp tausend Höhenmetern ernstzunehmenden Anstiegs, sind alle Gedanken an das nächste Jahr eingefroren. Er ist im Hier und Jetzt, checkt weiter die Systeme und befindet, alles sei im grünen Bereich. Als Christoph auf seinen Tacho blickt, sticht neben der dreistelligen Wattzahl, die auf konstant hohem Niveau leicht auf und ab pendelt, eine weitere Zahl hervor. Die Durchschnittsgeschwindigkeit ist seit dem letzten Kontrollblick unter 40 km/h gefallen. Er senkt den Kopf und tritt zufrieden weiter. Nicht schlecht für die ersten 300 Kilometer – in Anbetracht der Bedingungen.

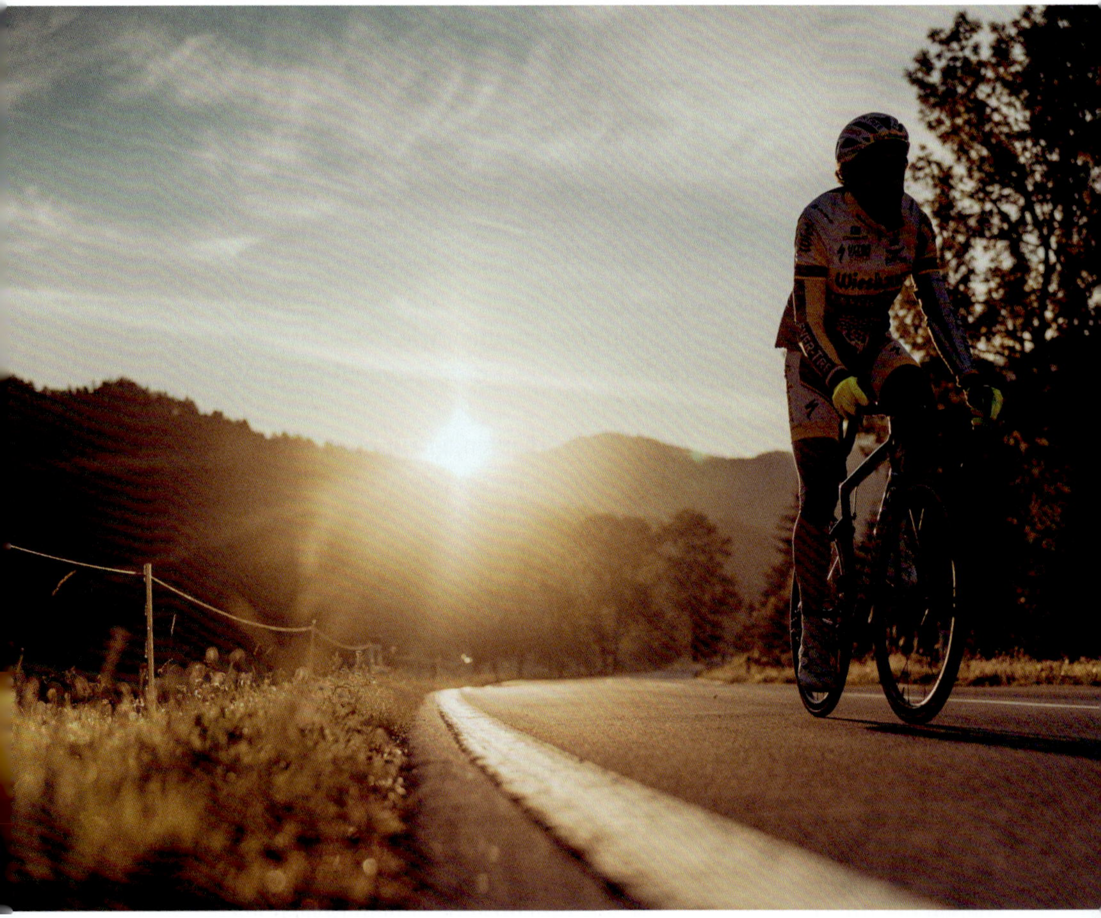

Stunde 3

GELASSENHEIT

Das Rennen im Rennen hat Christoph Strasser noch vor dem Anstieg für sich entschieden. Natürlich war es nur zum Spaß, denn Florian Kraschitzer, sein Teamchef vom RAA und treuer Betreuer seit Jahren, fährt eine Liga unter ihm. Trotzdem hat er sich respektabel geschlagen. Am Start ist er nur etwas mehr als zwei Stunden vor Christoph ins Rennen gegangen und er konnte seinen »Vorsprung« immerhin bis hierher verteidigen – schon über die Hälfte der Strecke ist geschafft. Was Florian zum Glück noch nicht weiß: Bis ins Ziel wird sich sein Zeitverlust verfünffachen. Auf knapp 250 Kilometern fällt er acht Stunden zurück, was in etwa Christophs Fahrzeit auf der verbleibenden Strecke entspricht.

Wie ist das möglich? Natürlich, Florians Fitness ist nicht vergleichbar, dennoch steht der Leistungsabfall in keinem Verhältnis zum Ausgangstempo. Die Antwort liegt in der Krise. Christophs vermeintlich größter Vorteil: Er baut langsamer ab, und wenn er einbricht, fällt die Leistungskurve flacher ab und wendet sich schneller wieder ins Positive. Oder sie stagniert auf einem Niveau, das ihn weiterfahren lässt, fast so als wäre er eben erst gestartet und nicht schon Stunden, Tage, manchmal Wochen auf dem Rad. Das wahre Erfolgsrezept: Christoph Strasser bleibt in Ultracycling-Wettkämpfen nur stehen, wenn die Crew es ihm erlaubt. Das klingt zugegebenermaßen krass. Aber nur so lassen sich die Stehzeiten so brutal reduzieren. Was in Rennberichten extrem hart und unbarmherzig wirken mag, wird schon vor dem Rennen genau abgesprochen und ist ganz in seinem Sinne. Oft betont er, wie unbedingt er diese Rollenverteilung braucht, um richtig schnell sein zu können.

> *»Wenn ich selbst entscheiden würde, wann und wie lange ich pausiere, wäre ich für mein letztes RAAM wahrscheinlich heute noch unterwegs. Darum müssen meine Betreuer in ihrer Rolle manchmal streng zu mir sein und dafür bin ich dann im Nachhinein dankbar – auch wenn ich während des Rennens jammere, klage oder um Pausen bitte. Ich gebe Entscheidungsbefugnis und Kontrolle im Rennen total ab, trete nur links und rechts hinunter, ansonsten höre ich auf mein Team. Die einzige Entscheidung, die ich selbst treffe, ist die, ob ich als nächstes Ensure mit Schokolade- oder Vanille-Geschmack trinke.«*

Jede Minute, die Florian nicht in die Pedale tritt, weil er sich kurz erholen, zum Essen stehen bleiben, seinem Gesäß eine Pause gönnen oder einfach dem konstanten Zwang, Meter zu machen, entfliehen will, lässt Christoph ihn 500, vielleicht 700 Meter weiter hinter sich. Und zwar ohne dass Florian sich danach besser fühlen oder sich auch nur einen Meter zurückerkämpfen würde, sobald er wieder in Bewegung kommt. Die physischen Strapazen gepaart mit Schlafentzug verursachen Vergesslichkeit. Entschlossenheit und klare Ziele werden mit jeder Stunde, die ein langes Rennen andauert, ersetzt durch kindliche Wehleidigkeit und den immer lauter werdenden Wunsch, der Müdigkeit und der Verlockung einer erlösenden Schlafpause nachzugeben. Florian selbst weiß das, denn er kennt Christophs offenes Geheimnis von Tausenden hinter ihm im Betreuerauto verbrachten Rennkilometern. Nichtsdestotrotz vermag er – wie die meisten Konkurrenten in diesem und allen anderen Rennen – nicht, die simple und brutale Erfolgstaktik selbst anzuwenden.

Totale Kontrolle

Christoph Strasser hat mittlerweile den Anstieg erreicht und die Wattzahl an das Soll für Bergauffahrten angeglichen. Hier kommt zum Tragen, was er sich in den Vorbereitungsmonaten zunächst in kurzen, später in längeren Intervallen und schließlich, zum Sommer hin, in zermürbenden Dauerbelastungen auf hohem, aber nicht maximalem Niveau erarbeitet hat. Er findet seine Mitte, den Flow, seinen »Steady State«: das, was jeder Sportler, der es einmal erlebt hat, am liebsten immer wieder heraufbeschwören möchte, im nüchternen Rausch der Endorphine.

Er fühlt sich nicht überschwänglich, sondern unter totaler Kontrolle. Das mit den Emotionen ist so eine Sache: Zu viel davon, im Positiven wie im Negativen, schadet seinem Plan. Eine gute Stimmung ja, doch seine Aufgabe ist zu langwierig, als dass Übermut ihm bei ihrer Erledigung dienlich wäre. Es ist kein Testosterongebolze; vielmehr muss er genau in sich hineinhören und das so realistisch wie möglich. Umgekehrt aber darf er nicht nachlässig werden, nicht zu lethargisch, muss darauf achten, den Fokus zu jeder Zeit auf seinem Ziel, genauer gesagt dem schnellstmöglichen Erreichen desselben, zu halten. Dabei hilft ihm das Wissen, wie es sich anfühlt, wenn der Körper langsam und unmerklich, dafür aber stetig seine Leistung zurückfährt, um sich vor Überlastung zu schützen. Wie dabei auch der Geist anfängt, unscharf zu werden, wie in Watte gepackt, dem Fahrer vorgaukelnd, es sei alles nicht so wichtig und eine kleine Pause mache keinen Unterschied.

Die meisten Athleten lassen sich über kurz oder lang vom inneren Schweinehund, getarnt als die Stimme der Vernunft, überreden. Sie glauben, sie würden das, ganz bestimmt, später auf der Strecke wieder aufholen und frisch ausgeruht und mit neuem Elan vielleicht sogar am Ende schneller sein als die, die sich blind gegen die Schwäche auflehnen und dabei doch nicht von der Stelle kommen. Tatsächlich ist aber selbst das geringste Vorankommen stets dem Stillstand vorzuziehen – logischerweise, denn nur um Vorankommen geht es in diesem Sport –, und selten geht die Taktik des schnellen Pausierers schlussendlich auf. Wenn sich, wie bei Christoph Strasser, Geschwindigkeit und Konstanz in einer Person vereinen, ist das Ergebnis ihr meist meilenweit überlegen.

Während Florian sich in den Anstieg hineinkämpft – sein Tretrhythmus wird nicht von Wattzahlen bestimmt, sondern vom momentan Möglichen –, erhöht Christoph das Tempo auf den letzten Metern den Pass hinauf und nimmt, sobald es etwas flacher wird, sogleich die aerodynamische Position auf dem Zeifahrlenker ein, um kein Watt zu viel unnötig aus seinen Beinen zu quetschen. Er hat sich diese Eigenart über Jahre angeeignet und damit viele Quereinsteiger aus den traditionellen Straßenrennen zur Verzweiflung gebracht: Auch auf der Passhöhe und den ersten Metern der Abfahrt leistet er sich nicht den geringsten Leerlauf, sondern bleibt bei sich und der Wattvorgabe, die es zu halten gilt.

Das passt zu seinem gelassenen Fahrstil, der nicht auf aggressive Antritte, sondern auf einen einzigen, langandauernden Zermürbungskampf abzielt. Je gleichmäßiger, desto erfolgreicher. Ebene gegen Steigung, linkes gegen rechtes Bein, Anfang gegen Ende, Hoch gegen Tief: Überall lässt sich die angestrebte Konstanz und Balance finden – von der Ernährung bis zum Ablauf der wenigen Pausen (wenn es solche denn überhaupt gibt, was hier, auf »nur« 600 Kilometern, nicht der Fall sein wird).

Mehr als ein verlorenes Rennen

Nur wenn etwas aus dem Ruder läuft, wird Christoph Strasser verwundbar. Dann brodelt es in ihm und manchmal, wenn auch selten, greift das auf sein Team über. 2015 war so ein Seuchenjahr, 2012 so ähnlich. Beide Male konnte er beim RAAM nicht sein Maximum abrufen, wegen Kleinigkeiten, die sich einmal zur Katastrophe und einmal zur schmerzhaften Niederlage auswuchsen. Beim RAAM 2015 war es die Flüssigkeitszufuhr. Zu viel in zu geringer Zeit, und seine Achillesferse, die Wassereinlagerungen, machte sich schnell bemerkbar. Er konnte kaum mehr etwas bei sich behalten, kaum mehr die Fassade wahren.

Läuft alles gleichmäßig, verschwendet Christoph im Wettkampf keine unnötige Sekunde und kein Körnchen Energie, und er hütet sich, irgendein Risiko einzugehen – sowohl körperlich, als auch was den Rennverlauf angeht. Alles fließt in den maximalen Output. Kein unsicherer Zug, nur souveräne Manöver, und immer zur wohldurchdachten Zeit. Das RAAM 2015 war anders. Ungewohnt planlos wirkten die Rettungsaktionen, gänzlich

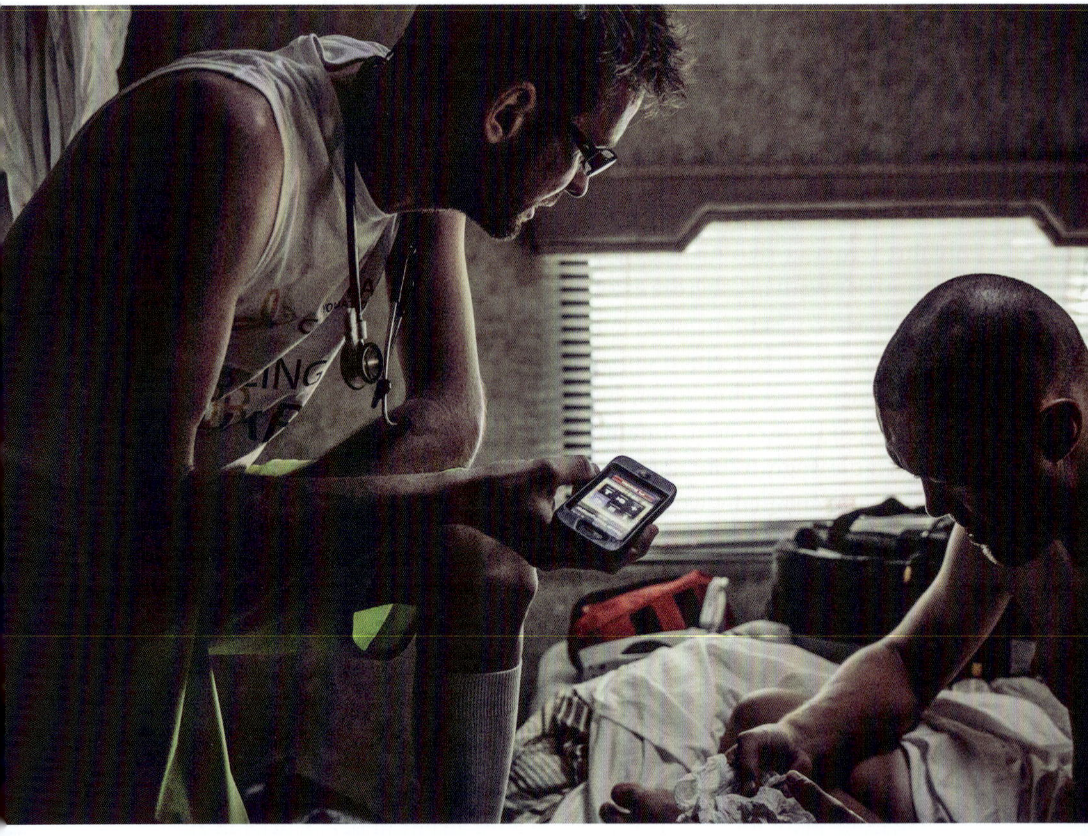

ungewohnt das Brandlöschen schon im ersten Viertel des ewigen Klassikers; mehr Reaktion als Aktion war in jedem Versuch zu spüren, doch noch alles in die Spur zu bringen. Selbst die Stimmung im Team kippte, die gewohnte Souveränität wich einer unterschwelligen Überheblichkeit, gepaart mit internen Vorwürfen, als das Chaos seinen Lauf nahm. Das alte Leittier Rainer Hochgatterer fehlte und war noch nicht ersetzt durch ein neues.

Die vorzeitige Aufgabe bedeutete seinerzeit nicht nur ein verlorenes Rennen. Kein Mensch hatte das RAAM zuvor dreimal in Folge gewonnen. Christoph Strasser waren 2013 und 2014 zwei Siege in Serie gelungen – beide Male unter acht Tagen, was ebenfalls noch niemand außer ihm geschafft hatte. Das RAAM 2015 hätte die Perfektion in Radform werden können, stattdessen wurde es der perfekte Albtraum: der Unschlagbare entthront durch den Sieg eines Rookies, noch dazu eines Freundes.

Es dauerte nicht lange, bis Christoph der nächsten Sieg in einem Ultracycling-Rennen gelang, doch die Gleichmut stellte sich eine Weile lang nicht ein. Es sollte noch ein durchwachsenes Jahr folgen, mit einem Sturz, der ihm die Chance zur direkten Wiedergutmachung nahm. Der Sieger in diesem verpassten RAAM 2016: zwei Tage hinter Christoph Strassers Bestzeit aus dem Jahr 2014. Dann aber gewann der Express beständig an Fahrt. Die Chemie stimmte wieder, und das sollte so bleiben, drei Jahre lang, bis zum vielleicht epischsten seiner Zieleinläufe, 2019, als er nicht nur die Rekordzahl an Siegen, sondern schließlich auch den bis dahin unerreichten Hattrick zu feiern hatte.

Zurückgeblieben davon ist eine nicht zufällig sechsteilige, von seinem Vater nach Vorbild der alljährlichen Siegertrophäe selbstgefertigte Garnitur Jausenbretter in Form der Vereinigten Staaten (für den Aufschnitt wären die Originale dann doch zu schade!) und eine Vielzahl kleiner und großer Pokale, Plaketten und Medaillen im Keller. Nicht mehr und nicht weniger. Wenn das auf seine ganz großen Taten zutrifft, dürfte von diesem Rennen – der kleinen, siebzehnstündigen Herbstrunde um Niederösterreich –, erst recht nicht viel bleiben. Dennoch macht Christoph jetzt, nachdem der Anstieg vorbei ist, keinen Unterschied zwischen RAAM oder RAN: Er könnte sich genauso gut in den Rocky Mountains befinden, was seine Einstellung zum kompromisslosen, schnellstmöglichen Fertigfahren ohne taktisches Dosieren angeht. Er muss sich zu nichts zwingen, denn er liebt die Situation, in der er sich befindet: alles unter Kontrolle und auf nichts reagieren müssen, außer auf die Anforderungen einer immer schwieriger werdenden Strecke.

Perfektion und Abenteuer

Florian Kraschitzer ist erst auf halbem Weg den Anstieg hinauf und fühlt sich alles andere als unter Kontrolle. Er liebt ebenso, was er tut, nur auf eine andere Art. Für Christoph ist es das Streben nach Perfektion, für Florian das Abenteuer abseits des Alltags. Beide wollen sie unbedingt ins Ziel, doch für Christoph ist das Wie von vielfach größerer Bedeutung. Während Florian in diesem Stadium für jeden hart erkämpften Höhenmeter büßen muss, häufig pausiert und der Strecke mit Kratzen und Beißen jeden Kilometer einzeln abringt, befindet sich Christophs Körper in einer über Jahre erarbeiteten, perfekten Balance. Sein Scheitern scheint an diesem Punkt unmöglich. Robert Müller, der Verfolger, auf den er sich eingestellt hat, kämpft mit einem anderen um den zweiten Platz. Der Rückstand der beiden hält sich zwar in Grenzen, Christophs Tritt lässt ihn dennoch uneinholbar erscheinen. Er lässt vergessen, wie labil ein vermeintliches Gleichgewicht in einem Wettkampf wie diesem, wo kein Ausruhen im Windschatten, keine locker dahingerollten Kilometer in ruhigen Rennphasen und kein Erbarmen nach der Drei-Kilometer-Marke existieren, in Wahrheit ist. Der Punkt des ersten merklichen Einbruchs könnte jetzt jederzeit kommen, bei ihm wie bei den beiden Kontrahenten hinter ihm. Die Perspektive mag eine andere sein – der vorne fühlt sich wie die Beute der Treibjagd, der hinten wie in der Gegenstromanlage, die jedes Vorankommen zehnfach erschwert –, alle aber leiden ähnlich und jeder für sich. Christoph allerdings, wie die Resultate zeigen, besser als die meisten.

Der Zweitplatzierte im Rennen hat Florian nun ebenfalls beinahe eingeholt, und wie immer an der Spitze des Feldes und mit einem fremden Betreuerfahrzeug in Schlagdistanz, keimt bei ihm bestimmt kurz die irrationale Hoffnung, der GPS-Tracker möge sich irren und das Fahrzeug vor ihm zum strauchelnden Führenden gehören. In diesem Fall wird die Illusion vom schnellen Überholvorgang zerstört, und die Euphorie zerrinnt – so lässt es sich vermuten – in der realen Erkenntnis, dass es ab hier nicht mehr leichter wird. Und dass der, der tatsächlich vor dem allerersten Pacecar im Rennen seine Arbeit macht und schon längst hier war, nicht irgendjemand ist, sondern so ziemlich der Letzte, den man in diesem Sport vor sich haben möchte, wenn es den Sieg auszufahren gilt.

Ein paar Stunden später hat sich wenig verändert. Die Platzierungen sind einzementiert, für Florian wird es noch ein langer Abend, Christophs Verfolger haben den Blick nach vorne längst mit dem nach hinten eingetauscht. Der heimliche Angstgegner hat seinen Kampf um den zweiten Platz verloren, womöglich zollt er dem fabelhaften Auftritt bei seinem ersten RAA Tribut. Christoph muss nur noch den Sack zumachen – eine Aufgabe, die er gut genug kennt. Er fiebert dem Ziel nicht entgegen wie einer, der nichts oder wenig gewonnen hat. Stattdessen verwaltet er das Ergebnis, natürlich auf hohem Niveau, aber doch nicht ganz mit 100, sondern nur mehr mit 98 Prozent, denn hier, bei diesem RAN im Frühherbst 2020, geht es nicht um das letzte Quäntchen.

In ziemlich genau einem Jahr wird das anders sein. Womöglich wird dann erst die letzte Stunde, wenn bereits so viel Schweiß und Flüssignahrung geflossen sind, die Entscheidung über Gelingen oder Fehlschlag der vielleicht größten Aufgabe seines Sportlerlebens bringen. Dort, in Colorado, wird selbst Christoph sich nicht dauernd unter Kontrolle fühlen, sondern so, als wäre die Anforderung übermenschlich. So als stünde eine Wand von tausend Kilometern Höhe vor ihm und eine Sanduhr mit viel zu wenig Zeit, um auf die andere Seite zu kommen. Davor wird noch viel passieren, woran er jetzt nicht denkt und auch noch länger nicht denken wird, denn es darf nicht zu früh um nichts anderes mehr gehen, wenn er den Spannungsbogen so hinbekommen will, wie es nötig ist. Christoph Strasser hat genügend Erfahrung, um zu wissen, dass alles, selbst der unbedingte Wille zum Erfolg, ein Ablaufdatum hat. Erst in zwei, vielleicht drei Monaten wird er sich gestatten, den Gedanken zum ersten Mal – wieder – konkret werden zu lassen. Das ist früh genug, und er hofft, dass bis dahin alles oder zumindest manches klarer ist in Bezug auf das Virus. Das auszuhalten – die Ungewissheit, die Ablenkung – wird die Aufgabe neben der Aufgabe, auf die er sich einzustellen hat.

»Sorry Jungs…«

Auch wenn hier beim RAN nun 98 Prozent reichen: Die Höhenmeter nehmen kein Ende; er wundert sich, dass das auf dem Papier unspektakuläre Streckenprofil, in die Realität übersetzt, das hergibt. Eine kleine Lücke in der Planung, die ohne Konsequenzen bleibt – diesmal. Er denkt nicht daran, wie schwer es Florian fallen wird, diesen Abschnitt zu bewältigen. Im Ziel ja, dann werden sie wieder dieselben sein, werden ihre Geschichten austauschen, als wären sie ein und dasselbe Rennen gefahren und nicht zwei gänzlich unterschiedliche.

Wenn so etwas erlaubt wäre, in Zeiten von Corona, würde Christoph dann einfach in der Menge der Feiernden untergehen und nur bei der Siegerehrung, mit seinem leicht beschämten Gesichtsausdruck, so als sei es seine Schuld und nicht sein Verdienst, kurz wieder im Mittelpunkt stehen. Florian würde ihn beklatschen, sich, ausnahmsweise als Konkurrent, ehrlich freuen und, noch wichtiger, schon das nächste Bier bereithalten, vielleicht auch etwas Härteres, und auch der erste, der zweite und jeder andere Verfolger wäre willkommen, mit anzustoßen. So würde es sein und so wird es wieder sein, denn so ist die Szene, auch wenn von Zeit zu Zeit einer hart daran arbeitet, das zu ändern. Wenn es nach Christoph Strasser geht, ist das Ziel gleichzeitig der Schlusspfiff des überlangen Egotrips, bei dessen Ertönen er am liebsten sagen würde: »Sorry Jungs, dass ich euch schon wieder geschlagen habe…!« Das sagt er natürlich nicht tatsächlich, ist hin und wieder aber knapp dran.

»Manchmal spüre ich beinahe das Bedürfnis, mich zu entschuldigen, wenn ich beispielsweise sehe, wie ein guter Kollege wie Patric Grüner beim RAA dreimal in Folge Zweiter hinter mir wird und bei der Siegerehrung dann so unglücklich neben mir steht. Er hat genauso hart gekämpft und im Rennen alles gegeben, trotzdem war er – wieder – nicht vor mir. Da bin ich ziemlich empathisch, aber andererseits denke ich auch immer an Jure Robič zurück, der zu Lebzeiten bis auf eine einzige Ausnahme beim RAAM 2009 jedes Rennen, bei dem er das Ziel erreichte, auch gewinnen konnte. Sich mit ihm zu messen, war auch für seine damaligen Konkurrenten eine geniale Erfahrung. Keiner war Jure böse, weil er nicht an ihm vorbeikam, es war vielmehr ein Ansporn, das eigene Training zu verbessern und an sich zu arbeiten, um sich ihm eines Tages wenigstens anzunähern. Insofern hoffe ich auch, dass ich durch meine Ergebnisse die anderen motivieren, den Sport insgesamt weiterbringen und Menschen dazu begeistern kann, sich einmal an einem Radrennen zu versuchen. Nicht andere Fahrer zu frustrieren, sondern zu zeigen, was möglich ist, ist mein Antrieb.«

Die Frage nach dem Warum

Christoph hat im Ultracycling viele kommen und gehen sehen – darunter kleine und übergroße Egos – und nie gezögert, sich mit ihnen allen zu messen. Letztendlich hat er seine Gegner und die nächste Bestzeit aber immer auch dazu benutzt, sein eigenes Bleiben zu rechtfertigen. Wieso das RAAM sieben-, acht-, neunmal fahren, wenn nicht um Rekorde aufzustellen? Um zu beweisen, dass man Gewinner, sogar Champions schlagen kann, und schließlich selbst dazu zu werden? Er ist einer von wenigen in seinem Sport, die überall zu dominieren vermochten – auf der langen, der mittleren und der kurzen Distanz, mit und ohne Höhenmeter, in der Hitze wie in der Kälte. Er hat sich die Schwächen – auf dem Rad und in allen anderen Belangen seines Berufs – abgewöhnt und ist dabei trotzdem, in den wichtigen Dingen, stets derselbe Mensch geblieben.

Die Antwort, die er sich selbst jedes Jahr auf die Frage nach dem Warum gibt, ist einfacher geworden: weil er es liebt und weil er es am besten kann. Die Frage nach dem Warum an jedem einzelnen Tag, im Keller, beim stundenlangen Grundlagentraining, ist eine andere Geschichte. Darum kostet er hier auch die letzte Stunde, in der es – natürlich – auch an seine Substanz geht, aus und schenkt sich nichts. Er will den Wagen mit leerem Tank abstellen. Das ist immer seine Vorgabe, und zu 98 Prozent wird er ihr an diesem Tag gerecht. Eigentlich fährt er auch dieses Mal mit hundertprozentiger Hingabe, aber mit Köpfchen, mit einem Tropfen auf Reserve, klugerweise ob der unbekannten Streckenführung im letzten Abschnitt. Christoph weiß, dass, wenn es zählt, er sich immer auf sich verlassen kann.

Daran hat er gearbeitet und alle versteckten physischen und mentalen Reserven ausgehoben, sie offengelegt und nutzbar gemacht. Davon lebt er gut und dafür lebt er zu intensiv, als dass ein Ende vorstellbar wäre. Für seinen Freund Florian bedeutet die Schlussphase des RAN, das Beste aus dem Wenigen zu machen, das noch übrig ist; währenddessen versucht Christoph im Gegenteil, so wenig wie möglich übrig zu lassen – denn wofür auch, wenn die Saison hier und an diesem Tag in Ungewissheit endet?

In *normalen* Jahren gäbe es noch die Gelegenheit, im radsporttechnisch eigentlich ruhigen November bei der Weltmeisterschaft im 24-Stunden-Einzelzeitfahren einen goldenen Schlussstrich unter die Bilanz einer langen Saison zu setzen. Das hat er in den letzten Jahren ein paar Mal gemacht, ist in die Wüste gefahren – nach Borrego Springs, in seine ganz persönliche Ultracycling-Oase – und hat sich dort über den Hochgeschwindigkeitskurs hergemacht, als stünde es eins zu null für den Gegner und er in vollem Saft. Danach war wirklich Schicht im Schacht, und er konnte sich in der Saisonpause guten Gewissens zurücklehnen. Dieses Jahr ist anders. Auch wenn das lange Rennen um Österreich und das kürzere um Niederösterreich gemeinsam letztendlich doch ein forderndes und attraktives Ersatzprogramm formten, fühlte sich bisher alles ein wenig nach holprigem Mittelweg an. Absagen, verfrühte Zusagen, Modifikationen und abgespeckte Versionen, die mit dem Original kaum mehr etwas zu tun haben – der Rennkalender kommt auch in der Spätsaison nicht zur Ruhe. Die Einzelzeitfahr-WM soll es auch in diesem Jahr geben, allerdings nur mit Livestream und allerlei Online-Klimbim. Ein Strohhalm in der Krise, und doch nur eine unwirkliche, hoffentlich schnell vergessene Episode, sobald alles wieder Fahrt aufnehmen kann.

Auf den allerletzten Kilometern seines letzten Saisonrennens herrscht absolute Ruhe. Er hat vor allem sich selbst bewiesen: Was er vorhat, ist möglich. Die Zerstreuung der kommenden Wochen wird ihm helfen, das noch klarer zu sehen. Sie wird ihn die Energie tanken lassen, die er dringend benötigt, sobald es mit der Vorbereitung konkreter wird. Alles ist eine nicht endende Aneinanderreihung von Wellengipfeln und -tälern, und er wird, in ziemlich genau einem Jahr, den höchsten dieser Gipfel erklommen haben. Daran zweifelt der innere Mentaltrainer Christoph Strasser keine Sekunde, und der Athlet Christoph Strasser, der es umzusetzen hat und dafür den nagenden Zweifel braucht, möchte ihm glauben.

Erst einmal ist es aber die letzte Ziellinie im Jahr 2020, die er unter dem Jubel seiner Betreuer und der wenigen Zaungäste überquert. Beide – er, und der Freund, der acht Stunden später durchfährt – fühlen sich verbunden durch die Intensität dieses langen Arbeitstages. Doch während Florian am nächsten Morgen nicht aus dem Bett kommen und die Beine noch wochenlang spüren wird, als liebevoll schmerzliche Erinnerung an das

Erreichte, sind Christophs Folgetage die Routine des Profis. Den Erfolg kommunizieren, regenerieren, sich mit dem Training der Übergangszeit bis in die Saisonpause beschäftigen. Der Rauschzustand der ersten Zieleinfahrten seiner Karriere stellt sich längst nicht mehr ein, denn der Höhepunkt ist für ihn, heute mehr denn je, der Kraftakt selbst.

Ruhig sitzt er im Doppelbüro, das er sich mit seiner Lebensgefährtin Sabine teilt, analysiert und erledigt das Tagesgeschäft. Er denkt zurück an den neuen Konkurrenten, der ihm zweimal nahekam, hofft auf weitere Begegnungen mit dem Gleichgesinnten, trinkt den einen oder anderen Kaffee mehr vor dem Training, lässt kleine Schwächen durchgehen und fühlt sich gut dabei. Der unbändige Wille darf jetzt ein paar Monate ruhen, während der Neustart sich praktisch von selbst inszeniert. Spannung darf in seinem Metier kein Dauerzustand sein, das hat Christoph Strasser begriffen. Er muss so viel dafür tun, was ihn ausmacht, und gleichzeitig geht es ihm so selbstverständlich von der Hand. Es ist, wie es ist – schlicht das Leben seiner Wahl.

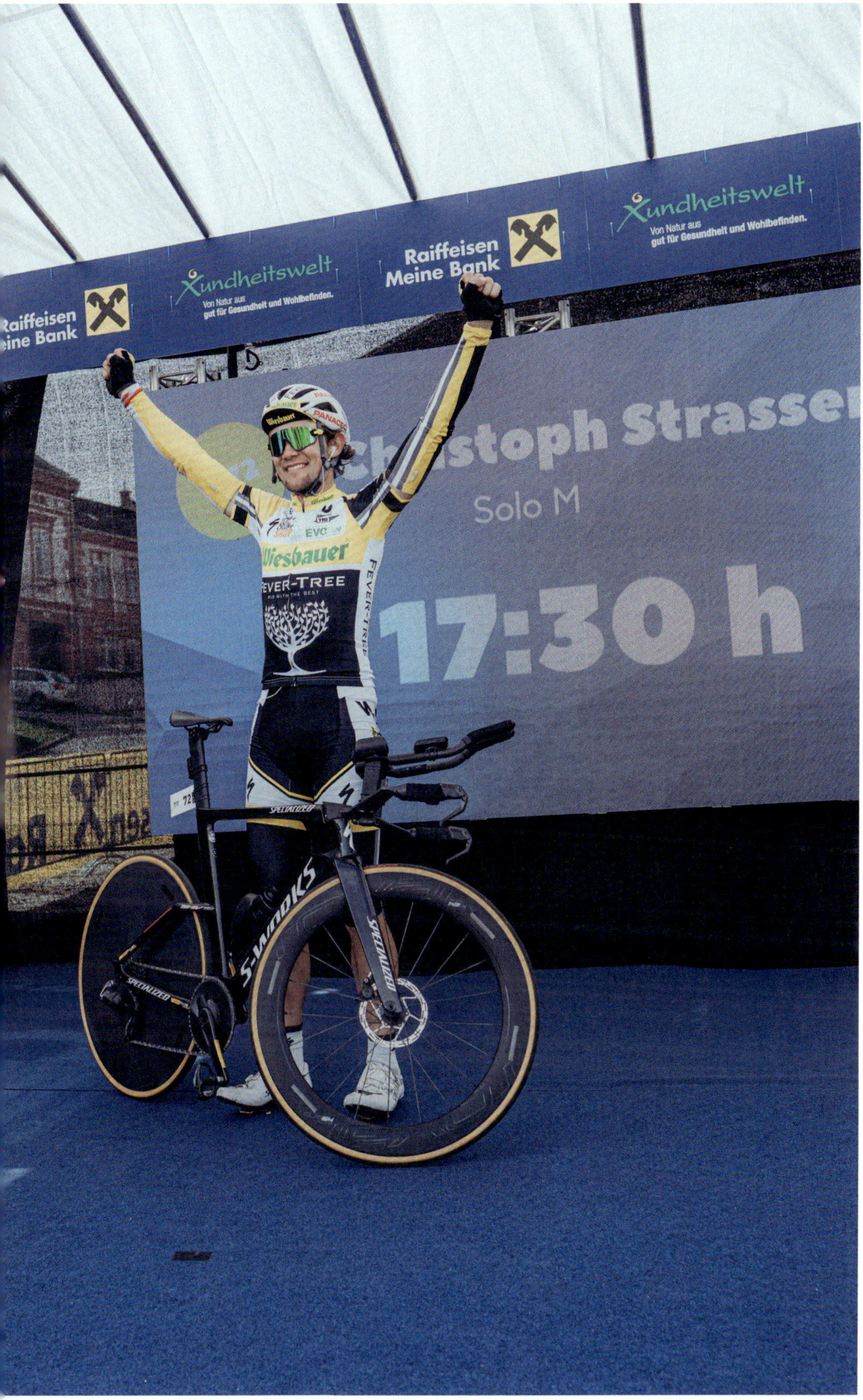

Raiffeisen Meine Bank
Xundheitswelt
Von Natur aus gut für Gesundheit und Wohlbefinden.
Christoph Strasser
Solo M
17:30 h
Wiesbauer
FEVER-TREE
S-WORKS
SPECIALIZED

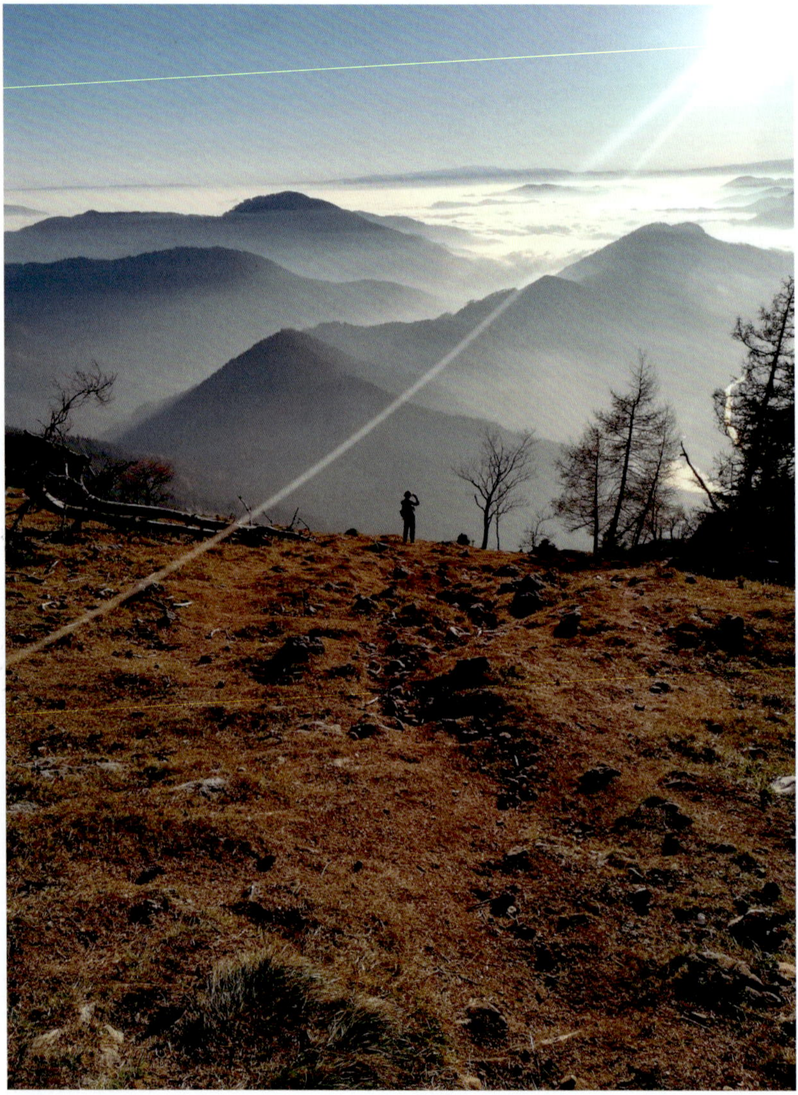

Stunde 4

LOSLASSEN

Der Oktober ist weder Fisch noch Fleisch. Die Schlachten sind geschlagen, die neue Saison wirft noch nicht das kleinste Licht ans Ende des Tunnels. Es gilt, anstandshalber, das Training bis zur Saisonpause aufrechtzuerhalten, in der dann plangemäß alle Systeme neu gestartet und die Uhr zurück auf null gesetzt werden sollen, damit kein alter Ballast den neuen Aufstieg bremst. Bis dahin aber darf der körperliche Abbau nicht zu schnell voranschreiten, ansonsten startet man, noch bevor es losgeht, aus der zweiten oder dritten Reihe und hinkt zuallererst sich selbst hinterher. Also wird weiter trainiert bis zum großen Schnitt, jedoch weniger zielgerichtet und mit der Gelassenheit, auch mal ein Auge zuzudrücken.

Christoph Strasser kann diese Überlegungen seinem Trainer Max Kinzlbauer überlassen. Ihm obliegt es, Veränderung und Konstanz im Trainingsleben seines Athleten in Einklang zu bringen, ohne dass sich dieser mit den Details abseits der eigenen Fähigkeit zur Umsetzung herumschlagen müsste. Christoph kann mitreden und tut das auch, muss sich aber nicht über jeden gefahrenen Kilometer und jeden Ruhetag graue Haare wachsen lassen.

In diesem so merkwürdigen Jahr – es fühlt sich an wie zwei und gleichzeitig so, als hätte es noch gar nicht begonnen – soll es wieder eine Veränderung geben, und zwar auch auf seine eigene Initiative hin. Das ist wichtig, damit dem detailoptimierten Körper nicht sein Anpassungswille abhandenkommt, aber auch, weil es sich in dieser seltsamen Zeit richtig anfühlt.

Keine Heldentaten

Physisch ist ein Plateau der Horror jedes Sportlers, und der Oktober ist die ideale Zeit, um Neues auszuprobieren. Aber auch psychisch ist ein kleiner Ausbruch aus dem Alltäglichen, gerade dann, wenn es ausnahmsweise nicht um alles geht, nicht minder wichtig, und von Zeit zu Zeit braucht es Impulse wie diesen, um sich selbst auf der eingefahrenen Erfolgsspur noch zu überholen. Konkret heißt das für Christoph in diesem Herbst: Es soll weiterhin Intervalle auf dem Rad geben, jedoch keine Höllenwochen mehr wie in den Hochphasen der Vorbereitung. Dafür wird er die Berge sehen.

Immer wieder fasziniert und belustigt es ihn, dass sich der riesige Vorsprung, den er sich auf dem Rad erarbeitet und lange nicht eingebüßt hat, nirgends, aber auch gar nirgends sonst hin mitnehmen lässt. Das ist der Preis der Spezialisierung und es macht ihm nichts aus; aber alleine die Feststellung dieser Tatsache bringt ihn zurück zur Demut der harten Arbeit gegenüber, die er schon in sich gesteckt hat und noch stecken wird. Einmal hat Christoph es in der Saisonpause mit Laufen versucht. Das Resultat? Keine Heldentaten, nicht nur nach seinen Maßstäben: eine Viertelstunde quer durch die Schrebergartensiedlung, in die sich sein unscheinbares Wohnhaus angenehm unaufgeregt einfügt, dann dieselbe Strecke zurück. Danach Knieschmerzen, die sich beim nächsten Mal zu schlimmeren Knieschmerzen, dann zu bedenklichen Hüftschmerzen auswuchsen, bis er es doch wieder sein ließ, denn eine in die nächste Saison verschleppte Überlastungserscheinung wog schwerer als das bisschen zweifelhafte Abwechslung.

Immer wieder streute er kurze Läufe und andere Alternativtrainings ein, die sich letztlich doch nicht besser anfühlten als das bewährte, aber stupide Training auf der Rolle – trotz der monatelangen Monotonie, der die anderen durch Skitouren, Crosstraining, Mountainbiken und alles Mögliche und Unmögliche zu entfliehen versuchen. Christoph sieht seinen Trainingskeller nicht als Strafe, sondern letztendlich als einen positiven Ort. Natürlich ist es eine Hassliebe, eine Gewohnheitsbeziehung mit Hochs und Tiefs. Dennoch: Dort bereitet er sich vor und seziert während des Schwitzens die vergangenen und zukünftigen Aufgaben bis ins Kleinste.

Lange schon hat er keine Niederlage mehr ausmerzen müssen, um anschließend stärker zurückzukommen. Wäre das so, würde dieser Raum wieder eine zentrale Rolle spielen, wie es jener tat, der vor diesem dieselbe Aufgabe erfüllte. Letztlich ist das Training auf der Rolle für Christoph ein zigfach bewährtes Hausmittel, das Planungssicherheit im Quadrat im nüchtern-pragmatischen Ambiente bedeutet – als Fundament ein Fliesenboden, dem kalter und warmer Schweiß nichts anhaben können, ebenso wenig wie der Gummiabrieb Tausender, auf der Stelle getretener Kilometer.

Dieses Jahr ist, durch Corona, ein bisschen anders als die vorherigen, in denen die bewährte Gewohnheit bei weitem die Oberhand behielt. In diesem Jahr freut er sich, so wie an diesem vorsichtig sonnigen Tag, mal ausbrechen zu dürfen. Auf dem Rad ertappt er sich dabei, kaum mehr das Neue zu suchen, zumindest nicht vor der eigenen Haustüre. Immer häufiger schlägt Effizienz dann Kreativität, und nebelverhangener Asphalt oder weiße, zu Tode gestarrte Wände nehmen sich ohnehin nichts. Christoph beklagt sich nicht; all das nimmt er in Kauf und bewahrt sich dabei sogar die Freude, wie in einer gereiften Beziehung, wenn man auch im Unaufgeregten weiß, was man aneinander hat. Wenn alles ein bisschen stiller und

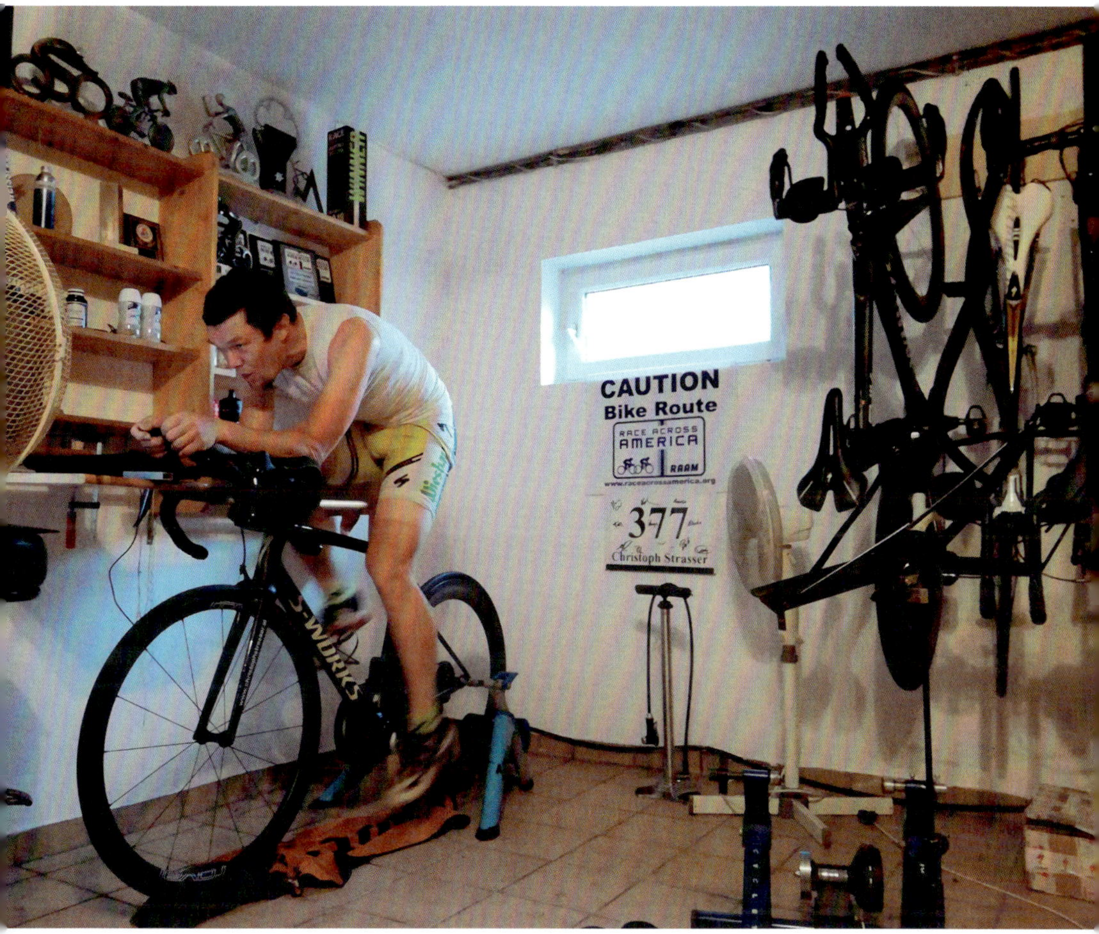

tiefer geworden ist. Doch in diesem, besonderen Jahr, einem Jahr der Unfreiheit in vielerlei Hinsicht, fühlt sich das Unkonventionelle richtig an und wichtiger als sonst, und, nebenbei, so schön wie lange nicht.

Die lange Autofahrt ist ein kleiner Wermutstropfen, aber der Anblick des grasbewachsenen Gipfels, der mit seinem kesselförmigen Anstieg einen imposanten Trainingsgegner abgibt, entschädigt sofort. Schnell gewinnt Christoph an Höhe und schwitzt dabei schon zu Beginn – deutlich mehr, als er das auf dem Rad tun würde, selbst bei höherer Belastung. Es ist kein Berglauf, auch schnelles Gehen erfüllt seinen Zweck. Auf dem Rad wäre er souverän, hier ist er gefundenes Fressen für jeden Bergläufer auf Hobbyniveau. Ein erfrischender Perspektivenwechsel. Und eine willkommene Rückkehr zu einem alten, in Vergessenheit geratenen Hobby.

»Bis zu meinem Dreiundzwanzigsten waren Wandern, Skitourengehen und Laufen Sportarten, die ich liebte. Doch nach zwei aufeinanderfolgenden Schulterverletzungen, einmal beim Surfen und gleich noch einmal bei einem Sturz auf einer Ski-Abfahrt während einer winterlichen Bergtour, reduzierte ich wie viele Profisportler rigoros alles, was mit Sturz- und Verletzungsrisiko einherging. Meine Schulter wurde leider sehr instabil, Dutzende Male ist das Gelenk luxiert, es passierte immer häufiger bei kleinen, alltäglichen Bewegungen. Mein Physiotherapeut Thomas musste mir einmal bei einem Radrennen die Schulter wieder einrenken, nachdem ich sie mir beim Anziehen der Windweste verdreht hatte. Das war auch die Zeit, in der ich wirklich ernsthaft zu trainieren begann, und so wurde das schulterschonende Rad zum Trainingspartner das ganze Jahr über. Erst nach meinem Radunfall 2015 mit anschließender OP wurde ich wieder etwas vielseitiger, seither ist meine Schulter wieder voll beweglich und belastbar, und ich freue mich, langsam die Begeisterung für die Berge wiederzuentdecken – wenn auch nur in gemütlichen Wandertouren. Vor allem, weil ich keine Angst mehr vor dem Ausrutschen auf einer nassen Wurzel haben muss!«

Zu viel Freiheiten

Es sind Tausende unmerkliche Kniebeugen, positive bergauf und negative bergab, die sich an diesem Tag hinter dem vermeintlichen Wanderausflug verbergen. Ein Zugewinn an Kraftausdauer, der später einen kleinen, aber womöglich entscheidenden Unterschied machen kann. Sein Trainer ist so überzeugt wie er selbst, dass sich das bezahlt machen wird, sobald alle Systeme wieder hochgefahren sind und er dorthin zurückgekehrt ist, wo er letztendlich immer endet, wenn alles gut geht.

Und doch ist es etwas Ungewohntes. Daheim auf der Rolle müsste Christoph seinen Rhythmus nicht erst zwischen Geröll und eingerosteten Bewegungsmustern suchen, alles wäre sicher abgespeichert und würde automatisiert abgerufen, so dass er vermutlich die schon ausgefallenen Vorträge und die bevorstehenden Absagen kaum zu verdrängen in der Lage wäre. Hier bewegt er sich auf weniger vertrautem Terrain, muss sich aufs Gehen konzentrieren. Er versteigt sich und landet auf einem Geröllfeld etwas linkerhand des Weges, den er eigentlich nehmen sollte. Er klettert weiter, versteigt sich noch mehr, manövriert sich in eine Sackgasse, zu steil für »Augen zu und durch«, schafft es schließlich über den Schotter wieder zurück, ohne den Hosenboden zu benutzen. Christoph genießt die Einsamkeit, denn wenn die Gegend um ihn eines nicht ist, dann überbevölkert. Dieser Herbst ist wettertechnisch bestenfalls durchwachsen; umso mehr freut er sich über die genutzte Gelegenheit, was ihn den Schritt beschleunigen lässt.

Das Vortragseinkommen in diesem Jahr? Überschaubar, gelinde gesagt, eher sogar gegen null gehend. Was ansonsten als sichere Bank einen Hauptteil seines Lebensunterhalts ausmacht und ihn letztes Jahr Aktionen wie diese aus Zeitgründen hätte streichen lassen, hat sich in Luft und Fragezeichen aufgelöst. Was ihn auf dem Rad beschäftigen würde, wo die Routine dem rotierenden Geist zu viele Freiheiten lässt, spielt bei einer solchen Bergtour keine Rolle. Christoph selbst wollte es so und hat es von seinem Trainer für gut befinden und in den Fortschrittsplan, der immerwährend hinter allem steht und stehen muss, aufnehmen lassen. Darüber freut er sich und macht kurz Halt, denn er hat die Baumgrenze hinter sich und kann nicht allzu weit über sich schon die Kuppe ausmachen, hinter der sich, noch unsichtbar, das Gipfelkreuz verbirgt.

Lange war er nicht mehr hier oben, zu lange. Lange auch hat ihn auf dem Rad keiner mehr geschlagen, nicht lange genug, wenn es nach ihm geht. Doch auch wenn er von Zeit zu Zeit daran denkt, wie es wohl wäre, plötzlich abgehängt zu werden, vielleicht sogar dauerhaft – immerhin ist er schon achtunddreißig –, könnte er damit besser leben als mit der unbefristeten Strafbank, als die er seine Saison im ersten Corona-Jahr empfindet. Zwei Rennen, immerhin, bei denen er sich behaupten konnte. Ansonsten aber: viel Freizeit, zu viel Freizeit. Die Freude darüber war, gebremst durch Regulatorien, die er so sinnvoll findet wie die meisten anderen, schnell passé. Die allgemeine Unruhe überkam auch ihn, dazu die Zweifel. Wann würde das nächste RAAM stattfinden, und wenn, dann mit der oder ohne die 377, seine traditionelle Startnummer, in der letzten Zeile der Teilnehmerliste? Würde ihm die neue Krankheit die Entscheidung abnehmen oder wäre der Spuk bald vorbei? Ein Jahr warten? Zwei? Was würde sich in der Zwischenzeit ergeben, was könnte sich ändern?

Natürlich, die Zwangspause bot auch Gelegenheit, einmal grundlegend weiterzudenken, einen Sprung aus der Tretmühle zu machen und mit gebührend Abstand das Gesamtkonstrukt zu betrachten. Sein Karrierestadium ist das des Ausfeilens. Vermutlich auch weil die Aussicht auf ein zeitnahes RAAM sich nicht klärte, erschien ihm in den zurückliegenden Wochen immer wieder und immer öfter die Zahl Tausend wie ein grob modellierter Entwurf über allem bisher Erreichten. »#1day1000k« – eintausend Kilometer in 24 Stunden. Christoph ist sich sicher, dass er es schaffen kann, aber nicht, dass er es schaffen wird. Das muss er auch nicht, denn er schätzt die Erfolgswahrscheinlichkeit auf immerhin 50, vielleicht 60 Prozent, was ausreicht, um als Realist die Idee nicht vor dem nächsten Zubettgehen vergessen zu haben. Der weitere Weg wird sich weisen, er vertraut auf den Prozess. Die Dinge, die er nicht beeinflussen kann – Corona, die neuen Regeln, einen verrückt gewordenen Präsidenten und allerlei sonstige Hysterie – blendet er, wie es seinem Naturell entspricht, von vorneherein aus.

Kein Problem mit kleinen Schritten

Vom Gipfelkreuz blickt Christoph auf den nächsten Gipfel, daneben den nächsten und daneben… Er denkt keine Sekunde an die entfernte Belohnung, sondern genießt die kühle Luft und die stechend klare Sicht. Er hält sich nicht lange auf, denn der Abstieg wird mitgestoppt. Unten, in den Ausläufern des Waldes, steht sein Wagen sicher geparkt. Es wird sich gut anfühlen auf der Heimfahrt, denn es hat sich schon jetzt ausgezahlt. Bergab spielt er mit dem Gelände unter seinen festen Bergschuhen. Er verfällt in ein gemäßigtes Traben, läuft ein paar Schritte und bremst sich, als es steiler wird, schnell wieder ein, damit der Muskelkater nicht die kommende Tour verhagelt. Christoph kann dosieren, wenn es das Programm so vorsieht, und hat mit kleinen Schritten kein Problem.

Ein schnell abgebranntes Feuerwerk versetzt im Ultracycling keine Berge. Etwas Euphorie ist dennoch erlaubt, und manchmal, so wie heute, bei einem kleinen, einsamen Abenteuer, ist weniger denken gleich mehr genießen. Das tut der Moral gut und, in Maßen praktiziert, auch der Leistung. Freude muss immer der Antrieb bleiben und ist es für Christoph Strasser geblieben, über all die Jahre. Aber ein langer Atem ist es, was ihn zum Profi macht und zwischen den vielen hervorstechen lässt. Dazu gehört, das Bevorstehende weder zu fürchten noch es zu stark herbeizusehnen, denn beides wäre schädlich für das klare Urteilsvermögen und die nüchterne Umsetzung.

Christoph weiß, er ist nicht als das Uhrwerk geboren, als das sie ihn heute sehen und – auf dem Rad – zu fürchten gelernt haben. Er weiß, er kann kometenhafte Höhenflüge erleben, aber auch heftig einbrechen und sich dabei selbst bemitleiden, bis nur die helfende Hand ihn wieder in die Spur zu bringen vermag. Seine Konkurrenz mag das vergessen haben, denn wann wäre dieses unberechenbare Element das letzte Mal für Außenstehende sichtbar hervorgetreten? Dennoch, Christoph kennt die emotionalen Achterbahnfahrten wahrscheinlich besser als so manch anderer in seiner Liga. Er kennt sie und respektiert sie als Teil seines Wesens. Er hat gelernt, sie zu einer Stärke umzupolen und wenn nötig, und auch sonst, bereitwillig Hilfe anzunehmen.

Sein Weg an die Spitze war kein alleine beschrittener, worauf er stolz ist, stolzer noch, als ginge alles alleine auf seine Kappe. Von Beginn an maß er dem richtigen Umfeld eine große Bedeutung bei, gab Verantwortung ab und, wie im Falle von Rainer Hochgatterer, dem Macher seines ersten RAAM-Siegs im Hintergrund, auch die unabhängige Kontrolle über den Fortgang seines Sportlerlebens. Christoph Strasser ist äußerst harmonie- und ebenso motivationsbedürftig, braucht die richtige Chemie im Team, die Briefe und Nachrichten von zu Hause, den Zuspruch. Es muss allen gut gehen, damit es ihm und seinen Beinen gut geht, dann kann er auf der

Welle mitschwimmen und sie zum Tsunami aufbäumen, der ihn tagelang trägt, bis der nächste Rekord zu Buche steht.

Nicht unverwundbar

Umgekehrt, und daran arbeitet er konstant und gewissenhaft, denn mit sich selbst im Reinen zu sein ist für ihn entscheidend: Seine Moral war in der Vergangenheit nicht unverwundbar, und es gab den einen oder anderen Riss in der mittlerweile wieder fest verschweißten Rüstung. Einen davon brachte ihm das RAAM 2012 ein, oder besser der Gegner dort, Reto Schoch. Ein chaotisches Gewirr aus Verdauungsproblemen, vermeintlichen Ungereimtheiten in der Regelauslegung des konkurrierenden Teams und, ja, schlussendlich auch einem Paar stärkerer Beine, dem in diesem verflixten Jahr nicht beizukommen war. Der kleine und drahtige Schweizer parierte unbeeindruckt, was man ihm servierte. Selbst die windverseuchten Geraden quer durch die weite Prärie konnten Christoph nicht retten. Das erwartete Heimspiel des Vorjahressiegers wurde zum Auswärtsspiel, er vom Favoriten aller zum krassen Außenseiter auf der Schlussetappe. Schließlich musste er sich, sichtlich gezeichnet und heiser vom Gegenwind, mit dem zweiten Platz abfinden.

Der Gegner behielt seine Attitüde bei und erschien im blütenweißen Sponsorentrikot und wie aus dem Ei gepellt zur Siegerehrung. Christoph Strasser indes reiste heim mit mehr als einem Denkzettel. Sein Selbstvertrauen war angeknackst, seine Finger und Zehen taub und seine Beine und das Gesicht geschwollen. All das durfte so sein, eine Zeit lang, doch die Taubheit sollte bleiben, ein paar Wochen zuerst und dann ein paar Monate, so dass er nicht einmal den Schlüssel im Schloss seiner Eingangstür selbstständig umdrehen konnte, geschweige denn eine Fahrradschaltung fehlerfrei bedienen. Sein Rad, auf dem er so gelitten und gekämpft hatte, wurde nicht auf einer Sponsorengala versteigert wie im Jahr zuvor, denn das mache, wie ihm unverblümt mitgeteilt wurde, bei einem zweiten Platz keinen Sinn. Über all dem schwebte für Christoph das hämische Gesicht eines Konkurrenten, der weder Respekt noch Demut zu zeigen bereit gewesen war und dem diese Tugenden beizubringen fortan der zentrale Gedanke hinter all seinem Tun sein sollte. Das Problem nur: Gesund konnte diese Entwicklung nicht sein, weder für Christophs Kampfgeist im Rennen noch für sein Selbstbild abseits davon, denn war es erstrebenswert, selbst diese Art Mensch zu werden, nur um einen anderen damit in die Schranken zu weisen?

»Ich glaube nach wie vor, dass das RAAM 2012 abgesehen von den DNFs das Prägendste für mich war. Der Ärger, die Enttäuschung, das Gefühl, etwas verloren zu haben an jemanden, der plötzlich auftauchte und sehr

schnell wieder verschwand, ohne sich in der Ultraszene wirklich Freunde zu machen, all das entfachte in mir ein neues Feuer, geschürt von einer Portion Wut im Bauch, wie ich sie ansonsten selten verspüre. In diesem Jahr hatte ich den Hauptkonkurrenten im Vorfeld unterschätzt, war mir zu sicher. Das sollte mir nie wieder passieren. Und schlussendlich kann ich mich bei Reto nur bedanken, denn ich bezweifle, dass ich damals ohne diesen Rückschlag den Ehrgeiz entwickelt hätte, das RAAM im Folgejahr unter acht Tagen zu beenden. Damals wollte ich mich für die Niederlage revanchieren, aber auf sportlich faire Art und Weise.«

Bloß kein Strohfeuer

Christoph besann sich also wieder auf die Werte, die ihn eigentlich ausmachten, und setzte alles daran, das Störsignal durch die vermeintlichen Psychospiele des anderen so weit nach unten zu tunen, dass sie kaum mehr ein Flüstern im Fahrtwind waren, als er schließlich, beim RAAM 2013, mit Pauken und Trompeten die erste Zeit unter acht Tagen ablieferte. Seitdem gibt es einen Strasser-Feiertag in Annapolis, Maryland. Schoch hingegen stieg um ins Immobiliengeschäft, sein Name kam im Ultracycling seither kaum bis nicht mehr vor. Wenn Christoph daran zurückdenkt, zieht er seine Lektion aus den Fehlern des anderen: kein Strohfeuer – besser eine sorgsam angefachte Glut, die nicht beim ersten Gegenwind erlischt.

Aber er musste auch in anderen Bereichen Demütigungen erdulden und Gelassenheit lernen. Wie lange beispielsweise berichtete der Österreichische Rundfunk, wenn er sich dem Ultracycling annahm, vornehmlich über Gerhard Gulewicz? Einen vom jahrelangen, professionell betriebenen Bodybuilding gebückt gehenden, kahlrasierten Charaktertypen, der aufgrund seiner starken Leistungen vor 2011 zwar zurecht als heißester Anwärter auf den ersten RAAM-Sieg nach der tragisch zu Ende gegangenen Ära Robič gehandelt wurde, jedoch immer häufiger ausschied, umso erfolgreicher Christoph selbst wurde. Er, der die Rennen tatsächlich gewann, musste zurückstecken, auch weil Gulewicz einen ORF-Reporter mit an Bord und phasenweise sogar zum Teamchef hatte. Seine Reaktion: Er entschied, den medial überrepräsentierten Konkurrenten und dessen immer häufiger in Eskapaden am Straßenrand gipfelnde Auftritte in einen gedanklichen Fernseher zu verfrachten, diesen auf stumm zu drehen, die Farbe aus dem Bild zu nehmen und das Gerät von sich weg zu schieben, mit dem Bildschirm gegen die Wand. So, dass er nicht mehr sehen musste, was sich darauf abspielte. Es klappte. Beim nächsten Mal, als er Gulewicz am Start des RAAM begegnete, stellten sich ihm nicht mehr die Nackenhaare auf, denn ähnlich wie zuvor Schoch hatte er den Gegner innerlich überwunden und sich von ihm freigemacht, noch bevor die Uhr zu ticken begann.

Nun aber, im Herbst 2020, verspürt Christoph Strasser – zum ersten Mal in seiner Karriere – eine Ahnung von einer neuen Art Gegner, der selbst ihn vor eine zu große Prüfung stellen könnte: die Zeit. Auch er muss sich Fragen beantworten, die man sich nicht gerne stellt. Er blendet sie aus, so gut es geht, trotzdem sind sie da und drängen sich, in den letzten Monaten häufiger als früher, in den Vordergrund. Wann wird die Zeit gekommen sein für ihn? Wann wird auch er einsehen müssen, dass es besser ist, einen Schlussstrich unter alles zu ziehen, und wie wird dieser Findungsprozess ablaufen? Wie lange wird er weitermachen, wenn sie ihn – das ist unvermeidlich – irgendwann links und rechts überholen und nicht zurückblicken werden, so wie er selbst sich nie umsah? Wird er den Rückschritt zum Platzierungsfahrer ertragen? Ist er wirklich bescheiden genug, so wie es von außen den Anschein hat, um damit in Würde umzugehen? Werden sie es ihm leicht machen, falls es so wäre, oder werden sie ihn in ein Karriereende treiben, mit ihren Schlagzeilen oder mit dem Ausbleiben ebendieser?

Körperlich spürt Christoph Strasser noch keine Abnutzung und auch nicht die voranschreitenden Jahre, denn er trainiert härter und verkraftet, was ihm zugemutet wird, besser denn je. Dennoch ist er sich nicht sicher, wo er jetzt lieber wäre: an dem Punkt, da noch unklar ist, ob man es je schaffen wird, oder an dem jetzigen Punkt, über den kaum mehr etwas gehen kann und der einem damit umso bewusster vor Augen führt, dass es nicht ewig so weitergehen wird?

Auf den letzten Metern durch den Wald, schon kurz vor dem Auto, denkt er nicht an all das. Der Moment ist dazu angetan, solche Fragen hintanzuhalten, denn die Natur zu dieser Jahreszeit führt ihm vor Augen, dass es noch mehr geben wird. Und außerdem ist da diese Zahl, die Eintausend, die ihm mittlerweile einen klaren Weg für die kommenden Monate anzeigt. Womöglich nimmt ihm Corona die Chance auf ein RAAM im nächsten Jahr. Womöglich war das letzte gewonnene, das Rekordrennen von 2019, tatsächlich sein letztes RAAM, ganz ohne Ehrenrunde zum Abschied. Vielleicht bietet die aktuelle Situation aber auch ein Schlupfloch zu etwas Neuem und bringt ihn schlussendlich zurück zum Altbewährten, und alles geht noch länger weiter, als er es sich realistisch betrachtet erhoffen darf. So oder so wird er damit leben müssen und können und sich nicht vor den Antworten drücken, die nur er selbst sich geben kann. Noch aber ist es – und das liegt nicht nur an dieser Zahl, aber an ihr ganz besonders – nicht Zeit für ein Resümee.

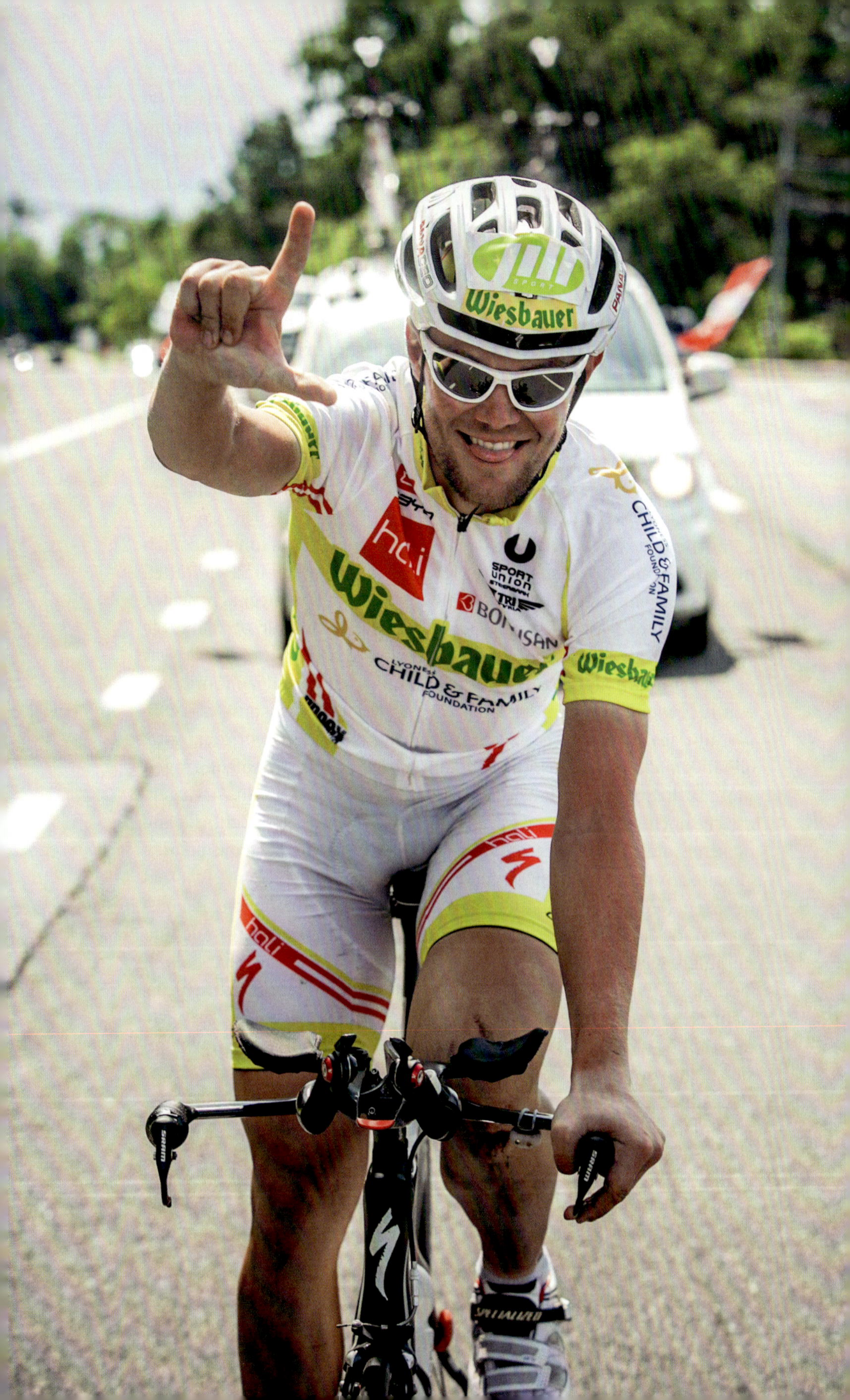
Wiesbauer
Wiesbauer
LYONESS
CHILD & FAMILY
FOUNDATION
CHILD & FAMILY
FOUNDATION
SPORT
union
BONISAN
hali

Stunde 5

PLANUNG

77. In Worten: siebenundsiebzig. Diese Zahl stand damals fett unterstrichen in seinem Kalender, größer geschrieben als jeder Geburts- oder Renntag. Das war im Mai 2013, nur wenige Wochen, bevor Christoph Strasser sich beim RAAM durch sieben Tage und knapp 23 Stunden nahe am Optimum in seinem Sport unsterblich machte. Ein paar Kalenderblätter davor konnte man die 78 ausmachen, wieder ein paar davor die 79, und so weiter, bis hinauf zur 82, für die man weit nach hinten in das Vorjahr blättern musste und die längst keine Rolle mehr spielte zum Zeitpunkt seines scheinbar unerwarteten Erfolgs im Duell gegen Reto Schoch, den quirligen Überflieger aus der Schweiz. Natürlich hatte die Zahl mit dem einen Rennen, für das seinerzeit alles perfekt sein musste, mehr zu tun als eine nur zufällige Ähnlichkeit mit seiner ewigen RAAM-Startnummer 377. Christoph wusste, dass diese 77 ein Erfolgsfaktor sein würde, schon bevor der erste Leistungstest im Frühjahr auf dem Plan stand. Er musste die Wärmeableitung verbessern, die Effizienz am Berg steigern und den Luftwiderstand verringern. Diese Zahl hatte etliche Dimensionen und war in vielerlei Hinsicht enorm wichtig, also musste die 77 unbedingt her, auf Biegen und Brechen, neben den besten Beinen seiner Karriere, einem noch etwas besseren Ernährungskonzept, einer Lösung für das Problem mit den Wassereinlagerungen und unzähligen anderen, im Einzelnen kleinen, in Summe riesengroßen Anpassungen des Gesamtsystems bestehend aus einem Radfahrer und elf Adjutanten in drei Begleitfahrzeugen.

Die 77: sein Körpergewicht zum Renntag. Die 82: sein Körpergewicht zum Start der Vorbereitung. Das Wissen: Die 77 würde eine abgespeckte Silhouette bedeuten – weniger Querschnitt gleich weniger Angriffsfläche für den bremsenden Fahrtwind. Sein Körper würde die Wärme aus dem Kern seines Körpers leichter abstrahlen und die Kühlung durch den verdunstenden Schweiß sein Inneres leichter erreichen können, wie auch immer das physikalisch im Detail funktionierte. Der abgeworfene Ballast würde, sofern er die Leistungswerte würde halten können, ganz automatisch Minuten oder Stunden bringen, vor allem in den Rocky Mountains, und, für den Fall, dass es dort wieder zum Infight mit dem Angstgegner aus der Schweiz kommen würde, definitiv in den steilen Anstiegen der Appalachen.

Den Angstgegner hatte Christoph in den Monaten der Vorbereitung gedanklich auf stumm geschaltet, und dennoch lief dieser Stummfilm in dieser Zeit permanent im Hintergrund, nicht als Ablenkung, sondern als Motivation, sich die kleine süße Schwäche, die vermeintlich belanglose Ausnahme, die verdiente Belohnung in der Ruhewoche nach dem harten Trainingsblock trotzdem zu verkneifen, nur für diese Zahl auf einem Kalenderblatt. Hätte er härter gefastet, wäre die 77 früher erreicht und womöglich auch zu unterschreiten gewesen, doch das sah der Plan nicht vor. Es ging nicht um WorldTour-Tuning, wie es die Straßenprofis für eine große Landesrundfahrt betrieben, nicht um Appetitzügler und Kampfdiät, sondern um ein ganzheitlich ausbalanciertes Konzept, dass die Grenze zwischen Genie und Wahnsinn nicht überschreiten, sondern sich ihr nur annähern durfte, bedächtig und mit Sicherheitspolster, und definitiv erreichbar mit legalen Mitteln. So war es beschlossen und so blieb es die gesamte Vorbereitung hindurch – ein fairer Deal zwischen Trainer und Athlet. Die Aufgabe sollte nicht zur Marter verkommen, sondern kontrollier- und auf Etappen aufteilbar bleiben und letztendlich, selbst mit sichtlich schlankerer Wade, mehr Kraft bringen als kosten.

Das richtige Maß

Der Profisport – und zwar jeder – ist ein heißer Ritt auf der Kante. Ein Schritt zu weit, und man stürzt ab, ein Schritt zu kurz, und dasselbe passiert. Das Letzte, was es braucht, um in diesem Beruf erfolgreich zu sein, ist die Neigung zu Schnellschüssen. Christoph Strasser hat den gleichmäßigen Takt des kontinuierlichen Fortschritts heute ebenso zu akzeptieren wie zu Anfang seiner Karriere. Damals fiel ihm das tatsächlich schwerer und er musste hart an sich arbeiten, um den inneren Zwang zum »Mehr und mehr«, naheliegend im Angesicht der Art von Herausforderungen, denen er sich zu stellen hat, in geordnete Bahnen zu lenken. Er hat ganze Jahre der Ungeduld opfern müssen, wie damals, 2008, als er sich mit 50 Stunden Training pro Woche auf direktem Weg ins Übertraining manövrierte und dabei sein Immunsystem an die Wand fuhr. Wochenlang in Südafrika einkaserniert mit einem Freund, nicht ganz wie eine Mischung aus Mönch und Guerillakämpfer, aber fast. Sechs bis neun Stunden Radfahren, dazu Einheiten in der Kraftkammer, total ermüdet. Die Weinverkostung, der Spaziergang am Tafelberg – das waren die spaßigen Ausnahmen an den wenigen Ruhetagen, auf die dann umso intensivere Einheiten folgten. Ein verhängnisvoller Fall von gut gemeintem, aber fehlgeleitetem Ehrgeiz.

> *»Beim Trainingslager in Südafrika war ich echt gut drauf, motiviert und voller Energie, damals aber noch ohne Trainingsplan und nur nach eigenen Vorgaben unterwegs. Rückblickend wurde mir später klar, dass ich*

zu schnell zu viel erreichen wollte. Wie ein richtiger Profi täglich nur zu trainieren, zu essen und zu schlafen, habe ich sehr genossen, dabei aber das richtige Maß aus den Augen verloren. Es gab ansonsten keine Verpflichtungen, die Zeit dort war wirklich ein Traum. Aber nur ein paar Wochen nach meiner Rückkehr war ich sehr krank, hatte einen Lungeninfekt, vielleicht auch aufgrund des abrupten Wechsels vom südafrikanischen Sommer hinein in den österreichischen Winter. Mein Immunsystem war vom übermäßigen Training geschwächt, und das ganze Jahr war dann durchwachsen, auf großartige Leistungen folgten immer wieder Verkühlungen und Einbrüche. Das Auf und Ab hat sich schließlich bis zum RAAM 2009 hingezogen, mit dem Ausscheiden im ersten Anlauf auf mein Traumziel als negativem Höhepunkt. Erst danach verstand ich, dass es einen Profi braucht, der Trainingspläne erstellt. Und dass weniger Trainingsstunden bei höherer Intensität dann echte Fortschritte bringen, aber bei richtiger Dosierung immer noch genügend Zeit zur Regeneration erlauben.«

Wieder konnte er nur auf Umwegen etwas umso Wertvolleres lernen. Gesundes Maßhalten hat ihn seither in jeder Hinsicht zu einem stärkeren und robusteren Athleten gemacht: Das schmerzvolle und völlig unerwartete Ausscheiden beim RAAM 2009 war, im Nachhinein betrachtet, zu einem guten Teil ein paar falsch gedrehten Schräubchen geschuldet, die die ganze Maschinerie – seinen Körper auf dem Leistungshöhepunkt bis dahin – binnen zweier langer Tage des vergeblichen Ankämpfens völlig lahmlegten. Einmal im Gange, kann der Verfall in seinem Sport kaum aufgehalten werden; das ist so und eigentlich gehört er zum Fixprogramm jedes Ultracycling-Rennens, einschließlich der besonders guten. Christoph Strasser musste auf die härteste Tour und mit einem Abzweig auf die Intensivstation in Pratt, Kansas, lernen, dass viel zwar viel hilft, aber nur so lange, bis es vom Heilmittel zum Gift mutiert, und das schneller, als man »Did not finish« sagen kann.

Seither ist er ein Fan von noch genaueren Listen und noch klareren Vorgaben: x Kilokalorien auf y Milliliter pro Stunde, im Vorfeld genau ausgetüftelt und im Ernstfall penibel eingehalten. Christoph wird zum Pedanten, wenn es um Aufzeichnungen und Kalkulationen geht, denn während es im Straßenradsport den Zauber der einen, großartigen und unvorhergesehenen Aktion geben mag, holt einen die gnadenlose Realität über 24 Stunden und mehr so zuverlässig ein wie eine nicht beglichene Steuerschuld. Lückenlos wird im Team Strasser alles dokumentiert, auch im bisweilen vorherrschenden Ausnahmezustand während der schlecht laufenden Nachtschicht oder wenn die Wüstensonne die Gehirne auf Dauergrill brutzelt, was ihn im Ergebnis praktisch zum gläsernen Menschen macht – sowohl für die noch klar denkenden Betreuer während des Rennens als auch für ihn selbst als nüchternen Betrachter und knallharten Analytiker im nächsten Jahr, wenn er darüber brütet, wie er sich noch einmal übertreffen könnte, ohne das Glück überzustrapazieren.

Gänsehaut

Seit Christoph Strasser Ratgeber hat, denen er vertrauen und auf die er Verantwortung übertragen kann, ist es bedeutend leichter geworden. Ein gutes Beispiel dafür präsentiert sich in der Art, wie er 2013 die Vorstellung, das RAAM ließe sich mit einer Zielzeit unter acht Tagen angehen, ganz heimlich und nur für sich aus dem Reich des Unmöglichen ins Denkbare holte, um das Vorhaben schließlich unter realistisch oder gar wahrscheinlich zu verbuchen. Seine Listen – namentlich die Zwischenzeiten von Timestation zu Timestation aus den zwei Jahren zuvor – waren ihm die größte Hilfe dabei. Er bemerkte, dass es genügte, die jeweils besten Etappenzeiten aufzusummieren, und eine bombastische Zeit käme heraus, selbst mit einem gehörigen Sicherheitspolster als Draufgabe. Als der Vorjahressieger Reto Schoch vor dem Start vollmundig ebenfalls eine Zielzeit mit einer sieben vorne verkündete, tippte der Schweizer ins Blaue. Der Rivale glaubte an sich, überschätzte sich mitunter, konnte faktisch jedoch nicht auf eine Planungsgrundlage zurückgreifen, wie sie Christoph längst in petto hatte und die er – das wiederum musste er mit dem Kopf und den Beinen erledigen – knapp eine Woche später auch erfolgreich in eine verblüffende Tatsache verwandelt hatte.

Viele Details mögen ihm dabei in die Karten gespielt und bei der Umsetzung geholfen haben: die drei aktiven RAAM-Sieger am Start, die rekordverdächtigen sieben Österreicher, die sich durchwegs gut verstanden und schon vor dem Start ein leistungsförderndes Klima schufen, indem sie mehrheitlich an einem Strang und auch noch in dieselbe Richtung zogen. Die besonders motivierten Betreuer, die sich gerne an der Schweizer Crew mit dem aus ihrer Sicht liberalen Regelverständnis revanchieren wollten; jeder Einzelne, vom Fotografen bis zum Teamkoch, aus ganz persönlichem Interesse. Den besten Plan allerdings, neben dem zweifellos besten Motor, hatte Christoph, der sich die gemeinen Abschnitte der Strecke im Osten der USA extra noch einmal zu Gemüte geführt hatte, im März, im Graupelschauer, während die anderen auf den Kanaren oder Mallorca die ersten intensiven Sonnenstunden des Jahres aufsogen. Der sich zudem jede einzelne Timestation auf dem Ergometer im Zeitraffer angesehen hatte, dann auf Google Maps, dann wieder im aufgezeichneten Bild, bis er so tief in den Empfindungen des kommenden Rennens steckte, dass sich sein Puls beschleunigte und die aufkommende Gänsehaut ihm bestätigte, wie bereit er sich fühlte.

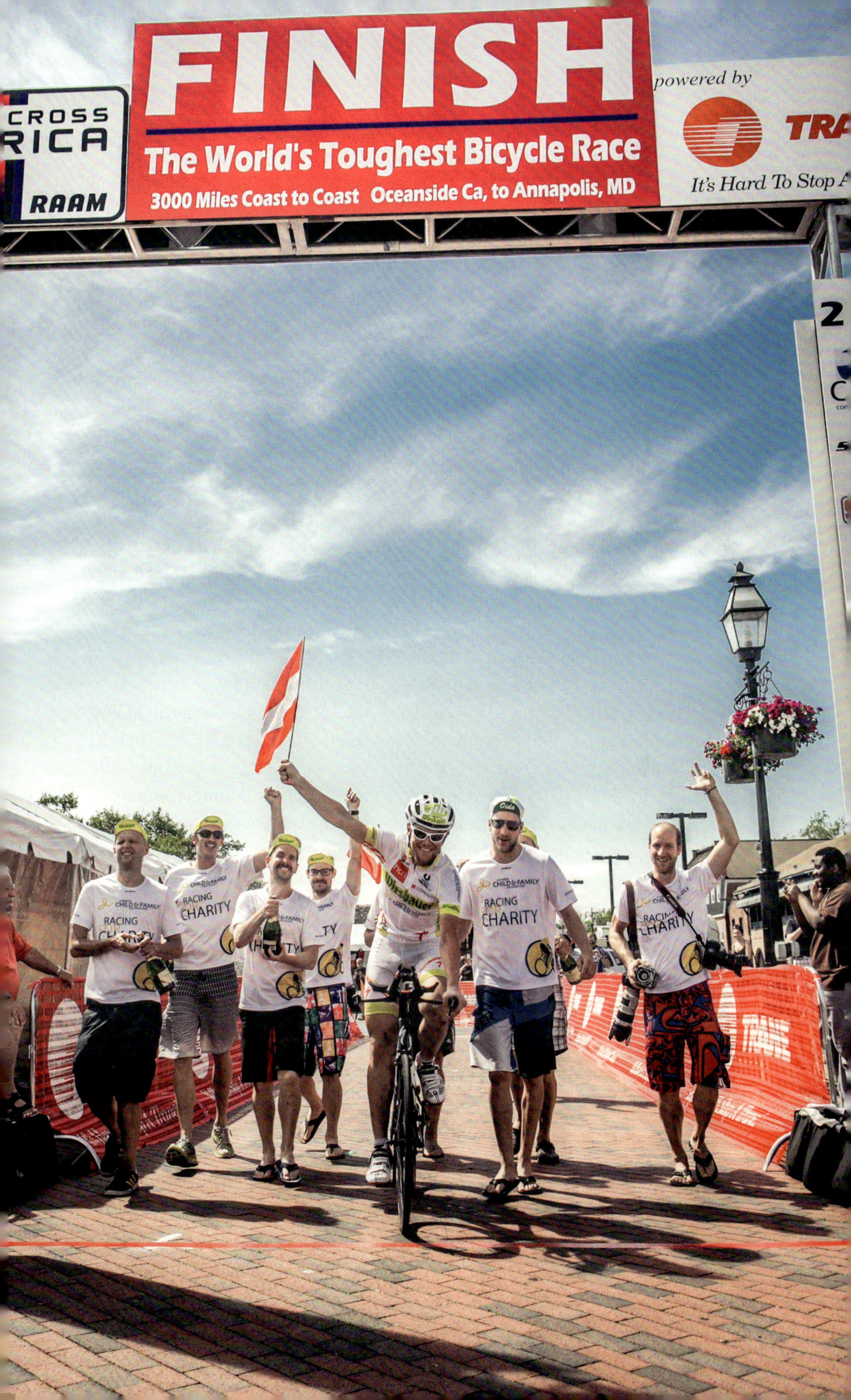

FINISH
The World's Toughest Bicycle Race
3000 Miles Coast to Coast Oceanside Ca, to Annapolis, MD
powered by
It's Hard To Stop
RAAM
RACING CHARITY

Während Reto Schoch sich beim RAAM 2013 gleich zu Anfang übernahm, dann tapfer um den zweiten Platz kämpfte und schließlich beinahe das Rennen aufgab, desillusioniert und überfordert durch die eigene Zielsetzung, zündete Christoph Strasser den Turbo bei Kilometer 200 und stellte ihn, als er an dem sich übergebenden Schweizer ohne einen zweiten Blick vorrübergefahren war, bis ins Ziel nicht mehr ab. Das Interessante: Im Jahr darauf pulverisierte Christoph die eigene Bestmarke erneut und etablierte damit einen neuen Maßstab. Was so vielen Aktiven im Kopf herumgespukt und sich doch bis dahin nie zum ernsthaften Gedanken entpuppt hatte, das Sub-8-Stunden-RAAM, war plötzlich fest etabliert. Eine erneute Wiederholung würde man von niemandem erwarten – außer von ihm, denn in seinem Fall wird Genie seither vorausgesetzt.

Selbst wenn Christoph Strasser erklärt, dass die seit 2016 signifikant verlängerte Strecke einen neuen Rekord beim RAAM kaum mehr hergibt, möchte ihm keiner das so recht glauben. Das ist unfair und nicht unbedingt fachkundig, doch so läuft das Spiel, und wieder steht er an einem Punkt, an dem er für sich entschieden hat, es mitzuspielen: Freiwillig holt er mit der Ansage »#1day1000k« einen weit entfernten Stern vom Himmel – immerhin realistischer zu erreichen als ein erneuter RAAM-Rekord – und macht ihn zur Zielscheibe einer sportlichen Hetzjagd, in der er Jäger und Gejagter gleichermaßen ist.

Jetzt, wo es langsam losgeht, ist wieder der unbarmherzig ehrliche Spiegel gefragt. Bald schon wird Christoph alle zur Verfügung stehenden Ressourcen auf das neue Traumziel verwenden, doch noch ist Zeit, sich in Zurückhaltung und Bedacht zu üben. Auch wenn er ganz bestimmt nie auslernt und gewiss neue Bausteine hinzufügen und andere anpassen wird, steht sein Grundgerüst bombenfest. Er muss nicht in Hektik verfallen und auch nicht in übertriebenen Tatendrang, denn er weiß, wo er hinwill und wie er – in den nächsten zehneinhalb Monaten – dort hinkommt.

Theorie und Praxis

Theorie und Praxis überschneiden sich gewöhnlich in Christoph Strassers Leben; das ist womöglich die wichtigste Kernkompetenz für seine außergewöhnliche Profession und macht ihn zum stabilen Menschen auch abseits des Sports. Stabilität heißt, in seinem Leben viel aushalten, aber auch die positiven Seiten festhalten und herausstreichen zu können, denn schließlich ist er in der privilegierten Lage, von schnellem Radfahren und guten Geschichten besser zu leben als die meisten. Seine Geschichten zu erzählen, bedeutet auch, von und durch sich selbst zu lernen und Situationen immer und immer wieder neu zu durchleben, bis sich das Positive fest in den eigenen Blickwinkel eingebrannt hat. Christoph hat den Ablauf, der folgen soll, schon so oft durchlebt, dass ihm der verfrühte Gedanke an die mentale Seite der Herausforderung keine Energie mehr stiehlt. Er weiß, dass er es kann: Er hat die Tausenden von Runden auf dem schnellen Parkett der Radbahn im schweizerischen Grenchen genauso überlebt wie die 90 Stunden mit ein paar kurzen Powernaps beim RAA oder die 190 Stunden mit ein paar kurzen Powernaps mehr beim RAAM.

Natürlich ist das, was auf ihn zukommt, die größte Herausforderung nach dem RAAM 2009, und vielleicht rangiert das Vorhaben »1000/24« in dieser Hinsicht sogar eine kleine Stufe darüber. Anders als bei den 5.000 Kilometern von West- zur Ostküste kann er beim perfekten Tag nur auf die eigenen Erfahrungen zurückgreifen und deklariert sich als Erster. Sein Bekenntnis, dass es machbar wäre, liegt nahe, denn im Moment gibt er den Ton an, doch es wäre überheblich, an mehr zu glauben als an den beherzten Versuch. Der Mentalcoach würde sagen: »Du schaffst es«, der Realist eher nachdenklich schweigen. Christoph steht zwischen beiden und soll umsetzen, was sich am besten mit der Erstbesteigung eines schwierigen Gipfels im Nebel vergleichen lässt. Hinzu kommen die Nachrichten von der Corona-Front, die in diesem Monat schon die Erschwernisse der nächsten und die völlige Unplanbarkeit der weiteren Zukunft erahnen lassen.

Das Geschichtenerzählen liegt auf Eis, viele Veranstalter schon längst am Boden. Wer wird sich das in Zukunft noch antun, mit all den Regeln und Konzepten und der unklaren Aussicht? Christoph kommt zugute, dass seine Sponsoren zu ihm stehen und er nicht viel braucht, dank seines genügsamen Lebensstils. Das geringe Einkommen seit Jahresbeginn vermag ihm noch keine ernsthaften Sorgen zu bereiten, doch das Durchstarten wird in der wirtschaftlichen Schockstarre nicht unbedingt leichter von der Hand gehen. Er freut sich, dass bald wieder ein kleiner Auftritt stattfinden darf und darüber, dass die meisten Gäste sich von den Schutzbestimmungen nicht abhalten lassen. Einer schreibt, er würde selbst im Ganzkörperanzug erscheinen; ein lustig gemeinter Gedanke, den die sich überschlagenden Ereignisse längst nicht mehr realitätsfern erscheinen lassen.

»Der wirtschaftliche Verlust durch die entfallenen Vorträge ist natürlich spürbar, aber da durch die Pandemie auch die kostspieligen Rennen ausfielen, war auch kein großes Budget nötig und somit blieben die finanziellen Einbußen verkraftbar. Was mir aber tatsächlich immer mehr fehlt, ist der Austausch mit den Leuten, die ich bei meinen Auftritten treffe. Das Gefühl, wenn man Leute erreicht und mit seiner Geschichte ein Stück weit ermutigt oder zumindest zum Lachen bringt und für einen Abend gut unterhält. Mittlerweile fühle ich mich bei Vorträgen sehr wohl und genieße sie. Dabei geht es mir nicht in erster Linie darum, über meine

Leistungen zu berichten, sondern vielmehr zu zeigen, dass gewöhnliche Menschen Außergewöhnliches schaffen können, wenn sie ihr Bestes geben und Leute um sich haben, mit denen sie an gemeinsamen Zielen arbeiten können. So wie ich mit meinem Team.«

Jeder Vortrag ist also mehr als eine Einbahnstraße: Was an Emotionen raus ans Publikum geht, kommt postwendend in positive Energie umgewandelt zurück. Dass diese Verbindung gekappt ist, hinterlässt nun ihre Spuren. »Schützt euch«, lautet die Botschaft in Dauerschleife und: »Übt euch in Verzicht«. Das betrifft auch jenen an Inspiration und intensivem Kopfkino, wie Christoph Strasser es bei seinen Aufritten in mucksmäuschenstillen Sälen in die Vorstellung seiner Zuhörer zu projizieren vermag. Doch wie lange wird das gut gehen, als Dauerzustand ohne die Inspiration als Licht am Horizont? Und immer wieder die Frage: Was tun, wenn Corona bleibt und in Colorado die Lichter nicht wieder angehen, vor dem nächsten Herbst? Die Weichenstellung muss jetzt stattfinden oder jedenfalls bald, und von bald spricht in den Medien kaum mehr jemand, in den Prognosen um das allgegenwärtige Virus mit seinen gleichermaßen unschönen wie mannigfaltigen Auswirkungen. Wenn, dann liest man von Schüssen ins Blaue und fragt sich als Einzelunternehmer seiner Art, wie darauf zu reagieren und was eigentlich noch selbst zu bestimmen ist. Die einfache Antwort: weniger, als einem lieb sein kann.

Über die schon verlorene Organisationszeit, sollte es doch glimpflicher ausgehen als befürchtet und das neue Jahr nach den Maßstäben der vorangegangenen abgerechnet werden, macht Christoph sich noch keine Gedanken, ebenso wenig wie um die noch düstereren Szenarien. Er zählt die Male am Berg und achtet darauf, wie nach jedem Mal die Muskelschmerzen vom Bergabgehen der Anpassung weichen. Er kann sich, wie zu Beginn seiner Karriere, über jeden dieser kleinen Fortschritte genauso freuen wie über ein großes Ergebnis. Er wünscht sich, für sich und alle, dass es wieder so wird wie vor der Krise und das lieber früher als später, doch an den eigenen Anforderungen an sich selbst ändert auch die merkwürdige Zeit, in der sich die ganze Welt fassungslos um Rat fragt, soweit nichts. Selbst in einer Phase der Saison, die dafür prädestiniert wäre, erlaubt sich Christoph Strasser nicht einen Durchhänger.

Im Laufe seiner Karriere hat er festgestellt, dass die Karotte namens planloses Nichtstun zwar im Rennen vor der Nase baumelnd hilft, jedoch, sobald man sie erreicht hat, bitterer mundet als acht Tage Flüssignahrung mit Waldbeergeschmack. Er wird bald wieder mehr tun und das sogar früher, als sein Trainer es von ihm verlangen würde. Es ist die Bewegung und nicht der Stillstand, die sich gut anfühlt. Er hat eingesehen, dass er nicht den Hedonisten zu spielen braucht, um sich für die neue Saison zu wappnen. Schon längst tüftelt er am Überqueren der Latte, die diesmal womöglich höher liegt als je zuvor.

Plan B

Christophs Überlegungen eilen dem körperlichen Training voraus, und ein Gedanke tut sich dabei besonders hervor: Was kann einen brauchbaren Plan B für den einen, vierstelligen Höhepunkt abgeben? Sich in blindem Vertrauen aus vollem Lauf über die Klippe zu stürzen, macht den Aufprall nicht weniger hart. Er muss, für sich selbst und die, die seine Reise seit Jahren finanzieren, eine Alternative parat haben. Seit ein paar Tagen weiß er, wie er das, im Falle einer Pandemie, die sich als noch zäher als befürchtet erweist, anstellen wird: Der Rekordversuch wird auf jeden Fall stattfinden, wenn nicht in Colorado dann irgendwo in der Heimat. Vielleicht gar direkt um die Ecke in der Südsteiermark, wo schon Wolfgang Fasching sich einen Tag und eine Nacht lang die gezählten Kilometer um die Ohren schlug? Wohl eher auf irgendeinem Testgelände in Deutschland, wo normalerweise die Prototypen von Autos und nicht ein aerodynamisch glattrasiertes Paar Beine auf Langzeittauglichkeit getestet werden.

Doch ganz gleich wo, die Zahlen lassen sich nicht drehen und die Tatsache steht bombenfest: Das Vorhaben »1000/24« würde sich so nicht ausgehen. Der größere Luftwiderstand ist ein unverrückbares Faktum, das sich nicht wegwünschen oder kleindenken lässt. Was kann demzufolge die Zielsetzung sein, für die es sich dennoch auszahlt? Die Fragezeichen in Form von sich täglich ändernden Corona-Verordnungen, die in endlos aneinandergereihten Pressekonferenzen doch nie mehr als völlige Unklarheit hinterlassen, erleichtern das Zu-Ende-Denken einer vagen Vision nur bedingt. Nicht nur Christoph Strasser geht es so, denn rundum steht alles Kopf und die Perspektiven verschwimmen bis zur Unkenntlichkeit. Gerade für ihn aber, der sich beruflich um das Ausreizen von Kleinigkeiten zu kümmern hat, ist die vollständige Lösung dieser inneren Gleichung nicht Endziel, sondern Startvorgabe.

Das Glück im Unglück: Mit dem Luxemburger Ralph Diseviscourt hat einer, der in den letzten Jahren konstant aufstieg, ihn jedoch bislang nicht einholen konnte, Christophs inoffiziellen 24-Stunden-Weltrekord von 914 Kilometern (aufgestellt bei der 24-h-Einzelzeitfahr-WM 2018 in Borrego Springs und nicht bei einem dezidierten Weltrekordversuch) in einen offiziellen Weltrekord von knapp über 915 Kilometern umgewandelt. Darüber lässt er sich keine grauen Haare wachsen. Vielmehr bieten ihm Diseviscourts mit beeindruckenden 280 Durchschnittswatt rund um den Speichersee des Wasserkraftwerks Vianden getretene Kilometer einen Ansporn, es besser zu machen, selbst wenn das eigene Ergebnis ebenfalls dreistellig bleiben sollte.

Ein weiteres Schlupfloch ergibt sich aus dem Umstand, dass das Ultracycling bisweilen merkwürdige Regelbücher schreibt. Anders als im konventionellen Straßenrennsport führen auf der Langstrecke verschiedene Wege zum Weltrekord. Über 24 Stunden auf der Straße genau zwei: Ein Rekord gilt für die Disziplin »Outdoor Track« – durchgeführt zum Beispiel auf offenen Radrennbahnen oder auf Automobilrennstrecken –, der andere wird in der Disziplin »Road« vergeben – auf einem Straßenrundkurs, der kein reines Oval ist, sondern typischerweise verschiedene Kurven aufweist. Eigentlich muss er sich also gar nicht an Diseviscourt revanchieren, der sich in der Kategorie »Track« verewigte, sondern zuerst am bis dahin unbekannten Slowenen Stanislav Verstovšek, der Christophs eigentlichen, offiziellen Weltrekord – genauer: seine 2015 auf dem Gelände des Berliner Flughafens Tempelhof aufgestellte Bestmarke von 896 Kilometern in der Kategorie »Road« – aus der obersten in die zweite Spalte der ewigen Bestenliste verdrängen konnte. Und das vor gerade einmal ein paar Wochen, mitten in der Corona-Pandemie und ohne den Anstand, vorne noch eine acht stehen zu lassen. Etwa 914 Kilometer hat Verstovšek in seinen 24 Stunden geschafft, damit ziemlich genau dasselbe wie Diseviscourt und Strasser in Luxemburg und den USA.

Aus diesem Dreieck, das sich da aufspannt, ergibt sich ein Ersatzplan, der erfreuliche Form annimmt. In knapp einem Jahr könnten beide Rekorde wieder ihm gehören: »24h Road« in Österreich, Deutschland oder wo auch immer es in Europa im nächsten Sommer möglich sein sollte. »24h Track« in der günstigen Höhenlage Colorados, wo allein sich auch das anvisierte Ziel »#1day1000k« realisieren ließe. Aber selbst die halbe Miete – ein neuer 24-Stunden-Rekord daheim in Europa und ein Corona-bedingter Verzicht auf den zweiten Versuch in den USA und, vorläufig, auf die erträumte Fabelzahl – wäre dann mehr als nur eine Kleinigkeit im Vorbeigehen. Es wäre keine Sponsorenbeschwichtigung, kein Trostpflaster für die Fans, sondern ein eigenständiges Unterfangen, ein beeindruckendes Hindernis. Christoph ist sich sicher: Es würde – es wird – Spaß machen, sich daran zu messen. Es würde und wird sich auszahlen, dafür zu arbeiten, und es wäre keine Schande, würde letztendlich irgendetwas schiefgehen. Die Straße vor sich zu sehen, ist zwar kein Meilenstein, aber ein unbedingtes Erfordernis auf dem Weg zur Größe.

Bei der Internetrecherche nach dem besten Asphaltkreisel diesseits des großen Teichs fällt eine Last von Christoph ab, von der er sich nur schwer eingestehen würde, es hätte sie gegeben. Er ist wieder eingenordet, auch wenn er es noch nicht wahrhaben will und sich bewusst Zeit damit lässt, dem professionellen Automatismus, diesem herrlich loyalen Gehilfen in den vergangenen Jahren, einmal mehr das Steuer zu überlassen. »Ende offen« und »Fortsetzung folgt« sind in seiner Welt nichts gegen die hart erarbeitete Klarheit einer im Protokoll der Offiziellen niedergeschriebenen Zahl. So ist seine Prägung, bis auf weiteres unabänderlich. Also wird er es auf sich nehmen und gleich zweimal die Entscheidung suchen – und beim ersten Mal, das darf ihn zuversichtlich stimmen, liegt es nur in seiner Hand. Er hat die Lunte nicht nur gerochen, sondern sie selbst entzündet, mit Hilfe eines Luxemburgers und eines Slowenen, die viel und vor allem eines gemeinsam haben: Sie beide haben ihm die Ehre erwiesen, ihn zu übertreffen.

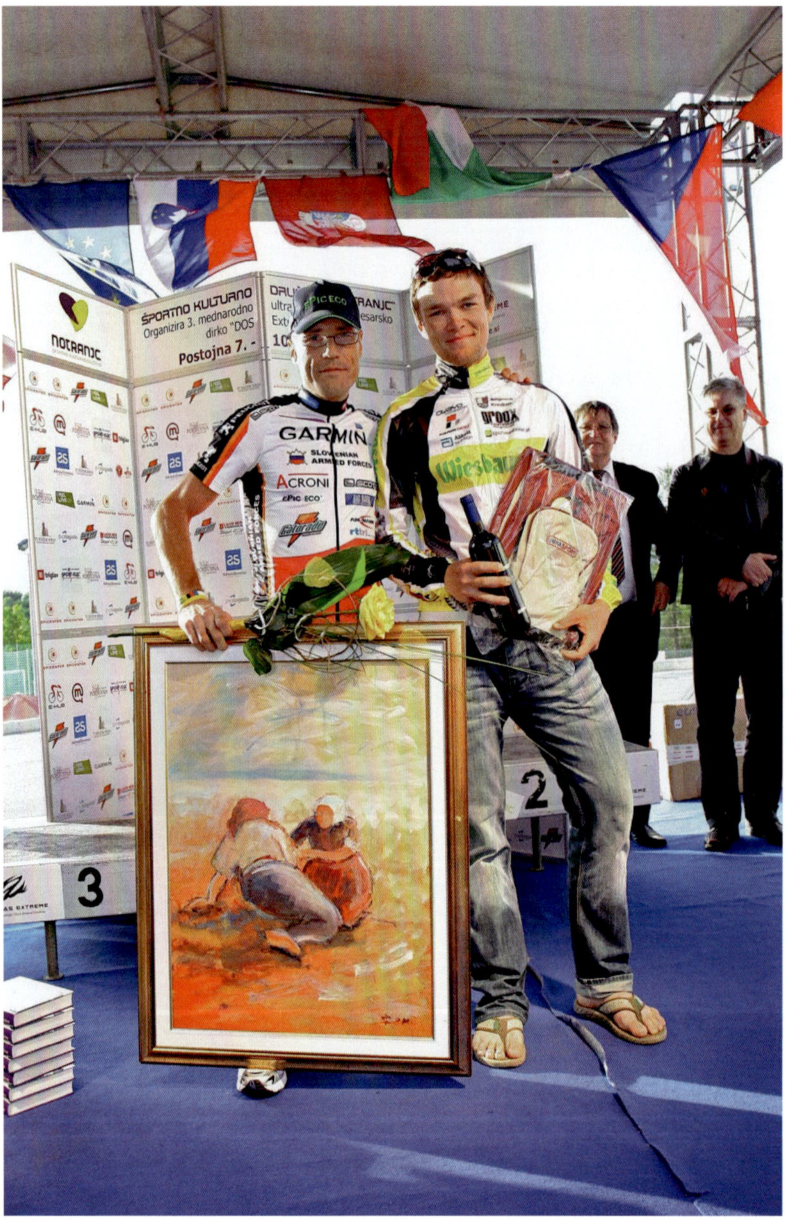
ŠPORTNO KULTURNO
Organizira 3. mednarodno
dirko "DOS
Postojna 7. -
NOTRANJC
GARMIN
SLOVENIAN ARMED FORCES
ACRONI
3
2

Stunde 6

URSACHE UND WIRKUNG

Schon damals 2015 in Tempelhof machte Christoph Strasser sich keine Illusionen: Seine Bestmarke böte Angriffspunkte, es wäre nur eine Frage der Zeit bis zum ersten ernstzunehmenden Angriff, am wahrscheinlichsten durch ihn selbst. 896 Kilometer hörten sich nicht schlecht an, doch es waren keine 900, kein Vordringen in den nächsten Hunderter also, wenn auch eine respektable Verbesserung gegenüber keinem Geringeren als dem großen Jure Robič, der in der Szene lange als unverstandenes Phänomen galt. Zu hart, zu schnell und, ja, auch zu verrückt auf die Art und Weise, die es in diesem Sport braucht, um wirklich gut zu sein. Robič konnte auf jeder Distanz und auf jeder Art von Rad sein Talent ausspielen, was nicht so oft vorkam in einer Szene der Quereinsteiger und abenteuerlustigen Alleinunterhalter. Er wäre zu seiner Zeit der Einzige gewesen, mit dem auch ein ProTour-Fahrer sich im Training hätte sehen lassen, und tatsächlich haben mehrere Straßenprofis das getan, denn er war zwar nicht einer von ihnen, doch auch nicht allzu weit entfernt davon und definitiv ein Rennfahrer, wie es wenige seiner direkten Mitstreiter im Ultracycling je gewesen waren oder sein konnten.

Jure Robič war auch einer, der früh das Potenzial in Christoph Strasser erkannte und das auch kundtat. Er beflügelte den jungen Österreicher seinerzeit erst einmal dadurch, dass er, der Dominator, ihn als ernsthaften Konkurrenten ansah. Aber auch durch das eine oder andere Gespräch, zum Beispiel vor oder nach Robičs Heimrennen rund um Slowenien, dem Race Around Slovenia oder kurz RAS, was den Neuling stets motivierte, mit voller Kraft und auf genau dem eingeschlagenen Weg weiterzumachen. Man konnte Robič abnehmen, dass er sich weniger vor der erstarkten Konkurrenz fürchtete, als dass er sich freute, dass die Lücke, die der zurückgetretene Wolfgang Fasching hinterlassen hatte, sich zumindest ansatzweise wieder zu schließen schien. Natürlich gab es Routiniertere und im Gesamtpaket – noch – Stärkere wie den Schweizer Dani Wyss, der Robič schließlich als einziger Fahrer in seiner Karriere im Kampf auf der Strecke beim RAAM Paroli bieten konnte. Auch der Österreicher Gerhard Gulewicz war ein ernstzunehmender Herausforderer, der ihm einen harten Schlagabtausch liefern konnte. Doch was Robič in Christoph Strasser sah und was daraus werden konnte, wenn es in die richtige Richtung weiterging, erinnerte ihn schon eher an sich selbst. Und das nicht nur aufgrund des schon am Start einschüchternden Quadrizeps, der beinahe genauso dick war wie der eigene. Christoph hatte auch dieselbe Furchtlosigkeit in den Augen wie er selbst, freilich noch ohne die Bestätigung durch die absoluten Spitzenleistungen, doch das würde kommen.

Noch hielt Jure Robič ihn mühelos auf Distanz, doch während Außenstehende glauben mochten, das würde für immer so bleiben, wusste er selbst es wohl besser. Das erste Aufeinandertreffen in Übersee kam 2009, als Christoph Strasser auf der Intensivstation und Robič unter wildem Protest hinter Wyss auf dem zweiten Platz landete – schließlich gab der Slowene das Rennen rund 70 Kilometer vor der Ziellinie wutentbrannt und für kurze Zeit seines Zaubers beraubt auf. Einmal zu oft in den Busch gepinkelt, knapp 5.000 Kilometer weiter östlich in einem Park in Oceanside, die Blase zusammengezogen von Startnervosität und dem feuchten Dunst an der Küste. Kleine Ursache, große Wirkung: Selbst dem großen Jure Robič ließ man diese vermeintliche Respektlosigkeit nicht durchgehen. Eine Zeitstrafe, auf die ein hartes und ehrenvolles Duell mit dem Schweizer folgen sollte, mit einem wenig rühmlichen Ende inklusive weiterer Zeitstrafen und gegenseitiger Anschuldigungen. Robič konnte nicht begreifen, was sie von ihm wollten, wegen dieser Lappalie, und schließlich konnte er auch nicht damit leben, auf der falschen Seite einer knappen Entscheidung zu stehen.

Ein Jahr später machte er den goldenen fünften Sieg perfekt; zu einem weiteren RAAM-Triumph sollte es dann, aufgrund einer himmelschreiend unglücklichen Begebenheit in einem namenlosen Waldstück seiner slowenischen Heimat, nicht kommen. Auf die fatale Kollision mit einem entgegenkommenden Fahrzeug, aus voller Fahrt bergab mit dem Mountainbike, folgte ein langes und nachdenkliches Schweigen in der überschaubaren Szene. Gulewicz und Strasser waren beide Gäste der Beerdigung, würdigten den Meister in stillem Einvernehmen, für einen kurzen Moment allen Ehrgeizes und der latent nagenden Konkurrenzgedanken beraubt. Natürlich wussten sie, es musste und würde weitergehen, doch der Slowene hinterließ ein Vakuum, wie es größer kaum hätte sein können, ob seiner beinahe unheimlichen Präsenz. Sein erster Nachfolger bedauerte, dass er sich nicht mit ihm hatte messen können, selbst um den Preis einer neuerlichen Niederlage.

Langer Schatten

Christoph Strassers Stern ging nun auf und leuchtete bald hell, doch es sollte wesentlich länger dauern, bis er sich selbst als gebührenden Nachfolger sehen konnte, wenn auch längst nicht als vollwertigen Ersatz. Robičs extrovertierte Dominanz auf der Strecke hatte sich so selbstverständlich in dessen eigentlich stilles Wesen eingefügt, dass Ähnliches sich nicht leicht andenken und keinesfalls aussprechen ließ. War er ein Hochstapler? Hatte er das RAAM nur gewonnen, weil es den ganz Großen nicht mehr gab? Christoph arbeitete hart an sich, daran zu glauben, dass es nicht so war. Robičs Bestleistungen nach und nach zu egalisieren oder gar zu verbessern, bestätigte ihn, kostete aber auf einer tiefgründigeren Ebene beinahe Überwindung, die eine gute Antwort auf das Warum von ihm einforderte. Vielleicht half ihm das große Vorbild mittels dieser kritischen, inneren Stimme indirekt sogar dabei, sich immer weiter zu steigern und schließlich den letzten Zweifel an seiner Rechtmäßigkeit zu überwinden.

Der 24-Stunden-Rekord auf dem Straßenkurs in Tempelhof war ein entscheidender Schritt auf diesem langen Weg, und der lange Schatten von Jure Robič lag auch 2015, fünf Jahre nach dem tragischen Ableben des Slowenen, über Christophs Entscheidung, die Bestmarke des Altmeisters in Angriff zu nehmen: Wäre es erstrebenswert, Robičs Rekord von 846 Kilometern – mittlerweile durfte er sich dies berechtigterweise zutrauen – zu übertreffen? Wäre es Majestätsbeleidigung durch den Kronprinzen? Wäre irgendwann, in den harten und langen Stunden, das Wissen um einen Konkurrenten, der sich nicht mehr wehren konnte, wie eine unsichtbare Hand an der Bremse? Christoph hatte viel mit sich auszumachen und schaffte schließlich, in seiner eigenen Leistung eine Würdigung des Vorbilds zu erkennen, mit der tröstenden Vorstellung im Hinterkopf, Jure hätte ganz bestimmt noch am Streckenrand, applaudierend und sich mit ihm freuend, fieberhaft über Ort und Zeit zur Revanche nachgedacht. So wie er jetzt Diseviscourt und Verstovšek wäre Robič ihm nach dem Rekord mit dem größten Respekt entgegengetreten, hätte ihm die Hand geschüttelt und sich gleich im Anschluss für eine seiner berüchtigten Monstereinheiten, in denen er gut und gerne zehn oder zwölf Stunden zum Tier werden konnte, in Richtung Einsamkeit verabschiedet. Seine letzte Maschine, ein schwarz-weiß-gelbes Scott, hätte ihn schon von weitem angekündigt, die tiefstehende Sonne reflektierend. Er wäre, in der Bewegung, längst wieder eins mit sich gewesen und hätte sich wohler gefühlt als unter den vielen Bewunderern. Es hätte seiner Natur entsprochen, das alles noch viel länger und vielleicht für immer zu betreiben.

Jure Robič wurde mit Mitte vierzig, im besten Alter für einen Radfahrer auf der Langstrecke, aus dem Sattel gerissen – zehn Jahre sind seitdem verflogen wie nichts und Christoph Strasser ist jetzt, mit 38, nicht nur altersmäßig dem Geist des großen Vorgängers verbundener denn je. Die Parallelen sind zahlreicher als die Unterschiede, und weiterhin misst er sich an der kompromisslosen Einstellung, die nach Robič außer ihm selbst niemand mehr zu erreichen vermochte. Es ist auch wichtig für seinen längst noch nicht gestillten Hunger, nicht alle so zu überstrahlen wie die versammelte Konkurrenz der letzten Jahre mit wenigen, kaum nachhaltigen Ausnahmen. Hätte Christoph sechsmal das RAAM gewinnen können ohne die Marke von fünf Siegen durch den Slowenen? Hätte er sich noch und noch und noch eine Stunde Schlaf abgerungen? Schoch, Wyss und wie sie alle heißen waren harte Gegner, doch begleitet hat ihn der Gedanke an den, der sein Potenzial erkannte und würdigte, als alles noch in den Sternen oder dem morgendlichen Kaffeesud geschrieben stand und nicht in den Schlagzeilen der Nachrichtenportale.

»Was mich an Jure immer fasziniert hat, waren seine zwei Gesichter. Vor dem Start war er freundlich und zurückhaltend, hatte Zeit für einen kurzen Austausch, einen lockeren Spaß. Sobald es aber losging, wurde er zur Kampfmaschine, schaute nicht nach links und rechts, es gab keinen Wortwechsel mehr, wenn er jemanden überholt hat, es war alles auf kompromisslosen Vortrieb ausgerichtet. Durch dieses Auftreten hat er seinen Konkurrenten fast immer den Glauben genommen, es mit ihm aufnehmen zu können. Die einzige Ausnahme zu Jures stärksten Zeiten war Dani Wyss beim RAAM 2009, der nach einer schlimmen Krise am ersten Tag den zweistündigen Rückstand aufholen und ihn schließlich in ein Duell Kopf an Kopf zwingen konnte, in dem Jure letztlich aufgrund durchgehender Nerven unterlag. Ansonsten lag Jure ab dem zweiten Tag beim RAAM immer so weit in Führung, dass er den Vorsprung nur mehr verwalten musste. Nach dem Rennen schaltete er um und war wieder der gesprächige Kollege und Partytiger wie immer. Einmal hat er sogar sein Essen nach dem Race Around Slovenia mit mir geteilt, weil er sich eine zu große Portion auf seinen Teller getürmt hat. Frei von Arroganz oder Allüren. Diese Eigenschaft hat mich immer an ihm fasziniert, und ich wollte ihm in dieser Hinsicht nacheifern. Ein netter Kerl sein an normalen Tagen, ein kompromissloser Vollstrecker im Rennen. Das Einzige, was ich besser machen wollte als Jure: einen Vorsprung nicht zu verwalten, sondern bis zur Ziellinie mit demselben Fokus und Einsatz schnellstmöglich zu fahren. Vielleicht gelang mir das auch, weil ich im Gegensatz zu ihm kein gelernter Rennfahrer war, der das Fahren auf Platzierung und das Schonen der Kräfte verinnerlicht hat, sondern ein Quereinsteiger mit unbefangenem Zugang zum Radfahren.«

Es wäre zweifellos einer der interessantesten Dauerzweikämpfe dieses Sports geworden. Und auch wenn Christoph Strasser den deutlich älteren Jure Robič im direkten Duell mit den Jahren möglicherweise immer öfter hinter sich hätte lassen können: Der Slowene hätte sportlich zurückgeschlagen, immer wieder, oder es zumindest versucht, ganz bestimmt. Christoph wird dasselbe tun, wenn es so weit ist, das ist wie ein Naturgesetz. Irgendjemand wird auch seinen Namen schließlich verdrängen und sich mit seinen großen Fußspuren herumschlagen müssen, doch bis dahin ist noch ein Stück zu gehen – ein großes, wenn es nach ihm geht.

Chef im Ring?

Die 896 Kilometer von Berlin stellten Christoph Strasser schon damals, im Moment seiner umjubelten Zieleinfahrt, nicht zufrieden. Zu kühl waren die Bedingungen gewesen, zu kurvig die künstlich verlängerte Strecke, zu groß der Freizeitbetrieb auf dem nicht gesperrten Gelände, der ihm Kinder, Fußbälle und arglose Spaziergänger vor den Aerolenker warf. Er würde das besser machen können, irgendwann, wenn wieder einmal Zeit dafür wäre. Immerhin, mit den 896 Kilometern auf dem Tempelhofer Feld konnte er nicht nur den »Road«-Rekord von Robič, sondern auch die Bestmarke von etwa 890 Kilometern in der Kategorie »Track«, aufgestellt im nahe an der slowenisch-österreichischen Grenze gelegenen Lenart durch den Slowenen Marko Baloh, knapp übertreffen. Damit hatte Christoph Strasser sich, wenn auch nur inoffiziell, in einem Aufwasch die absolute Spitze gesichert. Und auch wenn seine erwähnten 914 Kilometer im Zuge der 24-h-Weltmeisterschaft im Einzelzeitfahren 2018 niemals als Rekord in Frage kamen, sah man sie doch als Draufgabe zur alten Marke und ihn damit als bestätigten Chef im Ring. Dieses Bild hängt nun schief. Dass nun nicht nur die inoffizielle Bestmarke dahin, sondern auch der »Road«-Rekord offiziell fort und in den Händen eines anderen Slowenen ist, macht den geplanten Doppelschlag besonders reizvoll. Sollte der ganz große Wurf gelingen, wäre Christophs Name wohl für die nächste Zeit ganz oben in den Bestenlisten beider Kategorien festgenagelt. Aber selbst wenn der »Track«-Versuch in Colorado wegbräche: Die theoretisch berechneten 950, vielleicht 960 möglichen Kilometer auf dem »Road«-Kurs irgendwo in Mitteleuropa brächten ihn nicht nur in dieser Kategorie weit vor Verstovšek, sondern, zumindest inoffiziell, wieder zurück nach ganz oben.

So viele Zahlen, so viele hypothetische Spielereien und allem voran auch ein kleiner Stich im Herzen des Vollblutprofis: Damals, 2018 in Borrego Springs bei der WM, als weit in Führung liegender Sieger, hätte Christoph Strasser die eine »Ehrenrunde« von fünf oder sechs Kilometern und vielleicht sogar noch eine zweite locker untergebracht in den verbummelten zwanzig Minuten, die er sich, vielleicht zum ersten Mal seit seinem Senkrechtstart ausnahmsweise zugestand. Endlich und nur dieses eine, besondere Mal konnte er dem allzu menschlichen Bedürfnis nach einem ausgekosteten Glücksmoment nicht widerstehen, und mehr noch: Er wollte ihm nachgeben. Alles passte zusammen: Er, der ungekrönte, aber klare Sieger, saß im grünen Gras des Christmas Circle, in der herbstlichen Wüstensonne, die sich nach Sommer anfühlte und angenehm warm die noch an seinem dünnen Zeitfahranzug klebende, durchfrorene Nacht übertünchte. Inmitten des großen Kreisverkehrs, dem Zentrum dieser WM und des kleinen Wüstenkaffs, dort, wo alljährlich auch der eigentliche Startschuss zur brutalsten Etappe des RAAM fällt, freute Christoph sich mit Angehörigen und Betreuern über die greifbare Leidenschaft all der anderen, zum Teil weit hinter ihm liegenden Athleten. Er sog deren Begeisterung geradezu in sich aufs, gerade weil er sich normalerweise keinen Sinn für solche Sentimentalitäten leisten durfte. Es war wie beim Ironman, wenn der Erste frisch geduscht die Letzten beklatscht. Dem vorbeiziehenden Marko Baloh widmete er einen besonderen Blick, gratulierte ihm im Stillen zum zweiten Platz und sich selbst dazu, sich diese kleine Freiheit gegenüber einem strengen Ego herausgenommen zu haben. Zwei Jahre später ist dieses Gefühl nur mehr eine vage Erinnerung; die zwanzig verbummelten Minuten hätten ihn zweifellos in Richtung 925 Kilometer getragen und damit über die aktuelle Bestmarke hinaus.

»2018 erlebte ich bei der WM in Borrego Springs einen Wahnsinnstag. Ich fuhr meinem zweiten WM-Titel im 24-h-Einzelzeitfahren entgegen, war sehr gut unterwegs, der Start in der Dämmerung und das schnelle Rennen in der kühlen Nacht waren perfekt gelaufen. Ich kannte die Strecke schon in- und auswendig, hatte eine Topform und mit meinem Trainer Max vor Ort eine geniale Ein-Mann-Crew. In der zweiten Hälfte des Rennens auf dem etwa 29 Kilometer langen Rundkurs kam ich mit der Hitze weiterhin gut zurecht und übertraf schlussendlich sogar meine damalige Bestmarke vom Rekord über 24 Stunden in Berlin, wo ich knapp unter der runden 900 geblieben war. Als mein Garmin dann in Borrego Springs, bei einem offenen Rennen, nach 23:40 Stunden schon 913 Kilometer anzeigte, tat ich etwas, das ich in einem solchen Moment endlich einmal erleben wollte: nämlich die letzten Minuten zu genießen und nicht in Führung liegend bis zum letzten Meter alles zu geben. Ich war der sichere Sieger, schaffte erstmals die 900er-Marke und freute mich natürlich unglaublich darüber. Am Streckenrand sitzend feuerte ich die anderen Fahrer noch an und genoss einen kühlen Drink, anstatt den Kilometerstand bis zur letzten Sekunde noch weiter hinaufzutreiben. Auch wenn dieses Ergebnis nie als Rekord anerkannt wurde, weil es bei einem Rennen – wenn auch mit Windschattenverbot – und nicht bei einem designierten Rekordversuch zustande kam, war es doch eine inoffizielle Bestmarke, die ich in den zwanzig mit Feiern verbrachten Minuten noch hätte verbessern können. Ich wurde danach auch oft gefragt, warum ich nicht die 24 Stunden vollgemacht und die inoffizielle Messlatte für Ralph damit höher gelegt habe. Ich stehe aber nach wie vor dazu, wie es in Borrego Springs gelaufen ist, und kann auch über mich selbst lachen, dass ich es gerade beim Finish

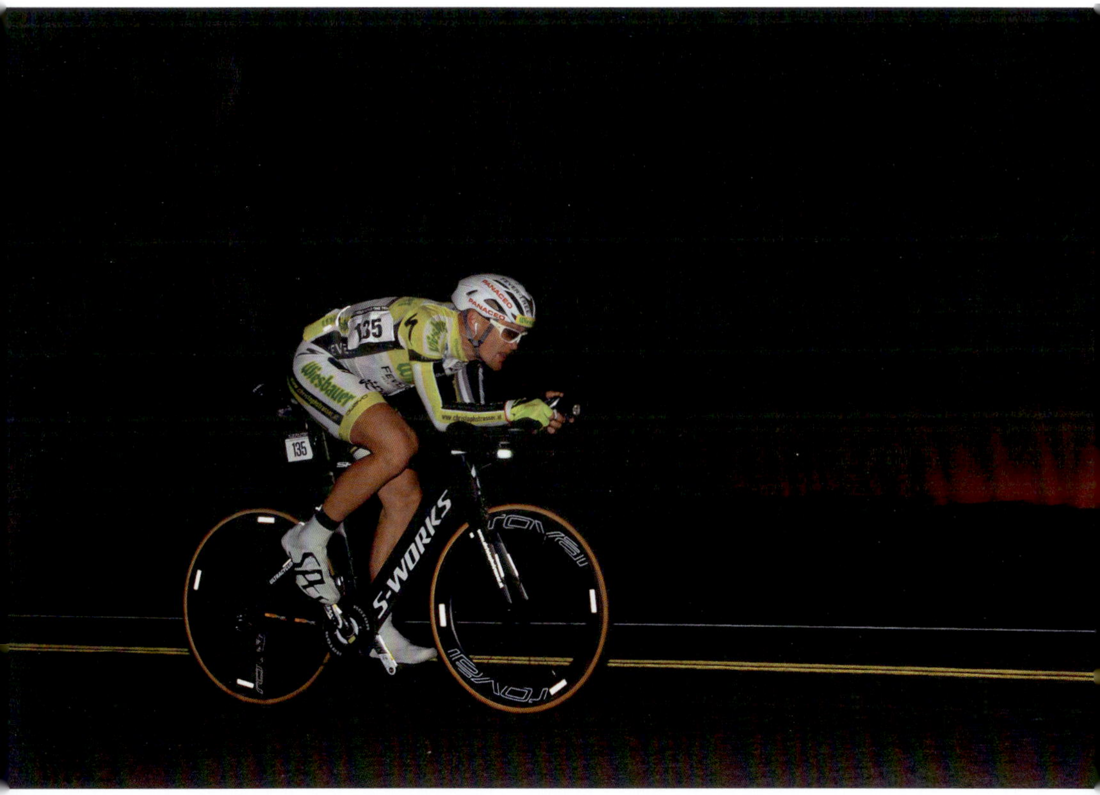

eines so denkwürdigen Rennens einmal lockerer genommen habe. Außerdem lässt sich schlussendlich das eine mit dem anderen nicht wirklich vergleichen, denn die mentale Situation eines Rennens ist nicht dieselbe wie die bei einem Soloversuch. Und dort werden nun einmal die offiziellen Bestmarken aufgestellt.«

Die Peitsche der Versagensangst

Trotz betonter Gelassenheit: Die vermehrte Konkurrenz über die 24 Stunden wird Christoph mit Sicherheit nur noch mehr dazu anspornen, die alte Scharte auszuwetzen. Die Frage nach verbummelten Minuten gegen Ende hin wird sich bei der angestrebten Marke so oder so nicht stellen, da bleibt kein Raum für den kleinsten Kompromiss. Diese Überlegung bringt ihn auf eine weitere bedenkenswerte Möglichkeit: Der schnellste Tausender, wenn auch nicht binnen eines Tages, wäre ein denkbares Ausweichszenario und ließe sich sogar mit dem 24-Stunden-Rekord kombinieren, um sowohl die Generalprobe in Europa als auch die noch fragliche Hauptveranstaltung in der Höhenlage von Colorado aufzuwerten. Er müsste das im Vorfeld anmelden und sich deklarieren: Es einfach darauf ankommen zu lassen und gegebenenfalls eine Stunde länger durchzustehen, ist mit dem Reglement der World Ultracycling Association, kurz WUCA, nicht vereinbar. Sich diese Möglichkeit von vornherein offen zu halten, könnte ein taktisch kluger Schritt sein, sich aber genauso gut als zweischneidiges Schwert erweisen: Dem eigenen Urteilsvermögen von der ersten bis zur tausendvierhundertvierzigsten Minute nicht über den Weg trauen zu dürfen, vor allem bei einsetzendem Verfall, würde womöglich mehr hemmen als beflügeln. Das Herauspressen des allerletzten Zehntelprozents aus Kopf und windschnittig verkrümmtem Körper, mit Schmerzen nicht nur im Rücken, sondern überall, könnte noch schwieriger sein, wenn nicht alles auf dem Spiel stünde.

Die knapp 70 Kilometer Distanz zwischen Jure Robičs Rekord und dem von Stanislav Verstovšek und die knapp 25 Kilometer zwischen Marko Baloh und Ralph Diseviscourt, sie untermauern nur die Brisanz der Frage und das Tempo, mit der die Entwicklung im Einzelzeitfahren auf der Langstrecke voranschreitet. Für die 40, 50, im besten Fall 90 Kilometer, die Christoph Strasser noch einmal daraufsetzen möchte, könnten die vielen prüfenden Blicke, die dabei auf ihn gerichtet sein werden, als zusätzlicher Antrieb nicht ausreichen. Er braucht die Peitsche der inneren Versagensangst, genau wie andere Sportler in ähnlichen Situationen. Die Angst hat ihn noch nie gehemmt, und wenn die Uhr läuft, spürt er sie ohnehin nicht mehr; dennoch, die innere Spannung wäre zweifellos eine andere, wenn einzig das Optimum Relevanz hätte. Ein weiteres, ergebnisloses Nachgrübeln, er verschiebt die Entscheidung und macht sich an etwas anderes.

Ein Vortragstermin in Oberösterreich ist vorzubereiten, und Christoph möchte gut sein, denn vermutlich wird es der Abschluss seines Geschäftsjahres. Er stellt seine anderweitigen Planungen hintan, sie werden von selbst Fahrt aufnehmen und dann wird sich alles fügen, wie es das immer tut. Der Automatismus wieder – oder das Talent zur inneren Ruhe. Die kleinen Schritte, all dieses hart erarbeitete Drumherum, das ihn zuverlässig die Knoten entwirren lässt, bis eine schnurgerade Bahn vor ihm liegt. Es ist kein Zufall, dass er sich meistens oben wiederfindet. Das konnte wohl auch Robič spüren und ebenso all die Slowenen, die ihn jedes Mal, wenn er sich dort mit den heimischen Größen maß, so frenetisch anfeuerten wie die Lokalmatadore. Sie feierten ihn, weil es in den legendären Rennen oft auf die Schweiz, Österreich und Slowenien hinauslief, weil sie das respektierten und weil er sich bis zuletzt nicht geschlagen gab. Er teilte und teilt einen Geist mit den alten Granden wie Robič, Baloh und – dem Äquivalent aus der eigenen Heimat – Wolfgang Fasching. Er vermarktet sich, doch an vorderster Front stand und steht für Christoph Strasser stets die Leistung: Er kann für den Erfolg in den sauren Apfel beißen, und das kommt zwischen Triglav, Großglockner und Mont Blanc überall gleichermaßen gut an.

Keine Geheimnisse

Was neben all den Superlativen immer zieht, ist die authentisch transportierte Mühsal, die zum Mitleiden einlädt, egal ob 1982, 2001 oder 2020. Manchmal wird das durch die immer spektakuläreren Fotos der Behandlungspausen, der aufgeweichten Sohlen und aufgeschwollenen Augen nach dem Aufwecken aus einer Schlafpause, die ihrem Namen kaum gerecht wird, deutlicher kommuniziert, als es Christoph Strasser lieb ist. Oder auch durch die kurzen Videoclips, in denen man ihn minutenlang lethargisch dastehen, wirr daherreden oder in mühsam kontrollierten Schlangenlinien kaum Meter machen sieht. Andere zelebrieren dieses extreme Bild des Ultracycling, doch er möchte es nicht forcieren, er bittet seine Betreuer vielmehr, das Verantwortungsbewusstsein in den Vordergrund zu stellen, so wie er das in seinen Erzählungen beständig tut. Er weiß genau, es kann keine Extremleistung ohne Grenzzustände geben, doch selbst diesen gut verkäuflichen Begriff kann er nicht hören und nimmt ihn mit Absicht nicht selbst in den Mund. Selbstbestrafung, Risikosuche, Raubbau an Körper und Geist? Christoph kann durchaus nachvollziehen, wieso manche die Ultracycling-Wettkämpfe und -Rekordjagden so sehen und auch, dass selbst in der Rad-Szene nicht alle mögen und wertschätzen, was ihn so fesselt. Er kann das Bild des Extremisten entkräften, wenn er seine Daten und Auswertungen präsentiert: Was er sich zumutet, ist nicht Überlastung, sondern nur Belastung, genau abgestimmt und, durch ihn, besonders lange aus- und durchgehalten. Dahinter stecken keine Geheimnisse und wenige Unwägbarkeiten, auch wenn das Endergebnis der jahrelangen Justage an allen Systemen ihn übermenschlich erscheinen lässt.

Es ist tatsächlich schwer fass- oder begreifbar: Die kontinuierliche Verbesserung bringt 100, 120 oder 160 Kilometer zwischen seine Rekorde und die von Fasching und Robič von vor fünfzehn Jahren. Am schnelleren Radfahren liegt es nicht alleine. Tage holt er quer durch einen Kontinent wie Australien heraus, gerade weil die, die früher da gewesen sind, die Vorarbeit übernommen haben. Christoph beharrt auf seinem Standpunkt und behält die positive Sicht auf das konstante Übertreffen des Vorangegangenen bei. Er sieht es als ganz natürlichen Fortschritt und erklärt das weiterhin geduldig jedem, der es hören will. Er lässt negative Auslegungen an sich abprallen und nimmt sich fest vor, sich, sobald der nächste anklopft, als erster Gratulant an der Türschwelle einzufinden. Die »verschenkten« Kilometer am Christmas Circle haben ihm gezeigt, wie schnell das gehen kann. Nur zwei Jahre, und plötzlich ist, was damals noch den Atem raubte, in der Normalität angekommen. Und ist ein Wegstück etabliert, wird es bald überrannt und schließlich von den – im Ultracycling zugegebenermaßen überschaubaren – Massen planiert.

Der »Indoor Track«-Rekord, den Christoph 2017 im Velodrom von Grenchen aufstellte, war zwar leistungsmäßig keine Niete, aber nach seinen Maßstäben doch eine kleine Enttäuschung, und man könnte meinen, dass auch er bald pulverisiert werden müsste. Das mag auch so sein, und dennoch ist Christoph diese Bestmarke heute lieber als viele andere Meilensteine seiner Laufbahn – nicht nur, weil die letzten drei Versuche verschiedener Nachahmer noch weit vor der Ziellinie scheiterten. Christoph schätzt den Rekord von Grenchen, weil er weiß, wie sich damals sein Magen, der Rücken, die Psyche anfühlten, als schon nach zwei oder drei Stunden die Sollleistung illusorisch und der Aufwind passé waren, wie er dennoch den Kopf senkte und weitertrat, ständig gegen die Linkskurven und das Unwohlsein ansteuernd, auf für ihn gänzlich unbefriedigendem Niveau, das keinen Flow zuließ und ihn schließlich »lediglich« 941 Kilometer weit hinein in das Guinnessbuch trug. Bestenfalls als Standard konnte Christoph seine Darbietung verbuchen, mehr nicht. Dann aber wirkte dieser Horrortag, für den er die Antithesen der Skeptiker ausnahmsweise unterschreiben würde, auf eine Art und Weise nach, die ihn selbst am meisten überraschte. Die für ihn offensichtliche Imperfektion störte nicht im Geringsten, vielmehr erfüllte es ihn mit Stolz, das alles ausgehalten und das verhältnismäßig Beste herausgeholt zu haben.

»Nach dem geglückten 24-h-Track-Versuch war ich so erleichtert wie nie zuvor, nicht aufgegeben zu haben. Die Freude war riesig. In den Tagen danach wurde mir aber auch bewusst, dass die Leistung mit 218 Watt

eigentlich sehr weit unter dem lag, was ich bei meinen Fahrten in Berlin oder Borrego Springs geleistet hatte. Dort waren es jeweils etwa 255 Watt im Durchschnitt gewesen, ein Wert, für den ich trainiert hatte und den ich auch auf der Bahn hätte fahren wollen. Zugetraut hätte ich mir das nach den Trainingsergebnissen, und damit hätte ich schon in Grenchen die 1.000 Kilometer schaffen können, was mein damaliges Traumziel gewesen wäre. Dass ich das verpasst hatte, durfte jedoch, wie ich bei näherer Analyse feststellte, kein Grund für übertriebene Enttäuschung sein. Denn auf der Bahn auch nur so lange durchzuhalten, ist wirklich schon eine Leistung für sich. Allein die 24 Stunden auszusitzen, war eine riesige Herausforderung. Mit Erreichtem zufrieden zu sein, ohne sofort nach Verbesserungen zu suchen, ist manchmal auch etwas, das glücklich machen kann. Das allzu verbissene Streben nach Perfektion ist ein Garant für Unzufriedenheit, und strenggenommen ist Perfektion per se nicht erreichbar. Niemals. Und in diesem Fall bin ich mit ein paar Jahren Abstand sehr glücklich mit dem Ergebnis. Vor allem macht mich der Gedanke froh, dass ich nie wieder so lange auf der Bahn fahren muss. Denn lustig war das damals ganz bestimmt nicht…«

Vermutlich war es alles andere als das, wenn man sich die Wechselwirkung zwischen unbarmherziger Fliehkraft und zunehmend rumorendem Mageninhalt vor Augen hält und dazu noch die stickige Luft eines übergroßen Turnsaals addiert. Aber was ist auszusetzen an ein bisschen oder auch einer Menge Entbehrung, wenn doch gerade der Kampf mit sich selbst und der – bald vergangene – Schmerz ein Garant sind für Unvergesslichkeit und geistiges Wachstum? Selbst ein Rückschritt könnte so gesehen unter den richtigen Umständen ein Vorwärts sein. Solange er die Sinusform der Veränderung auch im Augenblick des Abschwungs akzeptiert, wie er es bisher auch im Erfolgsrausch getan hat, ist aus Christophs Sicht gegen eine Extrarunde auf der Überholspur wenig einzuwenden. Er kann gut damit leben, dass das nicht leicht zu verstehen ist, außerhalb seiner Welt und der jener überschaubaren Anzahl Gleichgesinnter, die ihn mit ihren Fortschritten demütig halten, aber auch das Feuer immer wieder neu auflodern lassen. Er weiß, dass, sollte es wieder so kommen wie 2012 mit Reto Schoch oder auch wie nun 2020, im Jahr der gebrochenen 24-Stunden-Rekorde und überraschenden Debüts, er am besten fährt mit einem Kopf voll Akzeptanz.

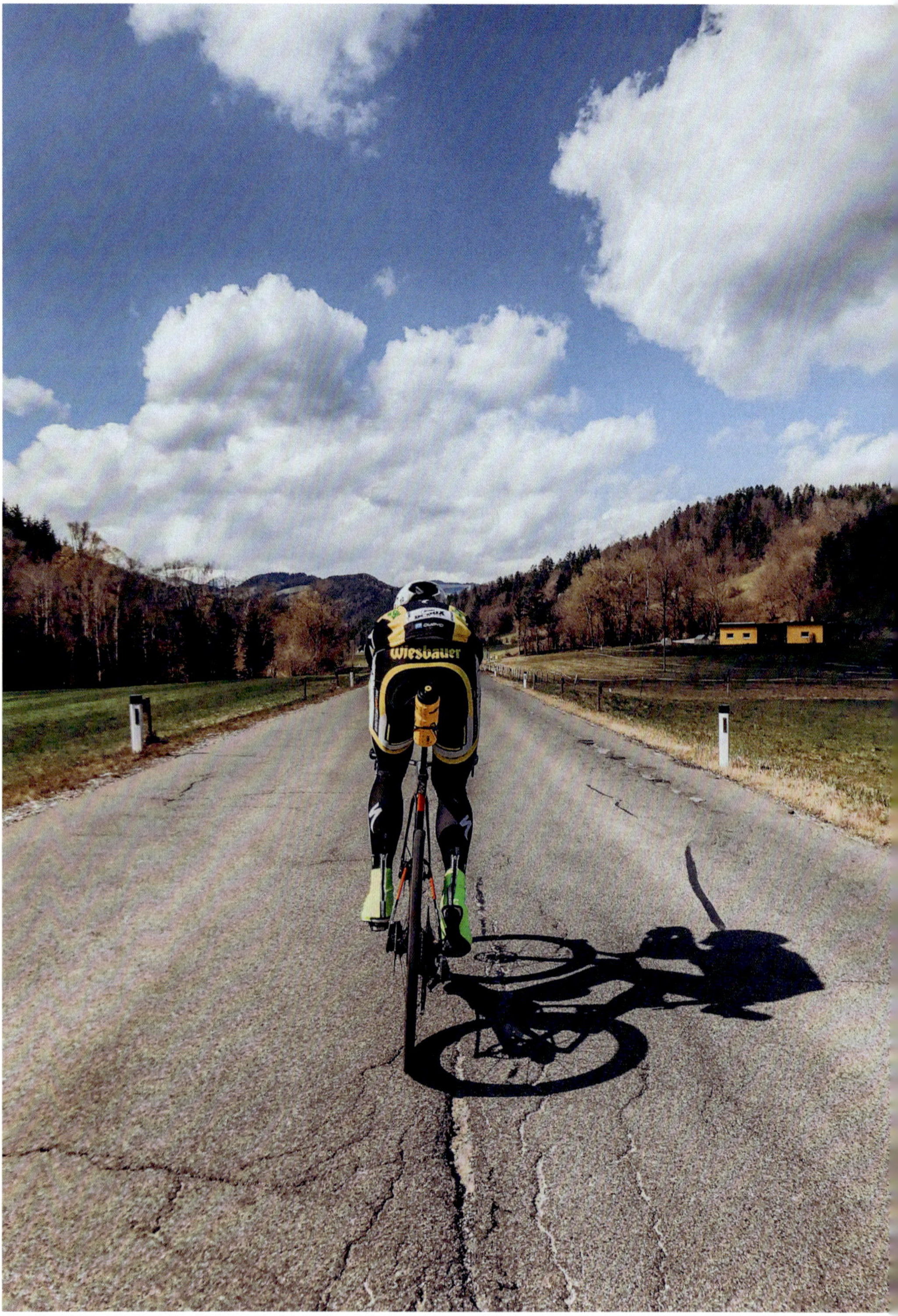
Wiesbauer

Stunde 7

ENTWICKLUNG

Wenn die Intervalle wieder schmerzen und ebenso die Erkenntnis, dass Ausgleichsübungen das Radfahren nicht vollwertig ersetzen können, schließt sich der Kreis und das Hamsterrad kommt wieder in Fahrt. Es ist noch nicht einmal richtig Winter, und die Saisonpause ist bereits vorüber. Von nun an: kein zweites oder drittes Bier mehr, auch nicht ausnahmsweise, kein Abkürzen der Trainingsrunde, das alte Spiel. Die Stoppuhr genullt, ebenso der Tacho, eine neue Schleife von 30.000 oder 35.000 Jahreskilometern, vielleicht auch ein paar mehr, das summiert sich auf 1.100 bis 1.200 Stunden, in etwa, ein überschaubares Arbeitspensum, würde man es denn in einem gepolsterten Bürostuhl ableisten.

Vor ein paar Jahren, in einer Zeit, die Christoph Strasser in dieser Hinsicht als eine schönere erinnert, hätte er sich in diesen ersten, feuchtkühlen und nicht nur deshalb zähen Wochen besonders häufig zum Training mit den wenigen Partnern verabredet, die damals dafür in Frage kamen. Wenigstens einen davon hätte er wohl erreicht und vermutlich nicht lange bitten müssen, es hätte nur eines kurzen Telefonats oder einer in Radfahrersprache codierten Textnachricht bedurft, denn sie alle teilten die Ziele mit ihm, auf ihre Art. Wie lang, wohin, wie schnell, Zeit und Ort, wie dick eingepackt? Alles gemeinsam oder nur einen Teil, und falls ja, dann welchen? Freundschaft und Interessensgemeinschaft verschwimmen im Spitzensport, genau wie Werk- und Feiertag. In diesen Wochen hätte die Freundschaft überwogen, seine Form im Keller, relativ gesehen wenigstens, noch keine Eile mit dem Aufbau, im Vorausblick auf ein langes Jahr. Meistens wäre es frühestens im Mai oder Juni so weit gewesen, selbst für die bewusste Visualisierung, das Lieblingswerkzeug des Mentaltrainers, ein diffuser Ausblick. Die Gruppe hätte geholfen, würde heute ebenso helfen, und dennoch: Christoph zieht alleine los, wählt keine der eingespeicherten Nummern, textet nicht.

Es ist nicht nur das Virus, die Aufrufe zum Distanzwahren. Es ist auch kein gewolltes Alleinsein, um etwas mit sich selbst ausmachen zu können. Es sind einfach die Jahre, die nicht mehr die richtigen sind, die beruflichen Anforderungen, die Familien, die dazugekommen sind, bei denen am anderen Ende der Leitung, die erfüllten Träume, der erloschene Antrieb oder einfach die längst gewachsene Vernunft und der vom rasenden Alltag aufoktroyierte Pragmatismus, kleinere Brötchen zu backen. Außer ihm, der davon leben kann, und ein paar anderen hartnäckigen Charakteren ist noch jedem nach ein paar Jahren oder ein paar mehr die Luft und das Geld ausgegangen. Vollzeitprofis? Fehlanzeige. Eine illusorische Vorstellung, die sich die wenigen um ihn, denen das erstrebenswert und erreichbar erschien, schnell abgewöhnten. Die Naivität gründlich ausgetrieben vom Desinteresse der Öffentlichkeit am Langstreckenfahren, der Reserviertheit erhoffter Sponsoren, dem Realitätscheck von Bankkonto bis Paartherapie. Schwindendes Verständnis, unverhohlener Ärger nach anfänglicher Begeisterung, Teilzeitväter, Vollzeitarbeiter, ein hoffnungslos verworrener Schlamassel aus Verpflichtungen zur Vernunft und Verpflichtungen zum Training, das in diesem Sport üppig ausfallen muss. Als beiläufiges Hobby ungeeignet und inkompatibel mit Familienausflügen – Ausnahme der Slowene Baloh, der selbst das RAAM schon mit Kind und Kegel absolviert hat und es gemeinsam mit seiner Frau Irma seit Jahrzehnten einfach aussehen lässt –, mit Hochzeitstagen und Dienstreisen, wird das Ultracycling für viele Spitzenfahrer früher oder später zur Belastung.

Was Christoph Strasser durch die Notwendigkeiten eines Profilebens rechtfertigen könnte, lässt den, der solche Argumente nicht anzubringen vermag, ratlos zurück. Familie oder Sport? Eine einfache Antwort, glücklicherweise, für die meisten. Job oder Sport? Eine Abwägung mit wahrscheinlichem Ausgang. Allmählich türmen sich die »Abers« hoch und immer höher, bis der Abschied leichtfällt oder zumindest leichter als das Weitermachen. Ein paar Dauerbrenner gibt es, sieht man sich die Startlisten der großen Langstreckenrennen an, durchaus. Hier oder da sind welche schon zehn, fünfzehn Jahre dabei, Garanten für sicheres Ankommen. Aber meist spielt sich das im Mittelfeld ab, nicht selten im hinteren, und nur sehr, sehr selten im vorderen Drittel oder gar ganz vorne, denn dort regiert das Leistungsprinzip wie in jedem anderen Sport. Die also, die Christoph jetzt anrufen könnte, wäre es ein paar Jahre früher, sind längst ersetzt durch andere, jüngere Fahrer, die sich noch keine Sorgen um die Pflichten eines »vernünftigen« Erwachsenenlebens machen müssen.

Zugehörigkeit

Christoph Strasser ist, nach ein paar Jahren, in denen viele Pokale im Ultracycling nach Graz und Umgebung gingen und dabei nicht nur in seinen Wühlkisten landeten, praktisch als Letztes übrig geblieben – nicht ganz zwar, doch es lichtet sich um ihn, was sich an Tagen wie diesem schmerzlich bemerkbar macht. Sich darüber zu beklagen, entspräche nicht seiner Art zu denken und brächte überdies nichts, also lässt er es bleiben und arbeitet mit dem, was er hat. Dennoch vermisst er den Klatsch und Tratsch, das stundenlange Philosophieren von Renntaktik bis Weltpolitik, über Verbesserungsmöglichkeiten allerseits, auch das Sezieren von kontroversen Aktionen der einschlägigen Lieblingsgegner im Gegenwind von Maribor bis Feldbach. Ernste und kindische Gespräche, die nicht zum Mythos der harten Trainingsmaschine passen würden. Im Graupelschauer halb abgefrorene Finger und Zehen, geteiltes Leid ist halbes Leid. Hügel rauf, Hügel runter, gemeinsam, metaphorisch und ganz real, die halb gefrorenen Reifen schlitternd auf Herbstlaub, am tückischsten immer in den engsten Kurven. Vorübergehend gesprengte Zweckgemeinschaften, wenn die Eisplatten im Hochwinter überhand nehmen, aber auch dann immer im stützenden Wissen, dass der Trainingspartner ziemlich sicher ein paar Häuserblöcke weiter um die Wette schwitzt.

Die Zugehörigkeit zu einer Gruppe, in diesem Punkt unterscheidet sich Christoph Strasser nicht von jedem anderen Menschen, spendet Zuversicht und Sicherheit. Er hat das längst als Ressource begriffen, was sich in seinem Team besonders deutlich und dank der authentischen Berichterstattung auch öffentlichkeitswirksam manifestiert. Kein Fahrer vor ihm rückte diesen Aspekt des Sports so bewusst und nachhaltig in den Vordergrund, und keiner verwendete auch hinter den Kulissen so viel Zeit auf die Optimierung des soliden Rahmens für die eigentliche sportliche Großtat. Im Profi-Peloton der Straßenfahrer, aber auch im Ultracycling der Generation Robič und Fasching gleicht das transportierte Bild des *einfachen* Betreuers dem eines am Straßenrand stehenden Enthusiasten mit Trinkflasche in der einen und Energieriegel in der anderen Hand, aber ohne tragende Rolle darüber hinaus. In Christophs Fall hingegen ziehen Wohnmobilkoch und Teamchef, Fotograf und Mechaniker am selben Hebel, scheinbar aus ureigenstem Interesse und alle mit derselben Wertschätzung. Während man dahinter geschickte Vermarktung vermuten könnte und damit, angesichts seines makellosen Images und der emotionalen Fotos, die jedem Fan eine Gänsehaut garantieren, nicht völlig falsch liegen würde, überwiegt glaubhaft ein ehrliches Interesse an seinem Umfeld alle egoistischen Motive.

Heute, da er immer noch besser wird und seine Erfolge nur noch größer werden, lässt sich das leicht behaupten, doch schon zu Anfang seiner Karriere galt Christoph Strasser in der Szene als einer, der anderen mit Rat und Tat zur Seite stand und sich selbst dabei vorhersehbar das Leben schwermachte, indem er sich die Konkurrenz von morgen durch seine Offenheit durchaus auf Ansage heranzüchtete. Im Extremfall schrieb er die Trainingspläne seiner direkten Herausforderer, wie im Falle von Severin Zotter, häufig verschenkte oder verlieh er Ausrüstung, teilte Ernährungstipps, führte neue Fahrer in alte Trainingsgemeinschaften ein oder versuchte, mit seiner wachsenden Bekanntheit die Aufmerksamkeit auf die Vorhaben anderer zu lenken. Obwohl er, das ist Berufsvoraussetzung im

Ultracycling, gut mit sich selbst auskommt, war er doch nie derselbe Eigenbrötler wie die Legenden, denen man 500 Kilometer lange Trainingsausfahrten durch die sengende Wüste Nevadas andichtet, isoliert im Schwitzkasten eines geschlossenen Motorradhelms zur psychischen und physischen Desensibilisierung.

> *»Fast immer, wenn andere Radfahrer mit Fragen an mich herantreten, helfe ich gerne und nehme mir Zeit. Das war auch etwas, das ich damals an Wolfgang Fasching selbst sehr mochte: Ich konnte mir Tipps von ihm holen oder technisches Equipment für die Renneinsätze ausborgen. Wenn wir einmal darüber gesprochen haben, ob es nicht unvorteilhaft sei, den Mitstreitern von heute, die womöglich schon übermorgen zu ernsthaften Konkurrenten avancieren, zu helfen, meinte Wolfgang immer, dass, wenn jemand richtig gut wird, das ohnehin passiert. Du kannst niemanden aufhalten, der seinen Weg machen will. Und natürlich profitiert man im Leben langfristig davon, hilfsbereit anderen gegenüber zu sein. Irgendwann bekommt man die gute Tat zurück, es mag erst Jahre später sein, oder auch von anderen Menschen. Vor allem steht sowieso das Glücksgefühl, das man selbst dadurch erfährt, denn ein berechnender Egoist zu sein, hat sicherlich noch niemanden mit Zufriedenheit erfüllt. Wenn sich andere aufgrund deines rücksichtslosen Verhaltens von dir abwenden, macht dich das auf Dauer nicht glücklich und vermutlich auch nicht stärker auf dem Rad. Insofern genieße ich diese Grundstimmung in unserem Sport sehr. Bevor ich versuche, andere Sportler an ihrer Weiterentwicklung zu hindern, versuche ich lieber, weiter an mir selbst zu arbeiten, um vorne zu bleiben.«*

Neue Konstanten

Aus Christophs Sicht hob die Gemeinschaft – im Spitzensport gerne gemieden als suspektes Wissensleck von steter Bedrohlichkeit, allem voran für die höchstpersönliche Großartigkeit – also stets seine Motivation und tut das heute noch, wann immer sie sich einstellt. Dass das nicht mehr häufig geschieht, lässt ihn nicht kalt und macht die Endlichkeit seiner Karriere spürbar, mehr als sein fortschreitendes Dienstalter oder die lange Liste an mehrheitlich gewonnenen Rennen es je könnten. Mehr auch als er sich eingestehen möchte, mit Blick auf die weiter konstant steigende Leistungskurve zum Saisonhöhepunkt. Den Grad an Spezialisierung, den er erreicht hat, die viele Zeit, die das gebraucht hat: Keiner seiner Weggefährten von früher konnte oder wollte ihm dorthin folgen, wo er jetzt steht. Alles, was er sich bis hierhin erarbeitet hat, verdeutlicht sich in dieser Einsicht, und doch spiegelt sich eine Art Wehmut der Unwiederbringlichkeit in den intensiven Erinnerungen ebenso wie in den alljährlichen Teamfotos aus

Oceanside, Perth, St. Georgen im Attergau oder Postojna, auf denen neu dazugekommene Gesichter die vorangegangenen überblenden.

Die Beziehungen entwickeln sich weiter, erfordern Zugeständnisse und Adaptionen, und manchmal schlafen sie – das meistens im Guten, darauf legt Christoph Strasser großen Wert – vollends ein. An ihre Stelle treten neue Konstanten, Anfänger, die zu treuen Begleitern avancieren, und meistens zahlen sich die angestoßenen Veränderungen letztlich aus. Max Kinzlbauer ist ein Beispiel hierfür: vom einfachen Betreuer zum hauptverantwortlichen Trainer, womöglich irgendwann zum Teamchef? Denkbar, denn die Freude an der Weiterentwicklung eint alle Mitglieder des Teams , vom Pacecar-Elektriker bis zum Chef auf dem Rad. Das, was heute unter »Strasser Express« firmiert, könnte genauso gut ein erfolgreiches Start-up oder die gut funktionierende Abteilung im nebulösen Großkonzern sein. Vom Großen ins Kleine – vom Guten zum mit Abstand Besten. Am Beispiel Trainingsplanung: Der Ansatz von Rainer Hochgatterer zielte immer auf das große Ganze, ließ Freiheiten und ein umfangreiches Mitspracherecht, auch auf täglicher Basis. Dann Max Kinzlbauer: Mitsprache ja, jedoch kein eigenverantwortliches Herumbasteln an den Abläufen mehr, nachdem das Ziel gemeinsam definiert wurde. Nicht blinder Gehorsam, aber fast.

Auf den ersten Blick könnte das als persönlicher Rückschritt erscheinen, denn der Erfahrungsschatz von Christoph Strasser – auch und gerade im Hinblick auf die Trainingssteuerung –, gäbe einen ansehnlichen Schinken im Buchregal. Tatsächlich zahlt sich das neue Konzept jedoch für beide, Trainer und Athlet, doppelt aus: Der Praktiker (Strasser) kann sich auf die Umsetzung konzentrieren und der Theoretiker (Kinzlbauer) auf die tausend kleinen Stellschräubchen, die überlegt bedient werden wollen, um am Ende den Mechanismus noch reibungsloser laufen zu lassen. Der, der sein Handwerk von der Pike auf gelernt hat, muss sich nicht mit den Bedenken des Autodidakten auseinandersetzen, sondern bekommt volles Vertrauen als Vorschuss. Der, der es am Ende ausbaden muss, darf vertrauen, denn er hat die Gewissheit, in guten Händen zu sein bei einem, der weiß, was auf dem Spiel steht, und sich schon vor mehr als einem Jahrzehnt, in weniger exponierter Position, aus eigenem Antrieb nützlich machen wollte.

Stabilität in der Veränderung

Rainer Hochgatterer formte die Grundlage für den ersten RAAM-Sieg, und die Weiterentwicklung der Strategie ist keine Frage von gut oder schlecht und definitiv keine Kritik des Heute am Gestern, sondern eine Selbstverständlichkeit, unabänderlich wie das fundamentalste Naturgesetz. Es ist nicht möglich, ein Level wie das seine zu halten, ohne ständig und auf allen Ebenen Altes umzuwerfen und Neues aufzubauen. Ob Teamspirit, mediale

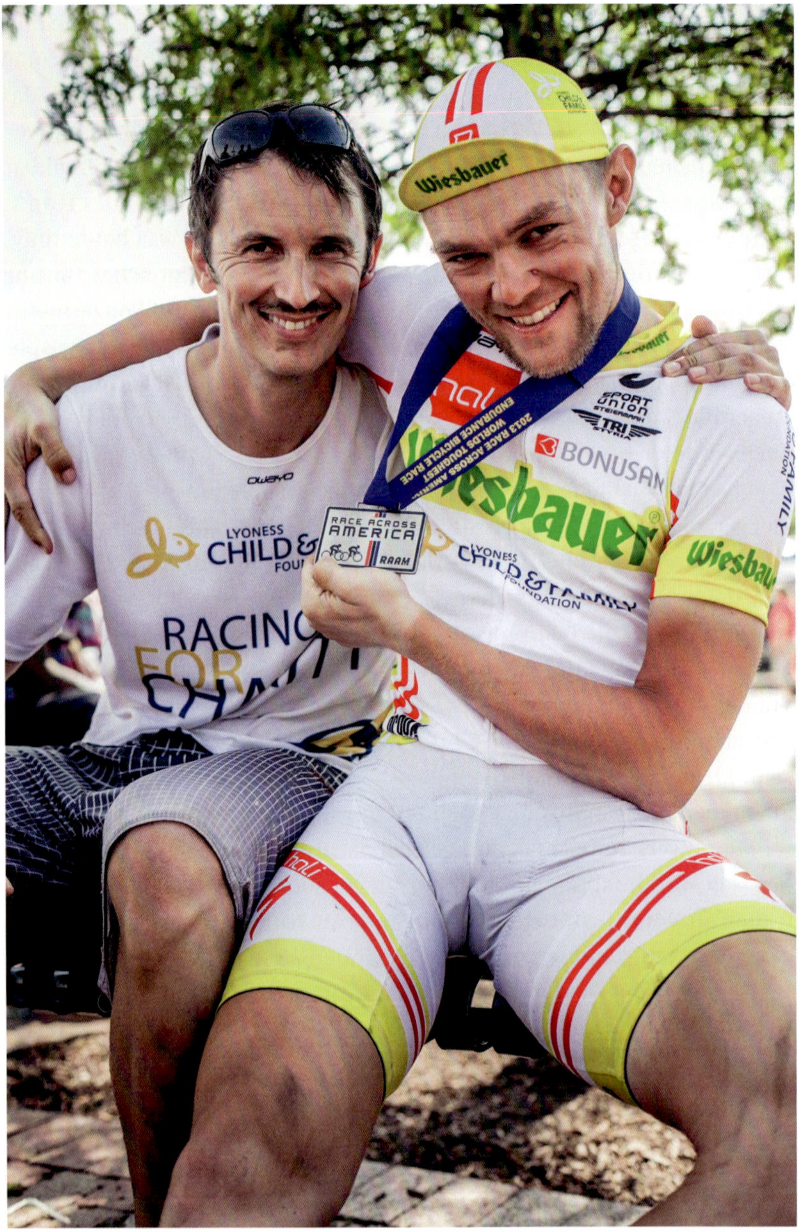
Wiesbauer
RACE ACROSS AMERICA
RAAM
LYONESS
CHILD & FAMILY
FOUNDATION
Wiesbauer

Aufmerksamkeit, mentale Spannung oder physische Form: Ein Höhenflug ist nur Vorbote für den nächsten Abstieg, auf den dann, hoffentlich, der nächste, noch höhere Gipfel folgt. Das Ziel: Trends zu etablieren, die konstant nach oben weisen, und Wegpunkte zu setzen. So wie zum Beispiel den Umstieg vom Berg- auf das Zeitfahrrad in der Ebene, den er 2013 als Erstes wagte und damit, Zentimeter für Zentimeter den Oberkörper in eine aerodynamischere Position bringend, mit der Zeit immer besser fuhr und mittlerweile den Großteil jedes Rennens kraftsparender fährt.

Die Materialschlacht geht weiter. Vom reibungsarmen Reifen über den speziellen Trikotstoff bis hin zur stromlinienförmigen Verkleidung am Carbonrahmen summiert sich der Zugewinn an Effizienz zu einem großen »Pro«, dem außer einem etwas verspannteren Nacken kein »Contra« gegenübersteht. Die Ernährung im Rennen: Eine grundsolide Basis ist gefunden, von der aus Versuchsballons losgelassen werden können, ohne dabei gleich alles zu riskieren. Das Team: Einzelne Mitglieder kommen neu hinzu, manchmal passt es nicht zu einhundert Prozent, manchmal noch besser als erhofft, die arrivierten Stützen tragen verlässlich. Stabilität in der Veränderung. Das neue Training nach Kinzlbauer: keine große Trennung zwischen Be- und Entlastungsblöcken, vielmehr das Bild eines Trichters, in den oben konstant eingefüllt wird, was unten wieder hinausrinnen kann.

Dem Trainer obliegt es, die Balance zwischen Überlaufen und Trockenfallen zu finden und das Niveau vorsichtig nach oben zu verschieben, denn es führt kein bequemer Weg um das alte »Viel hilft viel« im Ausdauersport. Die Amplitude der Sinusfunktion schrumpft, jede Erkenntnis wird umgehend in die Erfolgsformel eingespeist, so kippt die Achse und lässt den »Strasser Express« dem welligen Kurs zum Trotz weiter aufsteigen. Die Basis für morgen liegt höher als die von gestern, und irgendwann, in ein paar Wochen, Monaten oder Jahren, sogar das Fangnetz, das die größtmögliche Fallhöhe markiert. So funktionierte Christoph Strassers Aufstieg vom ersten Rennen vor mittlerweile neunzehn Jahren bis heute, und deshalb kann er mittlerweile im Winterschlaf, wofür er vor fünfzehn Jahren die Sommerform gebraucht hätte.

Zahlenspiele liegen Christoph, lösen sich in ihnen doch Zufälle in Klarheit auf. Sie zeigen die Schwankungen um einen sich systematisch entwickelnden Mittelwert, sie zeigen die Fehler und folgerichtig auch die goldrichtigen Züge. Die Wasserbilanz im Jahr 2015: nur eine kleine Abweichung in der stündlichen Trinkmenge, und doch so deutlich, dass das schiefgehen musste. Anhand der Daten wurde schnell identifiziert und behoben, was bis heute kein Problem mehr verursacht hat. Um nach dem Prinzip von Ursache und Wirkung zu handeln, muss beides bekannt sein, daher befinden er und sein Team sich auf ständiger Ursachenforschung wie die Detektive auf der Spur von Leistungsdieben. Das waren Riesen, früher, als alles noch nicht so optimal lief, heute sind es Zwerge, die man mit der Lupe aufspüren muss. Im Training gibt es Mikroanpassungen, die ihm die maßgeschneiderten Fertigkeiten für genau jene Sache liefern, der er sich gerade widmet. Ein kurzes Zeitfahren, ein 24-Stunden-Rekord, das RAAM: Zieldefinition, Anpassung, und so weiter.

Professionelle Außenperspektive

Die Taktzahl wird auch in dieser Schlüsselsaison kontinuierlich steigen, bis die einzelnen Zylinderhübe der prächtigen Verbesserungsmaschine hoffentlich genau zum Tag X in einem einzigen großen Kraftakt kulminieren. Und doch darf er sich nie täuschen: Der kapitale Motorschaden ist für ihn, dessen Lebensunterhalt vom Sport abhängt, nie weiter als ein kleines Stottern entfernt. Die Wirtschaftskrise nach der Pandemie, eine Sturzverletzung, die abebbende Aufmerksamkeit einer überunterhaltenen Öffentlichkeit. Christoph Strassers besondere Fähigkeit ist, dass ihn das alles weniger belastet als der abwesende Gegenpol für eine Extraportion kindischen Blödelns auf der nebligen Zielgerade dieser Trainingseinheit. Ihn zwar nicht belastet, aber ihn doch stets intensiv beschäftigt hat und so kürzlich entscheiden ließ, es nach knapp zwei Jahrzehnten doch mit einem zweiten Standbein zu versuchen: Eine Ausbildung zum Mentaltrainer soll ihm verbriefen, was ihm auch so jeder zutraut.

Oft hat er diese Komponente herunterzuspielen gewusst, vor allem in den letzten Jahren, da ihm viele den Helden anzudichten versuchten, als den er sich nie sah. Die professionelle Außenperspektive hilft zu erkennen: Den Reizentzug während zwanzig, dreißig Wochenstunden auf dem Ergometer auszuhalten, das kann man, bei aller Bescheidenheit, zweifellos als Talent bezeichnen. Wie oft hat er dabei, wenn es beispielsweise um die Vorbereitung auf das monumental schwierige RAAM ging, sein Unterbewusstsein den Ablauf wie einen Film in Endlosschleife durchspielen lassen? Sich dabei mit Techniken der Visualisierung so intensiv wie möglich hineinversetzt: Wie wird es sich anfühlen, auf der sandigen Promenade in Oceanside, den monströsen Pier und die Strandmeute im Hintergrund, die mäandernden Surfer in den Wellen, am Start nur ein kleiner Banner, ein paar Absperrungen und ein Mann mit Schirmkappe und Mikrofon, ein läppischer Streifen Klebeband als Eintrittspunkt in eine 5.000 Kilometer lange Reise durch das Paralleluniversum für Größenwahnsinnige. Die Crew uniformiert in Trainingsjacke und greller Badehose, aufgereiht hinter ihm und seinem Arbeitsgerät, die letzte Ansprache, das Zusammengehörigkeitsgefühl, der salzige Geruch mischt sich mit dem derben Geschmack der Flüssignahrung in dunkler Schokolade. Das Logo, Ensure, das ihn begleiten wird, ziemlich genau 230-mal kopfübergekippt, und immer nur »Dark

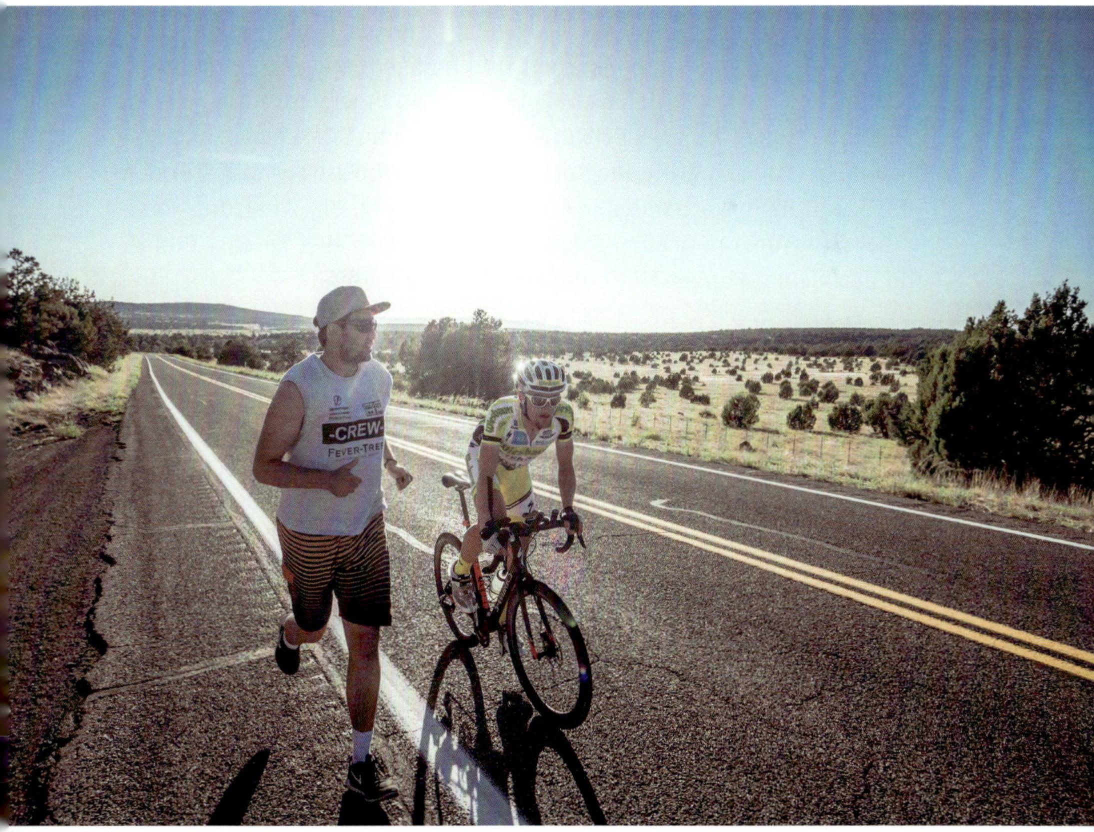
-CREW-

Chocolate« oder »Vanille« klein in weiß darunter, wie gewohnt und bestellt. Die katastrophale, erste Nacht, die jedes Mal so viel härter einschlägt als erhofft, quer durch Brawley bei Einbruch der Dunkelheit und schon einigermaßen entnervt von der Hitze des vorangegangenen Nachmittags, der Asphalt flirrt noch und stinkt nach dem Teer, mit dem hier alles provisorisch geflickt und von den Schwerladern wieder zu tiefen Schlaglöchern aufgerissen wird, wie gemacht für den abgelenkten Radfahrer, um ein Laufrad darin zu versenken. Der Ärger über zwölf Ampeln, davon verfluchte sieben dunkelrot, mindestens. Je eine Minute Stillstand, macht einen halben verschenkten Powernap. Wenn der Sekundenschlaf kommt, er ihn bekämpfen muss, der Puls hoch, die Leistung niedrig und im Ohr die vertraute Stimme seines Cousins und aktuellen Teamchefs Kougi, urkomisch oder einfühlsam nach Bedarf. Die staubtrockenen Feststellungen von Max – jetzt nicht mehr Trainer, sondern treuer Versorger – garniert mit Ironie und viel trockenem Staub am ausgeblendeten Straßenrand.

All diese Bilder, täglich und wie auf Kommando heraufbeschworen: Tempelhof, Borrego Springs, Oceanside, Grenchen, bald Fountain, Colorado? Die Arbeit mit einem Mentaltrainer ist durch Christophs anhaltenden Erfolg in Vergessenheit geraten, doch jetzt geben ihm die neu begonnene Ausbildung und die vielleicht größte sportliche Prüfung seiner Karriere den Antrieb, ganz bewusst und in Eigenregie wieder damit zu beginnen: am Pikes Peak Raceway die Rückenschmerzen spüren, die zufallenden Augen, die jeweils richtige Reaktion darauf. Die kleinen und großen, steuernden Eingriffe, die Notfallmaßnahmen. Nach zwanzig Stunden mit kaum mehr vorhandener Aussicht auf Erfolg, die Witterung miserabel – was tun, um in einer solchen Situation noch alles herauszuholen, für den kleinen Funken Hoffnung auf die große Tausend?

Sich selbst erforschen

Mehr von der Theorie dahinter zu verstehen und zu lernen, was praktisch schon jahrelang passierte, fasziniert Christoph Strasser und bestärkt seinen Drang, sich weiter zu erforschen. Neue Ideen, haufenweise. Denkmuster, die im Gehirn lange vor dem Moment, an dem sie mit vierzig Kilometern pro Stunde auf dem Asphalt der Rennbahn schlagend werden könnten, seinen Entscheidungen Richtung geben. Ein innerer Vorarbeiter für die komplizierteste Baustelle, das Irrenhaus Menschenhirn. Lebhafte Vorstellung, erdachte Lösung, gespeicherter Bewältigungsmechanismus. Innere Fiktion wird zum Fakt.

> *»Das Visualisieren, also das Vorstellen des Zustands im Moment, an dem ich mein Ziel bereits erreicht habe, hat mir immer schon geholfen. Dass es in der Theorie funktioniert, ist nicht neu: Im Unterbewusstsein spei-*

chern sich das Hochgefühl und die dazugehörigen schönen Bilder, die erbauenden Worte ab, die ich in meiner intensiven Vorstellung sozusagen vorab erlebe. Wenn ich dann einen Durchhänger erleide, will das Unterbewusstsein, dass ich den ersehnten Zielmoment auch in der Realität erlebe, und trägt mich hoffentlich durch die Krise. Praktisch habe ich das auch schon auf schmerzvolle Art erlebt: Als wir 2009 das RAAM aufgeben mussten, fuhren mein Team und ich mit dem Wohnmobil bis ins Ziel. Nicht nur weil wir das Auto dort zurückgeben mussten, sondern weil es für mich auch wichtig war, den Zielbogen vor mir zu sehen. Ich weinte dort, es war schrecklich. Mir wurde bewusst, dass ich es nicht geschafft hatte. Aber diesen Zielbogen trotzdem zu sehen, war wichtig für meine Psyche. Ich nahm den bitteren Moment mit in die Zukunft und wusste, dass ich eines Tages aus eigener Kraft diesen Zielbogen erreichen würde.«

November und Dezember sind die Monate des Umbruchs in jedem Trainingszyklus. Vergleichbar mit dem Hervorgehen aus großen Krisen bieten sie, einmal pro Trainingsjahr, die Gelegenheit für eine neue Weichenstellung und einen prüfenden Blick, der sich nicht nur auf den Trainingsplan oder Rennkalender der unmittelbar folgenden Wochen richtet. Ein spannender Zeitraum also, in diesem Winter umso mehr. In der Ausbildung zum Mentaltrainer gemeinsam mit anderen seinen Horizont zu erweitern, in Gruppenarbeit klüger zu werden, könnte – wird! – den leeren Raum, den die, die auf dem Rad nicht mehr mit ihm schritthalten können, hinterlassen haben, neu besetzen. Sein vergangenes, intuitives Handeln besser entschlüsseln zu können, füttert zudem den Vortragsredner in ihm mit Ideen – nicht das Schlechteste bei unsicherer Auftragslage. Die sich zukünftig auftuenden Möglichkeiten aber sind es, die den Sportler Christoph Strasser erwartungsvoll schweigen und den Kursteilnehmer Christoph Strasser die Inhalte aufsaugen lassen, ständig den Status quo kritisch im Hinterkopf. Am wichtigsten: Eine Stellschraube, die in Vergessenheit geraten und womöglich ein wenig eingerostet ist, dreht wieder frei. Wer weiß, wozu das gut sein wird, am Pikes Peak Raceway in Colorado oder dem noch namenlosen Ort der Generalprobe mit Ernstfallcharakter?

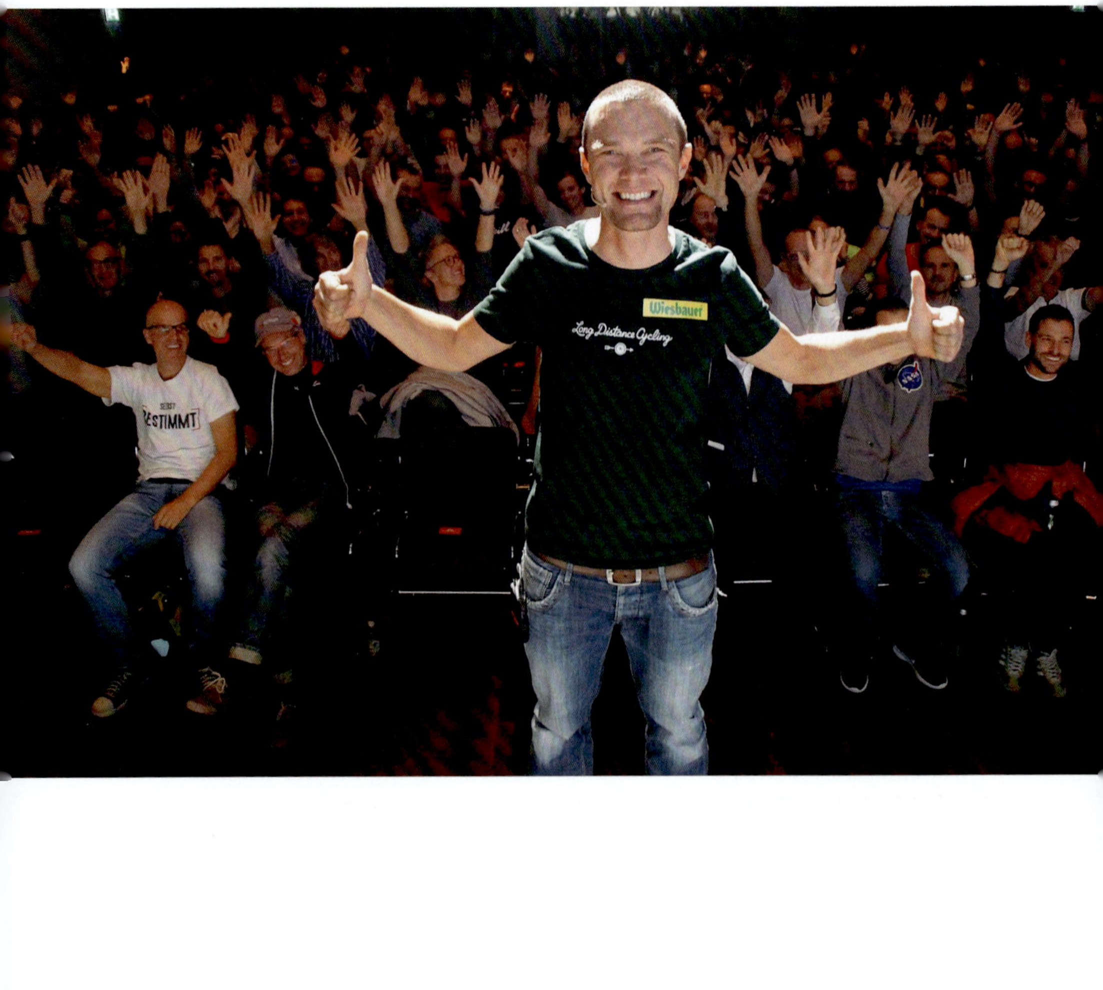
Wiesbauer
Long Distance Cycling

Stunde 8

STEIN AUF STEIN

Wer Christoph Strasser eine Freude machen möchte oder ein therapeutisches Geschenk als Fingerübung, könnte im Spielwarengeschäft fündig werden. Sein Luxus ist nicht der lebensgroße BMW vor der Haustüre, sondern die Miniaturversion eines VW-Bus mit Hippieblumenbemalung im Bücherregal. Lego zählt er nur in Tausenderschritten – Freiheitsstatue, Bugatti Chiron oder die Königsklasse, Taj Mahal – und träumt von architektonischen Hinterschneidungen und gekrümmten Karosserien, die mit den längst nicht mehr nur quaderförmigen Steinen nachgebaut werden wollen. Sein einstiger Jahresrhythmus im Spiel mit den kleinen Klötzen: Je komplizierter, desto besser, wenn es gegen Winter ging und weiter nichts zu tun war, oder simples Aufeinanderstapeln und Wieder-Zerlegen, wenn die Hände, von den nach tagelangem Radfahren rebellierenden Nerven zu nutzlosen Anhängseln degradiert, nur rudimentär an hochentwickeltes Greifwerkzeug erinnerten und der getippte Zweizeiler zur schweißtreibenden Prüfung mutierte.

Wozu die Sisyphusarbeit?

Einmal waren es Monate, in denen Christoph keinen Schlüssel benutzen und nicht vernünftig schreiben konnte; in letzter Zeit ist es zum Glück ein marginales Problem. Die Ergonomie entschlüsselt, die Nervenbahnen entlastet, die Leidenschaft für das dreidimensionale Puzzlebauen blieb und die spektakulären Gebilde haben nun quer durchs Jahr Saison, auf Ehrenplätzen stolz präsentiert, während die beidhändig bedienbare Therapievariante in kindgerechter Übergröße ausgemustert verstaubt. Die Essenz des Lebens, das er führt: drei-, vier-, fünf-, hundertmal zerlegt, gründlich auf Vollständigkeit geprüft und geduldig wieder zusammengebaut, kurzes Innehalten, dann dasselbe von vorne. Kaum merklich die Veränderungen, doch ein kleines Steinchen vielleicht, das sich beim nächsten, übernächsten, überübernächsten Mal besser ins Gesamte fügt, die Stabilität erhöht und das Gebilde tragfähiger werden lässt. Sobald beendet, nagt der Zahn der Zeit, der Staub legt sich unaufhaltsam auf jede Fläche, rieselt nieder auf das Geschaffte wie in einer unaufhaltsamen, kosmischen Sanduhr, bis es in den Fingerspitzen kitzelt, das Gefühl, wieder Hand anlegen zu müssen.

Wozu die Sisyphusarbeit? Eine Frage, die gut beantwortet werden will. Auch wenn sich, untypisch für Christoph, die Wege inzwischen endgültig getrennt haben, half ihm einer besonders bei ihrer Ergründung. Thomas Jaklitsch sieht sich als einen, der anderen ihren Lebenstraum greifbar macht. Ganz so krass würde es Christoph Strasser nicht beschreiben, wenn er an die vergangene Zusammenarbeit denkt, doch er übersieht nicht die Bedeutung einiger Techniken, die es ihm noch heute erlauben, eine Stufe höher auf die analytische Ebene zu steigen, realistisch die vorhandenen mit den benötigten Ressourcen abzugleichen, seine Zweifel zu zermürben und mit dem Vorschlaghammer der Rationalität endgültig zu zerschlagen, bevor es in die nächste Runde geht.

Dass diese Rationalität dem ehemaligen Berater Jaklitsch im Ernstfall so manches Mal selbst abhandenkam – etwa als er die Aufgabe beim RAAM 2009 aus medizinisch zwingenden Gründen und selbst unter intensivem Zuspruch von Arzt und Physiotherapeut nicht akzeptieren konnte –, tut der Richtigkeit seines Zugangs, zu Hause, im stillen Kämmerlein, absolut alles aus- und durchzusprechen, was Störsignale aus dem Unterbewusstsein in die Beine senden könnte, keinen Abbruch. Notbremsungen, wenn die große Show ihren Lauf nimmt, will man auf Christoph Strassers Niveau nicht erleben. Also besser vorarbeiten – was insbesondere für die unweigerlichen Krisen gilt. Diese als Gegebenheit voll und ganz zu akzeptieren, nie wieder von himmelhochjauchzend nach zu Tode betrübt abzustürzen, auch nicht mit pochendem Hitzekopfschmerz, überschäumendem Mageninhalt oder einem flinken Schweizer am gedanklichen Hinterrad, ist die zu erlangende Meisterschaft.

Christoph Strasser hat das für sich – fast – geschafft, jetzt möchte er noch mehr davon verstehen und vor allem: mehr davon transportieren können, wenn er auf seinen Vorträgen über diese Dinge spricht. Deshalb die Ausbildung zum Mentaltrainer, begonnen zugegebenermaßen auch aus Corona-bedingter Langeweile, die ihn die Tür zur Steuerzentrale im Oberstübchen wieder bewusster öffnen lässt. Besonderes muss darin vor sich gehen, wie sonst wäre sein Werdegang in einer Disziplin wie dem Ultracycling zu begründen, und obwohl auch dort letztlich vor allem das Ergebnis zählt, stellen sich nicht nur seine Fans und gebannten Zuhörer die Frage, was dieses Besondere wohl ist. Und manche leiten daraus womöglich auch gleich die nächste Frage ab: Wie kann ich Christophs Strassers Erfahrungen auf mich selbst ummünzen und damit meinen geistigen Kapitalwert erhöhen, damit nicht schon der beschleunigte Abendspaziergang oder die kleine Dissonanz im Beruf das Limit sprengt? Auf dass der Neujahrsvorsatz halte oder das selbstgegebene Versprechen, besser auf sich zu achten. Auf dass die frisch gelöste Dauerkarte im Fitnesscenter nicht umsonst gewesen sei…

Ob er je aktiv in das Leben von Klienten eingreifen wird wollen, hat Christoph für sich noch nicht beschlossen. Ambivalent steht die laute Berufsbezeichnung Mentaltrainer samt ihren guruartigen Untertönen zwischen ihm und seinem Gewissen.

Wenn andere nervös werden…

An Kundschaft würde es dem Mentaltrainer Christoph Strasser bestimmt nicht mangeln. Auch nicht an Reichweite, das zeigen die ausgebuchten Vorträge vor einem Publikum, das auch nach einem Jahrzehnt RAAM dankbar und keinen Deut leiser Beifall spendet. Wahrscheinlich würde er es gut machen, das traut er sich schon zu, aber er fürchtet auch, den Problemen der Hilfesuchenden durch überschießend empathisches Verhalten zu nahe zu kommen. Sportler zu beraten, das wäre das eine, aber im Leben Steckengebliebene? Ließe sich das trennen, die existenziellen von den Luxusproblemen? Die Hilfe zur Selbsthilfe von einer ungewollten therapeutischen Abhängigkeit? In die abgeschwächte Form einer solchen fand er sich – natürlich nur in Bezug auf das sportliche Wohlbefinden, aber immerhin – irgendwann selbst verstrickt und brauchte einige Zeit, um sich davon zu befreien. Erst lange nachdem das zur Belastung wurde, die gutgemeinten Ratschläge ins Leere gingen und die positiv gefärbten Sprüche, die zu sehr von seiner persönlichen Wahrnehmung abdrifteten, in Stresssituationen bei ihm nicht mehr zogen, konnte er sich eingestehen, dass der endgültige Schnitt sein musste. Dass es gut war, sich freizuschwimmen und dabei weiterhin das Ziel und den Weg dorthin klar zu definieren, allerdings ohne gezücktes NLP-Handbuch.

In Christophs frisch begonnener Ausbildung ist diese Lektion unter den ersten: Mach dich nicht unverzichtbar, lass Platz für eigene Ideen und vor allem, bleib auf Augenhöhe. Gib nicht der Profilierungssucht nach und den Menschen lieber Werkzeuge mit als das fertige Produkt in die Hand. Er steht erst am Anfang, denkt aber schon daran, das zu vertiefen, denn schon als Selbstzweck ist es spannend genug, tiefer und tiefer in die Frage einzutauchen, was vorbestimmt und was veränder- und im besten Falle aktiv steuerbar ist.

Er zieht die Parallele bis zurück in die Kindheit, als ihm das Rüstzeug mitgegeben wurde. Sind es die Gene, die ihn angstfrei und zuversichtlich machen? Sicher. War es das stabile, harmonische Elternhaus, mit garantierter Unterstützung, aber ohne Bevormundung und vor allem: ohne vermeintliche Hilfe durch Überbehütung? Auch das. War es der Tüftlervater, der am liebsten in der Garagenwerkstatt zerlegte und wieder zusammenbaute, was sich mit einem Motor betreiben ließ? Ganz bestimmt. Und die kleinen Rätselaufgaben – ein zu trennender Wirrwarr aus Draht oder ein wieder in Form zu bringendes geometrisches Gebilde –, die dieser ihm hin und wieder mitbrachte und ihn dann in Ruhe herumprobieren ließ, was er mit für ein Kind seines Alters ungewöhnlicher Geduld auch tat? Auch das spielte bestimmt eine Rolle. Ebenso später Erfahrungen als Zivildienstleistender im Altersheim, die ihm die Vergänglichkeit und den Wert eines selbstbestimmten Lebens aufzeigten. Ein begonnenes Studium, das nicht zu ihm passte und die triste Alternative zum mit aller Kraft verfolgten Traum auf dem Rad grau unterstrich. Die vielen Freunde, die er sich irgendwann durch irgendwas gemacht hatte und deren Hilfsbereitschaft seine kühnsten Erwartungen noch übertraf.

Immer gilt seit damals: Wenn andere nervös werden – weil es weit nach Neujahr ist und sich noch immer kein geeigneter Teamarzt gefunden hat, die neuen Räder vom Sponsor drei Monate vor dem großen Rennen immer noch nicht ausgeliefert sind oder ein Virus die Welt in eine erzwungene Schlafpause schickt –, bewahrt er Ruhe und Zuversicht. Probleme, die sich nicht mit der Brechstange lösen lassen, werden vertagt, dafür nimmt er ein anderes Teilchen in die Hand, und schließlich fügt sich alles, wie beim winterlichen Rätselraten im Kraubather Wohnzimmer.

Als sich 2010, schon früh in der auf sein erstes Ausscheiden beim RAAM folgenden Saison, herauskristallisierte, dass es nicht klappen würde mit der direkten Revanche, weil die Betreuer nicht die richtigen waren, die Richtigen keine Zeit hatten und die Sponsoren nicht den nötigen Enthusiasmus oder die lose Geldbörse besaßen, packte er das in jämmerlichen Einzelteilen vor ihm ausgebreitete Rätsel sogar ganz zurück in das Schächtelchen, verstaute es gut und verlor dennoch keine Sekunde lang den Glauben, dass er es früher oder später wieder hervorkramen würde. Denn das war es, was er sich am sehnlichsten wünschte, worauf er aber auch zu warten bereit war, denn was lief ihm groß davon? Belohnungsverzögerung, die nur ein weiteres Jahr andauerte, dann hatte er die kleingedruckte Gebrauchsanleitung – seine Fehler bis zum Halfway Point zwei Jahre zuvor – ohne Verbitterung studiert und in seiner Vorstellung aus den kantigen Einzelteilen bereits eine stromlinienförmige Eins modelliert. »Ich will. Ich kann. Ich darf. Ich bin es mir wert. RAAM Sieg 2011«, prangte in wasserunlöslichen Großbuchstaben auf dem Oberrohr seiner Rennmaschine und sprang ihm direkt ins Auge, bei jedem Griff zur Trinkflasche, und würde das auch im Rennen tun, jedes Mal, wenn Müdigkeit und Anstrengung den Kopf nach unten drückten.

Als sein damaliger Trainer und Teamchef Rainer Hochgatterer im Hotelaufzug, irgendwo in Oceanside, Kalifornien, unter vier Augen trocken die Devise Vollgas ausgab, tat er das so, als habe es das Scheitern an der mit Wasser vollgelaufenen Lunge zwei Jahre zuvor nicht gegeben.

»Beim RAAM 2011 hatten wir einen großen Luxus: Nach dem DNF beim RAAM 2009 und dem erneuten DNF beim RAA 2010 hatte ich praktisch

überhaupt keinen Druck mehr. Niemand erwartete einen großen Erfolg, auch wenn ich seit dem letzten RAAM-Antritt bei kleineren Rennen Podiumsplätze und Siege hatte verbuchen können. Freilich stand auch bei diesem RAAM wieder viel auf dem Spiel, ein weiteres Ausscheiden wäre in vielerlei Hinsicht fatal gewesen. Aber ich vertraute darauf, dass ich fit genug war und das Team nun erfahrener agieren würde. Jedenfalls konnte ich nach außen hin sehr glaubhaft behaupten, dass mein alleiniges Ziel logischerweise nur lauten konnte, gesund anzukommen. Gesund ins Ziel zu fahren, war auch tatsächlich die oberste Devise – aber es gab eben auch diese Botschaft an mich selbst, die da auf mein Rad geklebt war. Das Foto von damals sehe ich mir noch heute gerne an, denn es erinnert mich daran, welches Ziel wir hinter den Kulissen insgeheim wirklich verfolgten.«

Anker setzen

Noch Jahre später gilt die Devise von damals: akzeptieren, vertrauen, nicht zurückblicken. Im richtigen Moment auf die richtigen Ratschläge hören: auf Wolfgang Faschings Empfehlung zum Beispiel, es mit Hochgatterer als Sportarzt zu versuchen. Verantwortung abgeben können, wenn am Vorabend des Starts Zweifel an der Taktik aufkommen. Die Wattzahl als Freund, nicht als Feind zu betrachten, in der Gewissheit, sie wird dem Kontrahenten mehr wehtun als einem selbst. Sich nicht anzweifeln, wenn Marko Baloh wieder startet wie der Leibhaftige. All die Gefühlsregungen, intensiv durchlebt und dann die belastenden weggedrückt, zu Hause während der Entspannungsübungen für den reibungslosen Übergang vom Rad in den Tiefschlaf während der kostbaren Pausen im Wohnmobil. Vielen – auch Baloh – fällt das Einschlafen, trotz 24, 36, 48 Stunden Schlafentzug unter Dauerbelastung, schwer, wachgehalten vom rotierenden Gedankenkarussell. Das ist im Ultracycling die Höchststrafe für den geschundenen Verstand kurz vor dem Delirium, die auch den alten Haudegen Sorgen bereitet. Ihm nicht, nicht mehr. Während alle hoffen, weiß er. Die größte Angst, das Fegefeuer, könnte zu einer Stärke werden, einmal gemeistert. Er übt den kurzen Schlaf, mit einem feuchten Lappen über den Augen, bis es klappt. Keine ungenutzte Minute Stillstand mehr – das Wissen um den Vorteil, den ihm das gegenüber Baloh bringt, lässt ihn schlafen wie ein Baby. Veranlagung trifft auf Lernbereitschaft.

Damals, beim RAAM 2011, als das scheinbar Unmögliche von Timestation zu Timestation immer mehr Realität wurde und zu Hause alle mit offenen Mündern dem neuesten Update aus Amerika entgegenfieberten, da es GPS-Tracking noch nicht über den großen Teich geschafft hatte, öffneten sich Türen, die zuvor schon einen Spalt weit offen gestanden hatten, plötzlich sperrangelweit. Keine Sekunde zweifelte Christoph Strasser

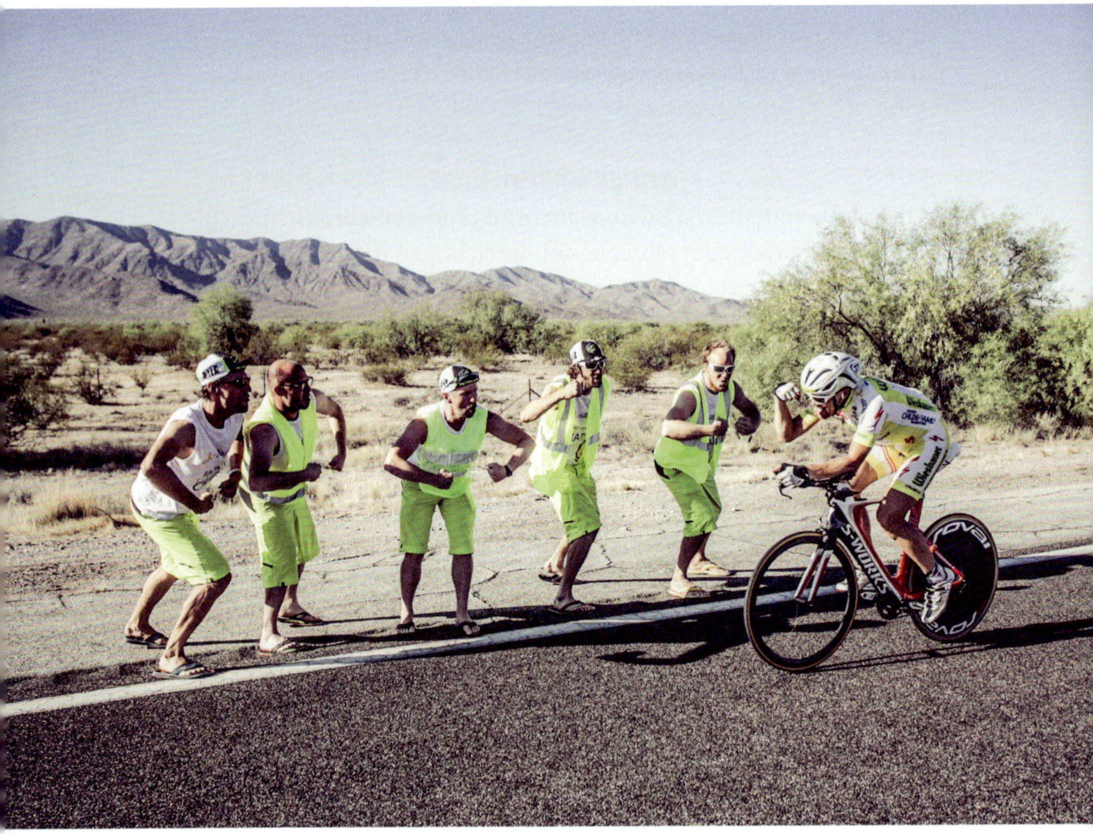
S-WORKS

daran, hindurchzugehen und sie hinter sich zuzumachen, nicht mehr zurückzublicken, und kein einziges Mal erdrückten ihn seither die Erwartungen an ihn, vor allem nicht die eigenen. Diese unerschütterliche Zuversicht musste er sich nie antrainieren, »Anker« setzen schon. Das heißt für ihn: in Gedanken an einen speziellen Ort zurückkehren, in eine bestimmte Stimmung, in die unmittelbare Nähe eines hart erarbeiteten Erfolgs. Eine spezielle Berührung, die den energiespendenden Zustand verankert: ein Kniff mit den Fingern der Rechten in die Handwurzel der Linken, alles Mögliche, nur ja nicht das Alltägliche. Oft genug durchexerziert, wie der Powernap auf Kommando, und der leistungsbereite Zustand gehorcht ebenfalls dem unterbewussten Befehl. Natürlich nicht immer und nicht annähernd so stark, wie man es sich wünschen würde, aber immerhin. Dasselbe mit Düften, selbst gemixt aus ätherischen Ölen, nicht nur sprichwörtlich unter die Nase gerieben beim Fantasieren vom nächsten Höhepunkt. Oder im perfekten Training, im Geisteszustand größter Stärke und Entschlossenheit. Gelernt, verankert, abrufbar. Nach einer Schlafpause einen Tropfen »Psycho-Mix« aufgetragen, und schon sind wieder ein paar Minuten gewonnen, die andere bräuchten, um zu sich zu kommen.

Nicht ärgern, nur wundern

Im Mentaltrainer-Kurs frischt Christoph Strasser letztlich nur auf, was er schon kennt; dennoch fühlt es sich an wie ein Erwachen. Zu gut hat er verinnerlicht, was sich die Sozialarbeiterinnen, Psychologinnen, Polizisten und Gesundheitsmanager in der bunt gemischten Gruppe erst aneignen müssen. Wie beim längst erlernten Autofahren kann er, was er können muss, doch das erneute Hinterfragen der Theorie lässt ihn tiefer in die Materie abtauchen. Der lebhafte Vortragsstil des charismatischen, ehemaligen Skirennläufers, der den Kurs leitet, hilft dabei, interessiert dranzubleiben. Der aufgezwungene Online-Unterricht weniger. Christoph tut es dennoch und liest, in Ermangelung des persönlichen Austauschs, den es hoffentlich im nächsten Modul wieder geben wird, fleißig Bücher. Er kniet sich richtig rein, wenn auch zugegebenermaßen nicht immer voll konzentriert – nur allzu verständlich angesichts der zwanzig Trainingsstunden pro Woche samt regelmäßiger harter Intervalle.

Auch die Übungen baut er selbst wieder aktiver in seinen Alltag ein, triggert den Gedanken an die Tausend, an den Senkrechtstart mit dem Rücken zur Wand. Die Gänsehaut kommt zuverlässig, Anker, abgespeichert. Das Ziel: emotionale und, mehr noch, soziale Widerstandsfähigkeit; ein Weg, den er schon gegangen ist und nun mit einer Gruppe Gleichgesinnter wieder geht – und der alte Erinnerungen an die Oberfläche schwappen lässt. Der Großvater: nicht ärgern, nur wundern über die, die einem Scheitern oder Unglück an den Hals wünschen. Die sich nicht zu befreien vermögen von einzementierten Reaktionen auf Situationen, in denen sie – immer – angeblich längst wüssten, was komme. Wundern über den tagtäglichen Beißreflex, die überbewerteten Lebenserfahrungen, wenn es darum geht, immer nur ins Negative zu reflektieren. Nicht ärgern, sondern wundern und, viel wichtiger noch, beherzt loslassen und die analytische Beobachterrolle einnehmen, nicht überemotional, sondern konzentriert, auf die Realität und nicht das von Interpretationen verzerrte Trugbild – äußerst hilfreich, wenn es denn gelingt.

»Zitrone zu Limonade«: abgedroschen, aber wahr. »Nimm, was du kriegst, und mach etwas daraus«: einfach und dennoch den wenigsten in die Wiege gelegt. »Wissen, wo du hinwillst«: sehr wichtig. »Fleißig sein«: selbstverständlich. »Locker bleiben«: am wichtigsten. Binsenweisheiten und Küchenpsychologie, aber wie bleibt man locker und lässt sich nicht aus der Ruhe bringen, wenn die Steine einem nur so entgegenrollen? Was die fünfzehnköpfige Gruppe angeht, fragen die einen aus reiner Wissbegier, die anderen aus beruflichem Interesse, und für wieder andere, der Polizist könnte einer davon sein, geht es um professionelle Krisenbewältigung und den Umgang mit tiefergehenden Emotionen wie der Angst vor destruktivem Verhalten. Christoph steht gewissermaßen dazwischen. Er fragt weniger als die meisten anderen, will aber mehr und muss daher danach trachten, noch besser auf sich einwirken zu können, wenn es drauf ankommt.

»Unbeschwert bleiben«, auch so eine Floskel, und so wahr. Wieso fliegt dem einen der Erfolg zu, der dem anderen durch die Finger gleitet? Vom tief – womöglich krankhaft tief – verwurzelten Leistungsdenken führt ein felsiger Pfad zur tatsächlichen Spitze, also besser die Karte lesen können. Öfter als zuletzt denkt Christoph zurück an Reto Schoch, der sich 2013 im legendären Aufeinandertreffen der drei Giganten – wobei Wyss und Strasser aus Sicht des Schweizers wohl eher Statisten glichen – nur mit der Zeit unter acht Tagen motivieren und sich keinesfalls ohne sie zufriedengeben konnte. Was kam, war klar: Die Fabelzeit war, zumindest für Schoch, schon Tage vor dem Ziel Schall und Rauch, der Aufprall betonhart. Ein Paradebeispiel für den sprichwörtlichen Lauf ins offene Messer, und doch durchdekliniert von einem Spitzenmann. Nicht nur Überheblichkeit, ist Christoph sich sicher, steckte hinter dem zu früh abgebrannten Feuerwerk der Eitelkeiten. Auch er selbst war nicht gefeit vor dem toxischen Seitenblick zum Gegner, und als sich dieser mit einem epischen Einbruch aus dem Führungsrennen nahm, hatte er ebenso sehr zu kämpfen – plötzlich gegen sich selbst. Doch seine Crew brachte ihn schließlich unter die Acht-Tage-Marke, während der andere 28 Stunden später und völlig entnervt doch noch ins Ziel rollte und seinen kometenhaften Aufstieg vom Vorjahr durch einen noch steileren Absturz auf zweifelhafte Weise übertraf.

Reto Schoch sollte – jedenfalls bis auf weiteres – nicht mehr an Ultracycling-Rennen teilnehmen. Entweder, weil er zuvor schon beschlossen hatte, dass alles andere als das Superlativ beim RAAM seine Teilnahme nicht wert wäre, oder weil ihn dieses Erlebnis an sich selbst zerbrechen ließ. Oder wegen einer Mischung aus diesen und anderen Gründen, die nur er kennt und die Christoph Strasser nicht weiter tangieren würden, hätte er nicht jetzt, gewissermaßen aus professionellem Interesse, genau diese Art Aussetzer fein säuberlich in ihre Einzelteile zu zerlegen und so die Bauweise des Misserfolgs zu erforschen.

»Die Situation, die sich beim RAAM 2013 zwei Tage vor dem Finish entwickelte, war irgendwie völlig absurd und doch so lehrreich für mich. Es geht immer um die Art und Weise, wie man seine Ziele definiert – und danach nach außen präsentiert. Während sich Reto völlig mutig und selbstsicher auf die angepeilte Zeit unter acht Tagen festlegte, sogar betonte, dass nur dieses eine Ziel für ihn tatsächlich Bedeutung hatte, dachte ich viel an die starke Konkurrenz in diesem Jahr – allen voran an ihn. Ich wollte einfach vor Reto sein, die schnelle Zeit an sich war mir nicht so wichtig, ihn zu schlagen, zählte. Auch wenn ich mental daran arbeitete, nicht von ihm beeinflusst zu werden, steckte dieser direkte Konkurrenzgedanke doch irgendwo in mir. Als ihm später sein zu hoch gestecktes Ziel zum Verhängnis wurde, weil er irgendwann realisieren musste, dass sich die acht Tage nicht mehr ausgehen konnten, bekam auch ich massive Probleme. Er legte frustriert eine lange Pause ein und wollte vorübergehend sogar aussteigen, damit hatte ich ihn geschlagen und mein Ziel erreicht. Plötzlich war mein Antrieb weg. Ich sah keinen Sinn mehr, weiter alles zu geben und um eine schnelle Zeit zu kämpfen. Schlussendlich habe ich das durch die Motivation und die richtigen Worte meines Teams doch noch geschafft. Aber für die Zukunft habe ich daraus gelernt, dass Zielsetzung auch unerwartete Probleme verursachen kann, wenn sie nicht gut formuliert ist.«

Tiefe Emotionen

Ein Tanz auf der Klinge ist der Spitzensport immer, also steckt keine Herablassung in seinen Analysen; Beispiele ähnlicher, schneller Ausbrenner gibt es zur Genüge, und wie Christoph Strasser selbst zugibt, saß auch er während dieser legendären Ausgabe des Langstreckenklassikers nicht immer so fest im Sattel, wie es sein riesiger Vorsprung dem daheimgebliebenen Zuseher vor dem Livetracking suggerierte. Dennoch kommt er einem Musterbeispiel für das kluge Ausnutzen mentaler Konditionierung sehr nahe, und das nicht eben zufällig, sondern aufgrund langjähriger Bemühungen.

Bewusst arbeitet Christoph Strasser immer wieder mit tiefen Emotionen, so wie 2014, als er sich vom gewonnenen Kampf gegen Schoch erholt hatte, jedoch kein neuer, ihm ebenbürtiger Gegner an dessen Stelle getreten war. Wie den Spannungseinbruch vermeiden, den ein Jahr ohne Druck von hinten mit sich bringen würde? 5.000 Kilometer auf Angriff? Schwierig. Dasselbe in Sicherheit, nach einem Rekordjahr wie keinem zuvor? Vielleicht noch schwieriger. Es konnte nicht mehr besser werden, wurde ihm gesagt, und als der Realist, der er ist, hätte er sich vor dem RAAM nach dem RAAM nicht darauf verlassen wollen, diese nicht ganz unrealistische Einschätzung Lügen zu strafen. In Ermangelung eines schlagkräftigen äußeren Antriebs wusste er geschickt, wieder den inneren in den Vordergrund zu stellen: »Für 2014 dachte ich nicht mehr an Finisher-Zeiten oder Konkurrenten, sondern wollte im Ziel angekommen zu mir selbst sagen können, dass ich in jedem Moment das Beste gegeben habe, egal wie schnell die anderen rund um mich gefahren sind.«

Das Bestmögliche erreichen, mit der harmonischsten Mannschaft. Die Gefühle beim Bergauffahren in der Hitze und beim Ausnutzen der nächtlichen Kühle. Die Musik aus den Boxen. Der gute Schmäh über Funk. Das Privileg, noch eins draufsetzen zu dürfen, und die Verantwortung, nicht zuletzt für ein Team von 13 Enthusiasten mit begrenzten Urlaubskontingenten und ungeduldig wartenden Familien, sich zumindest redlich zu bemühen. Starke Emotionen, auf eine gute Weise gebündelt, nicht verschwendet an einen Blick in die nahe Zukunft oder in die Vergangenheit – weder zur Ziellinie in Annapolis noch auf die 191 Stunden Perfektion, die ihm im Vorjahr gelungen waren. Die 377 hatte sich nicht geändert, darauf kam es an. Und die perfekte Zahl hieß eine Woche später 183, denn alleine auf weiter Flur hatte Christoph Strasser beim RAAM 2014 dem eigenen Schatten unwirkliche acht Stunden – einen ganzen Arbeitstag! – aufgebrummt.

Mehr Feuer als in den Vorjahren

In einem ungewöhnlich ruhigen Advent ohne Sozialkontakte – ein paar Bergtouren mit Freunden sind die erfreuliche Ausnahme – und mit viel zu viel Zeit zum Grübeln spielt die Analyse seiner Einstellung während dieses Schlüsselereignisses für Christoph Strasser eine entscheidende Rolle, wenn es darum geht, sie in der Saison 2021 unter gänzlich anderen Vorzeichen zu reproduzieren. Die faulen Ruhetage wegzulassen, war nicht schwer, seine Motivation für Blöcke von neun Tagen Training ohne Pause war ungebrochen. Der erste Stufentest – abgebrochen erst bei 450 Watt – bestätigt: Es könnte möglich sein, die Form seines Lebens zu erreichen, denn die Zahlen sehen ihn zu diesem Zeitpunkt knapp einen Monat vor der Verfassung des Vorjahres. Sich so früh darauf zu verlassen, könnte trügen, dennoch scheint der Start in die Vorbereitung gelungen.

Die Bergtouren im Schnee, die nun wieder anständige Muskelkater zaubern, sollen weiterhin Stabilität und Kraftausdauer bringen, und auch die zähen Übungen für den Oberkörper, die ihn seit bald zwanzig Jahren auf normalsterbliche Weise nerven, haben ihren Platz. Sie lehren auch ihn die gefürchtete Negativspirale – »ich will nicht, ich kann nicht, es geht nichts mehr. . .« –, von der wohl die allermeisten mehr zu berichten wissen als vom stetigen Bergauf. Es soll so sein, nicht alles liegt einem, auch ihm nicht.

Bemerkenswert die Stunden, die er sich in seinem Keller wieder in die Musik und die von ihr ausgelösten Bilder vertieft. Das ist anders als in den Jahren zuvor, mit mehr Feuer, so als sitze da ein jüngeres Abbild mit derselben Erfahrung. Oasis, Coldplay, Snow Patrol, The Verve, legendäre Livekonzerte und verschwitzte Gänsehaut auf täglicher Basis. Die Parallele: Genau wie er sich in seinem Keller vergräbt, so tun die Musiker, die ihn dort inspirieren und seine Visualisierungen beflügeln, dasselbe im verrauchten Studio, spielen ewig und noch einmal öfter Rhythmusgitarre, Leadgitarre, Drums, Gesang und was auch immer ein, bis aus den flachen Einzelspuren die magische Komposition entspringt. Freude am kleinen Fortschritt, Freude beim Treffen eines Tons, an einer fein abgestimmten Passage, oft erst nach wochenlanger Flaute. Noch weit entfernt das verkaufsfähige Album, die Konzerte vor euphorischen Fans, denn genau wie dem fürstlich entlohnten Spitzensportler ist auch dem leidenschaftlichen Musiker – dem wirklich besessenen – der Prozess und nicht Anerkennung oder Geld die eigentliche Belohnung.

Christoph Strassers Ausdrucksform ist der Sport, Siege und Rekorde sind ein wichtiger, aber eben nur ein Kanal seines Lebens in Stereo. Anerkennung und Einnahmen aus Vorträgen vor vollem Haus, lukrative Sponsorenverträge. Das alles sind hart erarbeitete Zeichen, dass es in die richtige Richtung geht. Und doch sind es nur Boni, die lange nach dem eigentlichen Lohn für seine Arbeit fällig werden, der darin besteht, sich in den Entstehungsprozess versenken zu dürfen. Den Weg gerne zu gehen, ihn als Teil des guten Produkts zu begreifen, macht den Qualitätssprung aus, schafft Befriedigung. Das Klatschen, die beglichene Honorarnote, die glänzenden Räder in Sonderlackierung – dankbar an- und mitgenommen. Erst das Erlebnis mit der Crew – seiner Band – und der Flow auf dem Rad – sein Solo – vollenden aber die Komposition und lassen, wenn genug Schweiß geflossen ist, eine neue entstehen.

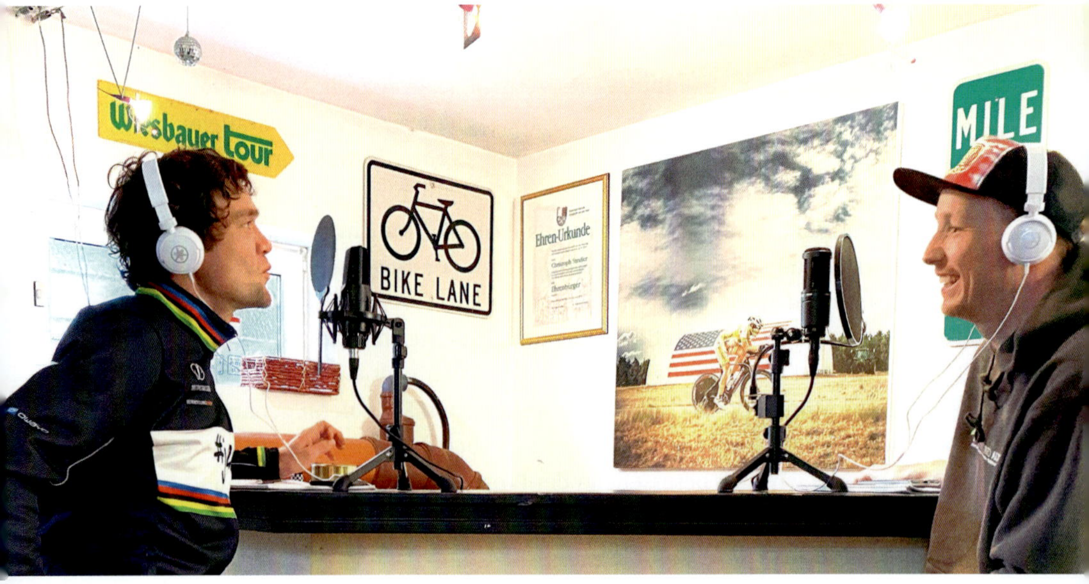
Wiesbauer tour
BIKE LANE
Ehren-Urkunde
MILE

Stunde 9

FOKUS

Der Jahreswechsel bringt die Müdigkeit zurück in Christoph Strassers Trainingsleben, wenn auch noch nicht so vehement, dass es ihn die volle Überwindung kostet. Die Höllenwochen, in denen er sich fragt, wie er am Abend noch zum Einkaufen oder am nächsten Morgen aus dem Bett kommen soll, stehen ihm noch bevor. Und doch ziehen die Daumenschrauben allmählich an, denn der Rekord ist nun nicht mehr Teil eines anderen, sondern dieses Jahres, und der Weg verengt sich zusehends. »Die Tage, an denen ich mir am Abend sage: gut angestrengt und angenehm erschöpft, das Training war hart, aber gut machbar – diese Abende werden seltener«, notiert er. Darunter: »Die Abende, an denen ich alle Pläne und Vorhaben des verbleibenden Tages streiche und erschöpft und mit leeren Beinen auf die Couch falle und von dort nur mehr für das Nötigste aufstehe, diese Abende werden zahlreicher.«

Soweit nichts Neues. Während Weihnachten für andere Glühwein, Geselligkeit und ein paar Extrakilos für den kommenden Neujahrsvorsatz bedeutet, ist es für ihn – nicht nur in diesem merkwürdigen Jahr – business as usual. Mit dem Unterschied vielleicht, dass sich seine Trainingszeiten an den Weihnachtstagen in die leidigen Morgenstunden verschieben, nicht gerade zu seiner Freude. Was rund um den Jahreswechsel für ihn wie für jeden anderen auch herrscht, ist die totale geschäftliche Flaute. In diesen zwei oder drei Wochen, in denen alles herunterfährt, lässt sich mit Vorträgen kein Blumentopf gewinnen, und Sponsoren anzurufen kann er sich gleich sparen, denn selbst die eingefleischtesten Arbeitstiere haben die anstehenden Entscheidungen längst auf das kommende Frühjahr vertagt.

Für Christoph Strasser ist diese Zeit zwar immer so trainingsintensiv wie andere Phasen in der Saison, doch die gesellschaftlich aufoktroyierte Pause genießt auch er. Sein Sozialleben, das so viele Monate des Jahres hintanstehen muss, ist ihm nicht gleichgültig. Er freut sich auf die Familienbesuche zu Weihnachten, das Zurückkehren ins Heimatdorf Kraubath für ein paar Tage, die Treffen mit Freunden, die nicht aus den Augen zu verlieren mit jedem Lebensjahr und jeder hinzugekommenen Verpflichtung auf dieser oder jener Seite schwieriger wird. Doch in diesem Jahr ist vieles anders: Treffen sind auf ein Minimum reduziert, die Weihnachtsfeier begehen die Menschen im kleinsten Familienkreis, wenn überhaupt. Mit vorhergehendem Schnelltest, den sich in die Nase zu rammen natürlich nur ein kleiner Preis für das Wiedersehen mit den engsten Angehörigen ist, stellt derjenige, der es möchte, Normalität im kleinsten Kreis her. Viele wollen es nicht, halten sich weiter fern. Christoph testet und genießt den Elternbesuch und die Gespräche mit der Großmutter; es gibt viel zu besprechen wie in jeder ungewollt auf Abstand gehaltenen Familie.

Wunschdenken hilft nicht

Das Virus. Es ist zum ungewollten Fixstern in der Zukunftsplanung vieler geworden, und zwar, mittlerweile ist das mehr Gewissheit denn vage Angst, nicht nur auf kurze Sicht. Es lässt sich jetzt, in der andauernden Dunkelheit und Kälte und bei all den Meldungen von Mutationen und wirkungslosen Impfdosen, die auf die Menschen einprasseln, nicht mehr so leicht unter positivem Denken begraben und frisst sich in die Erinnerung an helle und warme Spätsommertage. Ihn halten die körperliche Routine und der abgehärtete Geist, der auf Belohnungsverzögerung konditioniert ist, in der Spur. Christoph Strasser strahlt weiterhin Optimismus aus – was soll er auch anderes tun –, macht seine Hausaufgaben und versucht nebenbei, denen, die ihm nahestehen, eine Stütze zu sein. In der Krise ist er nur einer unter Millionen und tut, was er kann, ebenso wie Millionen. Und genau wie jeder Arbeitnehmer, aber auch jeder Selbstständige und insbesondere jeder Einzelunternehmer kann auch er sich den Auswirkungen der Pandemie auf die wirtschaftlichen Realitäten nicht mit Verdrängung und Wunschdenken entziehen.

Sponsorengespräche, die sonst längst terminiert wären, sind zu diesem Zeitpunkt noch in der Schwebe. Die meisten seiner Partner begleiten ihn seit Jahrzehnten; seine Kontaktpersonen sind keine gesichtslosen Marketingmenschen aus Großkonzernen, sondern Radsportenthusiasten mit einer ehrlichen Begeisterung für das, was er leistet und darstellt. Dennoch hilft ihm bislang nicht einmal dieser Vertrauensvorschuss; die E-Mails vertrösten ihn, das Telefon bleibt ruhig. Die Unsicherheit lähmt die Wirtschaft wie den Rest der Gesellschaft und er kann nicht anders, als wieder über einen Plan B nachzudenken. Er steht in einer Öffentlichkeit, die befriedigt werden will. Das neue Jahr muss in einen Rahmen gefasst werden, nicht zuletzt, um den Fürsprechern in den Betrieben, die ihn weiterhin unterstützen sollen, obwohl er ihnen kaum Garantien geben kann, Substanz für die Verhandlungen im Hintergrund zu liefern. Die Aufmerksamkeitsspanne der Entscheidungsträger, selbst in den familiär geführten Unternehmen, ist in dieser Stresssituation begrenzt. Widerwillig verfasst Christoph Strasser ein Statement, das eine längst gefällte Entscheidung seinerseits nach außen tragen soll: sein Nichtantreten beim RAAM im kommenden Frühsommer. Die Frage nach seinem Start beantwortet er auf dem digitalen Papier mit einer Gegenfrage, jedoch ebenfalls an sich selbst: »Was ist meine Motivation am RAAM teilzunehmen? Oder anders gefragt: Was ist sicher nicht die Motivation?«

Auch wenn diese Ziele untrennbar mit einem erneuten RAAM-Start verbunden wären, so bestünde der ultimative Antrieb für ihn gewiss nicht in der Jagd auf einen siebten Sieg, eine höchstmögliche Durchschnittsgeschwindigkeit oder einen aufgrund einer leicht verlängerten Strecke ohnehin unrealistisch gewordenen, neuen Streckenrekord. Christoph ist sich sicher, dass er es noch in sich hätte, die Tortur ein- oder zweimal zu wiederholen – dann allerdings kaum mehr für Ruhm und Ehre, sondern für den Prozess, den ein RAAM-Jahr anstößt, den Weg aus Tausenden kleinen Schritten. Für die alltäglichen Herausforderungen an ihn und sein Team, für das Erlebnis, den Spaß an der Strecke, den Flow, wenn auf dem Rad die Post abgeht, aber auch für die bitteren Momente des hoffnungslosen Stillstands. Für den einzigartigen Teamgeist, einen Zusammenhalt, zusammengeschweißt durch die Extremsituation, durch eine Kaskade höherer Hochs und tieferer Tiefs, bis zum – hoffentlich – letzten Hoch beim Einfahren nach Annapolis, Maryland.

Doch auf dem Weg zu diesem Augenblick müsste er zu diesem Zeitpunkt mit seiner Crew längst ein gutes Stück zurückgelegt haben: reservierte Begleitfahrzeuge, ein passendes Wohnmobil mit Rückgaberecht am Zielort, Flugtickets, zwei angemietete Häuser am Start- sowie am Zielort, groß und zurückgezogen genug für eine lärmende, verschwitzte, zwölfköpfige Truppe in Badehosen und Radtrikots. Eine Truppe mit klarer Mission, jedoch mit genug Sportsgeist, einem anderen Fahrer auf der Strecke sofort auszuhelfen, sollte es die Gelegenheit dafür geben. Aber was wäre damit? Was wäre mit den High-Fives unter konkurrierenden Crewmitgliedern, den Umarmungen und gegenseitigen, ehrlich gemeinten Glückwünschen vor dem Start und im Ziel? All das ist zu dem Zeitpunkt, als Christoph das Statement postet, völlig undenkbar. Schlimmer noch: Selbst für einen Optimisten wie ihn ist die herbeigesehnte Rückkehr zu einer Normalität, die zwischenmenschliche Nähe ohne Angst vor Ansteckung zulässt, in den wenigen Monaten, die bis zum Rennstart noch blieben, inzwischen illusorisch. Es wäre ein aussichtsloser Kampf gegen Windmühlen, daran festzuhalten, selbst ohne Berücksichtigung des kaum mehr aufzuholenden organisatorischen Rückstands. Da wäre die kolportiere Impfpflicht für alle Reisenden. Da wären Betreuer, deren knapper Urlaub schon im letzten Halbjahr einzig in der Notbetreuung ihrer gestrandeten Schulkinder aufging und deren Situation sich nur weiter verschärfen wird. Dazu die Unmöglichkeit, vor so einem großen Event wochenlang in Quarantäne festzuhängen und danach nicht ohne eine solche wieder ausreisen zu dürfen.

Nicht zu vergessen die immerwährende Maskenpflicht, die geschlossenen Steakhäuser, die vielen notwendigen, einem abenteuerlichen Radrennen gleichzeitig den Gnadenschuss versetzenden Bestimmungen: Wo bliebe das besondere Freiheitsgefühl, das das RAAM einzig attraktiv für ihn und seine Begleiter macht?

An Lust und Motivation mangelt es ihm nicht, doch dieses Mal wäre es zu viel verlangt – von den treuen Helfern und von sich selbst. Christoph ist kein Rookie mehr, er ist niemand, der sich nur einmal im Leben und nur in dieser Saison den großen Lebenstraum erfüllen könnte. Seine Chance wird, sobald die Pandemie im Griff ist, wiederkommen, dann aber unter den richtigen Voraussetzungen für das, was ihm wichtiger ist als jeder Rekord. All das tippt er in sein Statement, und wäre er selbst nicht längst überzeugt, so würden die Argumente, als er sie ein zweites Mal aufmerksam durchliest, den letzten Zweifel zerstreuen. »Gesund bleiben, das Radfahren genießen, das Beste daraus machen!«, schreibt er zum Abschluss, eine Grußbotschaft wie ein Mantra, man wünscht sich andauernd Gesundheit in diesen Tagen.

Wesentlich schmaleres Budget

Nachdem das Alte aus dem Weg geräumt ist, richtet Christoph den Blick auf das Neue: Er ist ziemlich zuversichtlich, dass die zwei 24-Stunden-Rekordversuche, die Generalprobe irgendwo auf dem leicht erreichbaren europäischen Festland und die angepeilten 1.000 Kilometer in Colorado an einem perfekten Tag im Herbst, die Lücke füllen werden. Für viele seiner Sponsoren führte am RAAM bisher kaum ein Weg vorbei, doch gerade in diesem Jahr könnte das anders, ein Nichtantreten dort verständlich und ob des gebotenen Abstandhaltens begrüßenswert sein. Ein Corona-Cluster beim Sportevent, immer wieder Reizthema in den letzten Monaten, ließe sich nicht gut vermarkten. Ein 24-Stunden-Rekord wäre in dieser Hinsicht wesentlich unverfänglicher und planbarer. Und selbst wenn es zu massiven finanziellen Einbußen kommen sollte: Ihn beruhigt der Gedanke an ein wesentlich schmaleres Budget. An die wesentlich kleinere Anzahl an Menschen, die er hierfür brauchen wird und von denen er sich – natürlich – abhängig macht: ein weiterer Kontrapunkt für lange Distanzrennen mit einem dementsprechend großen Team aus potenziellen Quarantänekandidaten.

Es ist eine Zeit des Umbruchs und eine solche muss ja nicht zwangsweise schlecht sein: Positiv gesehen kann Christoph relativ unabhängig aussitzen, was die vielen Menschen in prekärer Anstellung und die um ihre Existenz und ihre Mitarbeiter bangenden Kleinunternehmer unter enormen Handlungsdruck setzt; er kann einfach versuchen, das Beste daraus zu machen, sich ein Jahr lang kaum rechtfertigen zu müssen. Dass es seit Monaten undenkbar ist, mit seinen Vorträgen zu touren, hat ihn eine neue

Nebenbeschäftigung entdecken lassen: In seinem Podcast *Sitzfleisch* geht es längst nicht mehr nur um seine eigenen Erfahrungen. Moderiert von Christoph und seinem Betreuer Florian Kraschitzer werden die eingeladenen Interviewpartner in (wenn auch – leider – nur vorgegaukelter) Kaffeehausatmosphäre zu allerlei Themen rund um das Ultracycling, aber auch abseits davon befragt. Dabei ergeben sich Gespräche, die nicht nur nett anzuhören sind, sondern ihn selbst das eigene Tun wieder neu reflektieren und mit anderen Augen sehen lassen.

Ähnlich wie seine Mentaltrainerausbildung bietet ihm auch diese Nebenbeschäftigung eine willkommene, inspirierende Abwechslung inmitten eines stark eingeschränkten Alltags ohne maßgebliche geistige Forderung, der zusehends in Monotonie zu erstarren droht. »Herzlich willkommen zu *Sitzfleisch* – dem Podcast, wo wir so tun, als hätten wir uns spontan verplaudert«, ist nur eine der frei von der Leber gescherzten Opener-Varianten, die dem Hörer von der ersten Minute an ein Gefühl der Nahbarkeit, des Dazugehörens, geben sollen. Hinter der sympathischen Spontanität steckt ein wohldurchdachtes Konzept, und das zu perfektionieren macht Christoph genauso viel Spaß wie das Feintuning im Sport. Von Sendung zu Sendung ist eine Weiterentwicklung erkennbar, ganz genau wie von einem Trainingsmonat zum nächsten, darauf aufbauenden. Die körperliche Belastung wird nicht mehr weniger werden in den Monaten bis zum Rekord, doch noch passt die Balance zwischen harten und regenerativen Einheiten, so dass ihm Zeit für wöchentliche Aufnahmetermine und ihre Konzeptionierung im Vorfeld bleibt.

Natürlich steckt hinter der Neuentdeckung dieses Kanals auch Kalkül: Was wäre, wenn der volle Hörsaal, die Firmenkantine oder die Stadthalle nicht so schnell in seinen Alltag als Berufsredner zurückkehren werden? Was, wenn Online-Aktivitäten dafür künftig einen noch festeren Bestandteil seiner Kommunikations- und letztendlich auch Verkaufsstrategie ausmachen müssen? Wie weitermachen, wenn sich mit dem Verschwinden des Virus nicht automatisch die alte Normalität einstellt, oder wenn das Virus überhaupt nicht mehr verschwindet, jedenfalls nicht gänzlich und vor allem nicht aus den traumatisierten Köpfen vieler Verunsicherter? Hochwertige, tiefgründige Inhalte rund um sein Steckenpferd und Herzensthema werden sich weiterhin an den Mann und die Frau bringen lassen, hofft Christoph und übernimmt neben seiner deutschsprachigen, wöchentlichen Sendung noch den Job als Co-Moderator eines Ablegers in den USA, der *Ultra Cycling Show*.

Die Bedienung der Streaming-Software, daneben die Gesprächsführung, noch dazu auf Englisch, das ist feinstes Gehirntraining. Auf die Antworten der Gäste zu reagieren und die eigenen vorgefertigten Fragen stetig anzupassen, um so den Eindruck einer sich frei entwickelnden Plauderei unter guten Bekannten entstehen zu lassen, bringt ihn des Öfteren an seine organisatorischen Grenzen. Der Wechsel zwischen verschiedenen Kameras und Screens, um die bestmögliche Wirkung zu erzielen, quasi als Schmalspur-Regisseur seiner eigenen Late-Night-Show – in all das kann Christoph sich verbeißen und aus der neuen Aufgabe Energie ziehen, und wer weiß wofür es später nützlich sein wird, was er sich hier aneignet? Noch ist der Rahmen klein, die Zuschauerzahlen überschaubar, doch das Potenzial ist unübersehbar. Er kennt den kontinuierlichen Prozess des Wachsens, der auf eine gut gelegte Grundlage aufbaut. Er vertraut ihm, denn diesem Prinzip folgt sein Training ebenso wie jede andere seiner Aktivitäten, und das seit Jahrzehnten.

Auf den Prozess zu vertrauen, heißt übersetzt auf sein Training, auf den Trainer zu vertrauen. Ein ausgeklügeltes System, gefüttert mit tagesaktuellen Informationen bis hin zur Wahl der maßgeschneidert an die Intensität und das Trainingsziel jeder einzelnen Wochenstunde angepassten Ernährung, schafft dafür die Basis. Ein, zwei Tage in die falsche Richtung, schon wird neu getrimmt. Kommentare werden ausgetauscht, persönliche Eindrücke wie die Ermüdung, das Hungergefühl oder die Qualität des Schlafs werden sofort mitberücksichtigt. Nur so kann ein Spitzenathlet wie Christoph Strasser jahrelang auf dem Grat zwischen Übertraining und Unterforderung balancieren, ohne plötzlich abzustürzen oder langsam auszubrennen.

Was über Weihnachten noch überforderte, ist nicht einmal einen Monat später gut machbar, denn die Mauer – seine Ermüdungstoleranz – ist um eine weitere Reihe Ziegel gewachsen. Selbst die Trittfrequenz wird von seinem Trainer vorgegeben, bis der Takt sich zu einhundert Prozent effizient und natürlich anfühlt. Die kleinen und größeren Zwischenetappen – jede abgeschlossene und vom Trainer lobend kommentierte Einheit, jede überstandene Woche, jedes im Trainingsplan überblätterte Monatsregister – helfen durchzuhalten, was sowieso immer leichter fällt, je konkreter die neue Saison Form annimmt.

Immerhin etwas Definitives

Es geht schon gegen Februar, da tut sich etwas an der Sponsorenfront. Christoph ist sich nicht sicher, ob halbierte Beträge in diesem Jahr als Hiobsbotschaft oder Grund zur Freude zu verbuchen sind. Immerhin sind sie etwas Definitives. Und keine Absagen. Wahrscheinlich sollte die Freude überwiegen, in Anbetracht einer Wirtschaft im Katastrophenmodus. Viele Antworten fehlen weiterhin, doch dass ihn diese Umstände nicht von seinem großen Ziel abbringen werden, hat er sich längst selbst versprochen. Und auch dass er weiterhin an die Partnerschaften glauben wird, die sich über Jahre zu beiderseitigem Gewinn geformt haben.

»Im Laufe einer langen Karriere entwickeln sich aus der Zusammenarbeit mit Sponsoren und Partnern langfristige Beziehungen mit Hochs und Tiefs. Ich versuche, loyal zu sein und nicht permanent nach einer möglicherweise besseren Option zu streben, sondern Stabilität zu erreichen. Ich sehe das wie ein Angestelltenverhältnis: Wenn sowohl die Mitarbeiter als auch der oder die Vorgesetzte wissen, was sie gegenseitig aneinander haben, wird nicht so leicht bei der erstbesten Krise das Handtuch geworfen. Ich suche auch nicht permanent nach einem globalen Großsponsor, denn eine solche Verpflichtung ginge möglicherweise auch mit wesentlich mehr Druck und weniger Freiheit einher. Es irritiert mich persönlich zutiefst, wenn jemand jedes Jahr einen neuen Bike-Hersteller aus tiefstem Herzen als den allerbesten bewirbt. Darum bin ich sehr dankbar für das Netzwerk, das ich in den Jahren aufbauen konnte, und insgeheim hoffe ich, dass ich mit Wiesbauer als Hauptsponsor und Specialized als Ausrüster weiterfahren kann, so lange mich mein inneres Feuer noch zu diesen großen Radrennen treibt.«

Auch wenn die Sponsoren ob Corona und den noch nicht absehbaren wirtschaftlichen Langzeitfolgen der Pandemie verständlicherweise mehr auf die Bremse steigen sollten als sonst: Christoph wird alles daransetzen, sich nicht noch ein Jahr gedulden zu müssen – notfalls zum großen Teil auf eigene Rechnung. Da wären einige tausend Dollar Miete für den Indycar-Track (erstaunlich günstig!), die Kosten für mindestens zwei Betreuer (hoffentlich ein paar mehr!), aber keine Autos oder Unmengen an Verpflegung (zum Glück!). Ein Minus im schlimmsten Fall, aber ein überschaubares. Anders als ein selbstfinanziertes RAAM, das ganz leicht 50.000 Euro und mehr verschlingen könnte. Und: Er wäre ganz sicher nicht der einzige Unternehmer mit roten Zahlen im zweiten Coronajahr.

Seit Christoph Strasser das RAAM 2021 abgeschrieben und das Rekordvorhaben »1000/24« in seinem Statement öffentlich gemacht hat, fühlt er sich freier und spürt, wie mit dem Frühling langsam auch das Kribbeln wiederkommt. Er ist immer am stärksten, wenn er seinen Fokus findet. Wenn er sich in etwas wirklich vertieft – das Training, die Ausbildung, den Podcast, die neue Show. Wenn es Weiterentwicklung gibt, egal wie unmerklich. Endlich geht es wirklich um diesen einen, perfekten Tag und die vielen kleinen Schritte dorthin. Der Weg wird zusehends klarer, breitet sich immer deutlicher vor ihm aus, nur kleine Details bleiben offen. Das Race Around Niederösterreich im Mai? Wahrscheinlich. Ein Höhentraining in St. Moritz im Juni? Möglich. Und dann? Alles in die Spur bringen für die Generalprobe, gut regenerieren, weiter trainieren, bis...

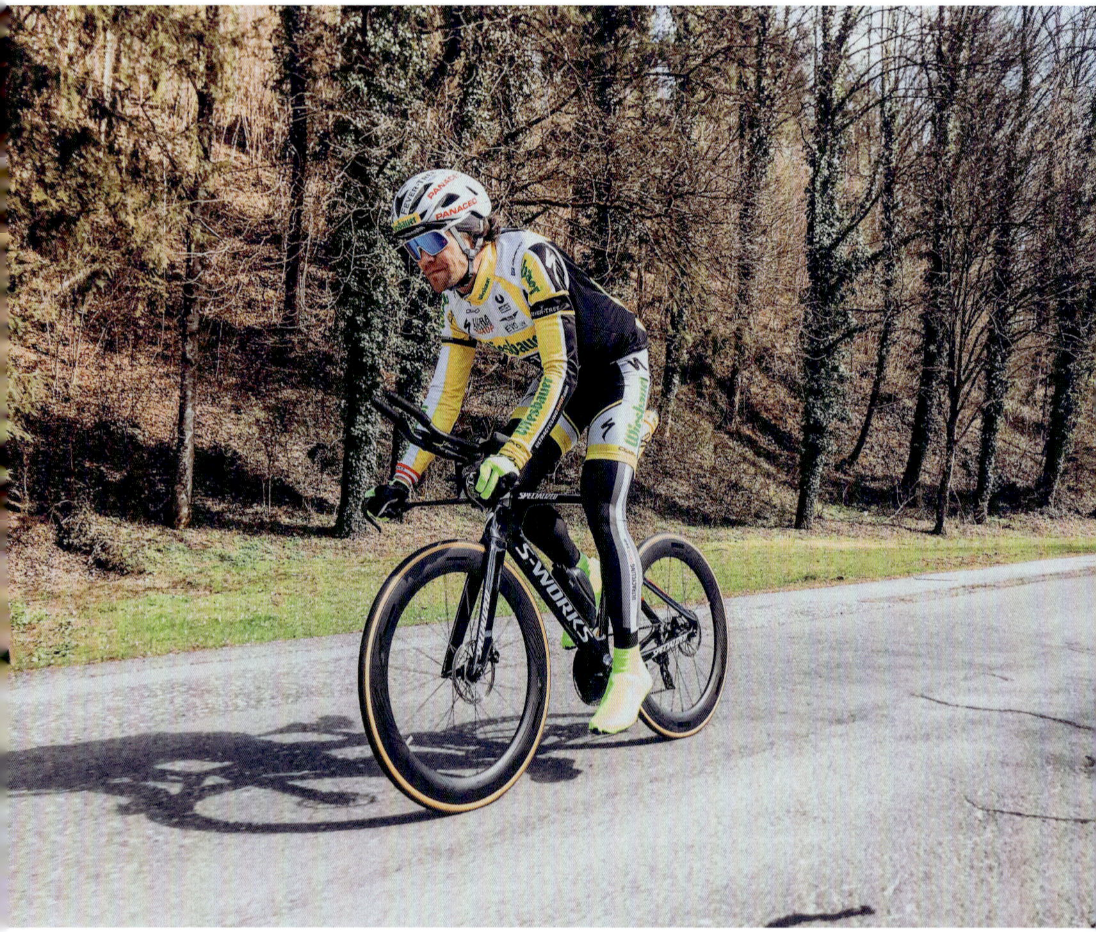

Stunde 10

STRESS

Wie objektiviert man subjektive Anstrengung? Naturgemäß beschäftigt diese Frage jeden professionellen Trainer, und egal in welcher Sportart ist sie der Schlüssel zur nachhaltigen Höchstleistung. Ganz besonders gilt das für die knochenzermürbend anstrengenden, undankbaren Varianten des extremen Ausdauersports, die weiß Gott nicht in die Kreativsparte fallen – das Ultracycling reiht sich in dieser Hinsicht weit vorne ein. Wenige Sportarten lassen sich auf einen derart einfachen Nenner reduzieren: eine relativ monotone Belastung, am besten ohne Spitzen und Einbrüche, über endlos lange Zeiträume. So, dass es sich zu Beginn anspruchsvoll und am Ende höllisch anfühlt, obwohl der Leistungsmesser immer dieselbe Zahl ausspuckt. In dieser Disziplin muss man nichts besonders gut können, das nur besonders lang.

So simpel sich das anhört, so schwierig gestaltet sich andererseits die Vorbereitung auf ein Rennen, das sich nicht ansatzweise in seiner vollen Brutalität im Training abbilden lässt. Selbst eine Grand Tour lässt sich simulieren, die Etappen im Team oder mit dem Betreuerauto als Windschattenspender abfahren, jeder Bergantritt am Limit lässt sich in einem Ermüdungszustand, der dem Ernstfall zumindest nahekommt, vorab erleben. Darauf baut die körperliche Vorbereitung auf, aber auch die geistige, denn man weiß trotz aller Unwägbarkeiten, die ein 200 Mann starkes Peloton bei 45 km/h Durchschnittsgeschwindigkeit bereithält, was einen erwartet. Wie aber die Nachtstunden in einem 24 Stunden oder acht Tage andauernden Krimi testen, wie den Magen unter konstanter Belastung bei übertriebener Kalorienzufuhr?

Das Prinzip »Viel hilft viel« liegt nahe und war ein wesentlicher Eckpfeiler in der selbst konstruierten Wahrheit der Langstreckenfahrer. Kaum ein »normaler« Straßenfahrer, der da mitwollte oder -konnte. Die langsamen Einheiten zu schnell, die schnellen zu langsam, fast alle zu lang und eh meist am liebsten alleine – eine bewährte Formel für Jahrzehnte. Lange existierte eine Kluft zwischen den Langstrecken-Exoten und allen anderen. Christoph Strasser jedoch trainiert – ebenfalls schon seit Jahrzehnten – smarter, mit mehr Varianz, immer mit einem Seitenblick auf den konventionellen Straßenradsport, denn wieso sollte sein Motor anders auf gezieltes Training reagieren als der jener Radprofis, die die prestigeträchtigsten Rennen der Welt anführen? Als einer von sehr wenigen Langstreckenfahrern ließ er sich schon 2013 bei den Staatsmeisterschaften im Elite-Einzelzeitfahren blicken, wohlgemerkt nur fünf Tage nach seinem Sieg beim Race Across Italy. Seitdem ist er jedes Jahr zu Gast bei Einzelzeitfahren auf Amateurniveau und misst sich dort mit den Spezialisten. Häufig zieht er dort den Kürzeren, schafft es mit Mühe und Not auf das Podest oder nicht einmal das. Trotzdem kehrt er immer wieder zurück, was ihm bei dem Ruf, den er im österreichischen Radsport zu verlieren hat, unter Eingeweihten umso mehr Respekt einbringt. Sieg oder Niederlage bei einem Einstünder wie dem King of the Lake rund um den malerischen Attersee im Salzkammergut können ihm natürlich gleichermaßen egal sein, denn die Tempohärte, die er bei solchen Wettkämpfen unter ungewohnt intensiven Rennbedingungen tankt, lässt ihn dort, wo es für ihn wirklich zählt, alles zerreißen – ähnlich einem Alpinkletterer vollgepumpt mit endlosen Seillängen in der Halle und Klimmzügen am Fingerboard.

Aber noch ein weiterer, weniger offensichtlicher Gedanke steckt hinter Christoph Strassers regelmäßigen Ausbrüchen aus dem üblichen Langstreckenfahrer-Dasein.

»Teilnahmen an Radmarathons meide ich wegen der Sturzgefahr, die in größeren Gruppen mit einem breiten Spektrum von Erfahrung und Können auf dem Rad naturgemäß größer ist. Mit einem Massensturz quasi im Training unter Rennbedingungen die monatelange Vorbereitung auf einen Saisonhöhepunkt zu durchkreuzen oder gar eine schwere Verletzung zu riskieren, wäre schlicht nicht besonders professionell oder schlau. Gerade das Zeitfahren mag ich aber, nicht zuletzt wegen der höheren Sicherheit aufgrund des weitestgehenden Alleinefahrens, sehr gerne. Es macht einfach unendlich viel Spaß, sich auf einem Hochgeschwindigkeitskurs mit den Spezialisten um Sekunden zu matchen. Noch etwas anderes kommt hinzu: Es ist erfrischend, statt der Favoritenrolle auch einmal die Perspektive des fast aussichtslosen Jägers einzunehmen und schon ein Ergebnis in den vorderen Rängen als großen Erfolg feiern zu können. Diese Abwechslung, die aufgeladene Stimmung vor und nach den kürzeren Rennen, bei denen der kleinste Fehler sofort das Gesamtergebnis ruinieren kann, das Kribbeln an der Startlinie, das Basteln am aerodynamischen Setup und der Vergleich mit der gänzlich anderen Konkurrenz – all das motiviert ungemein, vom Trainingswert ganz zu schweigen. Ohne das herablassend zu meinen: Hin und wieder ist es, gerade wenn man in der eigenen Disziplin häufig gewinnt, auch wichtig, sich einem Rennen zu stellen, das man so gut wie sicher verliert. Wer sich nur dort zeigt, wo ihm der Sieg beinahe sicher ist, tut seinem Ego langfristig nichts Gutes.«

Keine Trainingsstunde vergeuden

Zurück zur Planungstaktik: Christophs Trainingsumfänge sind natürlich nach wie vor beachtlich, werden aber mit Hirn und Methode abgearbeitet. Es geht nicht darum, Abkürzungen zu finden, sondern den kürzesten Weg ans Ziel. Dafür soll keine Stunde vergeudete Zeit sein, insbesondere bei seinem mit anderen Verpflichtungen vollgepackten Terminkalender. Eine entscheidende Frage, die sich daraus ergibt, ist die nach der Quantifizierbarkeit von Trainingspensum und -qualität. Anders gesagt: Wie übersetzt man all die verschiedenen Trainingseinheiten zwischen zwei und acht Stunden Dauer, vom Regenerationsbereich bis zur völligen Erschöpfung, gespickt mit hochintensiven Sprints, kurzen und langen Intervallen, nüchtern nach dem Aufstehen oder gut verpflegt am Nachmittag, in eine universell vergleichbare Zahl? In eine Zahl, die sich anschließend als wöchentlicher Gradmesser der Weiterentwicklung aufsummieren lässt?

Es gibt tatsächlich eine Zahl, die das leistet. Sie nennt sich Training Stress Score oder einfach TSS. Mittlerweile ist sie nicht mehr der neueste Schrei und man weiß, dass sie funktioniert. Daher schwört die moderne Trainingslehre im Radsport, die das physische Leistungsvermögen eines Athleten als konstant aus einer Sanduhr hinausrieselnde Körnchen begreift, längst auf sie. Statt der Stundenklauberei misst man in ihr das ewige Tauziehen aus Fort- und Rückschritt, Fitness und Erschöpfung. Schon Rainer Hochgatterer war von diesem Konzept überzeugt und auch Max Kinzlbauer ist da keine Ausnahme; er verfasst seine Anweisungen in einer dieser modernen Softwares, die besagte Zahl berechnen und automatisch ausspucken. Der Sportler am anderen Ende lädt sich das Programm tagesaktuell herunter und muss nur noch die in Form einer schönen Leistungsgrafik aufbereiteten Anweisungen umsetzen.

Der Training Stress Score richtet sich – das ist das Praktische – immer nach dem augenblicklichen Fitnesslevel. Jetzt, im Frühjahr, pendelt sein TSS irgendwo zwischen 900 und 1.100 pro Woche. In Bestform erzielte er denselben Wert pro Tag, etwa als es um die 24-Stunden-Weltmeisterschaft in Borrego Springs oder den Staatsmeistertitel im Ultracycling bei der RAA Challenge ging. Für den Trainer ist diese Planungshilfe enorm praktisch, denn es lässt sich nicht nur der Christoph Strasser im Winter mit dem Christoph Strasser im Sommer vergleichen, sondern praktisch jeder Athlet auf egal welchem Ausgangsniveau mit jedem anderen, zumindest relativ.

Ein TSS von 100 bedeutet eine Stunde an der »Functional Threshold Power« oder FTP, häufig nicht ganz korrekt gleichgesetzt mit der geläufigeren anaeroben Schwelle. Beide Werte sind sehr ähnlich, aber nicht identisch. Die für die Berechnung der Trainingsintensität herangezogene FTP ist die in der Praxis tatsächlich – deshalb »funktionell« – eine Stunde lang getretene Leistung; die anaerobe Schwelle ist jener theoretische Punkt, ab dem sich

Laktat in der Muskulatur akkumuliert. Der gemeinsame Nenner: Nahe an oder über diesen Schwellenwerten zu trainieren, ist eine unangenehme Erfahrung, egal ob bei 150 Watt Tretleistung als Nichtsportler oder bei 400 Watt im Profitrainingslager. Auch die relative Effektivität bleibt in beiden Fällen dieselbe, und objektiv gesehen auch die Regenerationszeit, obwohl der Profi mit seinem jahrelang in Ermüdungstoleranz geschulten Körper subjektiv schneller wieder auf der Höhe seines Wohlbefindens sein dürfte.

Ausgehend von dieser einen, anstrengenden Stunde an der Grenze zum Übersäuern wird weiter heruntergebrochen. Einen TSS von 500 – das entspräche einem anständigen Wochenpensum nach Hobbysportlermaßstab – könnte man durch fünf harte Stunden an der FTP erreichen. Oder durch zehn Stunden gemischtes Training mit moderaten Einheiten im Grundlagenbereich und Intervallen zur Weiterentwicklung der Spitzenleistung. Oder ganz ohne Intervalle, dann aber in langweiligen 16 Stunden Herumgerolle im Fettstoffwechseltraining. Völlig unterschiedliche Schwerpunkte, theoretisch dieselbe Erholungszeit. Das hat die Trainingspraxis nachhaltig verändert: Pluspunkte für die meisten abgespulten Kilometer oder Wochenstunden? Gehören der Vergangenheit an. Ebenso die früher hartnäckigen Zweifel, ob die kurze Qualitätseinheit auch wirklich die endlos lange Ausfahrt ohne wirklichen Höhepunkt aufwiegt. Oder das skeptische Hinterfragen der Müdigkeit, die sich nach läppischen zwei Stunden mit Sprints oder kurzen Maximalbelastungen nach dem Prinzip des High Intensity Training einstellen kann. Das bedeutet eine immense Befreiung für jeden ambitionierten Sportler, und besonders für den Profi, für den Jahr für Jahr mit seiner sportlichen Leistung das finanzielle Auskommen auf dem Spiel steht.

Die Umsetzung eines einjährigen Plans ist ohnehin ein einziges Fragezeichen. Die subjektiven Launen eines Körpers zu deuten, ebenso – selbst mit viel Gespür und Erfahrung. Die wenigsten Ausdauersportler und ganz besonders wenige im Extremsport ruhen gerne aus; nach sechs, sieben, acht Tagen ohne Pause wird jedoch alles Strampeln zum Einheitsbrei. Nicht Fisch, nicht Fleisch, ineffizient bis kontraproduktiv. Die Vereinfachung auf eine universelle Zahl, die die Richtung stets vorgibt und die nötigen Pausen einräumt, lässt Trainer und Schützling besser schlafen und selbstbewusster vorausplanen. Umgekehrt wird Selbstbetrug beinahe unmöglich, denn mangelnder Einsatz in jenen Intensitätszonen, die wehtun, lassen den erbarmungslos objektiven TSS dramatisch sinken, Trainingsumfänge in Stunden hin oder her.

Sleep, Ride, Eat, Repeat

Ein Blick in Christoph Strassers Trainingsplan der letzten Januarwoche 2021: Die rund 1.200 wöchentlichen Fleißpunkte – eine anständige Packung zu dieser Jahreszeit – verteilen sich auf sieben Einheiten an sechs Trainingstagen (er ist kein Freund vieler Ruhetage und sein Trainer pflichtet ihm in dieser Frage bei). Montag, 25. Januar: 3:45 Stunden bei durchschnittlichen 235 Watt, gespickt mit gemeinen 400-Watt-Intervallen, ergeben einen TSS von 205. Auf der zehnstufigen Skala von sehr leicht bis maximal (im Trainingsslang: »all-out«) pendelt sich die Nadel auf einer moderaten sechs ein. Dienstag: drei Stunden geradeaus, längere Rampen bis 320 Watt, anstrengend, aber machbar, ein TSS von 180, also niedriger als am Tag zuvor trotz beachtlicher 207 Watt im Durchschnitt. Die goldene Mitte mit fünf von zehn Schmerzpunkten. Mittwoch: zähe sieben Stunden Einheitsbrei, das klassische Grundlagenausdauertraining bei 220 Watt, ein TSS von 280 aufgrund der beachtlichen Länge, jedoch kein Problem für die leidgeprüften Beine bei einer schlappen zwei von zehn. Donnerstag: ein ruhiger Tag, eine Stunde und 45 Minuten flottes Berggehen mit 900 Höhenmetern Gesamtaufstieg, danach knappe dreieinhalb Stunden regeneratives Radfahren bei nicht einmal 200 Watt, also bewegter Stillstand nach Christophs Maßstab. Ergibt zweimal knapp 100 TSS-Punkte, ob der Gesamtlänge also wieder ein ordentliches Pensum. Am Freitag die Besonderheit: ein Ruhetag. Aufgaben erledigen, Beine hoch, nicht zu viel Herumstehen, damit es am nächsten Tag wieder rund läuft. Am Samstag: Natürlich geht es fröhlich weiter mit Intervallen, knappe dreieinhalb Stunden bei durchschnittlich 240 Watt, mit Spitzen von 400 Watt und mehr, Belastung bis hinauf zur maximalen Herzfrequenz, was sich von Woche zu Woche wieder besser anfühlt. Der Schwindel, der flaue Magen, das alles verzieht sich wieder in die Schublade zu den Wintersachen. Es geht bergauf. Ein TSS von 200, also gar nicht so tragisch, sieben von zehn Punkten, gut angestrengt, aber noch im grünen Bereich. Am Sonntag: 3:40 Stunden, wieder ein TSS von 200 bei 250 Durchschnittswatt, ein relativ moderates Vier-Punkte-Training mit zwanzigminütigen Dauerintervallen bei knappen 300 Watt, seiner Komfortzone als Dauerbrenner.

Das wilde Kreuz-und-Quer aus Wattwerten, TSS-Punkten und subjektiver Anstrengung summiert sich letztlich auf 26 Wochenstunden. Doch daraus lässt sich kaum etwas ablesen, außer dass vergleichbare Wochen bei ihm vor einigen Jahren gut und gerne zehn Trainingsstunden mehr hätten aufweisen können und gleichzeitig wohl weniger hochqualitative Inhalte. Was bedeutet es also für Christoph Strasser, am Morgen einer Trainingseinheit mit einem geplanten TSS von 100, 200 oder 300 gegenüberzustehen?

Ein Wert unter 150 sollte ihn gelassen vom Frühstücksbrot abbeißen lassen, denn er entspricht einer geringen Trainingsbelastung bei zu erwartender, voller Erholung spätestens 24 Stunden nach Trainingsende. Es lohnt sich, an solchen Tagen etwas für die Zeit nach dem Training zu planen – einen Spaziergang, ein Treffen oder eine konzentrierte Arbeit –, einem produktiven Nachmittag oder Abend steht nichts im Wege.

Bei einem TSS zwischen 150 und 300, dem zu diesem Zeitpunkt im Jahr dominanten Bereich, erwartet Christoph eine mittlere Belastung: Intervalle, die ihn fordern, eventuell ein paar verbummelte Stunden nach dem Training oder einen Hungerast bei zu wenig Kalorienzufuhr, dazu spürbare Müdigkeit am nächsten Tag, die sich im Normalfall unter erneuter Belastung schnell verflüchtigt und am darauffolgenden Tag gänzlich überwunden ist.

Liegt der TSS zwischen 300 und 450, was naheliegenderweise eine hohe Belastung bedeutet, verfolgt ihn die Müdigkeit bis in den Schlaf. Der Nachmittag endet beinahe garantiert ohne nennenswerte geistige Anstrengung auf der Couch; was erledigt werden muss, fällt schwer. Definitiv kein Tag, um Rosen zu stutzen oder Salat zu pflanzen im geliebten Garten. Der klassische Profialltag – Sleep, Ride, Eat, Repeat. Die darauffolgende Einheit ist manchmal überraschend gut, manchmal machen die schweren Beine sie zu einer Pein. Eine Regenerationszeit von 48 Stunden, wie sie gerne in der Literatur angegeben wird, ist Christophs Ansicht nach zu optimistisch gedacht, denn für ihn entspräche ein solches Training sechs Stunden Tempotraining bei durchschnittlichen 300 Watt. Die Müdigkeit dämpft zäh wie Honig für mehrere Tage die Explosivität der ohnehin auf Dauerlauf ausgelegten Muskeln. Gerade für die Langstrecke kann es trotzdem zweckmäßig sein, mehrere solcher Einheiten in einer wenig spaßigen Woche knapp aneinanderzureihen, zur auf die Spitze getriebenen Abhärtung in der heißesten Vorbereitungsphase. Macht man das zu häufig, besteht aber akute Gefahr, die Saison in die Tonne zu treten und den erhofften Formhöhepunkt abzuwürgen.

Letztlich die Königsklasse: ein TSS größer als 450. Solch hohe Intensitäten sind die absolute Ausnahme und – abseits der eigentlichen Wettkämpfe – nur wenigen ausgesuchten Belastungsspitzen vorbehalten. Die vollständige Erholung tritt je nach sonstigen Verpflichtungen und der dementsprechend mehr oder weniger optimalen Nachbereitung binnen drei, vier oder fünf Tagen ein, in denen Christoph sich erschlagen fühlt und sich für kaum etwas abseits des vollen Tellers am Abend und einer Extraportion Erholung in der Horizontalen begeistern kann. »Jetzt muss man's halt fertigfahren…«, kommentierte er für die Kamera seines Medienteams einmal lapidar seinen desolaten Zustand in der Schlussphase eines x-beliebigen RAAM. Ungefähr so fühlt es sich an, wenn Einheiten in dieser Größenordnung sich aneinanderreihen, was häufig im Trainingslager vorkommt und dann selbst die sonnigste Atlantikinsel in einen Nebelschleier aus Anstrengung und bleierner Müdigkeit taucht. Tunnelblick, Abgespanntheit und die Ausstrahlung eines pensionsreifen Magistratsbeamten,

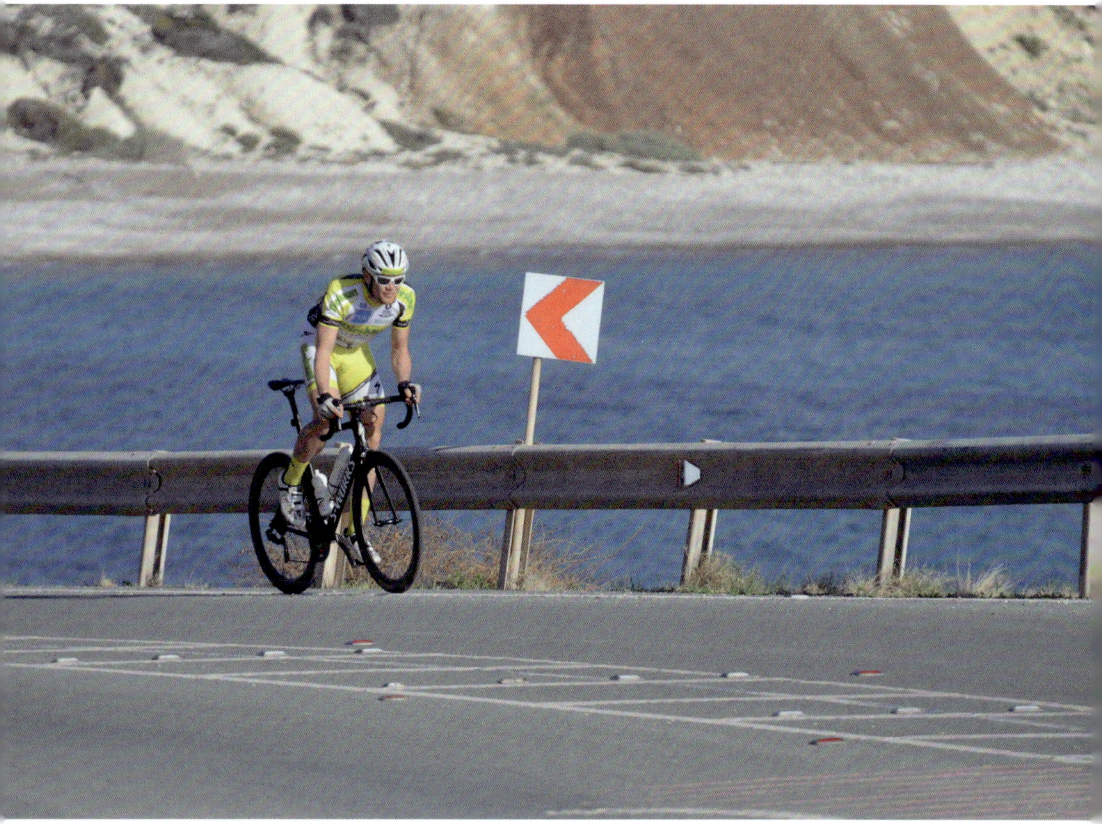

der sich nur bedingt als soziale Gesellschaft eignet – auf diese Begleiterscheinungen muss man sich als »Urlaubsbegleitung« eines derart gequälten Athleten einstellen. Immer wieder erstaunlich, wie es am nächsten Tag dennoch wieder geht, irgendwie, und auch am nächsten Tag und am nächsten…

Selbstbewusstes Herantasten

Was sich außer der Einführung einer neuen Kenngröße für die Belastungssteuerung in der Trainingsplanung ebenfalls geändert hat: Die klassische Einteilung mit drei gesteigerten Belastungswochen gefolgt von einer ausgeprägten Ruhewoche bei 50, vielleicht 60 Prozent des Trainingsvolumens und deutlich zurückgefahrener Intensität ist endgültig passé. Stattdessen: Die Wochen ähneln einander, die Inhalte variieren zwar, doch die exzessive Ruhe ist nicht mehr »in«. Aktive Regeneration zu betreiben, ist kein neuer Hut, doch es hat sich gezeigt, dass selbst ernsthaftes Training die Müdigkeit eher schwinden lässt, als sie zu verstärken, sofern man die besonders harten Blöcke ausnimmt.

Christoph Strassers vor großen Rennen veröffentlichte Trainingstagebücher offenbaren ein erstaunlich selbstbewusstes Herantasten an die Stunde null: Noch bis wenige Tage vor dem Start eines richtigen Brockens sind Ruhetage, richtig ruhige Trainingstage eingeschlossen, die Ausnahme. Während ein nicht allzu geringer Anteil seiner Konkurrenz – etwa der steirische Exzentriker Franz Preihs – vor einem RAAM-Start bevorzugt Selfies aus dem Whirlpool oder dem klimatisierten Steakhouse postete, schien Angst vor etwaiger Restmüdigkeit am Start bei Christoph kaum je vorhanden. Viele staunten zu Anfang, als er erzählte, dass er noch in der letzten Woche vor seinem großen Saisonziel am liebsten täglich im Sattel säße. Seit er sie öffentlich teilt, beweisen die detaillierten Trainingsaufzeichnungen, dass er das nicht erfindet und dass der konstante Rhythmus für ihn größere Bedeutung hat als die hysterisch gesuchte Entspannung bis in die letzte Muskelfaser.

Christophs Taktik im Frühjahr und jene in unmittelbarer Nähe zum Wettkampf sind zwei Seiten derselben Medaille: Sobald die Mühle steht, geht die Form verloren. Erholung jedoch kann – ebenso wenig wie Schlaf – nicht lange gebunkert werden. In den letzten Jahren löste der Mikrozyklus den Makrozyklus schleichend ab. Kleine Nadelstiche statt grober Hammerschläge zur Abhärtung, dafür kaum mehr lange Pausen, das scheint für ihn perfekt zu funktionieren. Die unglaublich schnelle Regeneration, die es ihm ermöglicht, als Langstreckenfahrer eine Saison beinahe wie ein Straßenprofi zu planen, ist eine von Christophs größten Stärken. Viele Fahrer erleben gerade durch das wochenlange, »verdiente« Nichtstun den Absturz schlechthin, denn der Körper reagiert oft nicht mit Dankbarkeit für die Entlastung, wie man hoffen könnte, sondern vielmehr mit ausgeprägtem Widerwillen gegen das Wiederhochfahren. Christoph sitzt nach jedem Rennen, sobald die akutesten Beschwerden abgeklungen sind, was mittlerweile selbst nach einem RAAM kaum mehr eine volle Woche dauert, sofort wieder auf dem Rad und beginnt mit dem Wiederaufbau. Aktive Erholung, aber nicht nur; schnell nimmt das Programm wieder Form an, das Uhrwerk soll laufen, dafür ist es gemacht.

»Neben der aktiven physischen Erholung ist ein Hauptgrund, nach einem langen Rennen so bald wie möglich wieder auf dem Rad zu sitzen, die nicht zu unterschätzende psychische Komponente. Ich kenne die Antriebslosigkeit, die mentale Müdigkeit – man könnte es fast eine depressive Phase nennen –, nur zu gut, die ›Post-RAAM‹ nach einer Woche der Freude und Erleichterung zuschlägt. Setzte ich mir früher beispielsweise das Hauptziel RAAM und wollte nach dem großen Rennen mit weiteren Planungen warten, bis ich wieder voll fit und erholt am Start stehen konnte, ging die Saison ziemlich sicher tatenlos an mir vorüber. Plante ich wie 2014 von vorneherein, nach dem RAAM beispielsweise auch noch das RAA zu fahren, fiel ich nach dem RAAM in kein Loch, hatte sofort wieder ein lohnendes Ziel vor Augen und konnte auch körperlich viel schneller regenerieren. Nach einem Langstreckenrennen über mehrere Tage ist der Kopf im Ausnahmezustand, dein Unterbewusstsein kann dich lähmen, weil du gewohnt bist, auf ein Ziel hinzuarbeiten, das dir plötzlich abhandenkommt. Außerdem lässt sich das Erlebte viel besser reflektieren, verarbeiten und schlicht genießen, wenn man wieder auf der Straße Meter macht.«

Geschadet hat ihm das schnelle Wieder-aufs-Pferd-Steigen bisher nicht. Mehrere fulminante Höhepunkte innerhalb weniger Monate – das gelang vor Christoph Strasser kaum je einem Athleten im Ultracycling, ihm jedoch am laufenden Band. Langfristiges Ausbrennen? Es lässt sich nie ganz ausschließen, scheint aber ob seiner Konstanz über mittlerweile annährend zehn Jahre nicht angezeigt. Die enge Zusammenarbeit mit einem Sportwissenschaftler – zuerst Hochgatterer, dann Kinzlbauer – minimiert das Risiko signifikant, er fühlt sich bereit für viele weitere Jahre nach derselben Prozedur. Spitzensport zehrt natürlich, doch objektiv gesehen ist der Stress für seinen Körper trotz der minimierten Ruhezeiten aufgrund der optimierten, tagesaktuellen Planung nicht höher im Vergleich zur alten, konservativeren Trainingsphilosophie mit ausgeprägten Ruhewochen. Die letztendlich einzig relevante Maßeinheit, der nachhaltige Erfolg, bestärkt ihn in der Wahl seiner Mittel. Und es macht ihm noch immer Spaß, wenn die Herzfrequenz steigt, die Gänsehaut sich einstellt und die Beine pumpen wie die Kolben eines gut geölten Triebwerks.

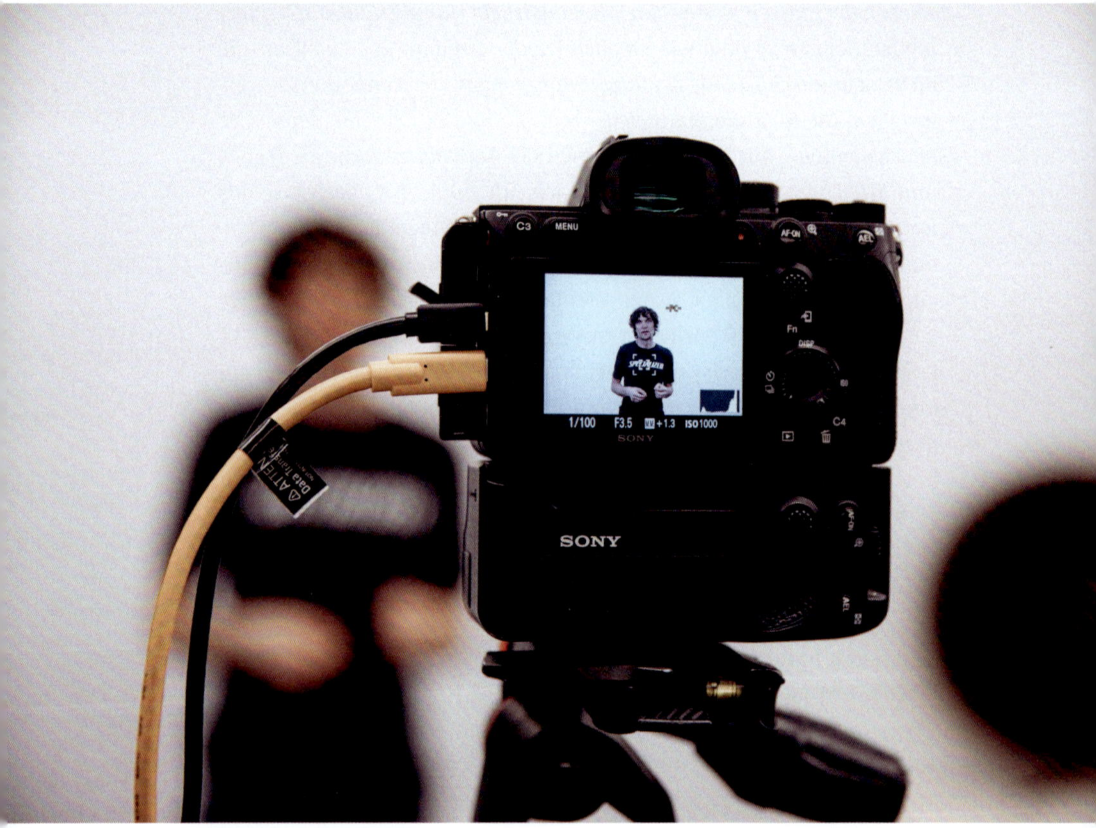
C3
MENU
AF-ON
AEL
Fn
1/100 F3.5 +1.3 ISO1000
C4
SONY
SONY

Stunde 11

SOZIALARBEIT

Seinen aktuellen Stresslevel liest der Eingeweihte schon aus den E-Mails und Kurznachrichten, die Christoph Strasser verschickt, beziehungsweise aus deren Frequenz und wundert sich längst nicht mehr über den sportlertypischen Kurzschluss von Trainingsplan und Sozialverhalten. Wird die Kommunikation spärlicher und die spärliche knapper, nimmt man ihm das nicht übel. Man versteht: die nahende Hochsaison. Dann ist er ganz im Konklave mit sich selbst und meidet Termine, die sich nicht nahtlos in den vorgegebenen Ablauf einfügen oder von seiner Lebensgefährtin Sabine, die ihn mit dem Zeitmanagement unterstützt, passend jonglieren lassen. Wichtige Vorträge und Sponsorengespräche sind irgendwie zu arrangieren. Ebenso die Medienarbeit, denn was man an Reichweite mitnehmen kann, muss man mitnehmen. Wenn es sich mit dem ökonomischen Gewissen eines echten Profis vereinbaren lässt, wird aber lieber abgesagt oder auf später verschoben.

Man trifft ihn noch seltener bummelnd auf der Straße, sondern meist über den Zeitfahrlenker gespannt und mit gesenktem Kopf; der Tunnel wird enger und die wenigsten der ohnehin wenigen Trainingspartner, die sein Tempo mitgehen könnten, können oder wollen das auch in diesem Stadium noch. Christoph ist trotzdem hilfsbereit und rücksichtsvoll, wenn er kann, doch die Kompromisse, für die man ihn schätzt – hier oder da ein paar Watt langsamer, eine Viertelstunde kürzer, ein Intervall weniger für den Freund, der doch mitfahren möchte –, fallen ihm schwerer und schwerer. Er bemüht sich, wann immer es geht, trotzdem am Leben anderer teilzunehmen, kein Gespräch abzuwürgen und immer zurückzurufen, doch öfter, als ihm lieb ist, fehlt dafür die Energie oder schlicht die Zeit.

Der wirtschaftliche Erfolg hat sein Leben in vielerlei Hinsicht einfacher gemacht, doch die Freiheit, sich wenn nötig aus der in Fahrt gekommenen Maschinerie herauszunehmen, zählt nicht unbedingt dazu. Absagen der öffentlichen Person Christoph Strasser kosten Aufmerksamkeit und damit indirekt Geld, also muss die Privatperson Christoph Strasser das manchmal ausgleichen. Die ständige Trainingsbelastung tut ihr übriges – die Privatperson steckt nicht selten freiwillig zurück. In dieser Phase differenziert Christoph sich endgültig von seinen Verfolgern, arbeitet härter, und was sich im Winter noch nicht so deutlich abgezeichnet hat, wird offensichtlich: Wieder ist er auf dem Weg, eine neue Stufe zu erklimmen, und wieder sind ein paar kleine Kanten abgeschliffen. Diese Phase hat ihren Höhepunkt im Frühsommer, also erst in ein paar Monaten, doch schon jetzt, mit dem nahenden Frühling, beginnt sie sich anzudeuten.

Fast so etwas wie eine Brieffreundschaft

Ein Onlinevortrag, zu dem er sich entschlossen hat, seit klar ist, dass so schnell gar nichts mehr klar sein wird, nimmt ihn mehr in Beschlag, als ihm lieb ist. Es zahlt sich aus: mehr als 2.000 Zuhörer, reichlich freiwillige Spenden, trotz ein paar technischer Pannen in der Umsetzung die gelungene Premiere für ein weiteres Corona-taugliches Format. Auf der Bühne ist es schöner, doch auch aus dem Studio lässt sich die Botschaft verkünden. Weitere Termine, an wen gerichtet und wie vermarktet? Schon nagt wieder die Frage, wie alles unter einen Hut zu bringen ist. Häufig bedeutet eine neue Woche durchzuplanen, das eine gegenüber dem anderen zu priorisieren. Wie in jedem anderen Beruf, jedem Familienleben, hier nur eben mit etwas mehr physischer Anstrengung. Mal geht das gut, mal bleiben Wünsche auf der Strecke. Die Einwegkommunikation an eine breite Fangemeinde, die ihn feiert, ist erfreulich und deshalb nicht weniger zeitintensiv, weshalb er oft bis spätabends über einem neuen Inhalt oder einer Idee für seinen Webshop brütet.

Sich und die Arbeit am Kernkapital – gemessen als FTP, also in Watt – dabei nicht zu verlieren, ist nicht ganz einfach. Die digitale Beinahe-Brieffreundschaft mit seinem Trainer Max Kinzlbauer ist ein wichtiger Faktor in diesem kontinuierlichen Gerangel. Nicht einmal zum obligatorischen, quartalsweisen Leistungstest mit Laktatmessung muss man sich dank moderner Methoden in der Trainingssteuerung heute noch treffen, denn aus den Ergebnissen einer genau definierten Abfolge unterschiedlicher Reize – von ganz kurz und hart bis lang und moderat – lässt sich das Leistungsniveau und dessen Anstieg genauer berechnen als nach dem traditionellen Ansatz. Christoph benötigt auch keinen anwesenden Coach zum Dirigieren von Übungen oder zur andauernden visuellen Techniküberprüfung. Dennoch ist die Verbundenheit auf täglicher Basis gegeben, und wie immer in der Spitzensportbetreuung erzeugt auch in seinem Fall erst das Zwischenmenschliche die nötige Dynamik.

Die Chemie stimmte schon unter Rainer Hochgatterer, dessen saftige Dosis schriftlicher Antidepressiva, verabreicht an die gesamte Gruppe enttäuschter Heimkehrer nach dem knappen zweiten Platz im legendären Kopf-an-Kopf-Duell mit Reto Schoch beim RAAM 2012, seine weit über die Rolle eines Coaches hinausgehende Position im Team von Christoph Strasser verdeutlicht: »Burschen, geht es euch vielleicht auch so wie mir? Wir sind unter Wert geschlagen worden. Der Sieg beim RAAM gehört nach

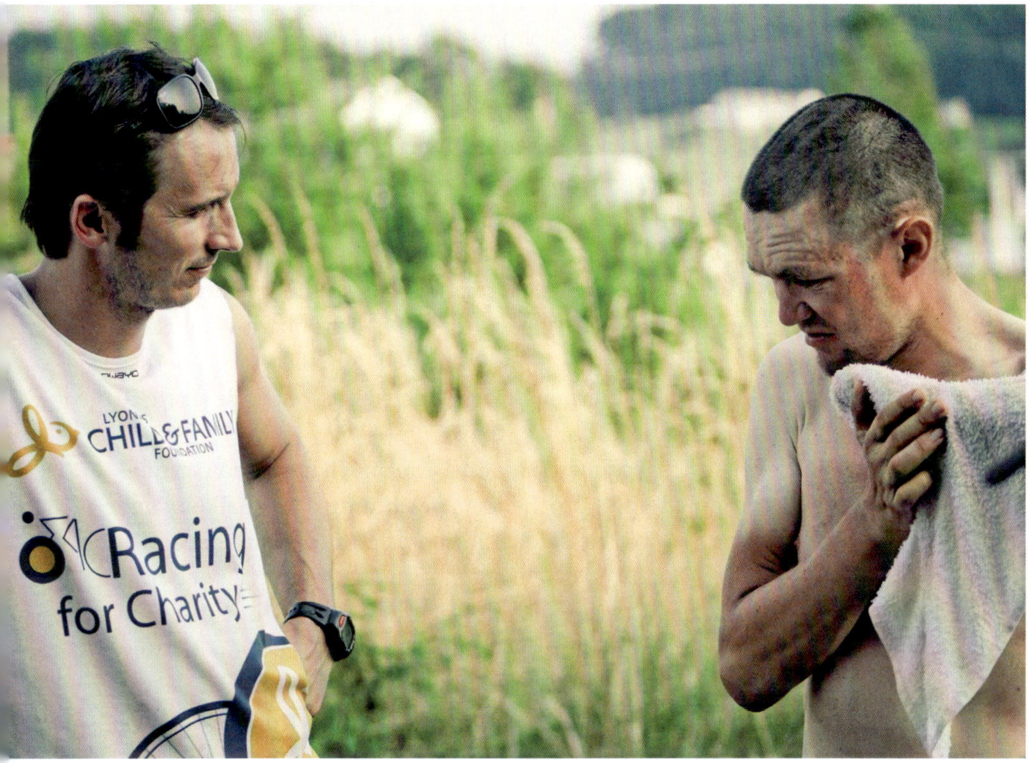
CHILD & FAMILY
FOUNDATION
Racing
for Charity

Österreich, in die Steiermark. Der Sieg beim RAAM gehört Christoph Strasser. 2013 sollte er ihn sich wieder zurückholen – und zwar in einer Manier, wie es sie noch nie gegeben hat. So, dass die Gegner nicht einmal auf die Idee kommen, ihn anzugreifen. Sie werden verzweifelt am Straßenrand sitzen, rätseln und das Handtuch werfen. Christoph kann mit unserer Hilfe eine Zeit von deutlich unter acht Tagen erreichen. Und ich meine deutlich unter acht Tagen. Rechnet man die Timestation-Bestzeiten der Jahre 2011 und 2012 zusammen und baut die üblichen Schlafpausen ein, könnte er es in unter sieben Tagen und zwölf Stunden fahren. Was heißt könnte? Er kann das! Ich glaube daran, ich bin mir sicher – ich verspreche –, dass er es schaffen kann – mit unserer Hilfe! Wir werden uns unsterblich machen. Burschen, wir werden Christoph unsterblich machen!«

Aus dem Kontext gerissen kommt das nicht ganz ohne großspurigen Unterton daher. Doch es begründete einen Neustart – im Zustand der Schockstarre einen Kaltstart –, ein Aufbäumen jedes einzelnen Teammitglieds einschließlich des geschlagenen Radfahrers, mit dem bekannten Ergebnis: Christoph Strasser gelang 2013 tatsächlich die in die Historie seines Sports eingegangene erste Kontinentaldurchquerung unter acht Tagen. Das Versprechen, eine solche Zeit sei möglich, verkündet noch in den Nachwehen einer bitteren Niederlage, wirkt beinahe prophetisch und lässt ihm, dem größten Profiteur dieser an Umkleide-Prep-Talks eines amerikanischen Footballgurus erinnernden Worte, noch Jahre später die Haare zu Berge stehen.

Wie in vielen Vorträgen zuvor baut Christoph auch in seinen YouTube-Auftritt die von Rainer eingesprochene Aufzeichnung der E-Mail ein, und wieder findet er sich in der Zeitschleife. Erinnert sich an den aufpoppenden Namen seines Teamchefs im Posteingang, das erste Durchlesen der erhebenden Ansage. An das Jahr Anlauf vom Wachrütteln aus dem Trauma im Juni 2012 bis zum Überholmanöver irgendwo in der Gegend von Brawley, Kalifornien, im Juni darauf. Was sich 2013 abspielen sollte, kam der Ankündigung näher, als er es selbst dem polarisierenden Schoch trotz der erbitterten sportlichen Rivalität gewünscht hätte.

Eine solche Kampfansage brauchte es in den darauffolgenden sechs Jahren bis zum sechsten Rekordsieg nie mehr, doch in genau dieser Situation ebnete Rainer Hochgatterer den Weg wohl nachhaltiger, als er selbst es ahnen konnte. Die Zweifel im Kopf des Ausführenden trafen auf eine klare Vision des Planenden, bis sich beide Sichtweisen in einer entschlossenen Mission bündelten und bis zum letzten Betreuer jeden einzelnen Beteiligten an der erhofften, schließlich eintretenden großen Revanche infizierten. Und: Damit der Athlet bescheiden und trotzdem erfolgreich bleiben konnte, musste der Trainer in genau diesem Augenblick auf die Pauke hauen.

Einmaliger Luxus

Max Kinzlbauers Rolle ist, entsprechend der natürlichen Entwicklung, klarer definiert und abgegrenzt. Durfte Rainer Hochgatterer noch Genie für alles genannt werden, hat der Sportler selbst diese Position inzwischen ein Stück weit für sich beansprucht, was den Job des Trainers jetzt zu eben genau dem macht. Obwohl Max es mit einem noch wesentlich reiferen, selbstbewussteren Athleten zu tun hat, ist Feingefühl auch weiterhin ein schwergewichtiger Teil der Erfolgsgleichung. Oft sind es die unbedeutenden Streicheleinheiten oder einfach das Gefühl, nicht nur für sich selbst, sondern auch für einen Trainer mit Argusaugen auf die Tretmühle zu steigen. Wenn sich etwas jenseits der Norm anfühlt, folgt die Beruhigung seitens des Coachs meist auf dem Fuß, ohne dass Christoph großen Wind machen müsste.

Max kennt seinen Schützling aus dem Effeff, und die Zitterkurven von Herzfrequenz und Tretleistung verraten ihm genug, um entsprechend reagieren zu können. Oder es reicht ein kurzer Kommentar von Christoph im Trainingsprotokoll: »Gefühlt sechsmal auf der Toilette heute noch vor der Hälfte« oder »Schon besser als letzte Woche« oder aber »Kleiner Einbruch im letzten Drittel, abgestiegen für eine kleine Butterbrotjause, selbstgebacken…« – Details, die dem Trainer helfen, den Stand der Regeneration, die physische, aber auch die psychische Verfassung so gut wie möglich in Ferndiagnose zu bestimmen. Gleichzeitig folgen auf kleine Schludrigkeiten im Training postwendend Korrekturen. »Ein bisschen unkonzentriert gegen Ende?«, wenn die Tretleistung nicht wie üblich einer konstanten Linie folgt, sondern auf und ab springt oder gar in Unachtsamkeit länger als für ein paar Sekunden unter dem Soll tingelt. Oder die Ermahnung zur Geduld, wenn der Athlet in Begeisterung ob der ersten langen und harten Einheit der Saison zu schnell zu viel fordert. Die lange Zusammenarbeit und ein unendlicher Erfahrungsschatz begründen ein enormes Detailverständnis der Funktionsweise von Christophs Körper.

Damit genießt Christoph Strasser eine einmalige Luxussituation – insbesondere im nach wie vor eher auf Abenteuer denn auf Höchstleistung ausgerichteten Langstreckenradsport. Obwohl sich mittlerweile die Vorteile einer seriösen Trainingsbetreuung selbst bis in diese Nische und von der Spitze auch in die Breite herumgesprochen haben dürften, verfügt kein Mensch auf der Welt über ein vergleichbares Archiv an Belastungsdaten. Dazu zählen jeweils 200 Stunden lange, kontinuierliche Aufzeichnungen aus mehreren Anläufen beim RAAM: Herzfrequenz, Trittfrequenz, Tretleistung links und rechts, Temperaturverläufe, Steigraten, Ernährungs- und Schlafprotokolle, Timestation-Zwischenzeiten und so weiter. Dass seine Ermüdungskurve flacher verläuft als bei allen anderen, denen er bisher auf der Strecke gegenüberstand, ist allseits bekannt. Wie flach sie verläuft und vor allem, wie sich leicht veränderte Trainingsparameter Monate später auf den Asphalt übertragen und in eine weitere Optimierung umsetzen lassen, ist dennoch immer wieder ein Augenöffner. Die Voraussetzungen stimmen einfach: Der Schützling zieht zu einhundert Prozent mit und fordert konstante Veränderung sogar nach zehn Jahren des praktisch ununterbrochenen Erfolgs noch unverändert aktiv ein. Gleichzeitig ist sich Christoph bewusst, dass die hohe Qualität der geplanten Trainingseinheiten nur ein Teil der Geschichte ist.

> *»Für mich hat mein Coach neben seiner trainingswissenschaftlichen Expertise auch eine enorme psychologische Wichtigkeit. Auch wenn ich selbst so einiges über Training weiß, ist es ein gewaltiger Unterschied, ob ich die Einheiten persönlich plane oder ob das jemand macht, der die objektive Sicht von außen hat. An einem schlechten Tag oder wenn ich mit dem Gedanken spiele, eine Einheit wegen Müdigkeit oder Stress zu verschieben oder gar auszulassen, bin ich dieser Person sozusagen verantwortlich, muss mich erklären. Da ich weiß, wie viel Arbeit und Zeit in Max' Planungen stecken, fällt es mir so leichter, mich schließlich doch an die Vorgabe zu halten und in den sauren Apfel zu beißen. So streng und diszipliniert könnte ich zu mir selbst nicht sein, wenn nicht das zweite Paar Augen mir ständig auf die Finger schauen würde.«*

Kleine Kindereien

Ohne Zweifel ist Christoph Strasser in Sachen Aufopferung ein sportartenübergreifendes Paradebeispiel. Selbstmotivation, die Berge versetzt, Schmerztoleranz, kein Ohr für den inneren Schweinehund – das ist die Basisausstattung. Das ist sein Kapital, vielleicht mehr noch als die Veranlagung als perfekter Radprofi. Und dennoch ist auch ihm, wie er selbst betont, der Kontrollblick durch den Trainer eine große Hilfe. Der Schmäh, die echten Freundschaften, die eigenverantwortlich erdachten, kreativen Lösungsansätze in jedem Bereich – das ist gewissermaßen die Sonderausstattung in seinem starken Gesamtpaket, und da bildet der Trainer keine Ausnahme. Gerade in Anbetracht des bierernsten Niveaus, auf dem Christoph Ultracycling betreibt, und bei aller Selbstbeherrschung ist es wichtig, mit kleinen Kindereien dem Ehrgeiz täglich neuen Zunder zu geben. Sei es das von Max servierte »New Year's Special« in Form einer besonders harten Einheit zum Jahreswechsel oder die Stichelei mit dem ebenfalls von Max gecoachten Talent aus Polen, das sich noch für die härtesten Trainings artig bedankt und nach mehr verlangt. Nur wenige Wörter hin und her pro Tag, die wohldosiert Wunder bewirken, auch wenn er immer noch selbst treten muss. Ein scherzhaft provokanter Kommentar nach dem Ruhetag oder die einfühlsamere Variante, wenn es einmal stockt

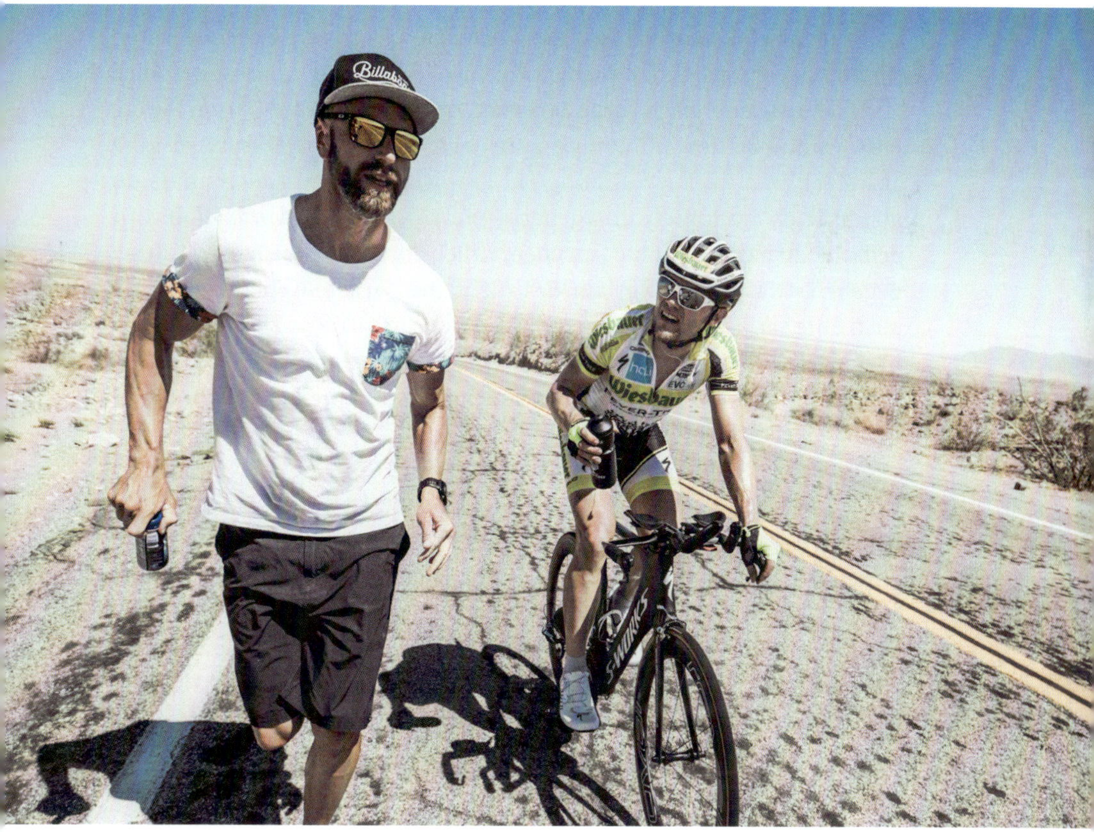

im Getriebe, treiben ihn dazu an, noch ein Stückchen weiter zu gehen und, vor allem, voll auf die gewählte Richtung zu vertrauen. Auch wichtig: Kleine Rückschläge, wie das obligatorische Katastrophentraining alle paar Wochen, werden humorvoll verarbeitet.

Die Kommentarzeile dient als Frustventil: »Fuck. Das erste Mal seit zwei Monaten komplett, aber auch komplett eingegangen. Beim zweiten Durchgang war ich schon voll auf Anschlag, hab's aber noch durchgedrückt. Beim dritten dann schon abgefallen, das vierte hab' ich trotz verlängerter Pause davor abgebrochen. Da hab' ich die 400 W nicht mehr halten können und…«, der weniger appetitliche Rest ist nur für den Trainer bestimmt. Das Augenzwinkern zum Schluss: »Vielleicht hätt ich die zwei doppelten Ginpresso vor der Einheit nicht trinken sollen!?«, und dann ist der Blick auch schon wieder nach vorne gerichtet. An einem anderen harten Tag die Entwarnung an den Trainer: »Musste nach dem ersten Mikroblock kurz absteigen und in der Wohnung ein Problem beheben – nicht, dass du glaubst, ich war mich übergeben.« Die trockene Antwort: »Hab' mir gedacht, du hast bei Sabine zwischenzeitlich doch einen Kuchen in Auftrag gegeben.« Natürlich folgt auf das nicht ganz ernste Geplänkel immer auch eine seriöse Einschätzung des Fortschritts: »Das war doch deutlich härter als der Vorgänger von letzter Woche. Alles ein bisschen öfter bzw. länger und mit ein paar Watt mehr. Leider in Summe noch ein unangenehm deutlicher Unterschied.«

Zackenbarsche und Burgzinnen

Meist ist es einfach, mit Christoph Strasser umzugehen, denn seine Selbsteinschätzung ist schonungslos und objektiv. Die Faktoren Laune und Motivation geraten dem vorgegebenen Programm höchst selten in die Quere. Bremsen ist für einen Trainer meist leichter als Antreiben, und daher überwiegt in der Kommunikation zwischen Christoph und Max das Zuckerbrot die Peitsche um Welten. Die kleinen Korrekturen hier und da sind nur das i-Tüpfelchen auf einem reibungslosen Ablauf und werden widerspruchslos angenommen, denn anders als in einem Profiteam, selbst auf WorldTour-Niveau, kann Christoph sich hinter absolut niemandem verstecken und wäre wie jeder Einzelsportler selbst der größte Leidtragende, sollte er die Zügel im Pflichtlauf namens Formaufbau schleifen lassen.

Betriebsblindheit zeichnet sich bislang nicht ab, und noch immer variieren wöchentlich die Einheiten oder ihre Abfolge zumindest leicht, die Wattprofile sehen einmal aus wie Zackenbarsche, einmal wie Burgzinnen, und jede Minute scheint nicht nur einem genau definierten Ziel zu folgen, sondern tut dies auch tatsächlich, denn darin besteht das Credo seines Trainers. Dieser Zugang passt genau zu Christophs fortgeschrittenem

Dienstalter, denn es erfordert schon mit Hirnschmalz zusammengestellte Impulsabfolgen wie die oben verfluchte, um seinen Organismus noch aus der Fassung und zur weiteren Anpassung zu bringen. Nicht zu unterschätzen auch der Aspekt der lähmenden Monotonie, die auch einen Vollblutwettkämpfer – gerade einen derart unangefochtenen – nach einer langen Karriere zu befallen droht. Christoph weiß, dass er im Ernstfall auf sein Oberstübchen vertrauen kann, doch die wegbrechenden Wegbegleiter und die vielen, vielen Stunden Grundlagentraining auf immergleichem, südsteirischem Asphalt haben ihn eine täglich wechselnde Gangart schätzen gelehrt. Und wenn es nur ein kleines »Ramp-up« der Wattzahl zwischendurch ist, eine bewusst veränderte Trittfrequenz oder das Spiel mit der Kohlenhydratzufuhr: Jede Abwechslung bringt ihn dazu, sich besser auf die Arbeit zu konzentrieren.

So wie das Team Strasser im Wettkampf jedes Stoppschild und jede rote Ampel für kleine Servicearbeiten an Mensch und Material nutzt, ist auch der Anspruch an die Vorbereitung: Keine Minute, keine Stunde und erst recht kein Tag soll mit mittelmäßiger Hingabe vergeudet werden. Christoph weiß, dass jeder dieser Tage bis in den kommenden Herbst hinein – auch der erträumte, perfekte ganz zum Schluss – nur ein einzelnes Puzzleteil ist und daher gleichsam unbedeutend und entscheidend. Egal, wann und wo er ein Zehntelprozent liegenlässt, ob heute oder in drei Monaten, ob im Keller oder auf der nebelverhangenen Bundesstraße, es könnte ihn teuer zu stehen kommen.

Meist stehen also ein paar Minuten mehr Aufwärmen oder Ausfahren zu Buche, jede Verkürzung aus Zeitnot begleitet ein schuldbewusster Kommentar im Trainingsprotokoll. Gerne wird eine Extrarunde auf seinen Hausberg, den Plabutsch, zur Kräftigung der Stützmuskulatur am Regenerationstag eingeschoben. Christoph Strasser tut das freiwillig und ohne das Murren eines verwöhnten Sportmillionärs, dem der trockene Auftrag erst schmackhaft gemacht werden muss. Der Trainer dankt es – mit einem Schippchen drauf beim nächsten Mal. Nichts anderes erwartet Christoph, bedankt sich artig und spurt wie der Musterschüler, der er in diesem Jahr zu sein hat. »Fit wie ein Turnschuh«, tippt er und überlegt, ob sich an diesem, leichten Tag mit einem TSS von 100 noch ein wenig organisatorische Fleißarbeit erledigen ließe.

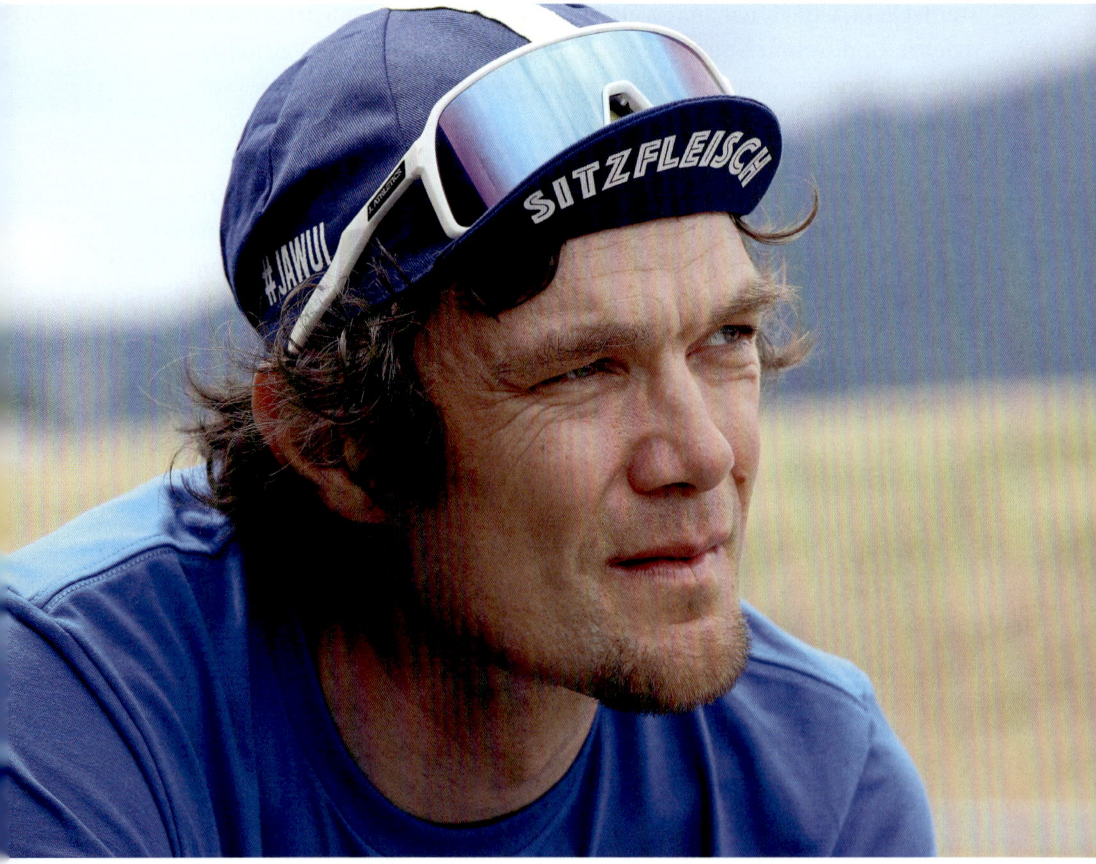
SITZFLEISCH

Stunde 12

BEZIEHUNGEN

Christoph Strasser unterhält zu seinem Körper – besonders den Teilen, die es zum schnellen Radfahren braucht – eine mit Bedacht kultivierte Langzeitbeziehung. Bei weitem nicht alle Profis agieren ähnlich sorgsam, manche überstrapazieren ihre Kapitalanlage für den kurzfristigen Erfolg und zahlen nicht selten einen Preis, der den Nutzen in Frage stellt. Ähnlich kompromisslos muss Christoph bereit sein, das Zwischenmenschliche auszublenden. Ein Infragestellen dieses Profiethos macht – gerade im traditionell hartgesottenen Radsport – den Hoffnungsträger über Nacht zum Hüter des Abstellgleises. Die Familie im Teamhotel, ein paar freie Tage mit den Kindern in der heißesten Phase der Rennsaison? Das sind im Radsport Privilegien der Großen, sicher nicht der Wasserträger, die über schlecht bezahlte Jahresverträge froh sein müssen.

Ultracycling unterscheidet sich noch einmal fundamental vom konventionellen Straßenradsport, denn es gibt weder Teams, noch ernstzunehmende Preisgelder. Umso beachtlicher, dass Christoph Strasser sich über die Jahre eine gewisse finanzielle Sicherheit erarbeiten konnte, obgleich der Großteil seines Sponsoringbudgets nach wie vor für die Aufwendungen während der großen Rennen draufgeht. Sein eigenes »Gehalt« erwirtschaftet er hauptsächlich über Nebentätigkeiten wie seinen Onlineshop oder die gefragten Vorträge. Ein schöner, aber auch häufig unterschätzter Knochenjob, neben dem alltäglichen Trainingspensum. Dazu kommt noch die Pflege seines öffentlichen Images, gerade weil er nicht in ein Profiteam eingebettet und auf alternative Einkommensquellen und die dementsprechende Aufmerksamkeit angewiesen ist. Oben drauf dann noch das viele Unterwegssein, die Gedanken an bevorstehende und die Spuren von gerade gemeisterten Herausforderungen. Christophs Kontinuität lässt auf ein gutes Leben auch abseits der Straße schließen, doch gibt es trotzdem zwischenmenschliche Reibungsverluste? Ein Mitte Februar 2021 aufgezeichnetes Interview führt ihn in diese sensible Ecke.

Welche familiären und sozialen Abstriche tun dir am meisten leid, oder ist das für dich Teil des Jobs und somit abgehakt?

»Leid tut mir nichts, auch wenn gewisse Dinge mir natürlich nahegehen. Das hat aber weniger mit meinem Sport als mit dem unabwendbaren Lauf der Zeit

zu tun. Hätte ich einen anderen Beruf gewählt und müsste auf Montage oder in den Außendienst, müsste ich vielleicht noch viel mehr familiäre und soziale Abstriche machen. Im Prinzip bin ich sehr häufig zu Hause, da ich nicht so oft ins Tainingslager fahre und der Rennkalender im Vergleich zum Straßenradsport weniger dicht gedrängt ist. Im Unterschied zu normalen Angestellten kann ich mir meine Zeit außerdem frei einteilen. Auch wenn ich viel trainiere und ständig irgendetwas organisiere, bin ich doch wesentlich flexibler als viele andere.«

Wie sieht es mit Partnerin, Familie und Freunden aus? Gab oder gibt es Klagen und sind schon Beziehungen an deinem ungewöhnlichen Alltag zerbrochen?

»Da sich mein Leben seit mittlerweile fünfzehn Jahren um den Sport dreht und sich alles andere wie ein Gerüst darum aufgebaut hat, ist das heute kaum mehr Thema. Und mit Anfang zwanzig wäre ich niemals im Leben auf die Idee gekommen, eine Party am Samstagabend aufgrund des Trainings am nächsten Tag auszulassen. Eigentlich war es eine Parallelentwicklung: Dem Sport habe ich mich mehr und mehr hingegeben, je loser die Freundschaften mit dem Älterwerden wurden, da die Schul-, Zivildienst- und Studienfreunde sich mit der Zeit in aller Welt verteilten. Als alle sesshaft wurden, ›verpasste‹ ich auch weniger und investierte automatisch noch mehr Zeit ins Radfahren, vergaß gleichzeitig aber nie, dass die Zeit mit Freunden oder der Familie weit oben in der Prioritätenliste stehen bleiben sollte. Was sich schon geändert hat, ist, dass ich jetzt nur mehr sehr selten Alkohol trinke und die durchfeierten Abende – jetzt ohnehin undenkbar – in den vergangenen Jahren immer früher endeten. Das Training leidet natürlich unter solchen Dingen mit steigendem Lebensalter immer mehr. Ich ziehe also noch immer mit, aber nicht mehr ganz so ausgelassen – wohl die übliche Entwicklung auch ohne den sportlichen Hintergrund. Was manchmal auch nervt, ist, dass ich bei anderen Sportarten, die im Freundeskreis regelmäßig zum Spaß an den freien Tagen zelebriert werden, oft passen muss. Ausgedehnte Wanderungen im Sommer, Basketballspiele, die gemeinsame Laufrunde am Morgen – bei all diesen Dingen heißt es für mich, muskulär Körner zu sparen bzw. keine Verletzung zu riskieren.«

Hast du das Gefühl, dass die viele Aufmerksamkeit von Fans oder entfernten Bekannten an dir zerrt, oder genießt du den Ruhm? Sind schon enge Freundschaften daran zerbrochen, dass du nicht mehr so selbstverständlich verfügbar bist wie vor deiner erfolgreichsten Zeit?

»Ich sehe das so: Jeder Mensch kann in verschiedenen Rollen verschiedene Eigenschaften hervorkehren. Am Beispiel einer Rockband: auf der Bühne die Superstars, die Hunderttausende in Ekstase versetzen, privat vielleicht deprimiert, einsam, still. Wie viele dieser Beispiele kennt man aus den Medien? So

krass ist es bei mir natürlich nicht, aber dennoch gibt es diese Tendenz: Auf der Bühne aus mir herauszugehen und das auch zu genießen, weil ich mein Handwerk mittlerweile beherrsche, macht mir ehrlich Spaß. Da lege ich genauso einen Schalter um wie auf dem Rad, wenn ich zum egoistischen Kämpfer werden muss, die anderen Fahrer besiegen oder Rekorde brechen will und einfach kompromisslos Gas gebe. Auf der Bühne kann ich zum Entertainer werden, auf dem Rad zum unbesiegbaren Fighter. Aber diese Rollen und die dafür benötigten Eigenschaften stehen – zum Glück – nicht immer im Vordergrund; im normalen Leben möchte ich nicht diese Rampensau sein. Da bin ich harmoniebedürftig und ruhig, eher zurückgezogen. Habe feuchte Hände und bin völlig nervös, wenn ich vor versammelter Verwandtschaft ein Gedicht zum Achtzigsten meiner Oma zum Besten geben soll. Ganz normal also.

Ich nehme mir immer noch die Freiheit, manchmal einfach einige Tage nichts über Social Media zu posten, wenn es keine interessanten Neuigkeiten gibt. Dann erfinde ich auch keine Storys oder irgendeinen pseudo-originellen Inhalt, nur um doch präsent zu sein. Mein Ziel war und ist nicht, Influencer zu werden, eine möglichst große Followerzahl um jeden Preis zu haben oder über bezahlte Posts etwas zu verdienen. Ich betreibe meinen Sport nach wie vor unheimlich gerne, liebe ihn auch als Beruf, das ist nach wie vor mein Antrieb. Darüber authentisch zu berichten, sich selbst zu analysieren, Erfolge und Misserfolge gleichermaßen ungeschminkt zu kommunizieren, das macht auch Spaß. Und was man nicht unterschätzen darf: Viele Leser nehmen wirklich etwas davon in ihr eigenes Leben mit, suchen und finden Inspiration – das darf man aus meiner Sicht nicht immer nur als seichte Social-Media-Blase abtun. Da sind schon echte Menschen mit echten Emotionen hinter den ›Followern‹, und denen bedeutet mein Tun etwas. Daher habe ich auch Respekt davor, was ich poste, achte auf die Qualität des Inhalts. Natürlich profitiere ich auch massiv davon, einen eigenen Kommunikationskanal zu haben, für Vortragswerbung, meinen Shop, aber auch wenn während der Rennen Tausende motivierende Meldungen hereinflattern. Wenn ich förmlich spüre, wie Tausende Menschen mitfiebern, mir die Daumen drücken, dann hilft das enorm. Es verleiht dem Ganzen beinahe einen tieferen Sinn, wenn Familien mit ihren Kindern an die Strecke kommen, mir Vierjährige Bilder malen oder die Eltern voller Stolz berichten, dass der oder die Kleine schon mit Begeisterung Rad fährt, weil er oder sie ›den Strasser‹ gesehen hat. Das bewegt mich wirklich! Es ist also ein Geben und Nehmen, und dafür investiere ich schon auch bewusst Zeit und Energie. Aber alles mit Maß und Ziel.

Was die Freundschaften angeht: Ja, das passiert leider. Aber echte Freundschaften zerbrechen nicht. Und die, die langsam an Intensität verlieren, würden das wohl auch mit anderen Jobs im Hintergrund. Wieder der Vergleich mit dem Außendienstmitarbeiter oder dem Monteur, einem Vater von zwei oder drei Kindern mit einem fordernden Vollzeitjob, der nie ohne Überstunden nach Hause geht. So jemand hat wahrscheinlich noch wesentlich weniger Zeit als ich, um seine Freundschaften zu pflegen. Im Leben kommt unweigerlich zwischen dem Berufseintritt inklusive Familiengründung und jener Phase, in der die Kinder groß werden oder man die Karriere etwas hintanstellt, ein Einschnitt, eine Zeit, in der die alten Freundschaften leiden. Bei jedem oder fast jedem. Also projiziere ich das nicht nur auf mich, sondern auf die allgemeinen Lebensumstände und Notwendigkeiten.«

Wie geht es dir damit, oft auf eine große Crew angewiesen zu sein? Viele deiner Freunde opfern Urlaub und Freizeit und stellen sich in den Dienst deiner Sache. Bereitet das manchmal ein schlechtes Gewissen?

»Natürlich habe ich ein schlechtes Gewissen, aber das spreche ich im Team auch offen an. Und ich bekomme dann immer wieder zu hören, dass es für die Crew eine geile Erfahrung, ein Abenteuer ist, bei Rennen live dabei zu sein. Einmal konnte ich beim RAAM eine kleine Gage für die Crewmitglieder ausgeben – interessanterweise war das ein Jahr mit ausbaufähiger Stimmung im Team, und auch sportlich lief es nicht rund. Meine Erkenntnis: Eine bezahlte Crew ist weder besser gelaunt noch dankbarer oder motivierter. Was sie erwarten und was ihnen als Gegenleistung reicht: mein voller Einsatz, eine super Dynamik in der Gruppe und Erlebnisse, die man im Alltag nicht erfährt. Manche Crewmitglieder schwärmen heute noch von ihren Rennteilnahmen vor sechs, sieben Jahren, und es wird ihnen erst nach und nach bewusst, wie bereichernd diese Erfahrungen waren. Damit kann ich das Gefühl, in ihrer Schuld zu stehen, relativieren. Und wenn es irgendwie möglich ist, bekommt mein Team zumindest kleine Anerkennungen in Form von Radtrikots, Sonnenbrillen, Teamschuhen und so weiter. Und natürlich trage ich alle Ausgaben, die während der Reisen anfallen, und versuche immer für nette Teamquartiere und eine gebührende Party im Ziel zu sorgen. Als Fotograf oder Physiotherapeut ist es mitunter auch nicht die schlechteste Visitenkarte, bei einem RAAM-Sieg die Fotos gemacht oder die Knie therapiert zu haben.«

Wer nimmt in deinem Leben als Profisportler eine Ratgeberrolle ein – neben deinem jeweils aktuellen Trainer natürlich? Ist dir Kritik von außen wichtig und gibt es jemanden mit Vetorecht – deine Freundin Sabine zum Beispiel?

»Ich nehme Kritik sehr ernst und wünsche mir manchmal, ich würde mehr davon bekommen. Ich befürchte, dass mir, seit sich der große Erfolg eingestellt hat, manche nicht mehr ehrlich sagen, wenn sie etwas stört. Oder anders gesagt: Es gibt nicht viele, die sich trauen, überhaupt etwas Kritisches anzubringen, solange alles läuft. Zumindest bekomme ich heute auffällig selten Widerspruch und gebe mich nicht der Illusion hin, es würde immer allen alles gefallen, was

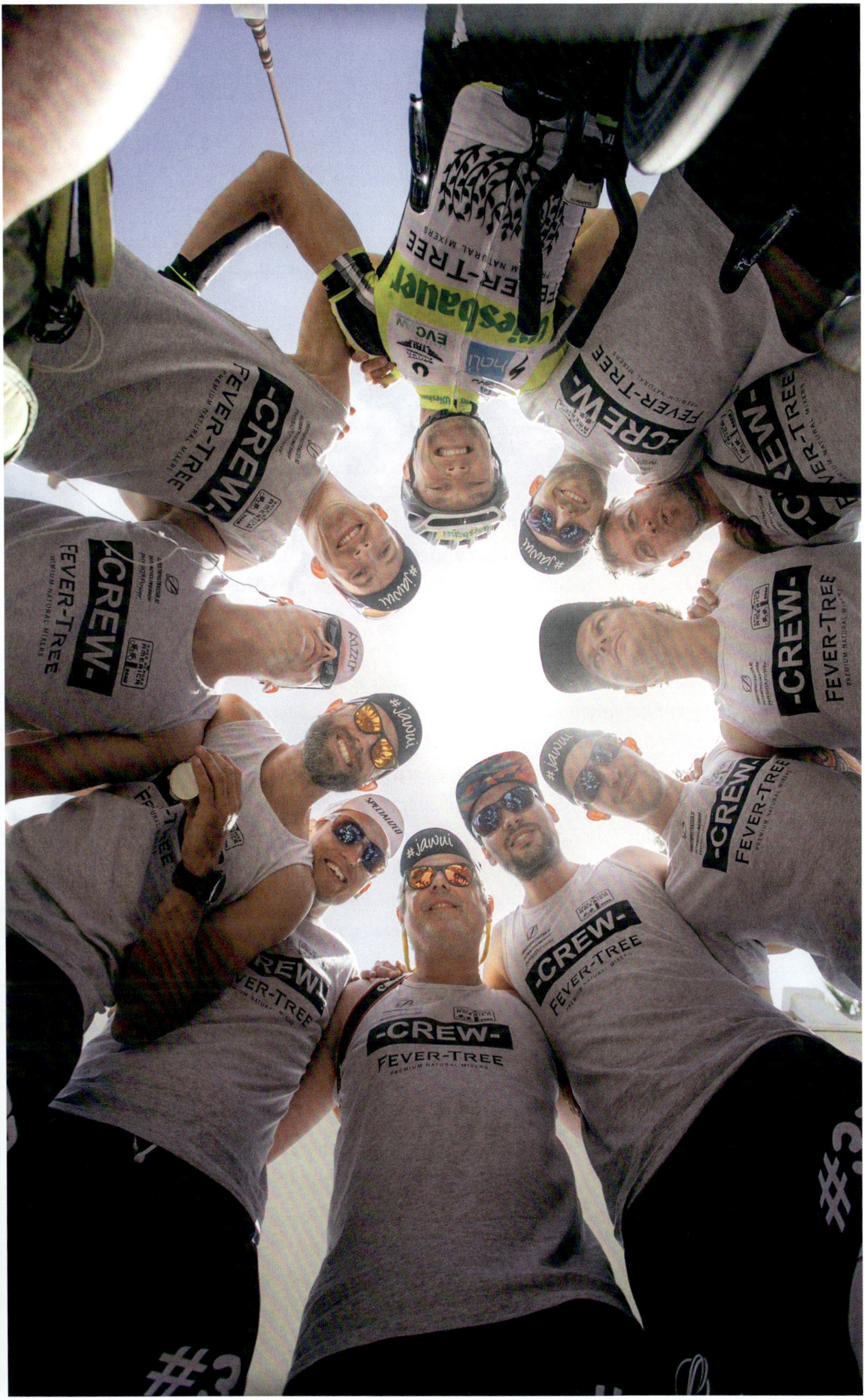
-CREW-
FEVER-TREE
PREMIUM NATURAL MIXERS
#jawui

ich tue. Wie angewiesen ich auf Ratgeber bin, lässt sich schwer beurteilen, weil ich ein derartiges Vertrauensverhältnis nur zu sehr wenigen Personen in meinem Umfeld habe. Beispielsweise habe ich in wirtschaftlichen Dingen nie mit einem klassischen Manager gearbeitet, wie das sonst im Profisport Standard wäre. Ob ich ein Vorhaben schlussendlich angehe oder nicht, ob ich eine Marketingmaßnahme als sinnvoll erachte oder nicht, das entscheide ich immer selbst und ohne Druck von außen bzw. auch nie auf direktes Anraten von Sponsoren. Wichtig sind mir die zwei oder drei sehr guten und ehrlichen Freunde, mit denen ich offen über jede Entscheidung sprechen kann. Wenn ich mir unsicher bin, Rat brauche oder nicht weiterweiß, wende ich mich an sie und werde nicht enttäuscht. Sabine ist auf jeden Fall eine dieser Vertrauenspersonen, und sie dürfte auch ein Veto einlegen, das ich mir dann auch ernsthaft zu Herzen nehmen würde. Den Konjunktiv benutze ich deshalb, weil es bislang noch nie nötig gewesen wäre.«

Inwiefern ist dein betont gutes Verhältnis zur Konkurrenz durch deine momentane Überlegenheit begründet? Das geht ja so weit, dass du schon offen Ratschläge zu mitunter rennentscheidenden Themen gegeben hast.

»Sicher ist es einfacher, ein gutes Verhältnis zu pflegen, wenn man selbst an der Spitze steht. Wobei ich ebenso sicher kein schlechter Verlierer bin und nie Groll gegenüber fairen Konkurrenten wie Jure Robič, Severin Zotter oder Dani Wyss gehegt habe. Wenn jemand einfach besser ist, dann ist das so zu akzeptieren. Dann soll es so sein, das ist das Wesen des Sports und eine wichtige Lektion fürs Leben. Das verhindert das Abheben und hält das Ego im Zaum. Aber ich hätte einem Jure Robič, würde er heute noch am Leben und aktiv sein – auf seinem Zenit –, jetzt auch nicht unbedingt Insidertipps gegeben. Und mit manchen stimmt einfach die Chemie nicht, wie bei mir und Reto Schoch beispielsweise. Dass sich schwächere Fahrer oder neue Athleten am Beginn ihrer Laufbahn eher an die Schnellsten wenden und sich dort etwas abschauen wollen, liegt in der Natur der Sache und war bei mir auch nicht anders. Ich nehme meine Vorbildrolle also an und versuche auch im Sport, soweit möglich anständige Prinzipien zu leben: hilfsbereit zu sein, den Sport als Ganzes zu fördern, neuen Leuten über die eine oder andere Hürde zu helfen. Aber natürlich sähe ich es nicht gerne, wenn sie mich später überflügeln würden.

Es gibt noch einen zweiten Aspekt von gutem Miteinander: Man sieht sich immer zweimal im Leben, und natürlich bin ich als Onlinehändler und Vortragender eng mit der Szene und der herrschenden Stimmung verknüpft. Dadurch profitiere ich auch, wenn ich offen und sympathisch auftrete bzw. wenn sich viele an mich wenden. Arroganz oder Unnahbarkeit würden sich umgekehrt irgendwann rächen. Ich denke aber ehrlich nicht, dass das der vordergründige Antrieb für mich ist, nett zu sein. Ein schönes Zitat von Roger Federer: It is nice to be important, but it is more important to be nice.«

Jetzt ein sensibles Thema, die Familienplanung. Es gibt ja viele mögliche Gründe kinderlos zu sein, aber wie geht es dir damit? Ist das eine bewusste Entscheidung für das Profileben und gegen den »Störfaktor« Familie?

»Sabine und ich haben derzeit bewusst keine Kinder, und diese Entscheidung hat nichts mit meinem Sportlerleben zu tun. Wir beide wären durch unsere Jobs flexibel genug und viel zu Hause, auch die familiären und finanziellen Rahmenbedingungen würden passen. Momentan lässt uns unser Blick in die Zukunft grübeln. Ich bin kein Pessimist, aber auch kein Zweckoptimist. Ich versuche, klar zu denken und nicht naiv zu sein. Wenn ich mir das Klima, die Überbevölkerung, den Ressourcenbedarf, das Artensterben, die systematische Zerstörung von Lebensräumen, nicht zuletzt die gerade zur Schau gestellte Ohnmacht gegen ein Virus ansehe, bin ich nicht vollends überzeugt, dass wir in 20, 30 oder 40 Jahren ein wunderbares Leben auf der Erde führen werden. Dieser Gedanke bremst derzeit zugegebenermaßen den Enthusiasmus, Nachwuchs in diese Welt zu setzen. Wobei wir, wenn Freunde und Geschwister Kinder bekommen, voll mitleben und uns über jeden Neuankömmling freuen. Ich mag Kinder wirklich sehr gerne und bin mittlerweile mehrfacher Onkel. Mir fällt aber trotzdem auf, dass in unserem Freundeskreis die Kinderlosen zunehmen. Oft aus ähnlichen Beweggründen.«

Und wie stehen deine Eltern zum Beruf Radprofi?

»In der Familie herrscht die Rollenverteilung vor, die man häufiger beobachten kann. Als ich angefangen habe, Jahr für Jahr das RAAM zu bestreiten, war das für meine Mutter schon hart. Sie macht sich noch immer Sorgen, fiebert mit, möchte öfters telefonieren und hören, dass mit mir alles in Ordnung ist. Mein Vater hat da eine größere Distanz. Natürlich wünscht auch er mir alles Gute und freut sich über die Erfolge, lässt sich aber weniger emotional hineinziehen. Angst um mein wirtschaftliches Auskommen wurde mir gegenüber jedenfalls nie thematisiert. Generell wurde es mit der Unsicherheit auch in Bezug auf die physischen Gefahren im Laufe der Jahre immer besser, denn meine Familie, Sabine, und alle, die mir sonst noch wichtig sind, wissen inzwischen aus Erfahrung, dass ich eine verlässliche Crew bei mir habe, bei der ich in besten Händen bin. Ich meine, dass ich keinen übertrieben riskanten oder gefährlichen Sport ausübe, zumindest ist ein Langstreckenrennen nicht gefährlicher als eine Trainingsfahrt, bei der – ich weiß das aus eigener Erfahrung – ebenso jederzeit etwas Unvorhergesehenes passieren kann.

Meine Eltern waren übrigens nie ehrgeizig oder haben mich zum Sport gedrängt. Ganz im Gegenteil, ich durfte alles machen, solange ich mir das selbst finanziere und auf mich aufpasse. Und ich war, denke ich, immer vernünftig und zuverlässig, daher habe ich auch stets ihr Vertrauen genossen. Trotzdem, so manchen Freund oder Verwandten würde es vermutlich doch freuen, wenn ich nicht mehr auf amerikanischen Highways von LKW-Kolonnen überholt würde und 35.000 Trainingskilometer pro Jahr auf den heimischen Bundesstraßen abspulen müsste. Und wenn es irgendwann so weit ist, dann freue ich mich auch selbst darauf, nicht mehr ›trainieren zu müssen‹, sondern wieder ›Rad fahren zu dürfen‹. Vermutlich werde ich, wenn das letzte Rennen bestritten ist, eine Zeit lang das Pensum stark reduzieren und stattdessen die Berge suchen, mit dem Kayak paddeln oder was auch immer – nach einiger Zeit wird mich die Freude am Radfahren aber sicher wieder fangen, auf ungezwungene Weise, nicht so wie heute, wenn ich ein hartes Training, zu dem ich mich aufraffen musste, irgendwie überlebt habe und abends zufrieden auf den produktiven Tag und die Leistungsdaten blicke. Ich freue mich jedenfalls jetzt schon auf das Weitergeben von Erfahrungen und die Arbeit mit Menschen, die etwas voranbringen möchten. Ob in Form von Seminaren, Vorträgen, Teamtrainings, Mentalcoachings, Trainingsplänen, Betreuen bei Rennen oder als Podcast-Moderator. Ich freue mich auch auf persönliche Weiterbildung, Rhetorik- und Mentaltrainingskurse und vieles mehr. Aber ich probiere, so gut es geht, in der Gegenwart zu bleiben. Zu wissen, dass die Zukunft gut werden wird, reicht mir. Genaues Planen abseits des aktuellen, sportlichen Jahresprogramms ist meines Erachtens nicht zielführend, denn wir leben nicht in der Zukunft, und auch wenn es momentan kein Leichtes ist, so ist es dennoch immer am wertvollsten, freudvoll im Hier und Jetzt zu bleiben.«

Wird dir dein Profialltag manchmal zu eng, und hat sich das durch die Corona-Pandemie noch verschärft?

»Ja, der Alltag wird eng, diese Fragestellung trifft meine eigenen Gedanken ganz gut. Mein Profileben ist nicht jeden Tag erfüllend. Aber vor allem momentan, im Lockdown, ohne Termine, ohne Vorträge, ohne Menschen zu treffen, ist es nicht besonders prickelnd. Da ich in meinem beruflichen Alltag eigentlich keine Leute treffe, keine Bürokollegen oder Geschäftspartner habe, mit denen ich mich täglich austauschen muss, und es im Winter kaum Trainingsgemeinschaften gibt, da es zu kalt zum Training im Freien ist und man sich im Moment auch nicht schwitzend und hechelnd im selben Raum auf der Rolle abstrampeln sollte. Zum Glück habe ich Sabine und führe mit ihr eine erfüllte Beziehung. Würde ich jetzt ein Singledasein fristen, wäre das sicher problematisch und nicht gut für die Moral. Bis März 2020 war das gänzlich anders, ich war durch die Vorträge viel unterwegs und ständig unter Leuten, konnte in Gesprächen unterschiedliche Perspektiven kennenlernen. Diese soziale Vielfalt fehlt jetzt und der Lockdown schlägt zugegebenermaßen schon deutlich auf mein Gemüt. Da sitzen wir alle im selben Boot.«

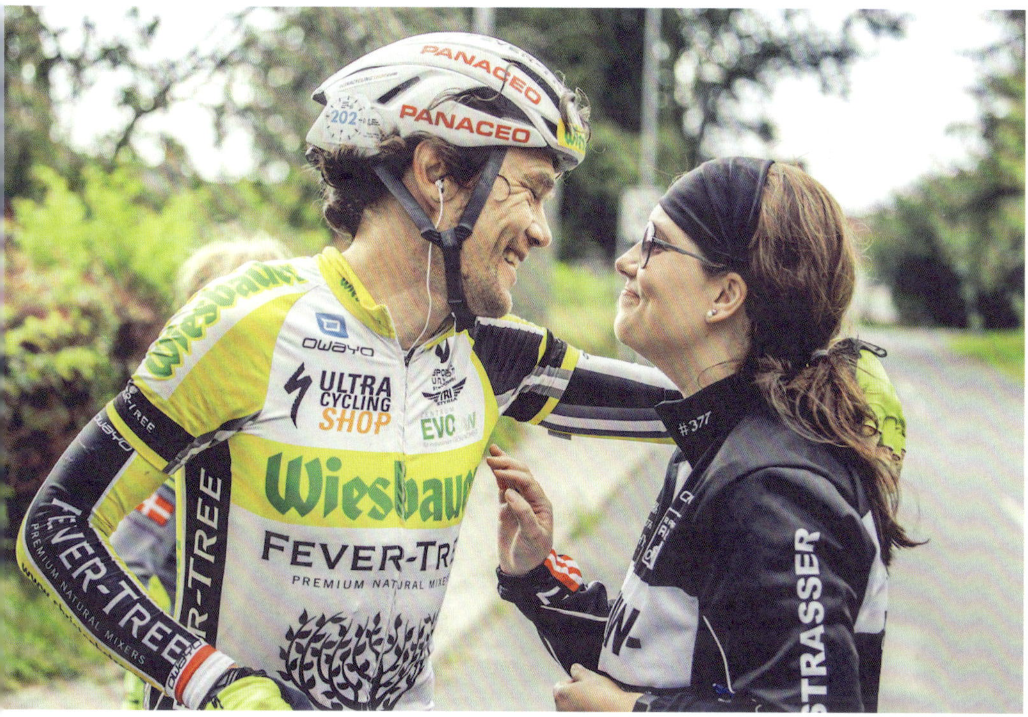
PANACEO
PANACEO
ULTRA
CYCLING
SHOP
FEVER-TREE
PREMIUM NATURAL MIXERS
#377
STRASSER

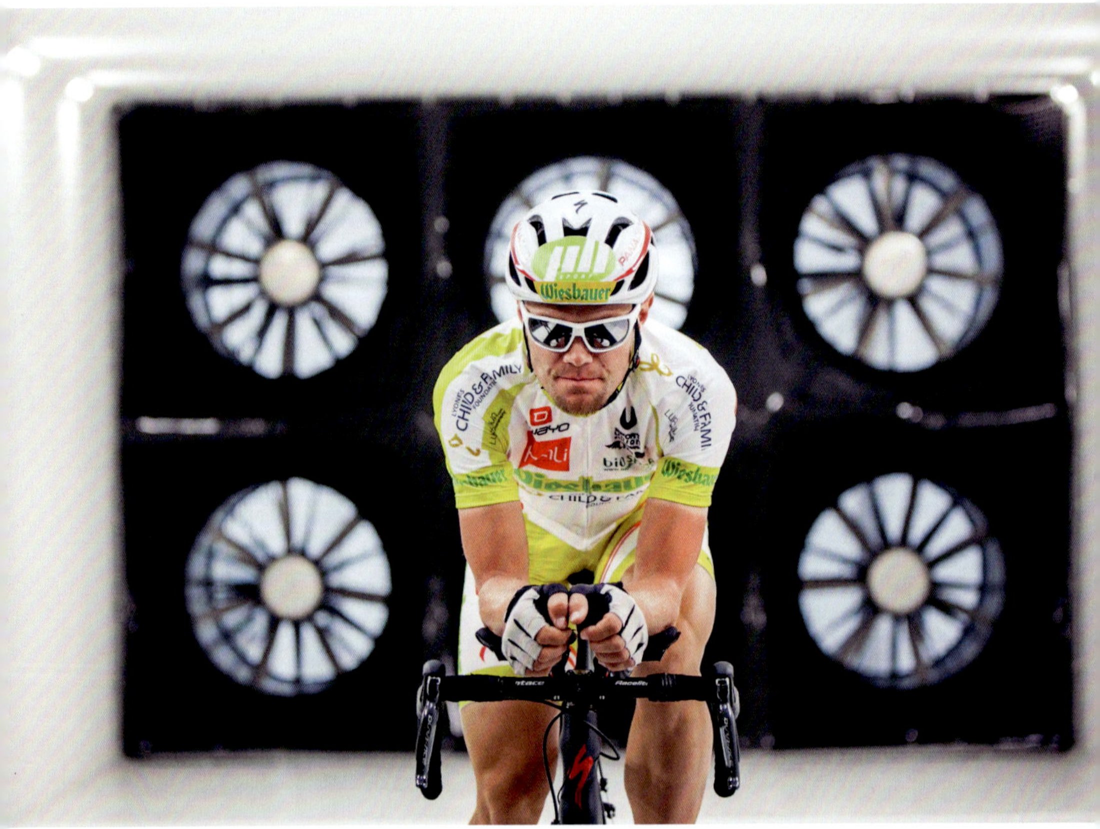
Wiesbauer

Stunde 13

WEITERENTWICKLUNG

Die perfekten Bedingungen zwischen Ende Februar und Anfang März lassen alte Trainingsfreundschaften wieder in den Vordergrund treten. Weniger Zeit in der »Paincave« im Keller, stattdessen Ausfahrten mit Lukas Kienreich, selbst routinierter Langstreckenfahrer, oder Lex Karelly, Schöpfer des mittlerweile charakteristischen Strasser-Fotostils. Die echten Gespräche tun gut, dazu die Sonne, endlich wieder milde Tage, überall sprießende Vorboten des nahenden Frühlings, und die kurze Hose, die den Fahrtwind spüren und den endlosen Winter im Lockdown in den Hintergrund treten lässt.

Die Lockerheit, die binnen Tagen zurückkehrt, ist unbezahlbar, denn die Planung des ersten Rekordversuchs im Sommer, der als Generalprobe, aber auch als Alternative für den Hauptrekord im Herbst dienen soll, tritt unerfreulicherweise auf der Stelle. Immerhin, die Streckenreservierung für Colorado Mitte September steht und scheint sicher, sofern es Christoph gelingen sollte, mit seinem Team von Begleitern in die USA einzureisen und sich, unter den dann herrschenden Vorsichtsmaßnahmen, vernünftig auf den perfekten Tag auf der Strecke vorzubereiten. Für den Julitermin in Europa sieht es deutlich düsterer aus: Absagen trudeln herein, Antworten verzögern sich oder bleiben ganz aus. Es ist, als würden komplizierte Dinge noch komplizierter, beinahe unmöglich.

Die Zeit verrinnt

Die angedachte Teststrecke der Firma Opel soll von einem externen Subunternehmen koordiniert werden. Also mit den dort Verantwortlichen Kontakt aufgenommen, gewartet, schließlich doch eine Rückmeldung – und wieder negativ. Keine Veranstaltungen auf Werbebasis, heißt es, auch keine kostenpflichtige Vermietung. Immer klarer kristallisiert sich heraus, dass ein Kurs auf öffentlichen Straßen womöglich der einzige Ausweg sein könnte, denn die Vorbereitungszeit für eine große Veranstaltung zerrinnt Christoph förmlich zwischen den Fingern, während ganz Europa sich mit Impfkontingenten und Massentests beschäftigt.

Die Variante, einfach den slowenischen Rekordkurs zu übernehmen, drängt sich auf und wird mit jeder zugeschlagenen Tür attraktiver. Das Plus: perfekte Vergleichbarkeit und eine bereits vermessene Strecke, also ein sehr überschaubarer Aufwand für den Versuch, der doch nur Nebenschauplatz im Rekordjahr bleiben soll. Für die Vermarktung gäbe es prestigeträchtigere Orte, doch niemand kann voraussagen, ob das inmitten völlig verdrehter Verhältnisse und einer kontinentweit schleppend verlaufenden Bekämpfung des Virus in ein paar Monaten überhaupt ins Gewicht fallen wird. Es gäbe auch den südsteirischen Rekordkurs von Wolfgang Fasching, doch diesen müsste man erst ordentlich vermessen lassen, dazu der unplanbare Verkehr, die Gewissheit, dass keine Verwaltungsbehörde des Landes in diesem Ausnahmejahr für eine Radsportveranstaltung Straßensperren auch nur in Erwägung ziehen würde, und die ohnehin immerwährende Frage nach dem Wind.

Die slowenische Strecke bei Moravske Toplice hat immerhin bereits zwei Versuche zum Erfolg geführt, liegt mitten im Nirgendwo, macht den Straßenverkehr damit zum untergeordneten Problem und hat mit vier Kurven auf knapp zwanzig Kilometern die ideale Beschaffenheit und Länge, um Christoph weit über die 900 und vielleicht sogar auf dieser Seehöhe knapp an die 1.000 Kilometer zu bringen. Der Solidarität der slowenischen Ultracycling-Gemeinde könnte Christoph Strasser sich gewiss sein, denn auch dorthin pflegt er seit langem gute Beziehungen und genießt nicht zuletzt aufgrund seiner zahlreichen, aufsehenerregenden Auftritte beim RAS großen Respekt. Die Slowenen feiern Abenteurer und zählen dazu auch die Langstreckenradfahrer wie den unvergesslichen Jure Robič. Nicht häufig sieht man einen Nischensportler auf dem ersten Platz der Sportlerwahl eines Landes; Robič ist das gelungen, und sein Unfalltod war Staatstragödie. Ja, ein Rekordversuch in diesem Traditionsland seines Sports wäre für Christoph mehr als nur eine Notlösung. Und ganz pragmatisch: In der Bilanz stünden praktisch keine Kosten, kein maßgeblicher Organisationsaufwand und wenig Risiko trotz fehlender Straßensperre, ausgenommen vielleicht das mögliche Pech mit unvorhergesehenen Baustellen und davon verursachten Staus.

Geben und Nehmen

Sollte Christoph diese Variante wählen, dürfte er sich zudem der vollen Unterstützung seiner slowenischen Konkurrenten sicher sein. Sie alle würden, wenn irgend möglich, an der Strecke auftauchen und ihm als Offizielle oder Ratgeber zur Verfügung stehen. Mehr als den kommerziellen Erfolg schätzt er, wie Fairness und Handschlagqualität ihn noch immer begleiten. Auch auf der Sponsorenebene ist es ihm letztendlich gelungen, Vertrauensbeziehungen aufzubauen, die ihm in dieser ökonomisch schwierigen Zeit die Haut retten. Mit der finalen Zusage seines langjährigen und vielleicht am stärksten mit ihm und – auch durch die vorangegangene Unterstützung von Wolfgang Fasching – dem Ultracycling an sich assoziierten

Sponsors Wiesbauer verbinden sich Erleichterung und Hoffnung zu einer neuen Dynamik. Die Loyalität eines wichtigen Unterstützers seit 14 Jahren, in denen die Zusammenarbeit Stück für Stück und gerade über einige harte Phasen zur Partnerschaft gewachsen ist, stärkt selbst dem hartgesottenen Verhandler den Rücken. Dass seine Leistung über ihren reinen Werbewert hinaus geschätzt wird, begründet Christoph Strasser mit der langfristigen Entwicklung seit dem Einsteigerdeal im Jahr 2007. 2009 beispielsweise, als nach der massiven Wirtschaftskrise des Vorjahres seine Heimatgemeinde Kraubath eine doppelt so hohe Förderung ausschütten konnte, Wiesbauer aber dennoch als Hauptsponsor das Trikot seines Debüt-RAAM zierte, brachte das Geben und Nehmen einer Geschäftsbeziehung zum Ausdruck, die nicht nur auf kurzfristiger Ausnutzung oder dem ständigen Schielen nach gegenseitiger Übervorteilung beruht.

> *»Am Beispiel meines Hauptsponsors Wiesbauer, einem mittelständischen österreichischen Unternehmen aus der Lebensmittelbranche, mache ich den Wert von Stabilität fest: 2007, im ersten Jahr unserer Zusammenarbeit, bekam ich einen eher überschaubaren finanziellen Betrag zur Unterstützung. Damals als Einsteiger war das für mich dennoch ein starkes Zeichen von Wertschätzung, das mich beflügelte. Ohne die wirtschaftlichen Hintergründe genau zu kennen, war anscheinend 2008 ein Jahr, in dem viele Firmen größere Budgets für Marketing veranschlagt hatten, ich konnte mich dementsprechend über eine Aufstockung des Budgets freuen. 2009 dann postwendend ein schlechtes Jahr, überall gab es Kürzungen, Verluste, Kursverfall. Damit natürlich kaum Budget für Sponsoring. Wiesbauer kürzte die Unterstützung massiv – immerhin bekam ich überhaupt etwas, denn es stand schon eine Kündigung der Zusammenarbeit im Raum. Ich reagierte nicht beleidigt, Wiesbauer bekam mehr Sichtbarkeit, als durch den Sponsoringbeitrag eigentlich gerechtfertigt gewesen wäre. Ein Fehler und zu blauäugig? Nein, denn die darauffolgenden Jahre liefen wieder besser, die Partnerschaft entwickelte sich offenbar für beide Seiten gewinnbringend, sonst hätte mich Wiesbauer nicht so lange und bis heute unterstützt. Manchmal ist das Altbewährte und über Jahre Gewachsene dem andauernden Trieb nach schnellem Fortschritt vorzuziehen, gerade wenn man sich wie ich im Sport stetig weiter verbessern möchte.«*

Seinen Vertrauensvorschuss von damals quittierte Wiesbauer seither jedenfalls mit vorbildlicher Planbarkeit: ein Strategiemeeting pro Jahr, in dem die Ziele besprochen und die Verträge erneuert werden. Darauf beruhend lässt man ihn arbeiten und sieht Rückschläge hier und da als Teil des langfristigen Prozesses. Vollen Einsatz und einen hohen Leistungsanspruch muss man von Christoph Strasser nicht erst einfordern, sondern darf sie als gegeben voraussetzen. Gleiches gilt für seine Loyalität: Auch nach den medienwirksamsten Siegen hat er nie hinterrücks bei anderen im Extremsport präsenten Firmen um Hauptsponsoring angefragt. Vielleicht bekäme er anderswo einen Aufschlag und könnte sich durch seine bereits etablierte Bekanntheit in eine lukrativere Position verhandeln, doch die Treue zahlt sich aus, wenn es wie in dieser schwierigen Zeit Gegenwind gibt.

Konfliktvermeidung

Der von Wiesbauer zugesagte Betrag für die Rekordversuche über 24 Stunden ist für ein mittelständisches Unternehmen sicherlich gut verkraftbar, macht für Christoph jedoch einen großen Unterschied. In Österreich genießt er hohe Sympathiewerte und gilt als Vorzeigeathlet; dennoch ist es schwierig, diese Werte ohne eine noch offensivere Strategie auf Social Media in finanzieller Hinsicht gewinnbringend zu nutzen. Likes und Follower um jeden Preis waren bei Wiesbauer bisher kaum Thema, ein erfrischender Zugang, der seinem eigenen sehr nahe kommt und die Kompatibilität von Sponsor und Athlet noch unterstreicht. Die Sicherheit und Freiheit eines Fix-Engagements mit gleichbleibenden Bedingungen, das ihm seit nunmehr 14 Jahren geboten wird, bislang gänzlich ohne Vorschriften, schätzt Christoph hoch und von Saison zu Saison höher, je mehr die neuen Sitten überhandnehmen.

Natürlich kann sich kein Sportler mehr die Abwesenheit auf den üblichen Kanälen leisten, und kein Unterstützer wäre besonders froh über kontroverse Auftritte und Äußerungen zu gesellschaftspolitisch heiklen Themen. Auch er spielt da mit, präsentiert sich professionell und redet sich nicht bei der erstbesten Gelegenheit um Kopf und Kragen, was seinem Charakter ohnehin nicht entspräche. Konfliktvermeidung ist ihm im privaten Alltag ebenso ein Anliegen wie auf dem digitalen Spielfeld, wo nie abgepfiffen wird und sich kleine Fouls schnell zu großen Shitstorms aufbauschen. Zu politischen Themen hört und liest man selten oder praktisch nie etwas von Christoph Strasser, denn er möchte öffentlich neutral bleiben, zumindest bislang, da er es nicht für nötig erachtet, mit seiner Meinung zu beeinflussen. In der seit Monaten zunehmend wutentbrannt geführten Corona-Diskussion hält er es genauso wie vor jedem Wahlkampf oder wenn es um andere Reizthemen geht, die die Gesellschaft heute zunehmend spalten und einen unversöhnlichen Graben zurücklassen.

Professioneller Opportunismus? Mitunter zum Teil, denn manchmal schreien die Meldungen auf Facebook und Co. förmlich nach einer bissigen Replik oder einem süffisanten Seitenhieb durch den wahren Experten. Manchmal ärgert Christoph sich über Emporkömmlinge in seinem Metier, lässt es aber dennoch bleiben, sie und ihre Verhaltensweisen von oben

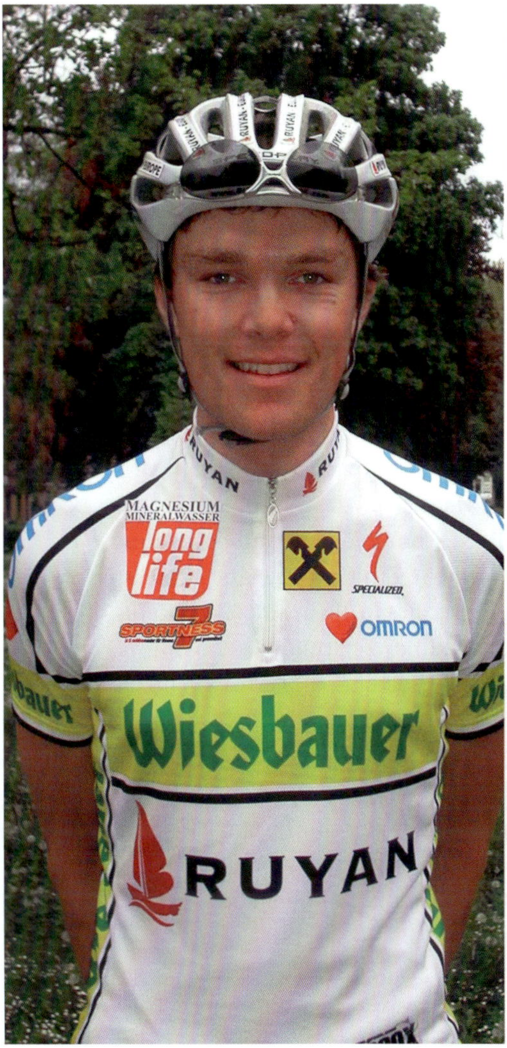
MAGNESIUM
MINERALWASSER
long life
SPECIALIZED
SPORTNESS
OMRON
Wiesbauer
RUYAN
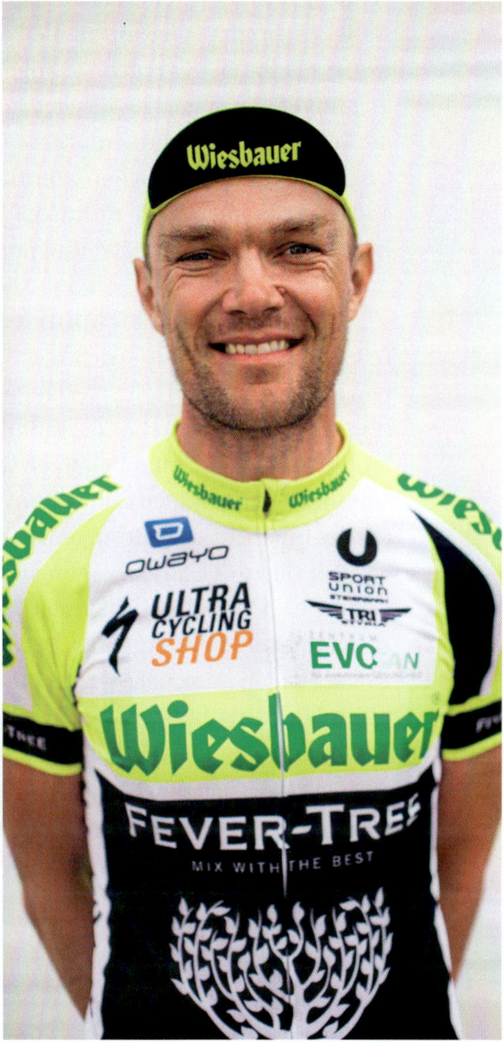
Wiesbauer
OWAYO
ULTRA
CYCLING
SHOP
SPORT
UNION
TRI
Wiesbauer
FEVER-TREE
MIX WITH THE BEST

herab zu kommentieren. Stattdessen bleibt er immer höflich und bei einer Sprache, die sich ohne Magenkrämpfe lesen und drucken lässt. Wieso jedem selbsternannten Querdenker den Spiegel vorhalten, sagt er sich, und wieso Streits anzetteln und miese Stimmung verbreiten, wenn es doch nur um Radfahren und ein bisschen Mitfiebern gehen sollte? Um recht zu behalten oder das eigene Ego zu befriedigen? Dafür gibt es sportliche Gelegenheiten. Gibt es nichts Relevantes und im Idealfall Positives beizutragen, zieht Christoph es vor, still zu bleiben. Ernsthafte Konflikte dringen nicht weiter als bis zu dem, den sie angehen. Er setzt lieber auf das gute, alte Vier-Augen-Gespräch, gerade weil längst jedes online geäußerte Wort auf die Waagschale gelegt wird. Diese Vorsicht hat ihm vielleicht das letzte Quäntchen an zusätzlicher öffentlicher Aufmerksamkeit gekostet, ihm andererseits aber auch ein Image eingebracht, das von seriösen, langfristigen Partnern geschätzt und honoriert wird.

Sponsorentreue

Fever-Tree, ebenfalls ein wichtiger Sponsor und wiederum einer mit echtem Interesse an Radsport, verlängert kurz nach Wiesbauer um ein weiteres Jahr. Die Firma stellt Cocktailmixturen her – wahrlich kein gefragtes Produkt während monatelanger Gastronomiesperren. Die verringerte Summe ist verständlich und fällt ins Gewicht, doch das anständige Verhalten des Inhabers, der seit langem das Race Around Austria unterstützt und darüber Christoph Strasser kennengelernt hat, zählt doppelt. Auch das ausgefallene RAAM muss einkalkuliert werden, alles in allem also ein weiteres, zufriedenstellendes Ergebnis. Der Rekord über 24 Stunden, so bahnbrechend er auch wäre, belastet das Budget weit weniger und ist medientechnisch längst nicht so planbar wie die garantierte, achttägige Berichterstattung während der Amerikadurchquerung. In dieser Frage herrscht Konsens zwischen den Partnern, und unter dem Strich ist alles Nötige abgedeckt, plus eines kleinen Überschusses, der ihm hilft, seinen Lebensunterhalt trotz massenhaft ausgefallener Vorträge zu bestreiten.

Mit dem Getränkehersteller Peeroton entsteht gar völlig überraschend ein neuer Deal: Ein Kohlenhydrat-Elektrolyt-Drink soll mit Christoph als Testimonial neu auf dem Sportnahrungsmarkt etabliert werden. Die ursprünglich von GSFood vertriebene und mittlerweile weiterentwickelte Mischung ist ein Strasser'sches Erfolgsrezept, hinter dem er hundertprozentig steht und somit nichts bewirbt, von dem er selbst nicht vollends überzeugt wäre. Einmal mehr ist Christoph froh, über die Jahre die zusätzliche Einnahmequelle »Ultracyclingshop« erfolgreich etabliert zu haben, denn so bleiben ihm ein paar Euro aus dem Direktverkauf übrig. Ein angenehmer Nebeneffekt ist außerdem der unbeschränkte Nachschub an Produkten für den Eigenbedarf, was ihm hilft, seine Spesen zu senken.

Auch was das Material angeht, ist er seit 2007 demselben Anbieter – Specialized – bedingungslos treu. Hier zählt für ihn ebenfalls weniger der monetäre Rückhalt als in diesem Fall vielmehr die Versorgung mit konkurrenzfähigem Material, unter anderem Rädern sowohl für die Ebene als auch für den Berg. Überraschenderweise ist es heutzutage selbst für Profis oder Beinahe-Profis schwierig bis nahezu unmöglich, kostenlos mit Rennmaschinen ausgestattet zu werden, ganz zu schweigen von zusätzlichen Annehmlichkeiten wie maßgefertigten Schuhen. Die technische Unterstützung beschränkt sich meist auf ein Minimum, und selbst ein langjähriger Schützling wie Christoph Strasser schraubt noch selbst an seinem Arbeitsgerät oder lässt anderswo schrauben, wenn die hauseigenen Mechaniker des Herstellers nicht zur Verfügung stehen.

Immerhin ließ ihn dieser Umstand sein Geschäft auch materialseitig von der Pike auf lernen. Wie kein anderer Spitzenfahrer im Ultracycling bisher gilt Christoph als Tüftler, dabei konnte er vor Jahren kaum ein Bremsseil selbst wechseln. Wissbegier und Fleiß sowie ein paar talentierte Mechanikerfreunde glichen dieses Manko aus, und mittlerweile sieht er, der lange dem teuren Carbonrahmen und der neuesten Lackierung eher gleichgültig gegenüberstand, in der Materialschlacht eine weitere Möglichkeit, sich abzuheben.

Mehr Komfort

Nach der Wattmesskurbel ist für Christoph, was die Teile betrifft, die sich an ein Fahrrad schrauben lassen, die Ablösung der mechanischen durch die elektronische Gangschaltung im Jahr 2012 der bislang größte Segen. Vor allem für jemanden, dessen Finger nach tagelangem Aufstützen auf dem Rennlenker kaum mehr die Kraft aufbringen können, einen mechanischen Seilzug zu bewegen, ist das naheliegend, und außerdem lässt die neue Errungenschaft es zu, aus mehreren Positionen die Schaltung zu betätigen, was ein großes Komfort- und Effizienzplus darstellt.

Mehr Komfort bieten von Jahr zu Jahr auch die Rahmenkonstruktionen, sowohl was die Zeitfahrräder als auch die robusteren Allroundräder für Berge und technische oder ruppige Passagen angeht. Leichter und steifer, dabei aber auch in die richtige Richtung nachgiebiger, ergibt weniger Probleme beim Sitzen und entlastete Ballen an Füßen und Händen. Was natürlich in den Marketingkampagnen der Hersteller ausgiebig ausgeschlachtet wird, geht im Kern tatsächlich auf, denn die Materialwissenschaften stehen nicht still und ermöglichen eine immer zielgerichtetere Entwicklung von Rädern, die auf die jeweiligen Anforderungen maßgeschneidert sind. Der gelegentliche Sprung zurück auf eines der alten Räder lässt Christoph deutlich spüren, was im Vorwärtsgang kaum auffiel. »Wir überschätzen immer die Veränderungen, die in den nächsten zwei Jahren stattfinden werden und unterschätzen die Veränderungen, die in den nächsten zehn Jahren stattfinden werden« – das sinngemäße Zitat von Bill Gates trifft in dieser Hinsicht voll ins Schwarze.

Die unmerklichen Verbesserungen von Jahr zu Jahr würden heute, müsste Christoph Strasser auf seinem RAAM-Rad von 2009 antreten, handfeste Leistungseinbußen und nicht nur einen geringeren Wohlfühlfaktor bedeuten. Das gilt umso mehr, da ihm in dieser Zeitspanne auch der Schritt weg vom Komfortrahmen und hin zum überwiegenden Einsatz waschechter Zeitfahrmaschinen gelang. Was lange als Garant für ein frühes Ausscheiden aufgrund von Nackenproblemen galt, wurde von ihm als Geheimwaffe erkannt und bietet längst unerwartete Vorteile. Das langsame Herantasten an die gebücktere Position, die tatsächlich gewöhnungsbedürftig, dafür aber umso aerodynamischer ist, passt zu seinem generellen Zugang: immer neue, eigentlich kleine Schritte, die sich schließlich zu einer enormen Verbesserung summieren.

Noch in der Ära von Wolfgang Fasching und Jure Robič war ein mehrtägiges Ultracycling-Event auf einem richtigen Zeitfahrrad schlicht nicht ausprobiert worden, da niemand sich vorstellen konnte, eine solche Position länger als für ein paar Stunden auszuhalten. Christoph hingegen baute sich heimlich Zusatzlasten in Form von Schrauben und Wuchtgewichten in seine Trainingshelme, härtete so seine Nackenmuskulatur ab und überhöhte den Sattel um Millimeter für Millimeter gegenüber der Armauflage, bis er schließlich in der Lage war, eine beinahe optimale Position auch eine Woche lang halten zu können. Natürlich spielte ihm der Triathlon-Boom und eine kapitalkräftige Fangemeinde von fahrbaren Zeitfahrgeräten in die Hände und machte es auch für seinen Sponsor lohnenswert, ihn immer mit dem neuesten Material auszustatten, um ihn damit bei den längsten Radrennen der Welt auftreten und die Haltbarkeit der Kreationen unter Beweis stellen zu lassen. Seit 2013 sieht man Christoph Strasser in der Ebene nur mehr mit voller Aeroausstattung inklusive Scheibenlaufrad – als bekennender Liebhaber ewiger, windanfälliger Geraden seine perfekte Wohlfühlkombination.

Alles Aero

Das Potenzial einer Zusammenarbeit mit potenten Entwicklern wie Specialized zeigte sich auch in einem Ausflug nach Kalifornien vor dem RAAM 2014, um dort im Windkanal, dem »Win Tunnel«, den Tücken des Luftwiderstands noch genauer auf den Grund zu gehen. Ein solcher Testtag ist ein Highlight selbst für den versierten Profi , der in seinem Arbeitsgerät noch immer ein Werkzeug und kein hart erspartes Spielzeug sieht. Die Aussicht, dort im Windkanal den Geschwindigkeitsverlust durch geringste Veränderungen, etwa einem ungünstig aufgesetzten Helm, einem dickeren Trikotstoff oder gar einem geöffneten Frontreißverschluss, sichtbar machen zu können, trifft seinen zahlen- und statistikorientierten Verstand. Als man ihm aufzeigte, dass ihn die angenehme Kühlung durch das andauernd geöffnete und dann wild flatternde Trikot mehr kostete, als ihm die sündhaft teuren Hochprofillaufräder und alle anderen kleinen Tüfteleien in Summe brachten, schwor er sich, nie wieder den Reißverschluss anzufassen oder die Wettkampfkleidung eine halbe Nummer größer zu bestellen. Selbst die Position der Trinkflasche, entweder im Rahmendreieck oder hinter dem Sattel, ihr Neigungswinkel, wenn hinter dem Sattel angebracht, summierte sich in den Berechnungen über die RAAM-Distanz auf Minuten oder Stunden. Wenn Pausen und Schlaf so kostbar und knapp bemessen sind, brennen sich derartige Erkenntnisse ein und werden zur Religion.

Für den Angriff auf die 1.000 Kilometer wäre eigentlich ein erneuter Test in Kalifornien ein Fixtermin gewesen. Wäre. Stattdessen eventuell ein erneuter Besuch auf der Radbahn in Augsburg, wo ein Institut, das sich mit Trainingsplanung und der Aerodynamik-Optimierung von Zeitfahrern aller Klassen einen Namen gemacht hat, die Feinstabstimmung des aktuellen Rekordrades inklusive Fahrer im Rennmodus vornehmen könnte. Keine billige Angelegenheit und erstaunlicherweise dennoch der Renner in der Hobbyszene, die auf die Spitze getriebene Individualisierung der ohnehin schon im fünfstelligen Eurobereich bepreisten Zeitfahrmaschine für das Jedermannrennen im Nachbardorf. Für Christoph Strasser indes stellt es eine Pflichtinvestition dar – sofern denn die angesichts der auch im Spätfrühling noch stetig steigenden Infektionszahlen nervösen Grenzbeamten mitspielen.

Die Variante Radbahn besitzt nicht den Reinraumlabor-Flair des Windkanals, hat aber viele Vorteile: Mit Echtzeit-Leistungsmessung und unter Einbeziehung des aktuellen Luftdrucks wird der durch den Luftwiderstand bedingte Leistungsverlust am realen System berechnet. Das ist praxisnah und bezieht auch die stetigen Ausweichbewegungen des Fahrers sowie die Kontaktflächen zwischen Reifen und Untergrund mit ein. Gerade in diesem Bereich blieb in den vergangenen zehn, fünfzehn Jahren kaum ein Stein mehr auf dem anderen. Reifentyp und -breite, optimaler Luftdruck, Gummimischung – längst als allgemeingültig und unumstößlich geltende Paradigmen wurden hinterfragt und schließlich über den Haufen geworfen. Während kaum ein ernstzunehmender Radsportler vor zwanzig Jahren beispielsweise Drahtreifen aus dem Tuningregal gefischt hätte, stehen sie heute den geklebten Schlauchreifen in Sachen Performance in nichts mehr nach und sind dabei wesentlich wartungsfreundlicher, vor allem wenn man sich mitten in der Nacht auf der Langstrecke einen Defekt einfährt. Reifenbreiten, die die Profis von früher maximal auf ihre Cyclocrossräder gezogen

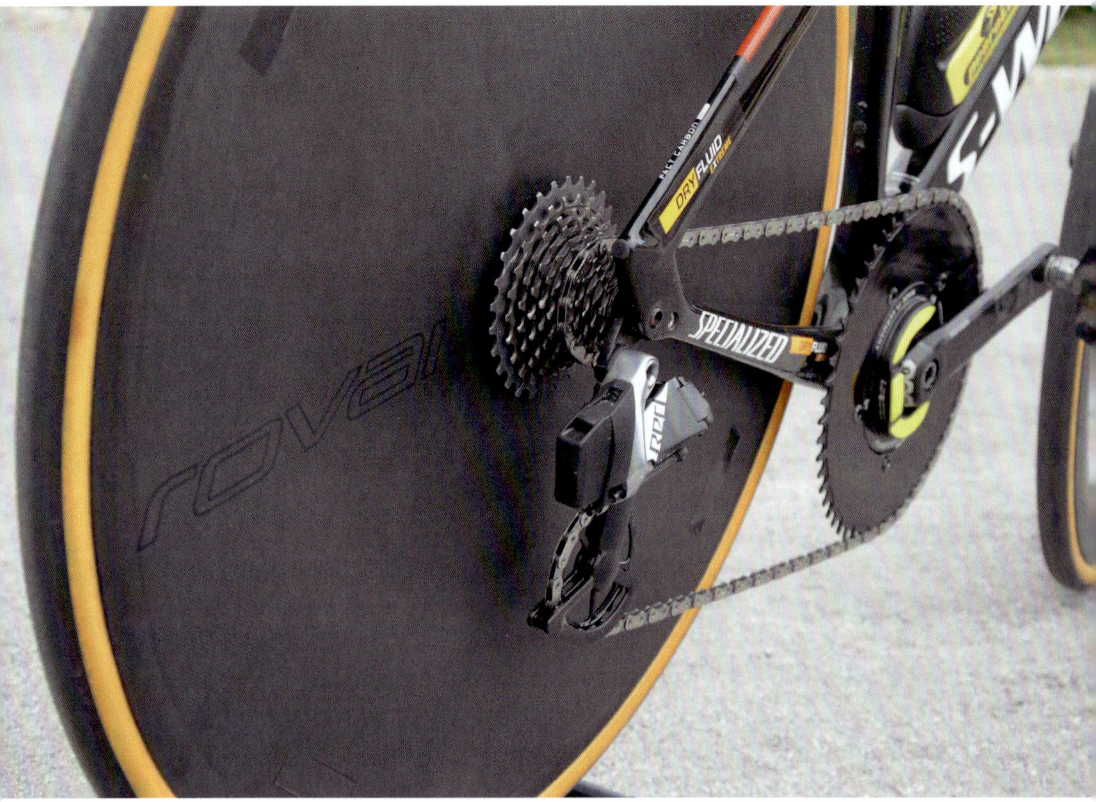
DRY FLUID
EXTREME
SPECIALIZED

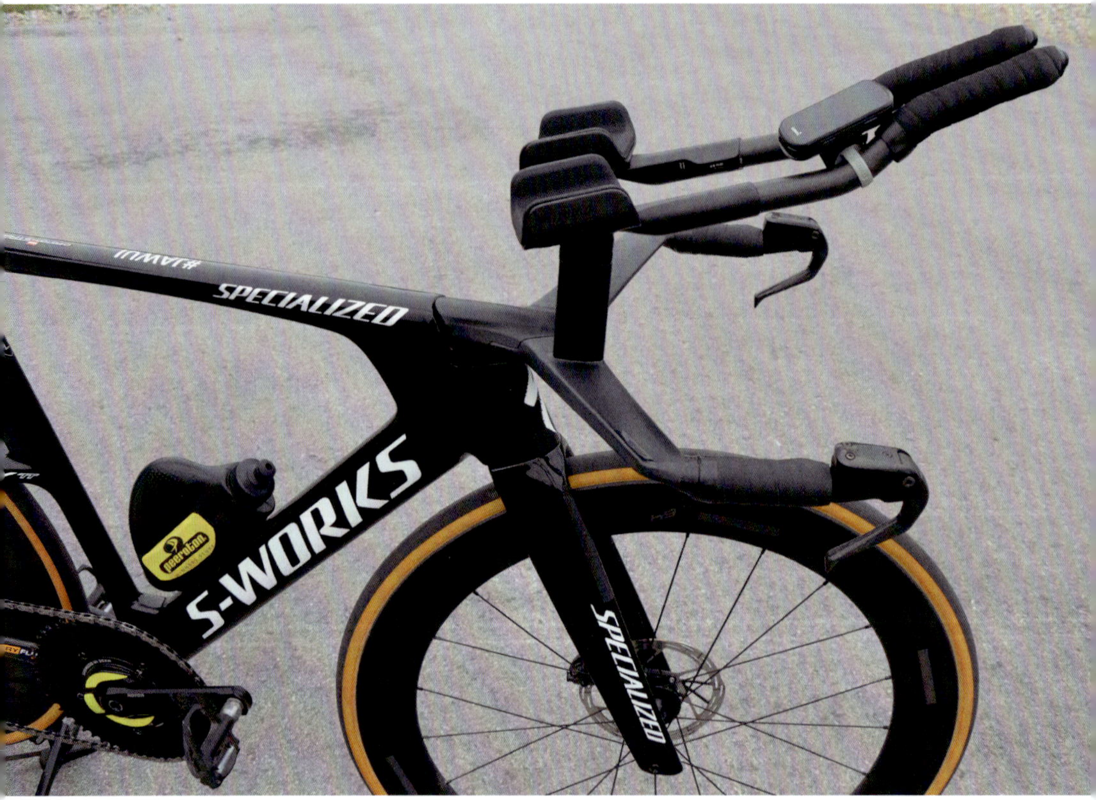
SPECIALIZED
S-WORKS
SPECIALIZED

hätten, verkaufen sich wie die warmen Semmeln. Gepumpt wird auf sechseinhalb Bar, nicht mehr auf die schweißtreibenden zehn oder mehr.

Für die Ingenieure eine klare Sache: Breiterer Reifen bedeutet weniger Verformung bzw. eine günstigere Auflagefläche und damit weniger Rollwiderstand. Vor allem gibt es kaum mehr Reibungsverluste zwischen Schlauch und Reifen, einer der Hauptgründe, wieso geklebte Schlauchreifen lange Zeit als das Nonplusultra angesehen wurden. Was bei den alten »Asphaltschneidern« durch extremen Reifendruck minimiert werden musste, lässt sich demzufolge heute auch bei moderatem Luftdruck erreichen – nur wesentlich komfortabler, da nicht mehr jede kleinste Unebenheit bis in die oberste Bandscheibe durchprellt. Ein wahres Geschenk an den optimierungswütigen Hobbyfahrer also, und auch der im Wegstecken geschulte Profi bedankt sich. Die breiten und weniger hart gepumpten Reifen sind außerdem fehlerverzeihender, das Platzen durch Überhitzen in bremsintensiven Abfahrten oder das Wegrutschen durch den schlechten Grip eines bretttharten Pneus sind kaum mehr Thema. Alles Pluspunkte für lange Fahrten, während derer die Konzentration unweigerlich abnimmt. Und das i-Tüpfelchen: Die Aerodynamik leidet kaum, da auch die Laufräder angepasst wurden und mittlerweile keine Furche mehr am Übergang von Reifen zu Felge entsteht. Und trotzdem bleibt einem das Treten nicht erspart…

Kanonen auf Ameisen

Obwohl sich Christoph Strasser über seine luxuriöse Ausstattung freut, pflegt er wie die meisten Profis ein eher pragmatisches Verhältnis zum Arbeitsgerät. So manche Innovation, die hauptsächlich dem Ankurbeln der Verkaufszahlen dient, hätte er sich auch gerne erspart. Die seit Jahren forcierten Scheibenbremsen – mittlerweile gesehen selbst an Rädern, die kaum je einen Höhenmeter bergab überwinden werden – sind das Paradebeispiel dafür. Das höhere Gewicht, die Seitenwindanfälligkeit, der langsamere Laufradwechsel. Kurz nach dem erzwungenen Umstieg auf Scheibenbremsen resümierte er trocken: »Leider gibt es kaum mehr Optionen für die gute, alte Felgenbremse und ich habe keine Wahl. Beim RAAM, wo die Abfahrten wie Autobahnen sind, fühlt sich die Scheibenbremse an, wie mit Kanonen auf Ameisen zu schießen.«

Seither hat sich die Akzeptanz dieser für ihn einschneidenden Veränderung kaum gebessert. Das kleine, scharrende Schleifgeräusch im Hintergrund einer sechsstündigen Ausfahrt in der Ebene kann ihn zur Verzweiflung bringen. Und während noch nie in seiner Karriere eine im Regen durchrutschende Felgenbremse einen Trainingssturz verursachte, ist dies einer zu hart zupackenden Scheibenbremse sehr wohl schon gelungen. In solchen Momenten wünscht sich Christoph manchmal, sein Material nicht jedes Jahr dem neuesten Markttrend anpassen zu müssen. Das ist natürlich Jammern auf hohem Niveau, doch das jährliche Justierungsdrama, bis alles wieder an seinem Platz ist und sich die neue Maschine so gut wie die alte anfühlt, würde er sich tatsächlich gerne ersparen. Seine Einschätzung seines Verhältnisses zum Arbeitsgerät klingt denn auch deutlich anders als bei den unzähligen Materialfetischisten in der Hobbyszene, die zu ihrem aktuellen Rad fast so etwas wie eine Liebesbeziehung pflegen: »Ich versuche natürlich, das Rad nicht als seelenloses Werkzeug zu sehen, sondern es gut zu behandeln, da es mir viele gute Dienste erweist und ich mir des Luxus bewusst bin, jedes Jahr zwei nagelneue Maschinen zur Verfügung gestellt zu bekommen. Aber jemand, der sein Traumrad selbst bezahlen muss und sich dafür gut und gerne 10.000 Euro und mehr vom Mund abspart, verbindet sicher andere Emotionen damit.«

Sein Rad bewahrt Christoph Strasser also nicht im Schlafzimmer auf und zeigt es auch nicht stolz seinen Bekannten. Es macht ihm Freude, wenn es gut funktioniert, und nervt, wenn es das nicht tut. Wenn die Zeit knapp ist, verzichtet er lieber auf Putzen und Polieren und hängt ein paar Minuten auf der Straße an, was man wohl auch jedem Hobbyfahrer nahelegen könnte. Wer mit ihm regelmäßig trainiert, weiß, dass sich der Dreck oft monatelang sammelt, bis es selbst ihm zu viel wird und der Gartenschlauch zum Einsatz kommt. Dennoch hat sein professionelles Interesse am Materialtuning seit seiner Beschäftigung mit Zeitfahrrekorden stark zugenommen.

»Früher mochte ich das Basteln am Rad überhaupt nicht und betrachtete es als sinnlose Spielerei. Viel lieber investierte ich meine Zeit in zusätzliches Training als in eine Stunde Radtechnik. Seit ich mich vermehrt mit Zeitfahren beschäftige, steigern sich aber mein Verständnis und die Lust an der Thematik. In Wirklichkeit ist es nämlich ziemlich widersinnig, einerseits zu trainieren wie ein Ochse, andererseits aber die hart erarbeiteten Watt durch Schlampereien am Setup wieder verpuffen zu lassen. Nachdem ich voll auf tretleistungsbasiertes Training umgestiegen bin, hat es eine Weile gedauert, bis ich begriffen habe, dass das letztendlich auch nur eine Kennzahl zur Belastungssteuerung ist und es manchmal schneller sein kann, weniger Watt zu treten, aber dafür besser, sprich aerodynamischer, auf dem Rad zu sitzen. Es geht um die Balance: Ich kann in der optimalen, gebückten Aeroposition auf dem Zeitfahrrad merkbar weniger Druck aufs Pedal bringen als in der aufrechteren Position auf dem normalen Rennrad. Dennoch gewinne ich relativ gesehen mehr Tempo durch den reduzierten Luftwiderstand, und im Ziel eines Zeitfahrens werden schließlich keine Leistungsauswertungen verglichen, sondern die Zeit.«

Schon für seinen 24-Stunden-Rekord auf der Indoor-Bahn in Grenchen wurden selbst kleinste Kleinigkeiten wie die vom Sponsor mitgelieferten Schaltröllchen ausgetauscht, auf private Kosten wohlgemerkt. Die überdimensional großen, keramikgelagerten Umlenkrollen erhöhen die Zahl der Zähne hinten und sorgen für einen reibungsärmeren Kettenablauf durch weitere Radien. Happige 500 Euro für ein solches Bauteil, aus eigener Tasche, das ist wahre Hingabe. Auf der Wunschliste stünden in dieser Saison noch einige andere Spezialteile wie beispielsweise eine Kurbel mit super-reibungsarmem Tretlager und übergroßem 58er-Kettenblatt, da dadurch hinten die Kette auf einem größeren Ritzel, also mittiger und damit die Kettenlinie gerader laufen könnte. Wie viel würde das bringen, einen zusätzlichen Kilometer?

Aber Corona wirkt sich auch hier negativ aus, denn die aktuelle Angebotssituation auf dem Markt für derartige Nischenprodukte ist schlichtweg verheerend. Ob Shimano aus Japan oder SRAM aus den USA, niemand liefert. Egal ob im Radladen gegenüber, beim stationären Großhandel oder im multinationalen Onlineshop, überall herrscht gähnende Leere in den Regalen und Ratlosigkeit ob der Lieferzeiten bis zu einem halben Jahr – natürlich ohne Garantie. Was bis vor einem Jahr niemand für möglich gehalten hätte, ist eingetreten: Der unlimitierte Konsum in Echtzeit stößt an seine Grenzen. Doch sich über diese Misere zu mokieren, wäre müßig, und mehr denn je gilt für Christoph Strasser, das Beste aus suboptimalen Voraussetzungen zu machen und sich in Geduld und Akzeptanz zu üben.

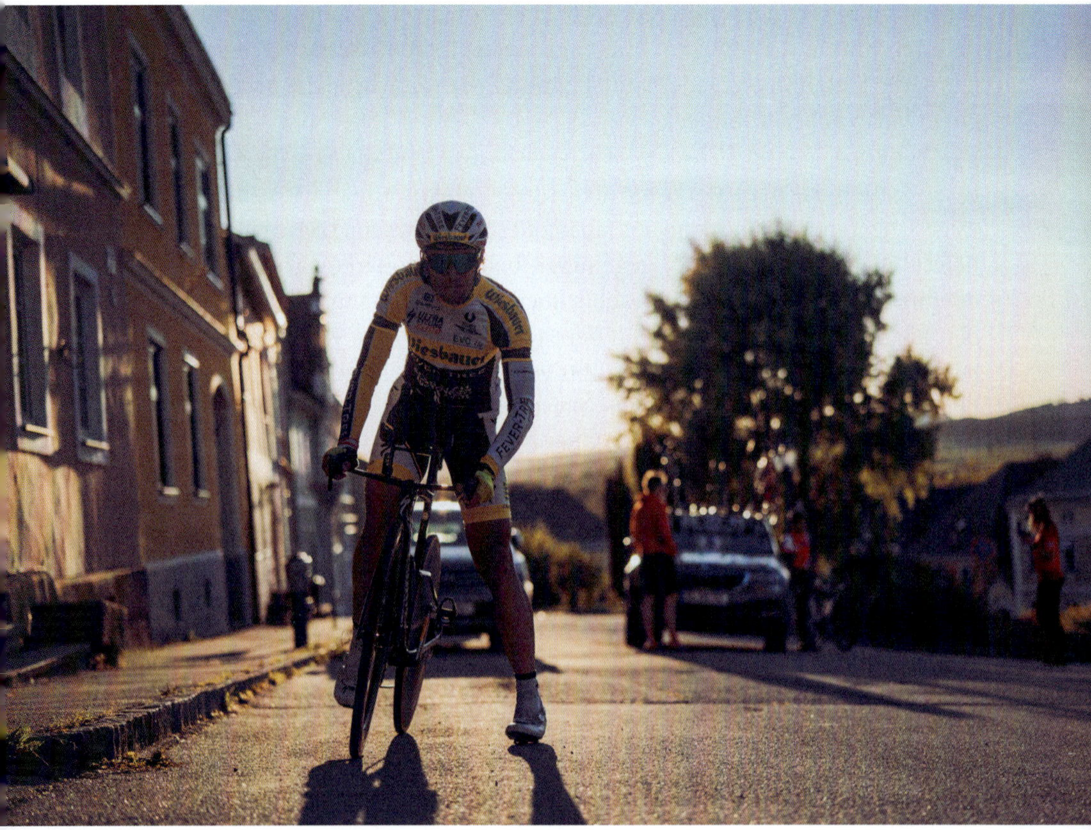

Stunde 14

AUF BANNISTERS SPUREN

Der Mensch und seine Marotte, sich ständig mit sich selbst und dem scheinbar Unerreichbaren messen zu müssen. Der höchste Berg der Welt ohne Flaschensauerstoff, der tiefste Tauchgang ohne ebendiesen, der längste Fußmarsch, der kälteste und so weiter. Bevor Reinhold Messner und Peter Habeler es bewiesen, war man sich sicher, niemand könne den Mount Everest aus eigener Kraft ohne bleibenden Gehirnschaden besteigen. Mittlerweile ist das ein ambitioniertes, jedoch kein haarsträubendes Ziel mehr für Profibergsteiger. Man sah es als physiologische Gegebenheit, dass bei Tiefen über 50 Metern die Lunge eines Freitauchers kollabieren müsse – der aktuelle Rekord von Herbert Nitsch im No-Limits-Apnoetauchen verfünffachte diese Zahl und setzte noch ein paar Meter drauf. Im Free Solo, dem Klettern ohne Seilsicherung oder, genauer gesagt, jegliche Sicherung, sind mittlerweile Wände erschlossen worden, die vor nicht allzu langer Zeit als gar nicht frei bezwingbar gegolten haben, auch nicht mit Seil und viel Zeit.

Der uns innewohnende Drang nach Grenzüberschreitung lässt sich in zwei einfachen Fragen zusammenfassen: a) »Geht das?« und b) »Wie schnell/hoch/weit/etc. geht das?«. »Geht das?« birgt, wenn man an den gefährlichsten Aufstieg oder den tiefsten Tauchgang denkt, die größere Gefahr, denn geht es doch nicht, ist oft kein Zurückziehen mehr möglich. Wenn es um den schnellsten 100-Meter-Lauf oder den ersten Marathon unter zwei Stunden geht oder auch um das erste RAAM unter acht Tagen, denkt man in erster Linie nicht an explodierende Lungen oder zerschmetterte Gliedmaßen, doch der zu erreichende Grad an Spezialisierung, die zu erduldende Qual, der Leistungsdruck von innen und außen können dennoch den Angstschweiß auf die Stirn des Ausführenden wie des Zusehers treiben. Tatsächlich geht eine solche Leistung weit über ihren körperlichen Gehalt hinaus; zuallererst muss die Psyche eine vage Vision zum konkreten Ziel werden lassen.

Schallmauern

Oft stauten sich in der Vergangenheit die Bestleistungen in einer sportlichen Spezialdisziplin ganz knapp an einer bestimmten Marke. Man konnte sie förmlich schon greifen, und dennoch wollte es niemandem gelingen, ein ums andere Mal scheiterten Athleten um Haaresbreite. War der Damm gebrochen, schafften es plötzlich andere, erst einer, zwei, schließlich ein paar und bald Hunderte Athleten bei entsprechender Leistungsdichte. Dieses Phänomen wurde als Bannister-Effekt bekannt und beherrscht längst die Fachbücher der Mentaltrainergilde.

Sir Roger Bannister war ein britischer Mittelstreckenläufer und wohl einer der ersten Sportler, der begriff, dass der wichtigste Schritt beim Überschreiten einer derart präsenten faktischen Barriere ihre psychische Überwindung darstellt. In seinem Fall bestand die bis dahin unvorstellbare Aufgabe darin, die britische Meile (1.609 Meter) in unter vier Minuten zu bewältigen. Das galt als aussichtslos, dabei lag im Frühjahr 1954, als Bannister diesen Traum zum Ziel werden ließ, der aktuelle Weltrekord nur knapp eineinhalb Sekunden über dieser Schallmauer. Er datierte außerdem aus dem Jahr 1945, immerhin neun Jahre waren seither vergangen, eine Verbesserung schien somit längst überfällig. Dennoch schien die Hürde unüberwindlich und viele ähnlich talentierte Läufer scheiterten, wenn auch nur knapp, so doch umso regelmäßiger an ihr.

Interessant auch, dass die Meile eine sehr ähnliche Distanz zur in Festlandeuropa gängigeren, olympischen Distanz von 1.500 Metern aufweist. Sieht man sich die Weltrekordentwicklungen beider Disziplinen genauer an, so stellt man fest, dass sich diese zu jener Zeit, als sich die weltbesten Läufer über die Meile einem scheinbar gottgegebenen Plateau gegenübersahen, auch im 1.500-Meter-Lauf über beinahe zehn Jahre nur schleppend verbesserten – wohlgemerkt bei einer alles andere als magischen, damaligen Bestzeit von 3:43 Minuten. Die Statistik enthüllt Erstaunliches: Vergleicht man die Jahre zwischen 1934 und 1985, in denen parallel die Weltrekorde in beiden Disziplinen verbessert wurden, so lag der 1.000-Meter-Split im 1.500-Meter-Lauf jeweils zwischen einer und eineinhalb Sekunden unter jenem im Meilenlauf. Das ist logisch, immerhin sind die 109 Extrameter der etwas längeren Meile unter Grenzbelastung keine Kleinigkeit. Das Diagramm zeigt nur einen markanten Ausreißer, das Jahr 1954, als über beide Distanzen eine praktisch identische Rekord-Pace gelaufen wurde.

1954? Richtig, genau jenes Jahr, in dessen Sommer Roger Bannister zum ersten Mal die 4-Minuten-Marke über die Meile knacken konnte. 1957, im nächsten Jahr mit zwei parallelen Weltbestmarken, trennten den 1.000-Meter-Split plötzlich wieder über zwei Sekunden zugunsten des kürzeren 1.500-Meter-Laufs, die größte Differenz in der Geschichte der Aufzeichnungen! Weshalb? Natürlich, die perfekte Meile brannte unter den Fingernägeln von Medien und Aktiven und dürfte in diesem speziellen Jahr einen dementsprechend großen Schatten auf die 1.500-Meter-Wettkämpfe geworfen haben. Spitzensport heißt Spitzen richtig setzen, und den Fokus zu spalten wäre das Gegenteil davon. Für die Besten der Besten eine logische

Entscheidung, sich ganz und gar der Meile zu verschreiben, da sich eine 3:42 über 1.500 Meter im Vergleich zur dramatischen ersten 3:59 über die 1.609 Meter ganz sicher nicht annähernd so gut in den Geschichtsbüchern machen würde.

Dennoch, der Gummizug einer noch nicht überzeugten Psyche wird durch die Zahlen ebenso belegt; denn wieso sollte der Split über die kürzere Mittelstrecke nicht wenigstens auf dem üblichen Minimalvorsprung verharren, sondern gerade in diesem Jahr der flächendeckenden Höchstform so ausgesprochen »schlecht« ausfallen? Selbst bei eindeutiger Prioritätensetzung auf die Meilenwettkämpfe lässt die Mittelstrecke harte Vorbereitungsläufe auf Maximalniveau zu, wieso also kein paralleler Weltrekord über 1.500 Meter mit dem üblichen Sekundenabschlag? Die Ehrfurcht und vielleicht sogar Furcht vor der Herausforderung pauste sich faszinierenderweise offenbar auch auf die Nachbardisziplin durch und lähmte dort den ansonsten stoisch parallel verlaufenden Fortschritt.

Kraft der Gedanken

Roger Bannister scheint also recht damit gehabt zu haben, als erster Athlet seiner mentalen Verfassung denselben Platz einzuräumen wie der ohnehin selbstverständlichen, perfekten Physis. Seine Voraussetzungen dafür waren die besten: Als Neurologe in Ausbildung war er neuen und unkonventionellen Trainingsmethoden gegenüber aufgeschlossen. Außerdem muss man ihn als Spätstarter ansehen, wenn man bedenkt, dass er erst 1946 als Siebzehnjähriger mit dem Mittelstreckenlauf begann – ein Jahr nachdem der Meilen-Weltrekord in Malmö auf 4:01:40 Minuten verbessert wurde, und damit auf die Marke, die bis zu seinem Rekordlauf in Oxford halten sollte. Er hatte somit gar keine andere Wahl, als Abkürzungen zu suchen, die den anderen vor und neben ihm entgangen sein mochten. Zudem dürften sich 1954, im Großbritannien der Nachkriegszeit mit seinem noch betont traditionellen männlichen Rollenbild, die wenigsten Athleten vorrangig mit der Beseitigung psychischer Störfaktoren auseinandergesetzt haben, was ihm zu einem Alleinstellungsmerkmal verhalf.

Was Roger Bannister tat, ist heute als eine der einfachsten und anerkanntesten Mentaltrainingstechniken weit verbreitet: Er visualisierte das zu erreichende bzw. das in der Vorstellung schon erreichte Ziel so lange, bis es für sein Unterbewusstsein keinen Unterschied mehr machte, dass er ihm in der Realität noch keinen Schritt näher gekommen war. Er nahm sich die Bürde einer Hürde vor der Hürde, indem er zumindest den inneren Erwartungsdruck etwas abließ. Mehr noch: Er erlernte eine Stimmung, die es ihm erlaubte, sich in der Grenzbelastung zu Hause zu fühlen, so dass ihn nichts mehr überraschen konnte, nicht einmal die eigene Fähigkeit, es schlussendlich tatsächlich zu schaffen.

Schon als mäßig Inspirierter kann man sich einfach im Selbsttest von der steuernden Kraft der Gedanken überzeugen: Man muss sich nur beim Spazieren an einem feuchtkalten Tag zuerst besonders auf das unangenehme Gefühl eines den Nacken hinabziehenden Fröstelns konzentrieren und sich anschließend einen Sommertag am Strand vergegenwärtigen – der Unterschied verblüfft. Als Radsportler kann man einen Schritt weitergehen und sich beim Intervalltraining entweder auf das überwältigende Brennen in den Oberschenkeln oder das perfekt gleichmäßige Auf und Ab der Pedale – wie von den Kolben eines Motors angetrieben – konzentrieren sowie auf den angenehm kühlenden Wind oder das kraftvolle Geräusch des Carbonlaufrads im Wiegetritt.

Der Geist kann keine Grenzen verschieben, jedoch kann er die Ausschöpfung des vollen Leistungspotenzials hemmen oder, wie im Fall von Bannisters Traummeile, erst ermöglichen. Seit Sport zur Gelddruckmaschine avanciert ist, wird dieser Faktor kaum mehr angezweifelt. »Im Moment bleiben« oder »den Flow finden« sind nichts anderes als Coachingsprache für den perfekten Zustand des Gehirns zwischen totaler Anspannung und totaler Entspannung, bei dem Höchstleistung möglich wird. Denn, und darin liegt der fundamentale Widerspruch hinter jeder Spitzenleistung: Während die Grundvoraussetzungen stets die totale Hingabe und das unbedingte Wollen schon in der jahrelangen Vorbereitung sind, steht der innere Antreiber meistens der tatsächlichen Umsetzung am Tag X eher im Weg. Konzentriert man sich auf das unbedingte Nicht-Scheitern, steht man dem Scheitern praktisch schon gegenüber. »Locker bleiben«, „nicht verkrampfen«, »ein Wettkampftyp sein« sind allesamt Formeln für die Fähigkeit, trotz im Vorfeld höchster Anspannung weder Energie noch Konzentration in Angst oder Zweifel verpuffen zu lassen, wenn es zählt.

Respekt und Lockerheit

Auch hinter den Kulissen des Teams Strasser wird fallweise bis zur letzten Sekunde improvisiert. Oft wird Christoph selbst in diesen Situationen zum unbeteiligten Zuseher degradiert, der nicht mehr aktiv eingreifen kann.

> *»Ich glaube, dass dieser auf den ersten Blick vielleicht merkwürdige Zwiespalt zwischen Anspannung und beinahe Angst während der letzten Vorbereitungen und der sich dann unmittelbar vor dem Start einstellenden Sicherheit daher kommt, dass ich vor großen Rennen wie dem RAAM auf viele äußere Faktoren angewiesen bin, die ich nicht selbst beeinflussen kann. Wird das Paket mit den maßgefertigten Schuhen noch pünktlich vor Abflug eintreffen? Wird das neue Scheibenlaufrad, das direkt vom Hersteller ins Teamhotel geliefert wird, dort vom Rezeptionisten in Empfang genommen und an uns weitergeleitet? Passt der Stecker der zu Hause*

vom Mechaniker gebastelten Zusatzbeleuchtung zur Elektronik des Mietwagens vor Ort? Kann Sabine noch das Reserve-Kettenblatt von Specialized organisieren, das meine Crew dann im Gepäck aus Österreich mitbringen muss, damit wir es noch vor dem Start in Oceanside wechseln können? Wird das Gepäck im Flieger nicht beschädigt oder gar in den falschen Flug verfrachtet? Bei all diesen Faktoren hilft die beste Planung nichts. Wenn aber alles geklappt hat, der neue Schuh doch noch pünktlich eintrifft und wie angegossen an meinen Füßen sitzt, das Scheibenlaufrad montiert ist, der Stecker den Strom liefert, das Kettenblatt angeschraubt und das gesamte Gepäck angekommen ist, wenn die Crew komplett ausgerüstet am Start steht und eingeschworen ist – dann kommt die Phase der Sicherheit. Denn dass ich Radfahren kann, das weiß ich, das habe ich unter Kontrolle, darauf kann ich mich verlassen. Dann habe ich keine Zweifel mehr.«

Wenn Christoph Strasser also schildert, er habe mehr Respekt davor, beim Packen der Ausrüstung vor einem RAAM etwas zu Hause zu vergessen, als während des Rennens mit Problemen konfrontiert zu sein, da ihm mit Hilfe seines Teams schon die richtige Lösung einfallen werde, dann darf man ihm das glauben. Außerdem beschreibt es genau diesen Optimalzustand zwischen gesundem Respekt vor dem nahenden Höhepunkt und zuversichtlicher Lockerheit im Bewusstsein der eigenen Fähigkeiten. Piloten in Formel 1 und MotoGP lassen mittlerweile ihre Gehirnwellen messen, während sie mit Aufnahmen von sich selbst beim Rennfahren konfrontiert werden. Zu wenig Aktivität: nicht gut. Zu viel: mindestens genauso schlecht. Der Trick ist, die hereinbrechenden Gefühle mit positiven Bildern zu überlagern, bis der Ernstfall sich gut und richtig anfühlt.

Bannister wusste das schon vor knapp siebzig Jahren und setzte es 1954 erfolgreich um. Im selben Jahr lief er auch seine beste Zeit von 3:58:80 Minuten und beendete kurz danach seine aktive Karriere. Acht Jahre vom Einstieg bis zum Olymp – eine bemerkenswert steile Lernkurve. Ziemlich genau acht Jahre beträgt auch die Zeitspanne zwischen Christoph Strassers erster Amerikadurchquerung unter acht Tagen und seinem geplanten Rekordversuch. Nach einer ähnlich steilen Lernkurve folgte ein beachtlich langandauerndes Plateau – und es hält weiter an.

Warum weitermachen?

Roger Bannister wollte oder konnte sich nach seinem historischen Karrierehoch nicht mehr zum Weitermachen motivieren, ähnlich wie viele andere Athleten in vergleichbarer Situation vor und nach ihm. Gründe dafür mag es neben seinen Karriereplänen viele gegeben haben, vielleicht fehlten nach dem einen, langersehnten Monument schlicht die Perspektiven, jedenfalls unterscheidet er sich in dieser Hinsicht von Sportlern wie

Christoph Strasser, die scheinbar nicht genug von Schmerz, Entbehrung, Siegen und Rekorden bekommen können. Was Christophs Werdegang in dieser Hinsicht so besonders macht: Ja, es gab würdige Konkurrenten, doch über lange Strecken seiner besten Jahre musste er ohne ebenbürtigen Gegenpart auskommen. Für ihn gab es keinen »Iron War« wie jenen auf der Triathlon-Langdistanz zwischen Mark Allen und Dave Scott. Die allermeisten Zweikämpfe mit Ausnahme der frühesten Phase seiner Karriere, in der er selbst noch nicht als sichere Bank unter den ernstzunehmenden Herausforderern wahrgenommen wurde, blieben letztlich nur einmalige Episoden, der einzig beständige Gegner die eigene Bestzeit.

Die Disziplin Ultracycling ist geprägt von exotischen Anforderungen an die Athleten, weitestgehend fehlenden Verbandsstrukturen bei überschaubarem Publikumsinteresse und einer, relativ gesehen, geringen Leistungsdichte – die logische Konsequenz aus fehlenden Preisgeldern bei eher unattraktiven »Arbeitsbedingungen« wie extensivem, nächtlichem Radfahren im Straßenverkehr unter Wahnvorstellungen und mit wundgescheuertem Sitzfleisch. Christophs Sport ordnet sich in der allgemeinen Wahrnehmung folglich irgendwo zwischen Guinness-Rekord und absurdem Selbstverwirklichungstrip ein. Man kann psychologisieren: Entspringt sein andauernder Drang nach Bestmarken bei gleichzeitiger Betonung der »Normalität« seines Tuns dem Wunsch, den sportlichen Wert und die Ernsthaftigkeit dessen unter Beweis zu stellen, mit dem er seine Brötchen verdient und aufgrund dessen er sich von der Masse abhebt?

> *»Ich persönlich möchte den Ultraradsport ungeachtet der nicht immer optimalen Rahmenbedingungen auf professionelle Weise betreiben. Natürlich kann man über die Dauer eines RAAM nicht so sportlich auf dem Rad sitzen, wie das bei einer Etappe der Tour de France möglich wäre. Aber ich versuche, mich in allen Bereichen vom Training über die Ausrüstung bis hin zur Sitzposition diesem Ideal anzunähern. Also heißt es in meiner utopischen Vorstellung auch beim RAAM: einrollen, Rhythmus finden, Tempo hochhalten und bis zum Schluss durchziehen, ohne unnötig Zeit liegen zu lassen. Vielleicht entspringt die Faszination der 1.000-Kilometer-Marke auch dem Bild eines Profi-Zeitfahrers, der mit über 40 km/h in optimal windschnittiger Position über den Kurs fegt. Mit dem Unterschied, dass ich keine Stunde, sondern einen Tag in diesem Modus bleiben müsste. Diese Vorstellung in die Tat umzusetzen, ist ein sehr großer Antrieb in mir.«*

Spekulationen und Superlative

Ein Träger des Gelben Trikots am Schlusstag der Tour de France müsste sich solch rechtfertigende Gedanken nicht machen. Er könnte in Summe

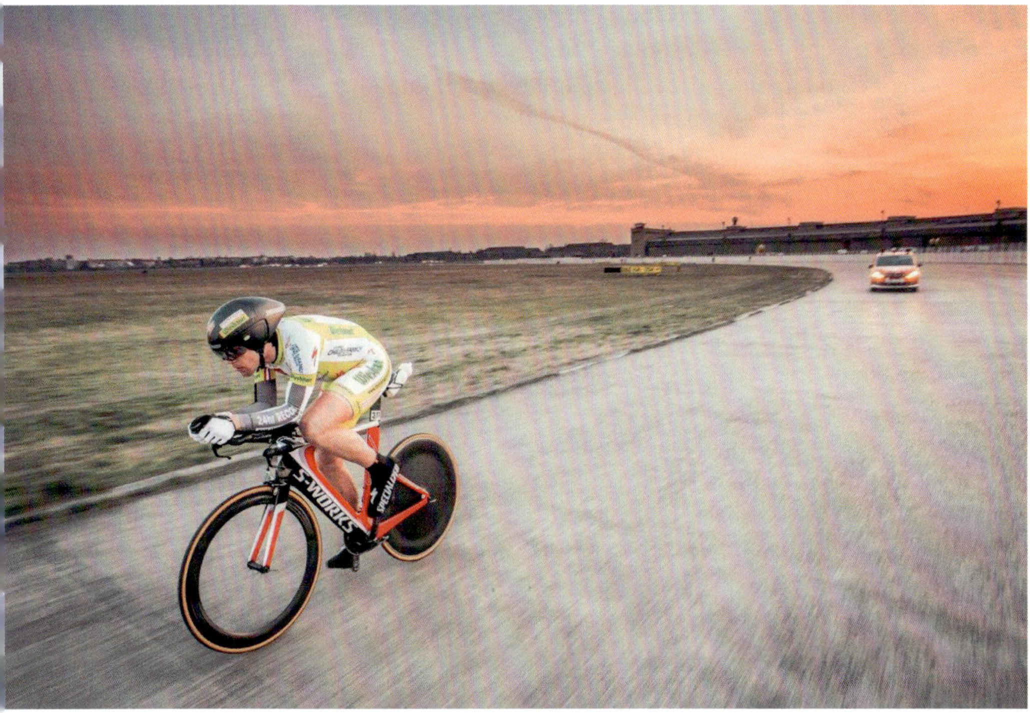

eine halbe Stunde langsamer gefahren sein als sein Vorgänger, auf einer einfacheren Strecke, bei geringerer durchschnittlicher Tretleistung, könnte das Abschlusszeitfahren nur auf dem dritten Platz beendet haben und würde auf den Champs Élysées dennoch frenetisch begrüßt und gefeiert werden, als erster Name in einer elitären Liste Ausgewählter im beinharten Verdrängungswettstreit. In einer Grand Tour sieht jeder einigermaßen mit Radsport Vertraute das Nonplusultra; Ultracycling, an dessen Speerspitze das RAAM, wird bestaunt, ist berüchtigt, lässt sich über seine Außergewöhnlichkeit vermarkten, aber darüber hinaus? Würde ein Tour-Sieger jeden auf der Langstrecke in Grund und Boden fahren? Eine häufige Frage, nicht zuletzt auch der Grund für die erste Austragung des RAAM und Zündstoff für einige weitere Ausgaben bis in die späten Neunziger.

Schon beim Premierenrennen 1982 schlug das unbeschriebene Blatt Lon Haldeman den dreifachen Olympiateilnehmer und amtierenden Ironman-Weltmeister John Howard, einen der erfolgreichsten amerikanischen Radsportler seiner Zeit, deutlich. Jonathan Boyer, immerhin fünffacher Teilnehmer der Tour de France, einen zwölften Platz im Gesamtklassement inklusive, gewann das RAAM 1985 als voll im Saft stehender Profi zwar, doch schon im darauffolgenden Jahr stellte Pete Penseyres, der Sieger von 1984, bei seinem zweiten Sieg einen neuen Rekord für die höchste Durchschnittsgeschwindigkeit auf, der bis ins Jahr 2013 Bestand haben sollte. Pete Penseyres? Richtig, Sie haben nie von ihm gehört und er kam nie in die Nähe einer Grand Tour, jedenfalls nicht als Teilnehmer. Stattdessen begann er erst als Erwachsener mit dem Radfahren auf der Straße, weil er das Pendeln zur Arbeit leid war – und schaffte es dennoch, den Star Boyer in den Schatten zu stellen und einen Geschwindigkeitsrekord aufzustellen, an dem sich die Größten von Spilauer über Fasching, Robič und Wyss die Zähne ausbissen. Erst ein erneuter Quereinsteiger – Christoph Strasser – schaffte die Verbesserung und brachte das Ultracycling auf ein Professionalitäts-Level, das sich zumindest in seinem Fall nicht von jenem in der UCI WorldTour verstecken muss.

Und dennoch fehlt die Einordnung, und die Frage lässt sich nicht abschütteln: Wie gut könnte einer von denen sein, die da im Fernsehen Alpe d'Huez hinaufstiefeln oder bei Olympia mit 55er-Schnitt die Goldmedaille im Zeitfahren holen? Irgendwann erwähnte Lance Armstrong eine mögliche RAAM-Teilnahme, und sofort stand alles Kopf, witterte eine Ohrfeige für die versammelte Langstreckenfahrer-Szene, ein Geraderücken der Verhältnisse. Armstrong blieb bislang fern und wird das, in Anbetracht seines mittlerweile ramponierten Leumunds, wohl weiterhin. Aber selbst, wenn nicht – wäre es für ihn, insbesondere sauber, tatsächlich so einfach gewesen, einen Seriensieger vom Kaliber Christoph Strasser vom Thron des Langstreckenmonuments zu stoßen?

Müßig darüber zu spekulieren, doch die Frage selbst könnte die – oder wenigstens eine – Erklärung für Christophs nicht zu leugnendes Streben nach Superlativen sein, vielleicht sogar für einen gewissen Optimierungswahn, der ihn mehr als die ähnlich erfolgreichen Champions vor ihm charakterisiert. Über das Warum könnte man endlos spekulieren, was am Ende zählt, ist das Faktum: Es geht immer voran. Unter dem Strich zeigt sich: Der konstante, manchmal auch erstaunlich sprunghafte Fortschritt ist geknüpft an besondere Individuen mit den unterschiedlichsten Lebenswegen – und nicht notwendigerweise an jene mit den augenscheinlich besten Voraussetzungen.

Genau wie bei Bannisters 4-Minuten-Meile lässt sich aus heutiger Sicht und trotz der schieren Unvorstellbarkeit einer solchen Leistung schwer sagen, wie lange die 1.000-Kilometer-Marke wohl überdauern würde. Es könnten Jahrzehnte sein, genauso gut nur wenige Jahre. Doch vergleichbare Beispiele wie die magischen zehn Sekunden über 100 Meter, erstmals erreicht 1968 bei den Olympischen Spielen in Mexiko durch Jim Hines, zeigen auch: Von ihrer Imposanz würde die Schallmauer, sollte sie denn fallen, wohl so oder so bis weit über Christoph Strassers aktive Karriere hinaus nichts einbüßen. Er würde immer der sein, der als Erster auf der Welt den Tausender geknackt hätte. Ist es etwa dieses Vermächtnis, der krönende Topf Gold am Ende des Regenbogens einer ohnehin herausstechenden Karriere am Rande der Massenwahrnehmung, der ihn lockt?

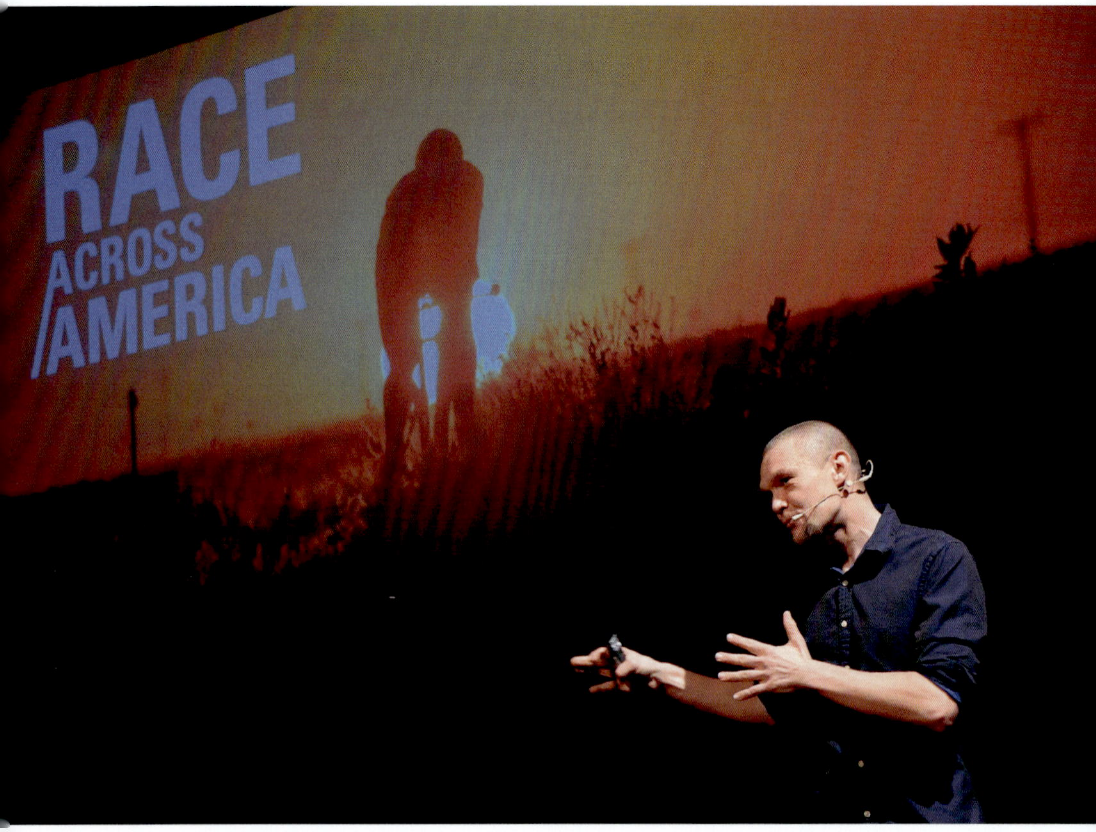
RACE
ACROSS
AMERICA

Stunde 15

ZUFALL ODER BESTIMMUNG?

Allem Talent und längst nicht gestilltem Hunger zum Trotz: Roger Bannisters Vorbild verdeutlicht nur die Relevanz der Mentaltrainerausbildung, die Christoph Strasser begonnen hat und deren erster Block im Frühsommer ihren Abschluss finden soll.

Endgültig, so viel scheint klar, kann es sich der kommerzielle Leistungssport nicht mehr leisten, den Faktor Oberstübchen außen vor zu lassen. Und ebenso wie die physische Konditionierung sich weit wegentwickelt hat von stupiden Umfängen mit Verletzungsgarantie und dem undifferenzierten Holzhammer, so ist auch die ganzheitliche Vorstellung des erfolgreichen Athleten längst über die grobe Universalskizze hinaus zu mehr Schattierungen und weniger Generalisierung gewandert. Die Diversität hat in einer der traditionalistischen Branchen Einzug gehalten, und die gängige Meinung ist jetzt, dass sich die sportliche Größe, die »Greatness«, also echte Genialität in einer hochspeziellen Tätigkeit, wie das überaus lange, schnelle Radfahren eine ist, aus weitaus komplexeren Bausteinen zusammensetzt als bloß aus Talent und Training im Überfluss.

Beides davon braucht es, natürlich, und die viel beschworenen 10.000 Stunden Übung bis zur virtuosen Meisterschaft bewahren hartnäckig ihre Gültigkeit, von der Geige bis zum Schachbrett. Der Lehrer, Mentor oder Trainer mit Eisenmiene und Prügel in der erhobenen Hand? Ein gar nicht so überzeichnetes Bild, zutreffend für viele große Karrieren und, wenn man den Berichten aus der alten Ära Glauben schenken darf, vor allem im beinharten Straßenradsport beinahe die Norm. Das Credo hier: Du willst etwas, dann tue, was nötig ist. Zimmer voller Kakerlaken, chronischer Bankrott, schlechte Ernährung, schlechte Behandlung, Rückenschmerzen vom falsch eingestellten Rad – einfach stoisch erdulden oder aber absteigen und heimfahren. Sturzverletzungen, die getragen werden wollen wie Kriegsorden, und ja: Praktiken, die als »Teil des Geschäfts« bagatellisiert wurden – die Radsportbiografien sind voll davon. Natürlich, Stars wurden immer hofiert, doch nicht ohne Stolz zelebrierte man die rauen Sitten in der guten, alten Zeit ohne »Nestbeschmutzer« oder »Weicheier«. Ein Sport, den masochistische Ausprägungen wie die Flandern-Rundfahrt, Paris–Roubaix, die Tour de France oder das RAAM erst ausmachen, lebt von seinem einfachen und martialischen Weltbild des endlosen Leidens und Wiederaufstehens.

Entmystifizierung

Niemand würde annehmen, dass solche archaischen Ansichten nicht weiterhin existieren, doch sie scheinen heute nicht mehr zu dominieren und man ist vorsichtiger mit politisch inkorrekter Nostalgie, vermarktet sich lieber über Fairness, Nachhaltigkeit und Storytelling mit Gänsehautgarantie. Friede, Freude, Eierkuchen; das antiquierte Stereotyp Machotrainer hat den Prügel weggelegt und fristet in der Netflix-Doku flankiert von Sportpsychologen und Experten unterschiedlichster Ausprägung sein gezähmtes Dasein. Nicht nur aus Nächstenliebe, sondern durchaus mit Blick auf die harten, wirtschaftlichen Tatsachen, gilt: Erlaubt ist, was funktioniert. Mehr Zuckerbrot, weniger Peitsche, mehr Individualität und Verständnis, weniger Kasernenhofgehabe, solange am Ende der Erfolg steht.

Das beschauliche Bild sollte man nicht überbewerten, denn die Mechanismen im bezahlten Sport werden sich nicht von Grund auf geändert haben, weder im Fußball noch in der Formel 1 und ganz sicher ebenso wenig im Radsport. Christoph Strasser musste das so oder so nie kümmern, denn obwohl sich auch das Ultracycling gerne über den Extremismus seiner Protagonisten definierte und sich mittlerweile mit immer kürzeren Distanzen und mehr Drumherum breitentauglicher aufzustellen versucht, war er schon immer eine Insellösung und konnte daher auch sein öffentliches Image weitgehend selbst bestimmen.

Christoph steht, wie kaum jemand vor ihm, für die Entmystifizierung der Langstrecke. Das schon früh in seiner Karriere angestrebte Bild war das eines »Normalos«, der mit smarter und konsequenter, jedoch nie übertriebener Vorbereitung sowie mit der richtigen Taktik im besten Team einen ungewöhnlich steilen Pfad des Aufstiegs beschreiten konnte. Nicht alle, aber viele vor ihm betonten vor allem ihre Einzigartigkeit, er hingegen in erster Linie die Vernunft hinter seinem Handeln, die Freude und die (zumindest theoretische) Nachahmbarkeit. Schmerztoleranz und Leidensfähigkeit lassen sich nicht gänzlich ausklammern, wenn man an die üblichen Szenen nach tagelangem Schlafentzug bei Dauerbelastung denkt, doch spielen sie in seinen Vorträgen eine Nebenrolle und werden relativiert von der Betonung: Alles folgt einem verantwortungsvollen Plan.

Für manche mag sich das anhören, als wäre selbst das Ultracycling à la Strasser inzwischen in der Komfortzone angekommen. Als wäre nur ein etwas smarterer Zugang als früher nötig, und man könnte sich viele Trainingskilometer, viele Um- und Irrwege sparen. Das mag stimmen, und doch scheitern viele Athleten nach wie vor an einem entscheidenden Gegner: sich selbst. Die Realität straft das populäre »Du kannst alles schaffen, was du willst«-Narrativ Lügen. Zwar kann jeder mehr schaffen, als er sich zutraut, aber eben nicht einfach so, und auch nicht alles, denn natürlich gibt es individuelle Grenzen und zwar mehr davon, als der moderne Leistungsmensch wahrhaben möchte.

Das ruft diejenigen auf den Plan, die sich damit beschäftigen, welche Faktoren denn nun eigentlich für Höchstleistungen maßgeblich sind, und ob diese mehrheitlich gottgegeben oder später angeeignet sind. In seinem Essay »*The Complexity of Greatness: Beyond Talent or Practice*«, veröffentlicht 2013 im *Scientific American*, nimmt der Psychologe, Bestsellerautor und Potenzialforscher Scott Barry Kaufman dem rationalen Zahlenmenschen die Hoffnung, Messis, Bolts und, ja, Strassers, künftig besser vorhersagen und aus der breiten Masse herausdestillieren zu können (ob dies nun erstrebenswert ist oder nicht). Schnelle, eindeutige und wissenschaftliche Antworten auf die Frage nach Begabung oder Fleiß gebe es jedenfalls nicht. »It's time to go beyond talent or practice. Greatness is much, much more«, schließt Kaufman seine Betrachtung.

In diesem Sinne hier eine weitere, zutiefst subjektive und unwissenschaftliche Liste, die versucht, die vordringlichsten Eigenschaften außergewöhnlicher Sportler zusammenzufassen. Die Basis hierfür: unzählige gelesene Biografien von Ausnahmekönnern, zahlreiche im Zuge der Recherchen zum Buch »*Intensität*« in den Jahren 2017 und 2018 geführte Interviews mit teils weltbekannten Extremsportlern sowie etliche Gespräche mit Christoph Strasser auf dem Fahrrad und abseits davon. Außerdem und am wichtigsten: Christophs über die Jahre gesammelte Erkenntnisse zu Selbstmotivation, Durchhaltevermögen und nachhaltigem Erfolg.

1) Ein/e realistische/r Optimist/in sein

Positives Denken ist so etwas wie der Dauerbrenner unter den Mentaltraining-Direktiven. Nicht nur, aber auch im Spitzensport. Christoph Strasser und viele theoretisch und praktisch bewanderte Vortragende betonen jedoch gerne, dass sich Optimismus und Realismus besser die Waage halten sollten, wenn es an die Umsetzung großer Vorhaben geht. In ihrer im Jahr 2021 erschienenen Kolumne »*Is optimism really good for you?*« spannt die CNN-Weltpolitikanalystin Frida Ghitis sogar einen besonders weiten Bogen vom blinden Optimismus zum gehirnwäscheähnlichen Zustand – selbstgefällig, lähmend, fatal. Sie betont, dass, wer etwas erreichen will, auch etwas dafür tun und ehrlich zu sich selbst sein muss.

Christoph Strasser kann nicht optimistisch auf die Leistungs- oder Wetterdaten blicken und auf die göttliche Eingebung oder immerwährenden Rückenwind hoffen. Was am Tag X auf die Straße zu bringen ist, muss auf die Straße, basta. Gleichzeitig darf die Zuversicht, sich mit guter Arbeit dem Optimum der eigenen Fähigkeiten annähern oder das relative Maximum auch nach Jahrzehnten noch verschieben zu können, niemals verebben. Realistischer Optimismus eben.

»Für mich ist es nicht die ehrlich gesagt ziemlich dämliche Frage, ob mein Glas halb voll oder halb leer ist, die zählt. Beide Denkmuster sind nämlich immer mit einer Erwartungshaltung verbunden. Und mit Erwartungshaltungen bzw. Hoffnungen oder Befürchtungen ist der Fokus immer auf zukünftige Ereignisse gerichtet. Neutral zu sein, sich auf den Moment zu konzentrieren, auf das zu achten, was sich im Hier und Jetzt tun lässt, das bringt vorwärts. Und darauf zu vertrauen, dass man allem, was kommt, angstfrei entgegentreten kann, weil man gut vorbereitet und für Komplikationen gerüstet ist. Das ist meiner Meinung nach die produktivste Art des Denkens.«

2) Nicht vor Ehrfurcht erstarren

Realismus kann nicht nur vor leichtfertigem Übermut bewahren, sondern auch dabei helfen, Ziele aus dem Traumland in den Bereich des Machbaren zu verschieben, und genau so ist diese Regel gemeint. Nicht vor Ehrfurcht zu erstarren heißt, nicht verfrüht zu urteilen, etwas sei unmöglich, ohne zuvor mit kühlem Kopf die Faktenlage analysiert zu haben. Wieso nicht einfach weiter und weiter und weiter auf dem Rad bleiben, wenn es keine triftigen Gründe gibt, abzusteigen? Im Konkurrenzkampf bedeutet es außerdem, den Gegner nicht stärker zu machen, als er ist, und ihn nicht durch eigene Selbstzweifel zu stärken.

Christoph Strasser musste in seiner Karriere schon mehrere emotionale Schwellen überschreiten: das RAAM auf dem Zeitfahrrad, in unter acht Tagen, dreimal hintereinander auf dem ersten Platz, als fünfmaliger Sieger vor dem historischen, sechsten Erfolg und so weiter. Weder die überbordende Euphorie noch die Angst vor der eigenen Courage hätten ihn in solchen Situationen gut beraten. Besser: rational bewerten und die ohnehin große Sache nicht noch größer machen, so wie es ihm schon unzählige Male gelang.

»Was mir bei rationaler Bewertung hilft: sich mit guten Leuten wie meinem Coach oder meinen langjährigen Betreuern auszutauschen, deren Meinungen einzuholen, bevor ich dann selbst die Entscheidungen treffe. Oft finde ich zu Beginn nicht den richtigen Zugang oder habe nicht das nötige Detailwissen, um Situationen genau und objektiv zu analysieren. Am Beispiel Energiebilanz für die 1.000 Kilometer: Als ich die Berechnungen von Max, die die nötigen Verbesserungen meiner Fettverbrennungsrate und Laktatbildung aufzeigen, zum ersten Mal sah, löste sich ein gedanklicher Knoten und ich war plötzlich nicht mehr vor Ehrfurcht erstarrt. Ich begann zu begreifen, dass die Physiologie das hergeben kann.«

3) Den Preis bezahlen wollen – und können

Spitzenleistungen, nicht nur im Sport, verlangen Kompromisslosigkeit. Negativer ausgedrückt: Egoismus und Rücksichtslosigkeit. Der romantische Blick auf die Vorbilder darf nicht täuschen: Es wartet zu Hause immer jemand, oder es wartet aus gutem Grund längst niemand mehr, oder es konnte gar nicht erst jemand warten. Generell ist eine selbstbestimmte Lebensplanung legitim. Wenn andere ins Spiel kommen – Partner, Kinder –, wird es zwiespältig: Leid, enttäuschte Erwartungen, nicht eingelöste Versprechen. Nur sehr selten gelingt der Spagat zwischen Sozialleben und Perfektion in Wirtschaft, Wissenschaft oder Sport. Viele Kompromisse erweisen sich als faul und sind nicht von Dauer. Dann heißt es, weiter in die eingeschlagene Richtung zu gehen, gegen die Widerstände von innen und außen. Wer großartig sein und Großartiges leisten will, der bezahlt einen Preis. Im Idealfall, doch nicht immer, geschieht das freiwillig und ohne Kollateralschäden.

> *»In meinem sozialen Umfeld musste ich solche Kompromisse glücklicherweise nie eingehen, was sicher auch ein Grund ist, warum ich schon seit so vielen Jahren dieses Trainingspensum absolvieren kann. Ganz im Gegenteil: Da ich vom Radfahren leben kann, rückt es immer weiter in den Fokus und mein Umfeld wuchs und wächst in diese Richtung mit. Meine Partnerin Sabine unterstützt mich, seit ich den Sport mache. Dafür bin ich sehr dankbar, aber das ist definitiv ein großes Plus und keine Selbstverständlichkeit.«*

4) Die Belohnung aufschieben und die kleinen Schritte sehen können

Unmögliches wird sofort erledigt, Wunder dauern etwas länger. *»Der Weg ist weiter als das Ziel«* lautet nicht ohne Grund der Titel von Christoph Strassers Autobiografie aus dem Jahr 2018, denn alles, was nicht längst abgegrast ist im Sport, erfordert einen langen – und immer längeren – Atem. Dabei verliert sich leicht das Ziel zwischen den tagtäglichen Mühen der Ebene. Alles zieht sich wie Kaugummi, man kommt gefühlt nicht von der Stelle. Und dann stellt sich tatsächlich der Fortschritt ein, aber nicht wie der große Durchbruch aus dem Fernsehen, sondern als kleine, erklommene Stufe auf der endlosen Wendeltreppe mit dem nächsten Absatz außer Sicht. Das muss einem Spaß machen, das muss man sportlich sehen können. Das metaphorische Puzzlespiel: Es muss einem mehr bedeuten als das fertige Bild am Schluss. Nur dann hat man den langen Atem für das Außergewöhnliche.

> *»Auch wenn es abgedroschen klingen mag, kann man es nicht oft genug wiederholen: Große Herausforderungen wie der Weg zum RAAM gleichen*

einem Puzzle mit Tausenden Teilen. Das Tüfteln und Suchen, die Freude, wenn sich ein weiteres kleines Teilchen in das große Ganze einfügt – das alles erzeugt die wahren Glücksgefühle. Das fertige Puzzle hängt dann an der Wand und verstaubt. Die Kunst ist, sich diese Wahrheit einzugestehen und in das alltägliche Hamsterrad mitzunehmen.«

5) Abhaken und weitermachen können

Und wenn es eine Stufe bergab geht? Dann heißt es, sich einmal schütteln und wieder hinaufsteigen, notfalls auch auf allen Vieren. Der achtfache Motorradweltmeister Marc Márquez ist die wandelnde Inkarnation der Verben »abhaken« und »weitermachen«, und das immer mit einem zuversichtlichen Lächeln im Gesicht. Wichtiger noch: Er scheint ein Musterbeispiel dafür zu sein, nie, selbst unter größter Kritik und mit dem Rücken zur Wand, Selbstvertrauen und Lockerheit gegen Selbstzweifel und Versagensangst einzutauschen. Seine ersten Saisons, gefahren mit unglaublicher Risikobereitschaft, brachten ihm den bis dahin schnellsten Sturz in der Geschichte der MotoGP ein: 337,9 km/h laut Telemetrie. Noch erstaunlicher: insgesamt 15 Abflüge in einer Saison. Und dennoch, er holte auch den Weltmeistertitel als Rookie, denn während er in den Trainings das Limit gerne übersah, geschah das am Renntag, wenn es darauf ankam, nur ein einziges Mal. Und 2017, bereits als dreifacher MotoGP-Weltmeister? 25 Stürze, diesmal sogar drei im Rennen, die schlechteste Sturzbilanz in der Geschichte für einen Weltmeisterschaftsanwärter. Márquez kümmerte es nicht, am letzten Renntag machte er Titel Nummer vier klar und strafte die Statistik Lügen.

»Ein Misserfolg, sprich ein DNF bei einem großen Ultracycling-Wettkampf, wiegt schon schwer. Anders als beispielsweise im Motorradsport, aber auch im konventionellen Straßenradsport gibt es nicht Dutzende Rennen pro Jahr, sondern ein bis maximal zwei große Hauptevents, bei denen alles passen muss. Betreibt man diesen Sport als Hobby und scheitert, geht das ›echte‹ Leben normal weiter. Wenn aber ich als Profi scheitere, hängt sehr viel dran, letztendlich auch die berufliche Zukunft. Trotzdem bleibt keine Alternative, als schonungslos die Fehler aufzudecken, zu lernen und es beim nächsten Mal besser zu machen. Und genau diese Rückschläge bieten das größte Potenzial, um seine Schwächen zu erkennen, aber natürlich nur dann, wenn man ehrlich zu sich selbst ist und sich auch Fehler eingestehen kann.«

6) Unter Druck funktionieren und daran wachsen

Noch mal Motorsport, als Inbegriff des Prinzips von Actio und Reactio. Kleinste Fehler mit katastrophalen Auswirkungen. Druck, Adrenalin und Angst, Scheitern kurz vor der Ziellinie, wie gewonnen so zerronnen, und

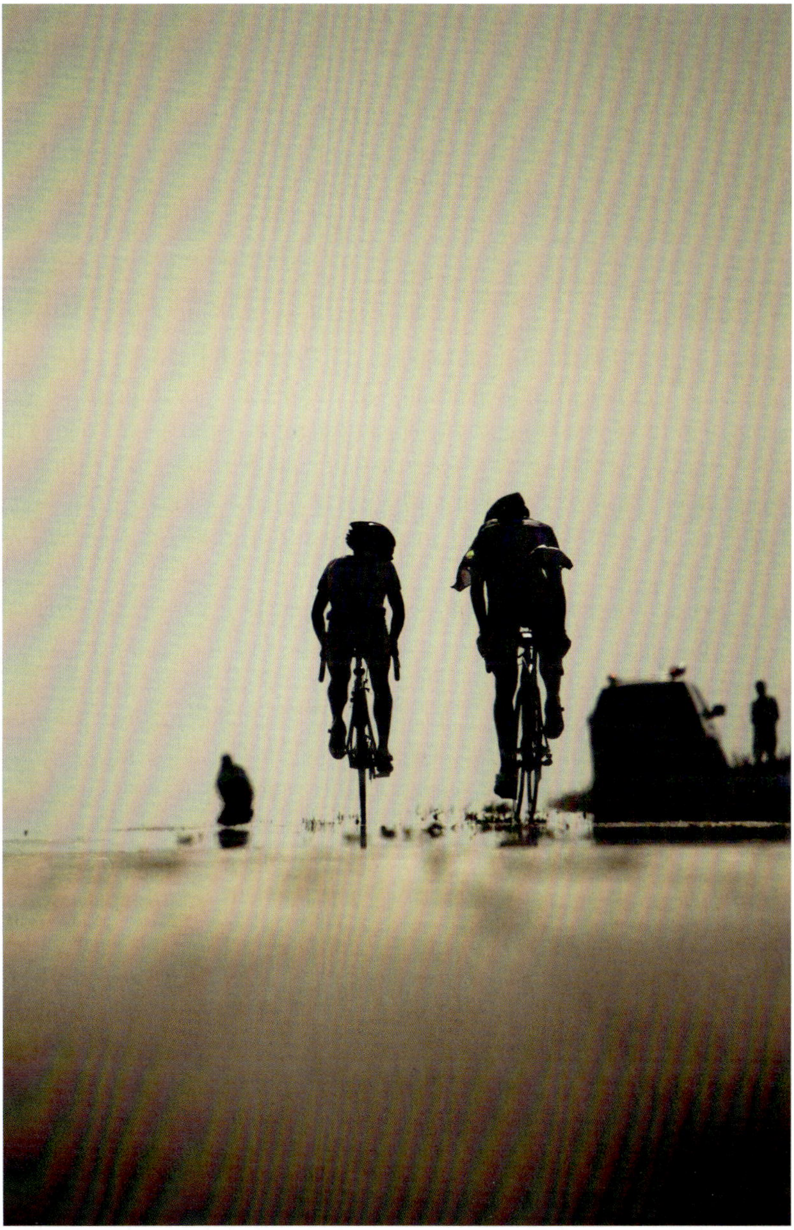

am Ende alles futsch. Schweißperlen und Beklommenheit vor dem Fernseher, das macht den Reiz für den Zuschauer erst aus. Ein episches Beispiel dafür liefert das letzte Formel-1-Rennen der Saison 2012 in Brasilien: Sebastian Vettel liegt in Führung, in der Gesamtwertung des WM-Jahres wohlgemerkt, bevor ein früher Dreher ihn auf den letzten Platz im Rennen wirft und virtuell vom Weltmeister zum ersten Verlierer degradiert. Die Übertragung erlaubt damals schon das Mithören von Fetzen aus dem Boxenfunk. Nach einer kurzen Panikreaktion absoluter, kühler Fokus auf das Jetzt, die kommende Stunde ohne Raum für einen zweiten, dann endgültigen Fehler. Die Aufholjagd beginnt – und glückt. Dann erneut stärkerer Regen, der Vettel in die Box und zurück auf Position 18 zwingt. Dennoch: Er kämpft sich mit derselben Beharrlichkeit wieder vor auf den sechsten Platz, eine sensationelle Kaskade von Wahnsinnsmanövern. Alonso ist Zweiter – Vettel Weltmeister, wieder, zum dritten Mal und mit nur drei Punkten Vorsprung. Ein anderes Beispiel: 2017 in der MotoGP, Márquez gegen Dovizioso, und wieder die Entscheidung im letzten Rennen. Márquez gelingt ein spektakulärer Safe, mit dem er zwar vom ersten Platz auf den fünften rutscht, jedoch nicht ins Kiesbett und damit in die WM-Niederlage. Kurz danach, das Ausscheiden des direkten Gegners. Sekundenentscheidungen auf der Kippe zwischen absoluten Könnern – und dennoch gibt es die, denen es noch einmal öfter gelingt, dem Stress standzuhalten, reflexhaft richtig zu entscheiden und trotz Wanken noch einmal über sich hinauszuwachsen, in Szenen, die weit über Karrieregrenzen hinaus in Erinnerung bleiben.

> *»Einen derartig auf den entscheidenden Moment fokussierten Druck gibt es bei Langstreckenradrennen zwar seltener, da dafür die Dichte an ebenbürtigen Gegnern innerhalb kurzer Zeitabstände meist zu gering ist, dennoch erlebte ich während des RAAM 2012 eine ähnliche Situation. Ich war erstmals nicht mehr in der Außenseiterrolle, in der man nichts zu verlieren und keinen Druck hat, sondern der Titelverteidiger. Damals war die allgemeine Erwartungshaltung, aber auch meine persönliche enorm hoch. Und plötzlich lief es anfangs ganz mies und die Aufholjagd kostete so viel Kraft, dass ich in den Appalachen im Schlussteil des Rennens das Tempo des späteren Siegers nicht mehr mitgehen konnte. Seit dieser Lektion klappt das Managen der Favoritenrolle wesentlich besser. Ich kann sie natürlich mittlerweile nicht mehr wegdiskutieren, habe aber gelernt, sie anzunehmen und als zusätzliche Motivation statt als Bürde zu betrachten.«*

7) Nicht satt, aber auch nicht größenwahnsinnig werden

Starke, positive Emotionen können Berge versetzen – und ebenso Lawinen lostreten. Zahlreiche prominente Abstürze aus den höchsten Sportsphären zeigen, was passiert, wenn die Bodenhaftung verloren geht. Autos, Yachten, Uhren, Partys – man kennt die Verlockungen aus Social Media. Klassikerstar Tom Boonen, der Alkohol, das Kokain, die kapitalen Unfälle mit dem Lamborghini – Grenzüberschreitungen, wie bei Marco Pantani, bei unzähligen Ausnahmetalenten nicht nur im Radsport. Doch bleiben die meisten wahren Champs, auch mit dicken Bankkonten, getrieben vom unbedingten Willen, besser zu sein als der Rest. Tom Boonen fand zurück, gewann erneut die Flandern-Rundfahrt und Paris-Roubaix. Seine Energie auf ein derart schwer zu erreichendes Ziel zu kanalisieren, mag helfen, sich zu stabilisieren – zumindest vorübergehend. Wer das nicht schafft, bleibt weder mit Siegen noch mit Eskapaden in Erinnerung (Ausnahmen bestätigen die Regel).

»Zum Glück gibt es kein Preisgeld! Wer weiß, ob ich mit einem Kontostand in den Millionen noch so bodenständig wäre… Spaß beiseite, ich bin mir sicher, dass das nichts ändern würde. Die Null-Preisgeld-Philosophie im Ultracycling hat nicht nur den Vorteil, potenziellen Betrügern keine Verlockungen zu bieten, sie ist auch direkt mit der Frage nach dem ehrlichen, inneren Antrieb verbunden. Es ist nicht nur klar, dass sich der Fairplay-Gedanke und eine gewisse Bescheidenheit in einer solchen Disziplin viel eher halten können, sondern auch, dass, wer sich für das Ultracycling entscheidet, dies nicht des Geldes oder Ruhmes wegen tut, sondern um selbst zu wachsen. Die unfassbar bereichernden Erfahrungen und hart erarbeiteten Abenteuer wirken einer Übersättigung sicherlich effektiver entgegen als ein üppiger Siegerscheck und die Bewunderung der Massen.«

8) Um Rat fragen können (und ihn manchmal, aber nicht immer annehmen)

Keine weitere Erklärung nötig: Wer schüchtern ist und verbohrt, der geht viele Umwege. Wer etwas erreichen will, braucht gesundes Selbstvertrauen, aber auch das Wissen um die Wichtigkeit von Netzwerken. Teammitglieder, Trainer, Mentoren – jeder hat seine Expertise, und wer schlau ist, greift darauf zu und übernimmt, was zum Ziel führt. Umgekehrt: Eine gesunde Portion Skepsis bewahrt vor Blendern, Schaumschlägern, Gurus.

»Als es bei mir nach den ersten Erfolgen allmählich gut zu laufen begann, wurde ich recht häufig von potenziellen Unterstützern, Marketing-Fachleuten oder Produktanbietern bezüglich möglicher Kooperationen angefragt. Ich fühlte mich natürlich geehrt und war aufgrund meiner vertrauensvollen – heute würde ich vielleicht sagen naiven – Haltung meist für neue Partnerschaften offen. Sabine half mir glücklicherweise

des Öfteren, leere Worthülsen zu entlarven und Luftschlösser einzureißen. Ansonsten wäre ich vermutlich auf den einen oder anderen Trittbrettfahrer hereingefallen. Eine wichtige Lehre war, nein sagen zu lernen. Und nicht nur in der Trainingsplanung, sondern auch in wirtschaftlichen Dingen zumindest eine zweite Meinung einzuholen. Diese Einsicht kann man nicht oft genug wiederholen.«

9) Sich helfen lassen (und dennoch eigenverantwortlich bleiben)

Ebenso selbsterklärend und die Wurzel jedes Beratungsgesprächs: Nur der Schwache glaubt, alles alleine machen zu müssen, der Starke schätzt eine helfende Hand zur richtigen Zeit. Auch hier gilt: Die Mischung macht es, denn konstruktive Hilfe und destruktive Abhängigkeit sind zwei Paar Schuhe, die nahe beieinanderstehen. Bei aller Offenheit und dem Mut zur Delegation selbstständig und eigenverantwortlich zu bleiben, ist die Kunst.

»Auch ich war anfangs sehr engagiert und irgendwie auch stolz, alles alleine auf die Reihe gebracht zu haben, bis hin zur Planung und Organisation meines Trainings. Man fühlt sich stark, wenn man etwas aus eigener Kraft schafft – bis das einmal nicht funktioniert, wie bei meinem Ausscheiden als Rookie beim RAAM 2009. Heute denke ich, dass es ein Zeichen von Stärke ist, um Hilfe zu fragen, wie ich das damals gemacht habe, als ich mir nach der großen Niederlage schließlich einen Coach suchte. Und selbst wenn das ein Zeichen von Schwäche sein sollte, spielt es keine Rolle, denn man muss nicht immer Stärke demonstrieren, sondern darf auch seine Schwächen zeigen – zumindest den Leuten, mit denen man zusammenarbeitet. Das habe ich auch in meinem Jahr als Zivildiener gelernt: Wer zu stolz dafür ist zuzugeben, dass es ihm schlecht geht, der bekommt auch keine Hilfe. Und das endet in einem Pflegeheim immer sehr traurig.«

10) Nie die Glocke läuten!

Admiral William H. McRaven, der Organisator der Jagd auf Osama Bin Laden, das wandelnde Militärklischee auf den ersten Blick, ein einfühlsamer und mitreißender Redner auf den zweiten. Seine Verabschiedungsrede vor dem Jahrgang 2014 der University of Texas in Austin erreichte jedenfalls Kultstatus im Netz und brachte ihn später dazu, ein Buch zu schreiben: *»Mach dein Bett. Kleine Dinge, die dein Leben ändern... und vielleicht die Welt«*. Hoch lebe das akkurate Bettenmachen – noch so ein Klischee. Und gleich noch ein weiteres, denn in seiner berühmt gewordenen Rede beschwört McRaven eine Schlüsselszene der filmischen Kriegsromantik herauf – die Messingglocke, die bei den Navy Seals schon Generationen von echten und geschauspielerten »Helden« plakativ vor der Nase hing und dazu einlud, mit einem dreifachen Bimmeln das Handtuch zu werfen. Doch ob abgedroschen oder nicht, McRaven hat recht: Wer weiterkommen will und dafür auch gemacht ist, gibt vielleicht nicht niemals auf, aber später als die meisten und nur aus gutem Grund.

»Zu früh aufzugeben, würde auch einen Knick im Selbstvertrauen beziehungsweise eine Delle im langfristig aufgebauten Panzer der mentalen Stärke eines unbeugsamen Athleten verursachen. Gibst du einmal leichtfertig auf, kann das immer öfter und immer leichter passieren. Wenn du in deinem Kopf verankert hast, dass du unter allen Umständen fertig fährst – mit Ausnahme von medizinischen Notfällen oder Ähnlichem natürlich –, dann wird dich die Kraft deines Unterbewusstseins immer wieder durch Krisen und ans Ziel tragen. Einfach weil du die Überzeugung, Dinge zu Ende bringen zu können, verinnerlicht hast. Ein voreiliger Abbruch schmerzt im Nachhinein mehr, als es ein wunder Hintern, steife Kniegelenke und ein übersäuerter Magen zusammen jemals könnten.«

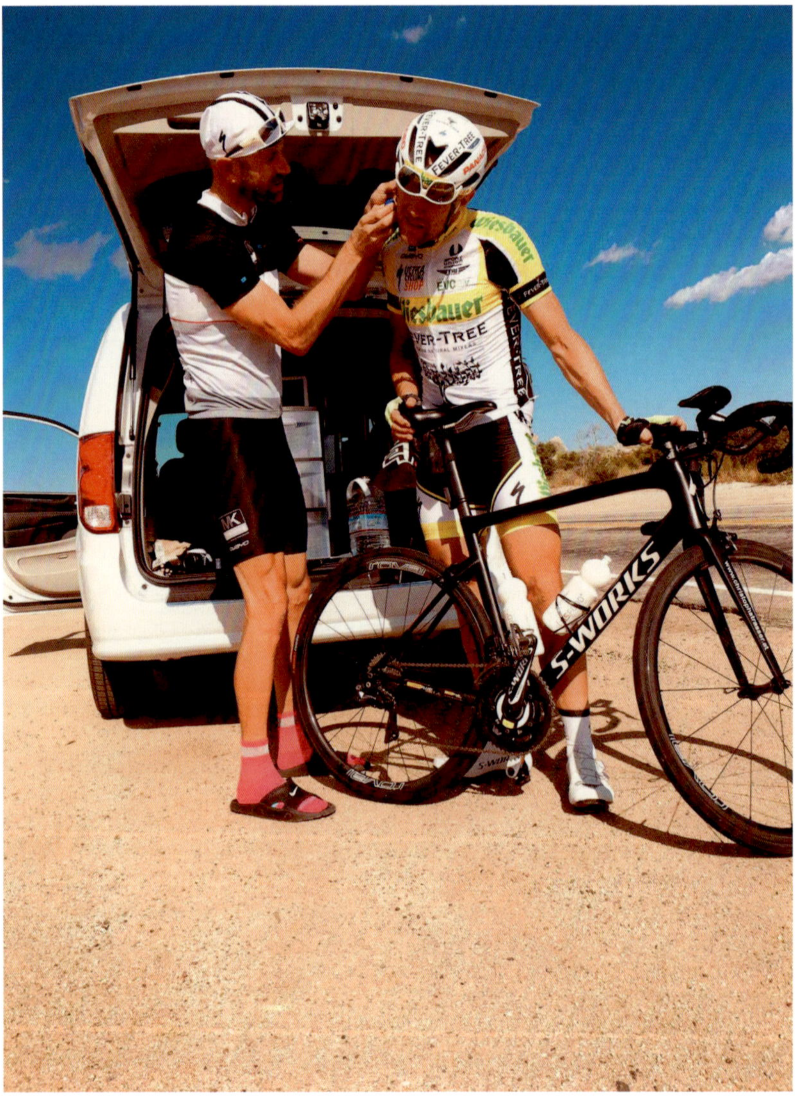
FEVER-TREE
S-WORKS

Stunde 16

ALLES IST BALANCE

Pünktlich zum 1. April steht fest: Von den zwei Optionen für die Generalprobe wird es – die dritte. Eine Strecke, die eigentlich gar nicht auf der Rechnung war, bietet alle Vorteile. Planungssicherheit trotz unplanbarer Corona-Maßnahmen. Nahezu perfekte Streckenführung und Infrastruktur für das Team. Keine horrenden Mietkosten. Und das Beste: Sie liegt kaum hundert Kilometer entfernt von Graz und innerhalb der Steiermark, Grenzprobleme wird es also keine geben. Der Fliegerhorst Zeltweg, nahe der bekannten Rennstrecke in Spielberg, öffnet Christoph Strasser, dem Lokalmatador aus dem nur 15 Kilometer entfernten Kraubath an der Mur, bereitwillig die Pforten.

Per Handschlag mit dem diensthabenden Offizier wird der Termin fixiert und plötzlich steht fest: Am 16., 17. oder 18. Juli wird um den berühmten Eurofighter-Stützpunkt im Kreis geradelt. Nicht auf dem Flugfeld, sondern rundherum, auf einer sieben Kilometer langen Versorgungsstrecke mit Kurven, die sich komplett ohne Bremsen fahren lassen, einem Kreisverkehr, der auch voll geht, und einer kleinen Welle von wenigen Höhenmetern, die gar nicht stört, da ein kleiner Rhythmuswechsel selbst bei Topspeed nicht schaden kann. Insgesamt sind es nur 20 Höhenmeter pro Runde, macht etwas mehr als 2.500 Höhenmeter auf 1.000 Kilometer, was im Vergleich mit anderen Rekordstrecken nicht ganz wenig ist, jedoch ist die Logik einfach: Mit Schwung die paar Höhenmeter hinauf ergibt kaum Tempoverlust, dafür kann man leicht bergab die Beine zumindest ein bisschen hängen lassen – ein guter Plan, solange die Beine es hergeben.

Der Wind im engen Murtal könnte ein Problem werden, doch der ist immer Thema. Richtig auffrischen wird er nur, wenn für das Rekordwochenende Gewitter angesagt sind – daher hat das Bundesheer großzügigerweise das gesamte Wochenende für den Versuch freigegeben. Es besteht also zeitliche Flexibilität von Dienstschluss am Freitagnachmittag bis Dienstbeginn pünktlich Montag früh, wenn die Soldaten auf den Stützpunkt zurückkehren. Dazwischen gehört das Gelände ganz dem Radsport – vom Soldatenheim bis zur Sanitäranlage. Das sind perfekte Rahmenbedingungen, nicht nur um dem Wetter soweit möglich auszuweichen, sondern auch, um den Betreuern Platz für ihre Arbeit und Regeneration zu bieten.

Es ist immer beruhigend, wenn Puzzleteile an ihren Platz fallen. Das Tief, das sich zum Frühlingsbeginn ankündigte, als die Temperaturen zwischen frühsommerlich bis hochwinterlich schwankten und das Training mit Ausfahrten bei strahlendem Sonnenschein und Heimtrainings bei dichtem Nebel und Schneetreiben zum Stimmungsroulette geriet, lichtet sich allmählich wieder und weicht der Klarheit eines konkretisierten Ablaufs in den kommenden Monaten. Was jetzt noch stimmen muss, ist die Frühform, bevor es im Herbst dem Höhepunkt entgegengeht.

Starke Zahlen

Die Form. Seit dem flächendeckenden Einzug der Wattmessung noch hitziger diskutiert in Hobbyradsportlerkreisen, da viele sich schon für den Jedermann-Marathon ein maßgeschneidertes Vorbereitungsprogramm wie für hochbezahlte Profis leisten. Die Wattzahl fesselt aber nicht nur Trainingsprofis, sondern auch wilde Drauflostreter, denn sie ist vergleichbar, man kann sich an ihr erfreuen, mit ihr prahlen. Ist sie alleinstehend aussagekräftig? Natürlich nicht, denn man muss schon wissen, wer sie für wie lange getreten hat, um etwas mit ihr anzufangen. Watt pro Kilogramm Körpergewicht ist schon aufschlussreicher, aber wiederum bleibt Entscheidendes unklar, wenn man nicht weiß, wie lange und unter welchen Bedingungen die stolze Zahl getreten wurde. Die Trainingslehre definiert also Leistungszonen, die sie mit dem körperlichen Stoffwechsel verknüpft – je länger es diese komplexe Wissenschaft gibt, desto mehr Zahlen und Zonen wachsen wie die Pilze aus dem Boden. Um die zig Parameter zu bestimmen, muss man sich heute auch nicht mehr für teures Geld in die klinische Atmosphäre einer Sportarztpraxis begeben, man spult stattdessen wann und wo auch immer ein einfaches Programm ab, auf dem eigenen Rad, und erhält dieselben Informationen und noch mehr in einem Bericht voll mit Grafiken und Balkendiagrammen. Keine zerstochenen Ohrläppchen von den Laktatbestimmungen, nicht verkabelt, es genügt ein Tacho mit Stoppfunktion und die Leistungsmessung an der Kurbel, der Nabe oder, seit ein paar Jahren, direkt am Pedal.

Lange Zeit war der bereits erwähnte FTP-Test der Branchenstandard. Ein gemeiner Test: eine Stunde auf vollem Anschlag, was gerade eben so über diese Dauer durchzuhalten ist. Als gut trainierter Amateur oder gar Profi fühlt sich das von Minute eins sehr ungemütlich an – man würde nicht glauben, wie ungemütlich – und bringt tagelange Regenerationszeiten mit sich, während derer unter Umständen nicht konstruktiv weitertrainiert werden kann. Daher eine für den Athleten versöhnlichere Variante: der sogenannte CP20-Test. Hinter der kryptischen Abkürzung verbirgt sich die »Critical Power over 20 Minutes«, also wieder die maximale Leistung über einen gewissen Zeitraum, in diesem Fall aber »nur« ein Drittel des klassischen FTP-Testprotokolls. Nach Abzug von fünf Prozent – ein empirisch ermittelter Wert – landet man wieder (ungefähr) bei der FTP und kann daran angelehnt die Trainingszonen bestimmen.

Zwischen 55 und 75 Prozent der FTP liegt beispielsweise der Grundlagenausdauerbereich – Brot und Butter für den Langstreckenfahrer. Ein Problem dabei: Zwischen 55 und 75 Prozent der FTP liegen Welten. Außerdem: Selbst wenn man die Zonen weiter verfeinert, in GA1, GA2 und so weiter, bleibt unklar, wie sich die Energiebereitstellung zusammensetzt. Zwei Prozesse sind dafür verantwortlich: Im sogenannten aeroben Stoffwechsel wird mehrheitlich während der Aktivität verbranntes Fett in körperliche Leistung umgewandelt. Es bildet sich kaum Laktat, das für die brennenden Muskeln während der Belastung verantwortlich ist. Fettverbrennung ist nicht nur gut für die Figur: Ein hoher Anteil von Fettstoffwechsel bedeutet, dass die Leistung über lange Zeit durchgehalten werden kann, denn selbst ein austrainierter Sportlerkörper hat ausreichend Reserven an hochenergetischem Ballast. Im anaeroben Bereich, gekennzeichnet durch große Anstrengung beispielsweise während eines Sprints oder harten Intervalls, ändert sich die Bilanz: Der Körper schafft es nicht mehr, ausreichend Sauerstoff zur Verfügung zu stellen und muss auf andere Stoffwechselreaktionen zurückgreifen. Als Resultat produziert er große Mengen an Laktat und verbrennt vermehrt Glykogen, also Kohlenhydrate, die nur sehr limitiert in Speichern hauptsächlich in der Leber (etwa ein Drittel) und der Muskulatur (etwa zwei Drittel) vorhanden sind und dementsprechend mit größtmöglicher Rate konstant zugeführt werden müssen, was die Dauerleistung letztendlich limitiert. In Christoph Strassers Fall jedoch liegt der maximale Fettstoffwechsel inzwischen in einem derart hohen Intensitätsbereich, dass ohnehin konstant große Mengen Kohlenhydrate zugeführt werden müssen, um den Motor bei optimaler Versorgung auf Hochtouren laufen zu lassen.

Auf der Langstrecke essenziell

Zieht man all diese komplexen Zusammenhänge in Betracht und vergleicht die FTP mit einem kritischen Blick auf die Waage während einer Diät, begreift man die Problematik: Wie eine Waage nur das Gewicht, aber nicht den Anteil an Muskeln bzw. Fettdepots im Körper anzeigt und dementsprechend als Abnehminstrument nur sehr beschränkt taugt (wer hätte schon etwas gegen ein paar zusätzliche Kilogramm pure Muskelmasse einzuwenden), gibt auch die FTP keine eindeutige Antwort auf die Frage, wie hoch der Anteil an Fett- bzw. Glykogenstoffwechsel an der gesamten geleisteten Arbeit tatsächlich ist. Das klingt kompliziert für den Laien, ist aber gerade auf der Langstrecke essenziell: Christoph Strasser hätte wenig davon, seinen Körper gegen den eines klassischen Straßenfahrers mit unter Umständen weit höherer FTP einzutauschen, denn nach sechs, zehn, zwanzig Stunden würde das nichts mehr zählen.

Deshalb, um bei der Diät als Analogie zu bleiben, ist nicht der Blick auf die Waage, sondern der ehrliche Blick in den Spiegel der Weg zur Erkenntnis. Diesen Spiegel stellen für Christoph zwei neue Parameter dar: die Balance zwischen maximaler Sauerstoffaufnahme (VO_2max) und Laktatbildungsrate (VLAmax). Die Strasser'sche Strategie unterscheidet sich deshalb deutlich von dem häufig von unbetreuten Athleten in der Vorbereitung angewandten »Langsam nach schnell«-Prinzip, das auf der Annahme beruht, einem langen Grundlagenaufbau müsse gegen den großen Wettkampftag hin möglichst viel möglichst hartes Training zum Aufbau der »Tempohärte« folgen. Tatsächlich stehen bei ihm im Winter mehr intensive Einheiten mit harten, aber kurzen Intervallen auf dem Programm, um die VO_2max möglichst anzuheben. Das Resultat sind Spitzenwattwerte über kurze Zeiträume. Das wäre perfekt für die Schlussphase eines Straßenrennens im Pulk, damit ließe sich aber bei seiner jahrelang auf die entsprechenden Bedingungen angepassten Physiologie in einem Einzelzeitfahren über Stunden und Tage noch kein Blumentopf gewinnen. Weshalb? Weil in seinem Fall (bedingt durch die individuelle Trainingshistorie) die Stimulation der Sauerstoffaufnahmefähigkeit nur mehr durch harte Intervalle möglich ist, was auch eine höhere Laktatbildungsrate mit sich bringt. Das führt wiederum zur vermehrten Ansammlung von Laktat – und irgendwann wird den Beinen der Stecker gezogen.

Deshalb steht dann über der zweiten Phase des Trainingsjahres vom späten Frühling bis zum Sommer fett die Überschrift: VLAmax. Dieser Wert will nun mit dem entsprechenden Training möglichst gedrückt werden, und am Ende steht idealerweise der bestmögliche Kompromiss aus noch immer hoher Sauerstoffkapazität bei gleichzeitig geringstmöglicher Laktatbildungsrate im Sinne einer maximalen Ermüdungstoleranz. Kompromiss und nicht Konsens deshalb, weil die beiden Systeme zueinander fundamental im Widerspruch stehen und das Optimum aus beiden Welten schlicht nicht zu erreichen ist. Die gewählte Reihenfolge im Trainingsaufbau ist ebenfalls kein Zufall, denn zuerst die Laktatbildung zu drücken und anschließend die Sauerstoffaufnahme zu verbesssern, wäre für Christophs Disziplin der falsche Weg. Die harten Intervalle würden automatisch die Laktatbildung erneut ankurbeln und das Resultat wäre – richtig, wieder der zu früh gezogene Stecker.

Ohne Laktatmessung und Spirometrie

Kompliziert. Und es wird noch komplizierter, leider. Aber bevor es weitergeht mit der fröhlichen Zahlentheorie erst noch ein Blick auf die heutzutage erstaunlich simple Praxis hinter der Bestimmung der zwei widerspenstigen Parameter. Wie schon erwähnt, geht das mittlerweile auf dem eigenen Fahrrad und an jedem beliebigen Ort, ganz ohne Laktattest und Spirometrie. Eine kurze Einweisung durch den Trainer, ein vierstufiges Belastungsprotokoll, ein Sprint und drei Intervalle von zunehmender Länge, dazu eine Berechnungssoftware, die die getretenen Leistungswerte in Beziehung zueinander setzt und in Christophs Fall auf den Namen INSCYD hört – so einfach, so gut. Man muss lediglich darauf achten, gut erholt in den Test zu starten und dass Wattkurbel und Aufzeichnungsgerät nicht mittendrin den Geist aufgeben – der Klassiker.

Spielen wir einen Test durch, als wären wir wie Christoph Strasser auf der Jagd nach der Bestform. Schon ein paar Tage vor dem Test wurde die Intensität zurückgefahren, das ist Pflicht. Dann folgt der Tag der Wahrheit. Nein, besser drei Tage, denn die drei Intervalle dürfen gnädigerweise auf drei Trainingstage aufgeteilt werden, am besten wird der Sprint vor jeder dieser Intervalleinheiten mitabsolviert, denn die kürzeste Belastung zeigt je nach Tagesform erfahrungsgemäß die stärkste Schwankung. Entscheidend für die Aussagekraft der ermittelten Werte ist, dass jeder der Testschritte unter möglichst identischen Bedingungen durchgeführt wird, in sitzender Position und keinesfalls im Wiegetritt aus dem Sattel, entweder Indoor oder im Freien, Oberlenker oder Unterlenker, jedenfalls auf demselben Rad und natürlich mit derselben Leistungsaufzeichnung. Im Freien außerdem unter möglichst gleichen Wind- und Geländebedingungen, idealerweise immer auf derselben Teststrecke. Ob im Flachen oder an einem Anstieg, entscheidet die Wettkampfsituation: Ein Marathonfahrer beispielsweise, der seine Stärken am Berg ausspielen möchte, sollte das auch im Test bestmöglich simulieren. Ein Zeitfahrer oder Triathlet hingegen sollte lieber die Tempobolzerei in der Ebene nachstellen.

Und schon wird es ernst: Stufe eins, der Sprint, steht an. Hier gibt es ein paar Grundregeln, die eingehalten werden müssen, um die Daten später auswertbar zu machen. Es soll über zwanzig Sekunden Vollgas gegeben werden, wohlgemerkt nicht im wilden Wiegetritt wie im Etappenfinale, sondern ebenfalls sitzend, und zwar richtig Vollgas und nicht nur die halbherzige Version des verschenkten Ortsschildsprints. Also volle Konzentration und ausreichend körperliche und mentale Erholung. Wichtig dabei ist, dass während des Sprints nicht geschaltet werden darf, dementsprechend sollte die beste Übersetzung bereits ausgelotet worden sein. Und: kein Treten ab mindestens zwei Minuten vor dem Sprint, um das aerobe Stoffwechselsystem voll herunterzufahren. Gestartet wird aus dem Stillstand, idealerweise in die Pedale eingeklickt und an ein Straßenschild oder Ähnliches gestützt. Die ersten Meter sind eine einzige Würgerei, ächzend wird der hohe Gang in Bewegung gebracht, mit jeder Umdrehung erhöht sich der Takt, um am Ende die Frequenz einer Nähmaschine auf Starkstrom zu erreichen.

»Das INSCYD-Testprotokoll ist abwechslungsreich und – da ich mich mit den Zahlen vergangener Versuche im Hinterkopf pushen und ablenken kann – eigentlich auch ganz gut zu absolvieren. Der Sprint fühlt sich dennoch jedes Mal so an, als hätte ich das Radfahren verlernt. Schwerer Gang, Start aus dem Stand, zäh beschleunigen und dann doch ›krepieren‹, obwohl der ganze Spaß nur zwanzig Sekunden lang dauert. Gerade bei dieser kurzen Belastung sind mir sogar die meisten ambitionierten Hobbyfahrer überlegen, da ich seit über einem Jahrzehnt meine Grundlagenausdauer optimiert habe. Damit ist die Explosivität mehr oder weniger dahin. Ich muss immer wieder über mich selbst lachen, beispielsweise wenn mein Trainer Max, der zwar regelmäßig radelt, aber nicht gezielt trainiert, mich deutlich schlägt.«

Am zuverlässigsten wird die maximale Leistung leicht bergauf oder bei Gegenwind erreicht, aber selbst dort birgt diese kurze Maximalbelastung das größte Fehlerpotenzial, daher die dreifache Wiederholung über drei Tage, wenn möglich. Im Anschluss an die erste folgt die zweite Stufe, ein kurzes, hartes Intervall über drei Minuten. Wieder muss das Maximum herausgeholt werden, um später aussagekräftige Trainingszonen berechnen zu können. Das erreicht ein Athlet am ehesten durch einen etwas zu harten Start und ein leichtes Nachlassen gegen Ende hin. Wenn man draußen fährt, ist entscheidend, dass einem weder Kurven noch Verkehr in die Quere kommen können, denn eine Zitterkurve in der Leistungsauswertung würde den Versuch ungültig machen. Ebenso keine zu abschüssigen Stellen, also kluges Vorausplanen. Und damit wäre der erste Tag nach einem ausgiebigen Ausfahren erledigt. Am nächsten Tag dann, wieder gut aufgewärmt, der nächste Sprint und dann Stufe drei, das nächste Intervall über sechs Minuten, wieder auf Maximum. Und am abschließenden Tag drei der dritte Sprintversuch und danach ein relativ langes Intervall von zwölf Minuten am Anschlag, wiederum mit möglichst wenig Verkehr und Richtungsänderungen, um ein konstantes Wattprofil zu gewährleisten.

Interpretationssache

Und jetzt, leider, vom einfachen Treten wieder zurück zum komplizierten Interpretieren – am Beispiel Strasser im April 2020 gegen Strasser im April 2021. Die von Max Kinzlbauer gefütterte Software INSCYD übernimmt die Wattdaten und berechnet daraus die Stoffwechselanteile in Christoph Strassers Körper auf theoretischer Grundlage und anhand einer empirischen Datenbasis – die Details kann man sich als Nichtwissenschaftler ersparen. Im April 2020 erzielte Christoph 713 Watt im Sprint, ziemlich genau ein Jahr später beachtliche 740 Watt, eine deutliche Verbesserung. Der Wattwert des kurzen Intervalls stieg ebenso respektabel von 498 auf 507 Watt, die mittlere Stufe sogar von 438 auf 459 Watt, um beinahe schon sensationelle 21 Watt – für einen Profi mit seiner Trainingsgeschichte kein Pappenstiel. Das Resultat für das lange Intervall legte ebenfalls zu: um immerhin drei Watt, von 430 auf 433.

Man sollte meinen, schon ein Blick auf die nackten Zahlen bringt die Bestätigung: Die viele, harte Arbeit hat sich ausgezahlt. Und selbst der erfahrene Profi ist nicht gefeit vor dieser vorschnellen Annahme, geht dementsprechend vorfreudig in das Auswertungsgespräch – und erlebt die Ernüchterung. Kalt serviert vom Trainer, der die Illusion einer deutlichen Verbesserung gegenüber dem Vorjahr platzen lässt wie eine Seifenblase, zumindest vorerst: Denn trotz dreier teils deutlich höherer Werte für die Einzelintervalle ist die errechnete FTP-Schwelle exakt dieselbe, nämlich 380 Watt. Schlimmer noch: Durch die wesentlich deutlichere Verbesserung bei kürzerer Intervalldauer ist die Regressionsgerade außerdem steiler, dementsprechend der Leistungsabfall hin zu längeren Belastungszeiträumen, die im Testprotokoll ja nicht simuliert werden, größer. Zurückübersetzt auf Sauerstoffaufnahme und Laktatbildung: Viel Sauerstoff kann aufgenommen werden, was sich in den guten Leistungswerten bei Höchstbelastung über kurze Zeiträume widerspiegelt, jedoch wird auch relativ viel Laktat erzeugt, daher der zu erwartende, schnelle Abfall bei konstant hochgehaltener Intensität. Die FTP sieht das alles nicht, nach ihr ist der Christoph Strasser von 2020 praktisch identisch mit dem Strasser von 2021.

Aber zeigen die sensitiveren, neuen Testdaten tatsächlich das Zusteuern des Rekordprojekts auf ein ernsthaftes Problem an? Gar eine mittlere Katastrophe? Nein, denn hinter den noch nicht perfekten Zahlen steckt der oben ausgeführte Plan: Die VO_2max ist dort, wo sie zu diesem Zeitpunkt des Jahres sein soll, für die VLAmax bleiben noch gute drei Monate bis zur großen Generalprobe. Der Plan, die VLAmax vorübergehend zu opfern, um die VO_2max nach oben zu bringen – siehe die Testergebnisse im April –, ist zumindest in Christoph Strassers Fall physiologisch unumgänglich. Er kann die VO_2max aufgrund der vorausgegangenen, jahrelangen Anpassung wie bereits erwähnt nur mehr durch harte Reize effizient steigern, was die VLAmax sozusagen im Schlepptau mit hinaufnimmt. Zum genau richtigen Zeitpunkt die VLAmax dann wieder runterzudrücken, das ist die Kunst.

Das gewünschte Endergebnis ist wie ein Gummiband, nur einige Wochen hält der Spagat zwischen VO_2max oben und VLAmax unten, danach ziehen sich beide Werte wieder unwiderstehlich an wie zwei gegenpolige Magnete. Dementsprechend wird der klare Schwerpunkt erst relativ kurz vor dem Saisonhöhepunkt auf der entscheidenden Senkung der Laktatbildungsrate liegen, also auf einer maximierten Ermüdungstoleranz. Christoph wird Berge dann nicht schneller hinauflaufen oder -fahren können, sondern eher an Spritzigkeit einbüßen. Notwendige Rückschritte während des Umbaus hin zu den eigentlich wichtigen Qualitäten. Er muss der niedertourige Diesel sein, das Effizienzwunder. Nicht, dass eine Durchschnittsgeschwindigkeit deutlich jenseits der vierzig Stundenkilometer nicht nach ordentlich Drehmoment verlangen würde, doch der Punch eines Turbos ginge bei zwanzig Höhenmetern rund um das Flugfeld Zeltweg ins Leere. Rouleur schlägt Puncheur, nach traditioneller, französischer Radsportdiktion. Und zwar so deutlich, dass sich wieder einmal die Sinnlosigkeit jeglicher Leistungsvergleiche nach dem Motto »Wer ist denn nun der bessere Radfahrer?« bewahrheitet.

Fettverbrennungsquote

Was sich außerdem zeigt: Hinter dem, was Sportler gemeinhin unter »Form« verstehen, verbirgt sich keine allgemeingültige Wahrheit. Es gibt nicht die universelle Skala von gut nach schlecht, jedenfalls nicht auf dem Niveau, auf dem sich alles ab dem ambitionierten Amateursport heutzutage abspielt. Was sich mit moderner Trainingsplanung verbessert hat, ist nicht nur die Methode, die Leistungsentwicklung eines Athleten auf genau seine Herausforderungen maßzuschneidern. Der vielleicht wichtigste Blickwechsel: Den Stoffwechsel zu verstehen, bedeutet auch, die Wichtigkeit der Ernährung zu verstehen. Wie lange wurde, gerade auf kürzeren Strecken, einfach irgendetwas eingeworfen, das per hysterischem Aufdruck »Energy« oder »Performance« versprach und praktisch in die Trikottasche passte? Verzeihlich auf ein paar Stunden, aber ein Garant für den ultimativen Einbruch, wenn sich über lange Zeit ein Missverhältnis zwischen Verbrauch und Zufuhr ausbilden kann.

Zu den entscheidenden Kompetenzen von Christophs Trainer Max Kinzlbauer zählt demnach, dass er nicht nur vorhersagen kann, in welchem Leistungsbereich das System eines Athleten am effizientesten funktioniert und welche Stoffwechselprozesse dominant zum Energieumsatz beitragen, sondern auch, bei welcher Intensität wie viel wovon zur Verfügung gestellt werden muss. Der kritische Bereich für einen Ultracycling-Champion wird als Fatmax bezeichnet. Übersetzt bedeutet das: maximale Fettverbrennungsquote und wenig Kohlenhydratverbrauch – was in Christophs Fall wiederum relativ ist, denn aus der hohen Intensität bei maximaler Fettverbrennung ergibt sich ein immer noch durchaus beachtlicher Kohlenhydratbedarf von 80 bis 85 Gramm pro Stunde, der auf eine den Verdauungsapparat nicht unnötig strapazierende Weise ausgeglichen werden will. Genau in diesem Bereich spielt sich, wie der Vergleich zwischen April 2020 und Juli 2020 zeigt, die wirklich entscheidende Verbesserung ab. Denn während Christophs Sprintfähigkeit mit »nur« 687 Watt im Vergleich zu den 713 Watt aus dem Frühjahr nun drastisch geringer ausfällt, parallel zu einer um sechs Watt schlechteren Leistung im Kurzzeitintervall, zeigt das längste Intervall eine Verbesserung um vier Watt, was den für lange Belastungszeiträume antizipierten Abfall deutlich abschwächt. Eben genau das, worin Christoph Weltklasse sein muss – und ist.

Der extrem langsame Aufbau von Milchsäure, die seine Muskulatur zunehmend lahmlegen würde, hat jedoch eine Kehrseite: einmal zu oft in den roten Bereich, und die Kohlenhydratfalle würde zuschlagen, die Speicher wären schnell geleert, der Absturz grässlich. Christoph Strasser hat das erlebt, bei Spaßwettkämpfen, in unüblichen Trainings, die ihm abverlangen, was er im Tagesgeschäft selten braucht. Alle Werte gleichzeitig an ihr Optimum zu treiben, kann eben nicht gelingen. Deshalb lautet das Credo: Sei klug, nutze das sich stetig weiterentwickelnde Wissen, kenne deine Stärken und Schwächen und handle im richtigen Zeitfenster konsequent den Erfordernissen entsprechend. Wie auch immer sich Christophs Saison entwickeln mag, an der maßgeschneiderten Vorbereitung wird es nicht gelegen haben.

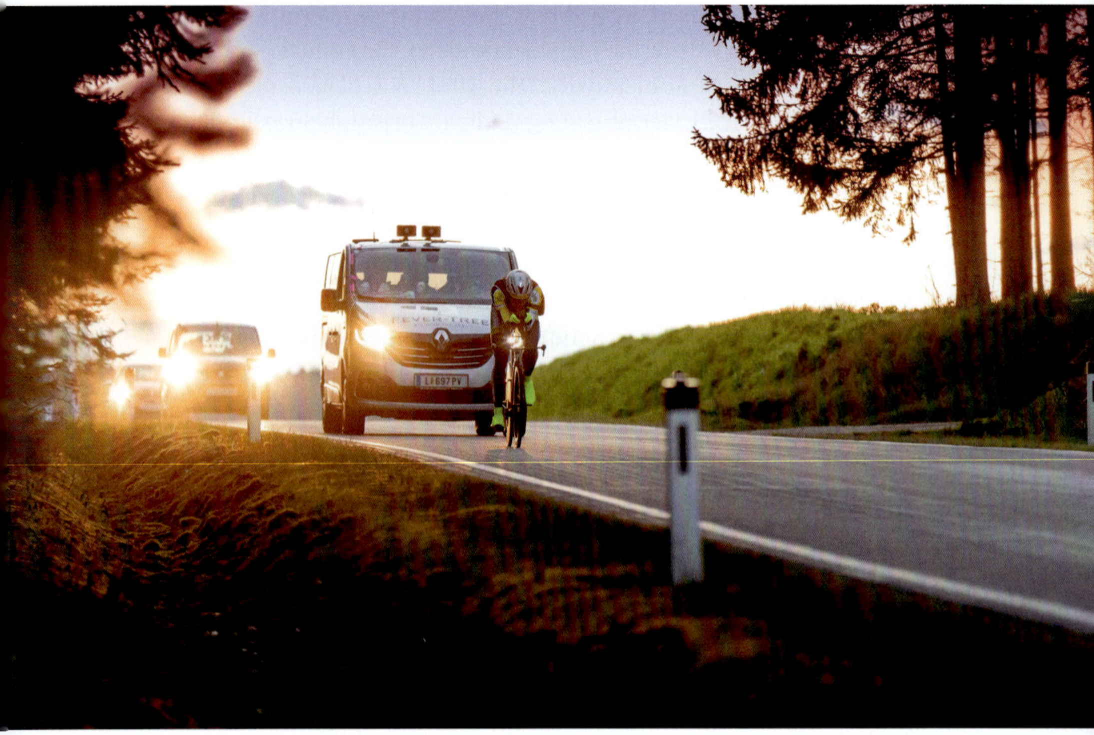

Stunde 17

ANNÄHERUNG

»Perfekt – was ist das schon? Gibt es das perfekte Rennen? Sicher nicht. Vor allem nicht auf der Langstrecke, denn Distanzen von 600 Kilometern aufwärts ohne kleine Fehler, ohne Schlechtwetterphasen, ohne kleine Krisen zu meistern, ist schlicht illusorisch.« So beginnt Christoph Strassers Rennbericht über seine bislang schnellsten 600 Kilometer bei einem Distanzrennen. Sollte überhaupt nach Perfektion gestrebt werden, fragt er sich, und beantwortet das – ebenfalls für sich – mit einem eindeutigen Nein. Ein sehr gutes, ein ausgezeichnetes Rennen, in dem es gelingt, Fehler und Abnutzungserscheinungen zu minimieren, dem Verlauf seinen Stempel aufzudrücken, reicht ihm vollauf. Und doch: Manchmal läuft es so gut, dass man nahezu sagen müsste, es sei perfekt gelaufen. Die Suche nach Einsparungspotenzialen, nach kleinen Makeln, wo oder wie noch die eine oder andere Minute zu holen gewesen wäre, fällt dann unüblich schwer. Aber von vorne.

Rennen sind Rennen und keine Generalproben, denn wenn es zur Sache geht, geht es zur Sache und dann richtig. Zumindest für einen Wettkämpfer wie Christoph Strasser, der einen überdimensionalen Ruf zu verlieren hat. Dennoch kommt das Race Around Niederösterreich, das Anfang Mai 2021 ansteht – also ausnahmsweise nur acht Monate nach der letzten Austragung, denn in der vergangenen Saison stand terminlich alles Kopf – einer Generalprobe für die Generalprobe näher als ansonsten üblich. Die konkreten Ziele für das Rennen sind mehr oder weniger das, was im Juli in Zeltweg auf militärischen Asphalt gebracht und dann in Colorado gekrönt werden soll. Der Rekordversuch in der Steiermark ist inzwischen endgültig in Stein gemeißelt und nach außen kommuniziert. Könnte sich eventuell schon hier der Tausender ausgehen? Solche Spekulationen lassen sich nicht vermeiden, und das RAN soll die Eindrücke aus dem Training untermauern und Wirbel machen – einen teilweise lethargischen Frühling mit Paukenschlag verabschieden.

Die Erwartungshaltung vor dem Rennen ist, natürlich, der Sieg oder eine gute Platzierung in Anbetracht der erneut starken Konkurrenz rund um den Deutschen Robert Müller. Das teaminterne Ziel ist aber auch, eine Wattzahl von 285 möglichst lange zu halten, bei erhöhter Kalorienzufuhr im Vergleich zu sonst. Schon vor dem Start ist klar: Diese Leistung komplett bis ins Ziel durchzuhalten, wird nicht möglich sein. Ein kalkulierter Einbruch also? Nicht unbedingt. Wenn der Tanz auf des Messers Schneide gelingt und der Brennstoff zündet, könnten sich die Verluste im letzten Drittel oder Viertel des Rennens in Grenzen halten. Das wäre ein gutes Zeichen für einen erneuten Leistungssprung auch auf der noch längeren 24-Stunden-Distanz – immerhin wird das RAN mit seinen 600 Kilometern für Christoph in weit unter 20 Stunden über die Bühne gehen.

Rebelliert der Verdauungstrakt?

Ob die Strategie des Teams Strasser rund um Niederösterreich aufgeht, ist jedoch im Vorfeld höchst fraglich. Denn bei dieser absichtlich (zu) hoch gewählten Leistung ist nicht, wie man als Laie denken könnte, die muskuläre Ermüdung limitierend, sondern tatsächlich die Energiebilanz des über lange Zeit ausgereizten Gesamtsystems. Die beeindruckenden 285 Watt wären für Christoph in seinem Trainingszustand, theoretisch, sogar wesentlich länger durchzuhalten, gäbe es da nicht das latent vorhandene Kaloriendefizit, das über kurze Strecken keine Rolle spielt, sich auf die Distanz jedoch auftürmt wie ein unüberwindlicher Berg. Ein Schlüssel zum Verständnis der Langstrecke aus physischer Sicht ist also, beides, die muskuläre Leistungsfähigkeit und die optimierte Bereitstellung von Energie über schier endlose Zeiträume, als gleichwertige Bausteine anzusehen und in Kombination zu trainieren. Und zwar unter Ernstfallbedingungen, was bedeutet im Wettkampf. Daher dieses Rennen, das sich vor die wahren Saisonziele schiebt, um die ohnehin schon erprobte Taktik im Hinblick auf die 24-Stunden-Höchstleistung zu verfeinern.

Der Testlauf beim RAN könnte sich in zwei Richtungen entwickeln: entweder Übelkeit schon früh im Rennen, auf die mit einer leichten Reduktion der Zufuhr und, wenn nötig, des Tempos zu reagieren wäre oder – die erfreulichere Alternative – keine Rebellion des Verdauungstrakts und volle Kraft bis zum Schluss. Oder zumindest beinahe, denn irgendwann setzt, selbst bei perfekter Ernährung, doch die Ermüdung ein. Beides würde Christoph Strasser und seinem Trainer unbezahlbare Erkenntnisse für das maßgeschneiderte Stoffwechseltraining bis zum ersten Rekordversuch im Juli bringen. Und so floskelhaft er auch klingen mag, auch in dieser Frage bewahrheitet sich sein Leitsatz: »Man kann immer etwas verbessern!« Mit einem feinen Unterschied: Nun, einer beinahe beängstigend großen Herausforderung gegenüberstehend, weicht das *kann* dem *muss*. Denn auch wenn Christophs Ernährungskonzept seit Jahren aufgeht und vor allem für die ganz langen Rennen wie das RAAM perfekt ausbalanciert ist, muss sich für den 24-Stunden-Rekord die Zufuhr aus den oben genannten Gründen noch erhöhen. Hier ist es nicht mehr der Tanz auf des Messers Schneide, sondern der auf der Messerspitze.

Das Prinzip »Mehr vom selben« kann, muss aber nicht funktionieren. Die Überlegungen gehen in Richtung von Ölen, um die Flüssignahrung hochwertig anzureichern, während andere »Wunderwaffen«, beispielsweise Ketone, aufgrund ihrer zweifelhaften gesundheitlichen Auswirkungen außen vor bleiben. Ketone sind jene Energieträger, die der Körper bei Mangel an Kohlenhydraten produziert, um Gehirn und Muskulatur am Laufen zu halten – quasi die Alternative für den Notfall, wenn keine Nahrung um die Ecke ist. Wenn kein Blutzucker mehr aufzubrauchen ist, kann man so eine gewisse Zeit weitermachen – und manchmal ist das auch gewünscht, beispielsweise im Falle bestimmter Stoffwechselkrankheiten. Sportler, die sich ketogen ernähren, wollen einen geringen Zuckerspiegel und dafür viel gutes Fett zuführen, der Körper baut als Notlösung Ketone, die im Unterschied zu den Kohlenhydraten kein Insulin stimulieren und demnach einen Gewichtsverlust über erhöhte Fettverbrennung ermöglichen. Werden Ketone von außen zugeführt – so die graue und kaum belegte Theorie –, kann ein Athlet sowohl seine Fettverbrennung als auch den Kohlenhydratstoffwechsel parallel hochfahren und beide Energiequellen gleichzeitig anzapfen. Das wäre natürlich ein Traum für exzessive Ausdauersportler und spiegelwütige Fitnessfreaks, die es bisher gewohnt sind, dass hoher Kohlenhydratstoffwechsel automatisch die Energiebereitstellung über Fettreserven hemmt. Die Schattenseiten sind mögliche Organschäden, jedenfalls eine höhere Belastung eben jener, und Stimmungsschwankungen, wie man sie vom mittäglichen Hungerast im Büro nur zu gut kennt. Spätfolgen, über die man noch nichts weiß, kämen womöglich obendrauf. Prost Mahlzeit. Die Ärzte und Sportwissenschaftler sind sich uneinig, doch einige verkaufen das neue Wundermittel für Hunderte oder sogar Tausende Euro pro heilsbringendem Fläschchen, unter dem Kopfschütteln der anderen. Christoph hat dazu eine klare Meinung.

»Kohlenhydrate, Fett, Eiweiß, Elektrolyte zuführen und optimieren – ja gerne. Mit Dosierungen spielen, Kombinationen testen, Feinabstimmung bis ins letzte Detail betreiben, ist Teil des Spiels, wenn man ganz vorne dabei sein will. Aber das sind alles Stoffe, die der Körper kennt, immer zur Verfügung hat und vor allem wirklich braucht. Ketone sind sozusagen der unbekannte Krisenhelfer, der einspringt, wenn es nicht anders geht. Sollte es nötig sein, ist es gut, dass der Körper sie zur Verfügung stellen kann, aber als Tuningmittel wie Hochoktanbenzin? Eher nicht.«

Frühere Exzesse

Christoph Strassers eigene frühere Exzesse im Fettstoffwechseltraining, beispielsweise vor dem ersten RAAM-Antritt 2009, waren lehrreich genug. Sechsstündige Einheiten ohne Verpflegung, nüchtern oder mit einem

Stück Käse als Vorspeise gestartet, brachten zwar kurzfristig einen gefühlten Formanstieg, im Endeffekt aber eine Reihe an Problemen mit sich: regelmäßige Erkältungen, häufige Abgeschlagenheit oder einfach eine miese Grundstimmung. Stressmodus eben. Die Regenerationszeiten verlängerten sich ungemein, aus einem Tag schwere Beine nach langen Ausfahrten wurden gerne drei; die Freude am Aufstehen vor der nächsten Belastungsdosis hielt sich in Grenzen. Eine direkte Verbindung mit Christophs anhaltenden gesundheitlichen Problemen in den Jahren 2009 und 2010 herzustellen, ist schwierig, zu komplex sind dafür die sich überlagernden Einflussfaktoren. Ein günstiger Umstand war die Vorbelastung aus mehreren leichten Infekten definitiv nicht.

Zum Saisonausklang 2015, nachdem auf ein desaströses RAAM ein glänzendes RAA folgte, startete Christoph dann ein erneutes Ernährungsexperiment unter ärztlicher Beobachtung. Diesmal die ketogene Ernährung mit regelmäßigen Vorher-Nachher-Untersuchungen, täglichen Messungen der körpereigenen Ketonproduktion und so weiter. Das Ergebnis glich trotz dieser engmaschigen Kontrolle jenem von ein paar Jahren zuvor: Müdigkeit, Kopfschmerzen, depressive Episoden, so gar keine Lust auf geregeltes Training. Auszüge aus seinen damaligen Trainingsplanaufzeichnungen sind niederschmetternd und lassen ihn bei der Erinnerung noch heute die gedankliche Notbremse ziehen. Zum Frühstück gab es damals Mascarpone mit Stevia-Süßung und eine Dose Thunfisch oder als Alternative fünf Eier mit Käse und viel Öl. Trotzdem blieb der messbare Erfolg aus, sein so unter Druck gesetzter Körper schien sich immer noch nicht in die vollständige Ketose begeben zu wollen; irgendwie schaffte er es, weiterhin Kohlenhydrate aus dem Ärmel (oder der Magenwand) zu zaubern.

»Nach drei Wochen verkrampften Lebens war ich dann auch noch richtig krank mit Bronchitis oder sogar einer kalten Lungenentzündung. Das Resultat: zwei Wochen Zwangspause ohne Training«, erinnert er sich ungern an die unrühmliche Provokation seines Immunsystems. Das sei zwar ohne Fieber abgelaufen, und nachdem er flachlag, kurierte er sich ohne weitere Arztbesuche aus, da es in die Off-Season ging. Dennoch deuten die Symptome für seine Betreuer darauf hin, dass damals tatsächlich schon eine Lungenentzündung im Raum gestanden haben könnte. Fazit: So wie es das perfekte Rennen auf fairem Weg nicht geben kann, sollte man auch beim Herummodellieren am eigenen Körper die Perfektion der schlecht erprobten Theorie überlassen. Den einen oder anderen Spielraum zugunsten eines (noch) einigermaßen freudvollen Lebenswandels darf und muss es geben, wenn Sport auch hinter den Fassaden noch herzeigbar bleiben soll. Seit der letzten Eskapade 2015 hat sich Christoph Strasser von extremeren Experimenten endgültig verabschiedet und isst weitgehend wie ein Normalsterblicher. Im Alltag gibt es kleine Richtlinien, und die Grundzüge der ohnehin populären Paläodiät mit eingeschränktem Verzehr von Milchprodukten und Weizen, ersetzt durch alternative Getreidesorten, Reis und Süßkartoffeln, lassen sich leicht ohne Einbußen in der Lebensqualität umsetzen. Aber grundsätzlich ist alles erlaubt, vor allem die Liebe zum Essen ohne ständigen Zwang im Hinterkopf.

Ein Mehr um jeden Preis?

Zurück zum RAN 2021: 600 Kilometer und 5.600 Höhenmeter in unter 17 Stunden stehen hinterher für Christoph Strasser zu Buche. Genauer: 16 Stunden und 55 Minuten, bei einer Durchschnittsleistung von 274 Watt. Da stellt sich natürlich die Frage, ob es ein Mehr um jeden Preis überhaupt noch braucht. Das alles trotz der Wetterkapriolen an diesem zweiten Maiwochenende: eine Durchschnittstemperatur von nur vier Grad bis hundert Kilometer vor Schluss, dazu phasenweise Nieselregen und durchgehend feuchte Straßen. Bei Kilometer 425 sogar kurzfristig Temperaturen unter dem Gefrierpunkt und erst am Schluss versöhnliche zehn Grad. Unglaublich, unter solchen Umständen den schnellsten 600er bislang auf einem Distanzkurs hinzulegen. Hinzu kommt die extrem gleichmäßige Leistungsentfaltung mit einem 5-Minuten-Höchstwert von 318 Watt und einem 30-Minuten-Höchstwert von 300 Watt, beides nicht weit über dem Gesamtschnitt, das 30-Minuten-Intervall wohlgemerkt den Semmering hinaufgetreten, nach knapp zehn Stunden Fahrzeit.

Ein Pulsmittel von 149 Schlägen zeigt, dass Christoph das Rennen von Anfang bis Ende sportlich, sehr sportlich angegangen ist, denn für seine Verhältnisse und diese Dauer ist das ein hoher Wert. Es ist der Beweis: Sein Konzept mit härterem Tempo und erhöhter Kalorienzufuhr kann aufgehen, wenn alles zusammenpasst. Was dann herauskommt, sind Traumwerte: Die ersten 200 Kilometer dieser »kurzen« Langdistanz in 4:53 Stunden (wie immer bei Windschattenverbot), das bedeutet einen Schnitt von knapp 41 km/h bei plangemäßen 285 Watt. Die ersten 300 Kilometer beinahe ohne Tempoverlust in 7:25 Stunden, immer noch weit über 40 km/h und lediglich 3 Watt Leistungsverlust im Durchschnitt. Die zweite Rennhälfte, mit vielen Höhenmetern, dann in 9:33 Stunden bei knapp 32 km/h und einem Schnitt von 266 Watt, also etwas langsamer, aber weit entfernt von irgendetwas, das einem Einbruch ähneln könnte. Außerdem hat Christoph den Großteil der Strecke, nämlich die ersten 365 und die finalen 110 Kilometer, problemlos auf der ShivTT-Zeitfahrmaschine bewältigt. Nur die bergigen 125 Kilometer dazwischen musste das Tarmac-Straßenrad herhalten. Ein Highlight: Der »Guru« Rainer Hochgatterer wieder im Pacecar, neben dem neuen Trainer Max Kinzlbauer. Eine Extraportion Motivation und ein kleiner, positiver Flashback zu alten RAAM-

Zeiten, gekrönt durch die verbesserten Beine bis ins Ziel. Das perfekte Rennen gibt es nicht – aber beinahe.

Erstaunlich problemlos funktionierte auch der Umgang mit der gesteigerten Energiezufuhr. Trotz der Kälte sah sich Christoph über die gesamte Dauer des Rennens diesbezüglich im grünen Bereich, nicht das kleinste Warnlämpchen in Sachen Ernährung oder, genauer gesagt, der Reaktion des Magen-Darm-Trakts auf ebendiese. Dabei wäre das eigentlich Standard, gerade bei hohen Intensitäten und in der Übergangsphase vom Alltags- in den Rennmodus (alles unter 24 Stunden ist nach Ultracycling-Maßstäben eine einzige Übergangsphase, da sich erst bei mehrtägigen Rennen eine Routine aus Treten und Trinken einstellt). Hinzu kam, dass die niedrigen Temperaturen das ständige Trinken natürlich sehr erschwert haben: Im gefühlten niederösterreichischen Winter ist es weder möglich noch nötig, derart viel Flüssigkeit zu sich zu nehmen, wie es an heißen Wüstentagen auf dem Plan stünde. Weniger Volumen bedeutet notwendigerweise eine Verlagerung von dünnflüssigeren, elektrolytreichen Getränken auf mehr von der dicken, hochkalorischen Flüssignahrung.

Christophs bewährte Erfolgsmischung ist einfach und besteht im Wesentlichen nur aus zwei Produkten. Nummer eins ist »Ensure Plus« von Abbott Nutrition, ein Dauerbrenner, vielleicht der längst nicht mehr geheime Geheimtipp auf der Langstrecke. Dazu ein ausgiebig von ihm selbst getesteter »Hi-End Endurance Drink« seines neuen Sponsors Peeroton. Das »Ensure Plus« substituiert dabei die festen Mahlzeiten als Fett- und Proteinlieferant mit moderatem Kohlenhydratanteil, während der »Hi-End Endurance Drink« den Trinkbedarf an Elektrolyten, angereichert durch Kohlenhydrate, deckt. Kälte bedeutet mehr »Ensure Plus« und weniger »Hi-End Endurance Drink«, Hitze das Umgekehrte. Die aufgenommenen Kalorien bleiben im Idealfall immer gleich, doch auch die kleinen Variationen im Gemisch können den Motor aus dem Takt bringen – jedoch nicht diesmal, alles vertrug sich in seinem Verdauungstrakt problemlos, nichts braute sich ungnädig zusammen. Goodies wie Süßigkeiten, die ebenso Montezumas Rache heraufbeschwören könnten, gibt es bei Christoph Strasser sowieso kaum bis nie; lediglich leicht aufputschende (und natürlich legale) Zusätze wie beispielsweise eine Mischung aus Guarana und Traubenzucker (wieder von einem seiner Sponsoren, dem Nahrungsergänzungsmittelhersteller Panaceo) zur Steigerung der Konzentration gegen Rennende hin, davon aber auch nur, was sich gut und verträglich anfühlt. Das Ergebnis spricht für sich.

Kopf ausschalten

Das entscheidende i-Tüpfelchen bei relativ kurzen Langstreckenrennen wie dem RAN, die zwar nicht gerade im Sprint, aber auch nicht über das

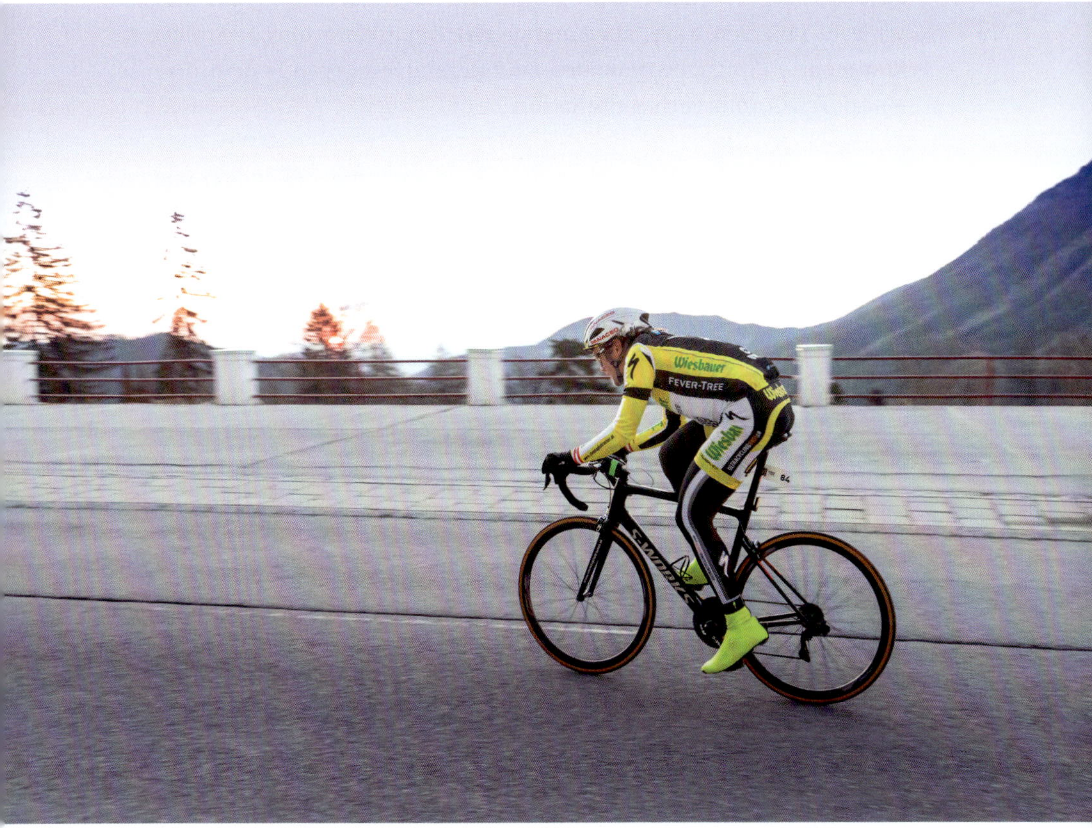
Wiesbauer
FEVER-TREE

lange Aussitzen gewonnen werden, ist dennoch die mentale Einstellung im Schlussdrittel: der Punch, die Lust, sich doch noch ein bisschen länger zu quälen und das noch ein bisschen mehr, auch in Führung liegend und mit komfortablem Vorsprung vor dem Zielsprint der letzten hundert oder zweihundert zurückzulegenden Kilometer. Bei Timestation neun in Ybbs war abzusehen, dass bei gleichem Tempo wie im Jahr davor eine Zielzeit von knapp über 17 Stunden möglich sein könnte. Um exakt zu sein, 17:05 Stunden, bei identischer Etappenzeit für den Abschnitt von Ybbs bis ins Ziel. Oder wäre noch mehr möglich? Nicht, dass für Christoph Strasser das Finish bei der letzten Austragung des Rennens im vergangenen August schlecht gelaufen wäre, aber mangelnde Detailkenntnis der Strecke in Kombination mit schwindenden Energiereserven gegen Ende hin sowie eine durch Corona verhagelte Saison…

> *»Ich wusste, dass Dominik Schickmair, ein großartiger Radfahrer und unter anderem Sieger des RAN 2019 und österreichischer Staatsmeister im Ultracycling 2019, auf dem letzten Streckenabschnitt seiner Siegfahrt schneller war als ich. Auch Philipp Kaider konnte im Vorjahr zum Ende einen knapp schnelleren Split hinlegen. Ich schätze und respektiere beide als starke Fahrer, weiß aber durch viele Begegnungen auch, dass ich fahren kann, was sie können. Philipp und Dominik haben mir gezeigt, was das letzte Teilstück hergibt. Also war mein Motto: Kopf ausschalten, kein Denken mehr, weiterhin konsequent die Getränke reinschütten und Vollgas.«*

So weit, so gut. Andererseits besagen die nüchternen Zahlen, dass es auch 2020 für Christoph nicht wirklich schlecht gelaufen sein kann, sieht man sich die letzten 81 Kilometer gespickt mit knapp 1.100 Höhenmetern an: Eine Durchschnittsleistung von 234 Watt über 2:36 Stunden ist mehr als respektabel in Anbetracht der schon verstrichenen Renndauer – selbst für seine Verhältnisse. Wie also den Moment nutzen, diese Gelegenheit als vielleicht einzige im Leben betrachten, das RAN in unter 17 Stunden zu finishen? Wie diese Zielzeit für genau diese knapp zweieinhalb Stunden in den absoluten Mittelpunkt stellen? Das ist das große Geheimnis von Athleten wie Christoph Strasser und einer Handvoll ähnlich gestrickter Charaktere.

Andererseits: Was sollte schon schiefgehen? Schlimmstenfalls ginge die Kraft aus und die Zeit flöten, der Tag würde gekrönt von einer langsam ins Ziel gerollten Schlussetappe – auch nicht die schlimmste aller Aussichten. Ein kalkulierbares Risiko, wenn überhaupt. Die Realität aber zeigte, dass Christoph Strasser nun, mit dem Sub-17-Stunden-Rekord in Sicht, so richtig in Fahrt kam, sich mit dem Zielflow praktisch zurück auf das Startniveau pushte und alles raushaute, was eigentlich gar nicht mehr in ihm sein sollte, konnte, durfte – eigentlich. Die Analyse der Leistungsdaten nach dem Rennen offenbart: druckvolle 330 Watt bergauf, 300 Watt in Aeroposition durch die Ebene, nur bergab ein bisschen dosierter, um in den kommenden Anstieg wieder voll reingehen zu können.

Die finale Timestation, ein Abschnitt von etwa 38 Kilometern, das Wimpernschlagfinale: Eine Stunde und drei Minuten bliebe ihm für die Fabelzeit unter 17 Stunden. Nüchtern betrachtet keine guten Aussichten: Der nötige Schnitt betrüge über 35 km/h und das in hügeligem Gelände. Immerhin ein wenig mehr bergab als bergauf bis ins Ziel, aber die Gegenanstiege zermürben dennoch. Außerdem der nagende Zweifel: Ein RAN unter 17 Stunden? Nicht der optimistischste Marschplan sähe das vor. Dennoch, der Vorsprung auf den virtuellen Strasser zeigt die Möglichkeit auf, also fahren, als ginge es um das blanke Leben.

Und tatsächlich: Auf dem schon beim letzten Mal nicht übel weggedrückten Schlussteil ist Christoph Strasser zehn Minuten schneller – phänomenal. Der Einbruch nach dem Überqueren der Ziellinie: obligatorisch; gefeiert werden kann auch im Sitzen und notfalls sogar im Liegen. Seine öffentlich geteilten Gedanken, auf digitales Papier gebracht nach ein paar Tagen Bedenkzeit, um die eigene Leistung zu realisieren, sind ungewöhnlich emotional und entsprechen nicht der üblichen, zurückhaltenderen Tonlage:

> *»Manchmal verstehe ich selbst nicht ganz, wie das alles immer wieder klappt bei mir. Im Nachhinein frage ich mich selbst, wie der krasse Scheiß funktioniert, den ich immer wieder abliefere. 274 Watt über 16:55 h, ohne grobe Krise oder Einbrüche, und das bei feucht-frostigem Wetter... Meine Beine haben einfach nicht aufgehört zu drücken. Im Kopf wusste ich, was ich will, und konnte während des Rennens das Denken komplett einstellen. Equipment, Aerodynamik, Sitzposition, alles perfekt.«*

Und das Gefühl einer geglückten Generalprobe, die nie nur Generalprobe hat sein sollen, gibt es gratis obendrauf. Die getretenen Wattwerte bedeuten aber auch mehr Druck und forcieren die Frage: Was ist schon im Juli in Zeltweg, nur knapp über Meereshöhe, ohne groß aufgezogenes Rahmenprogramm und inmitten der unspektakulären steirischen Hügellandschaft, tatsächlich möglich? Ob er selbst das so sieht oder nicht, die große »1.000« steht im Raum und das schon vor dem geplanten Hauptevent im Herbst.

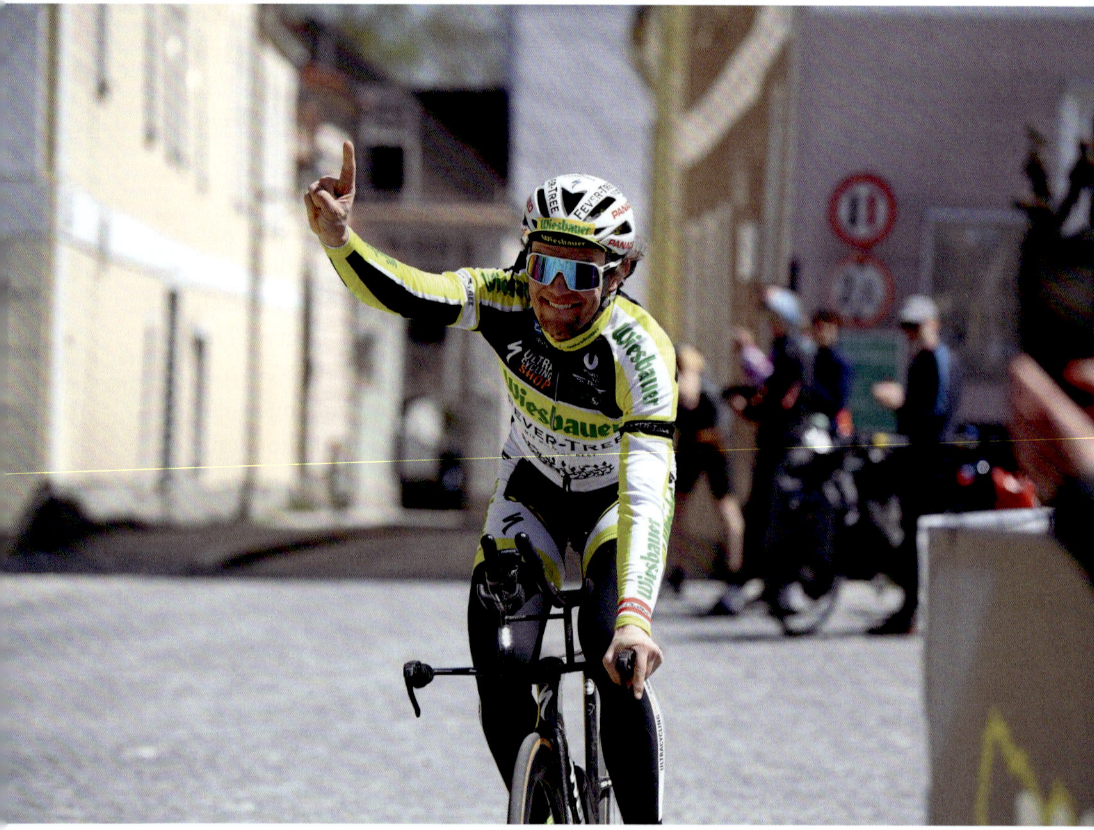
Wiesbauer
FEVER-TREE

Stunde 18

POTENZIALE

Potenziale. Sie zu finden wird immer schwieriger und gleichzeitig wichtiger, je näher man dem individuellen Optimum kommt. Christoph Strasser fliegt diesbezüglich schon nahe an der Sonne, weshalb er zum Trüffelhund für Trödeleien und kleine Schnitzer avanciert ist. Die Floskel vom nicht existenten, perfekten Rennen ist das eine. Aber wo und wie soll einer wie Christoph als bereits x-facher Rekordhalter einer Nischendisziplin abseits des Innovationsdrucks der Millionengräber à la Formel 1 oder UCI WorldTour ganz konkret einem bereits in unter 17 Stunden zurückgelegten Race Around Niederösterreich im nächsten Anlauf noch und noch und noch eine Minute abringen. Die Beantwortung dieser Frage beginnt mit einer peinlich genauen Bestandsaufnahme.

Punkt Nr. 1: Das Wetter. Eine unbeeinflussbare Größe und bei der diesjährigen Ausgabe des RAN gelinde gesagt mau. Kuschelige 4 °C im Nieselregen schon zum Start. Als letzter Starter um 19:26 Uhr ging es für Christoph direkt hinein ins eisige, nächtliche Bad – zwar keine großen Regenmengen mehr von oben, dafür jede Menge Spritzwasser von unten, der »Traum« jedes Rennradfahrers. Das sollte sich nicht ändern, außer in die negative Richtung, und zwar kurz vor dem Hauptanstieg am Semmering, wo die Temperaturen sogar den Nullpunkt streiften. Zur schlechten Sicht und der Steifigkeit nach stundenlangem Durchgeweichtwerden im Eiswasser gesellt sich schnell die Angst vor dem Sturz in der nächsten Kurve, was Zeit kostet, und mehr noch: Energie. Kein kurzes Lockerlassen in der Abfahrt wie üblich, sondern ein andauernder Krampf. Andererseits: Im Hinblick auf den Rollwiderstand ist feuchtkaltes Wetter eher von Vorteil. Theoretisch sollten sich leichter Meter machen lassen, aufgrund der geringeren Reibungsverluste. Wie viel das unter solchen Bedingungen und auf einem realen Kurs mit Aufs und Abs und jeder Menge nächtlicher Finsternis bringt, sei dahingestellt, jedenfalls würden Wüstentemperaturen andere, nicht notwendigerweise harmlosere Probleme mit sich bringen.

Was in der Hitze definitiv wegfällt, ist das Pokern mit der Kleidung. Eine Nacht in Arizona oder im hochsommerlichen Niederösterreich lässt sich problemlos im dünnen Trikotstoff durchfahren, und tagsüber gilt ohnehin das Motto: so wenig Stoff auf der Haut wie möglich. Hier beim RAN allerdings winkt die Regenjacke, deren Aufplustern sie zum Bremsfallschirm werden lässt, jedenfalls in Zeitfahrermaßstäben. Also die Überlegung: Wie wenig geht noch, ohne eine Unterkühlung und zumachende Oberschenkel zu riskieren? Unterhemd, kurzes Trikot, Windweste; für die Extremitäten nur Armlinge und Beinlinge. Ziemlich extrem für diese Verhältnisse, aber das anhaltend hohe Tempo macht es möglich.

> *»Ich habe im Rennen stundenlang gehadert und mit mir gerungen, ob ich die Kälte weiterhin aushalten oder doch einen Stopp einlegen sollte, um ein langes Trikot drüberzuziehen. Im Wissen um eine Serie von roten Ampeln bei Kilometer 330 in Wiener Neustadt habe ich mich für das Aushalten entschieden: bis dahin unbedingt den 40er-Schnitt halten und dann dort, wo die Nerven durch unerbittliche Stopps sowieso schon auf die Probe gestellt werden, die erzwungenen Stehzeiten zum Anziehen nutzen.«*

Das sind die Denkmuster im Tunnel, in dem nur das Vorankommen und die Verbesserung zählen. »Warum werden diese zehn bescheuerten Ampeln um drei Uhr nachts eigentlich nicht abgeschaltet?« »Warum gibt es keine grüne Welle, sondern eher das genaue Gegenteil?« »Für die Platzierung ist es ja vielleicht egal, aber der schöne Schnitt…« Das Langarm-Trikot immerhin half, und die Aussicht, es bei etwas versöhnlicheren Bedingungen noch ein bisschen besser machen zu können, wertet Christophs Ergebnis am Ende sogar noch auf.

Punkt Nr. 2: Der verpatzte Laufradwechsel. Und die »heiß geliebten« Scheibenbremsen an der Zeitfahrmaschine. Die Materialstrategie für den über weite Strecken nicht allzu anspruchsvollen Kurs des RAN ist einfach: die ersten 360 Kilometer auf dem ShivTT, das die Ebene förmlich frisst, dann am Fuße des Semmering auf das leichtere und bergtaugliche Tarmac-Straßenrad umsteigen. Auf diesem bis zur letzten Bergwertung in Wastl am Wald, wo die Crew plangemäß – direkt am höchsten Punkt, um keinen Schwung zu verlieren – wieder die Zeitfahrmaschine bereithalten würde. Einmal runter- und wieder aufspringen, Dauer keine dreißig Sekunden, und dann bergab Richtung Tal in idealer Aeroposition wieder Druck ausüben. In langgezogenen und technisch einfachen Abfahrten wie dieser offenbart sich der Geschwindigkeitsvorteil der optimierten Zeitfahrmaschine gegenüber dem normalen Straßenrad am deutlichsten. Dementsprechend schlecht, wenn die erste Wahl genau dort nicht zu Verfügung steht und man ohne Wechsel vorbei an den schwitzenden Teammitgliedern weitertreten muss, mit der siedend heißen Erkenntnis: Irgendetwas ist gerade schiefgelaufen!

»Wir wollten das ShivTT nicht mit dem Scheibenlaufrad fahren, wie zu Beginn in den bretteben en Passagen, sondern mit der leichteren 64-mm-Hochprofilfelge, weil es auf den letzten 70 Kilometern vom höchsten Punkt bis ins Ziel noch mal ordentlich Höhenmeter zu bewältigen gibt. Und da schlug mein Lieblingsthema zu: Laufradwechsel mit Scheibenbremsen. Herrlich. Ohne ins Detail gehen zu wollen: Es musste länger gearbeitet werden. Als ich oben ankam, war das Rad daher nicht bereit. Stehen bleiben war keine Option, also raste ich mit dem Tarmac die Abfahrt runter und erst ganz unten, als wir das Tal verließen und das nächste Flachstück begann, konnte ich endlich doch auf das umgebaute Zeitfahrrad umsteigen. Anstatt oben am Berg praktisch ohne Zeitverlust bei Schritttempo zu stoppen, musste ich unten in voller Fahrt wechseln. Gegen die Grundregel: Niemals stoppen, wenn du Schwung hast.«

Analysiert man die Zwischenzeiten, erkennt man die Bedeutung des Materials im mittlerweile – zumindest auf den »kurzen« Strecken über weniger als 24 Stunden – hochoptimierten Ultracycling. Genau die Timestation mit dem missglückten Radwechsel ging nicht an den Dominator. Philipp Kaider fuhr wie 2020 stark und konnte auf diesem Streckenabschnitt zwei Minuten gutmachen. Natürlich sprang er, genau dort, wo das auch Christoph Strasser geplant hatte, auf sein Zeitfahrrad: ein Specialized ShivTT.

Punkt Nr. 3: Der schwächelnde Saugnapf. Oder: Manchmal kommt alles zusammen. Christoph Strasser hat die Route gerade nicht wie üblich auf seinem Radcomputer eingeblendet, ein Kreisverkehr nähert sich rasant, und plötzlich kollabiert die Halterung des Navis im Begleitauto, weil besagter Saugnapf sich von der Windschutzscheibe verabschiedet. Der digitale Pfadfinder verschwindet zwischen Ensure-Flaschen und Verpflegung irgendwo zwischen Handbremse und Fußraum, Christoph fegt geradeaus durch den Kreisverkehr – wo auch sonst hin – und der Pfeil auf dem wiedergefundenen Display entfernt sich von der durchgezogenen Linie der korrekten Rennroute.

»Nach 200 Metern, der asphaltierte Feldweg ging plötzlich in Schotter über, erhärtete sich der Verdacht: Wir sind falsch abgebogen (bzw. falsch nicht abgebogen). Shit happens, nichts weiter passiert, umdrehen, Kopf runter und weiterfahren.«

Die gelernte Lektion Saugnapfputzen taugt zum amüsanten Augenzwinkern im Strasser'schen Rennbericht, und wieder zeigt sich: Ein pannenfreies Rennen ist nahezu unmöglich. Darum eine weitere klassische

Langstreckenfloskel: Irgendwas passiert immer, also lerne damit umzugehen!

Konstante Baustellen

Drei Makel. Zwei davon marginal und einer (das Wetter) nicht ganz so unbedeutend, aber dafür nicht einmal vom pedantischsten Organisationsfanatiker beeinflussbar – viel mehr gibt es im Rückblick auf das RAN nicht zu finden. Wobei: Erfahrungsgemäß kann sich diese Sichtweise ändern. Nicht kann, sondern *wird* sich ändern. Wie immer, wenn die Zeit schonungslos mit den alten Rekorden umgeht. Physis und Material sind halt konstante Baustellen. Was manche als wider die Natur abstößt, ist für andere der eigentliche Reiz solcher Höchstleistungen abseits der Norm. Zu erfahren: was ginge noch, ausgehend vom eigenen Level oder dem, was man sich zumindest selbst noch vorstellen kann? Die Profis in allen Bereichen zeigen uns das auf. Nicht immer mit lauteren Mitteln, Betrug und Doping, das alte Lied. Manche haben sich infolgedessen als Zuseher vom bezahlten Sport, dem Radsport mit seinen zahllosen unrühmlichen Affären im Besonderen, verabschiedet. Andere blenden das aus, freuen sich an der Ästhetik der vorgeführten Meisterleistung und interessieren sich nicht für ihr Zustandekommen.

Die Dopinggegner haben natürlich im Grunde recht, schießen aber hier und da auch über das Ziel hinaus und sprechen überführten Athleten jegliches Talent, die harte Arbeit und die über Jahrzehnte erduldeten Entbehrungen ab – alles sei ja nur durch den Betrug, die verbotene Substanz, zustande gekommen. Das ist natürlich ausgemachter Blödsinn, wie jeder weiß, der schon einmal im Entferntesten leistungsmäßiges Radsporttraining betrieben hat. Abseits des Morasts, in den sich leider zu viele Profis haben hineinziehen lassen (und das wird sich wohl leider nicht maßgeblich geändert haben), existiert die eigentliche Faszination ungebrochen weiter: die Hingabe, die Aufopferungsbereitschaft, das Durchhalten bis zum Schluss. Definitiv: Auch mit lauteren Mitteln ist Unfassbares möglich. Aber es ist ebenso unfassbar hart, so weit zu kommen, die kleinen Fort- und Rückschritte auf dem Weg nicht leid und auch nicht mit den Jahren müde zu werden. Das größte Potenzial von Athleten wie Christoph Strasser ist womöglich am ehesten genau diese Resilienz – eine Art übermenschliche Ermüdungstoleranz gegenüber dem Weiterträumen und der Bereitschaft, dafür weiterzuarbeiten.

Für den körperlichen Feinschliff vor dem Rekordwochenende in Zeltweg geht es nach wenigen erholsameren Wochen Mitte Juni sofort weiter ins Höhentraining in den auf knapp 1.800 Meter Seehöhe gelegenen Schweizer Nobelskiort St. Moritz. Es ist nicht nur die Jagd nach der Formspitze für knapp einen Monat später: Mehr noch geht es darum, einen Testballon für den immer noch in der Schwebe hängenden Haupttermin in Colorado im Herbst steigen zu lassen. Wie reagiert der Körper auf die Höhe, wie leicht fällt Christoph die Akklimatisation, und wie sehr fällt die zu erwartende, höhenbedingte Leistungseinbuße tatsächlich ins Gewicht? Auch wenn Corona und vor allem die neue Aufregung um die ansteckendere Variante Delta noch immer alles ins Wasser fallen lassen könnte, gilt es für Christoph und sein Team, stoisch weiterzuarbeiten und die Ungewissheit auszublenden. Wie wird sich die zwei Wochen vor Zeltweg terminierte Impfung kurzfristig gesundheitlich bemerkbar machen? Wird die zweite Dosis die Einreise in die USA ermöglichen, oder drückt irgendjemand in irgendeiner Behörde wieder den Panikknopf und es kommt zu einer neuerlichen Abschottung? Eine Endlosschleife an Konjunktiven und Zweifeln, in die man als Athlet besser gar nicht einsteigt.

Bald kann die Post abgehen

St. Moritz. Höhentraining. Wie sieht das konkret aus in den letzten Wochen vor dem Rekordversuch in Zeltweg? Wie vermeidet einer wie Christoph Strasser den Super-GAU durch die kumulierte Wirkung von Sauerstoffmangel und Belastungsintensität? Am besten durch einen vorsichtigen, dosierten Start, auch wenn es schwerfällt.

Die erste Ausfahrt – vier lockere Stunden – beschert Christoph sogleich völlig andere Aussichten, als er sie vom monotonen Grazer Flachland kennt. Die landschaftliche Abwechslung hilft ihm, sich im Drang zu bremsen, gleich auf Anhieb aufs Tempo zu drücken oder mehr harte Stunden in die Beine zu pumpen. Sie gingen schon, die großen Pässe, aber dafür bleiben noch über zwei Wochen Zeit, also nicht gleich das Pulver verschießen. Der Ruhepuls soll sich erst normalisieren, die Sauerstoffsättigung steigen. Das wird regelmäßig überprüft, genau wie die Variabilität der Herzfrequenz, ebenfalls ein zuverlässiger Ermüdungsparameter. Der Laktattest am zweiten Tag: einfach selbst einen Tropfen Blut aus dem Finger gedrückt und das Testprotokoll ausgewertet. Das Ziel: festzustellen, ob im mittleren Trainingsbereich, also bei 200 bis 300 Watt Tretleistung und einer Herzfrequenz von maximal 145 Schlägen, eine einigermaßen normale Laktatkonzentration im Vergleich zur Messung im Flachland vorliegt. Denn das würde darauf hindeuten, dass im anvisierten Wattbereich für den Weltrekordversuch in Colorado kein massiv veränderter Laktatstoffwechsel zu erwarten wäre, selbst bei nicht optimaler Akklimatisation. Außerdem könnte Christoph dann die Bremse an Umfang und Intensität etwas lösen.

Schon dieser erste Test zeigt: Das mit der Höhe dürfte kein ernsthaftes Problem werden! Eine nur leicht erhöhte Konzentration am zweiten Trainingstag, dazu eine Sauerstoffsättigung von 93–94 Prozent verglichen mit den 96–97 Prozent zu Hause. Bald kann die Post abgehen und in Colorado erst recht, denn vermutlich wird die Leistungseinbuße schon nach einer knappen Woche Anpassung kaum mehr ins Gewicht fallen. Diese Erkenntnis ist eindeutig noch wichtiger als die formsteigernde Wirkung dieses Blocks.

Zeitsprung – Tag sieben. Bereits nach nur einer Woche hat sich alles normalisiert. Eine großartige Nachricht für ein eventuell noch immer von Corona überschattetes Vorbereitungsprogramm in den USA, so der Rekordversuch in Colorado denn stattfinden kann. Bereits nach dem dritten Tag kamen klingende Namen wie der Julier- und der im Ultracycling vor allem durch das Race Across The Alps (RATA) bekannte Albulapass unter die Räder. Kennt man den Berg aus dem Rennen nur bei Nacht, lässt sich die Abfahrt unter der brennenden Frühsommersonne erst so richtig genießen – ein häufiger Perspektivenwechsel auf der Langstrecke, die die Athleten oft zu absurden Zeiten an die exotischsten Orte führt. Außerdem abgehakt sind die ersten Zeifahrintervalle. Je zwanzig Minuten in der Ebene, schließlich geht es darum, einen Tag und eine Nacht lang die Aeroposition zu halten und nicht eine Bergankunft zu gewinnen.

Fanspielen um Mitternacht

Wenn alles nach Plan läuft, bleibt auch Zeit für ein abwechslungsreiches Drumherum: Nach dem Laktatgepikse auf der Terrasse (die Rolle eignet sich hierfür ideal, da man nicht stehen bleiben muss) geht es für Christoph Strasser um Mitternacht auf den Berninapass zum Fanspielen. Dort winden sich nämlich gerade die Teilnehmer des diesjährigen RATA schon den x-ten Bergpass hoch. Die gesamte Unternehmung ist eine einzige Aneinanderreihung von Pässen und Abfahrten, wie sonst sollten auf einer Strecke von gerade einmal knapp über 500 Kilometern die 14.000 Höhenmeter Platz finden, die diese Veranstaltung zum selbsternannten »härtesten Eintagesrennen der Welt« machen?

Christoph selbst hat auch schon dreimal an diesem Klassiker teilgenommen, der traditionell Überschneidungen zwischen Ultracycling- und Straßenfahrer-Szene zulässt. Einige aktive oder ehemalige Straßenprofis standen schon am Start, konnten das RATA auch gewinnen, lieferten sich harte Duelle mit den etablierten Langstreckenexperten. Ein Pulverfass. 2007 konnte Christoph Strasser sein bestes Ergebnis einfahren, einen zweiten Platz in 22:59 Stunden. In den darauffolgenden Jahren – wohl seinen besten – fokussierte er sich auf andere Wettkämpfe, daher blieb es für ihn bei dieser »Referenzzeit«. Und wieder schlägt der Fortschritt zu, denn durfte man sich mit einer Zeit unter 23 Stunden damals noch berechtigte Hoffnungen auf den Sieg machen, sichert sie 2021 ein Top-10-Ergebnis, mehr nicht. Bergspezialisten, die den Umstieg auf die lange Distanz wagen, legen

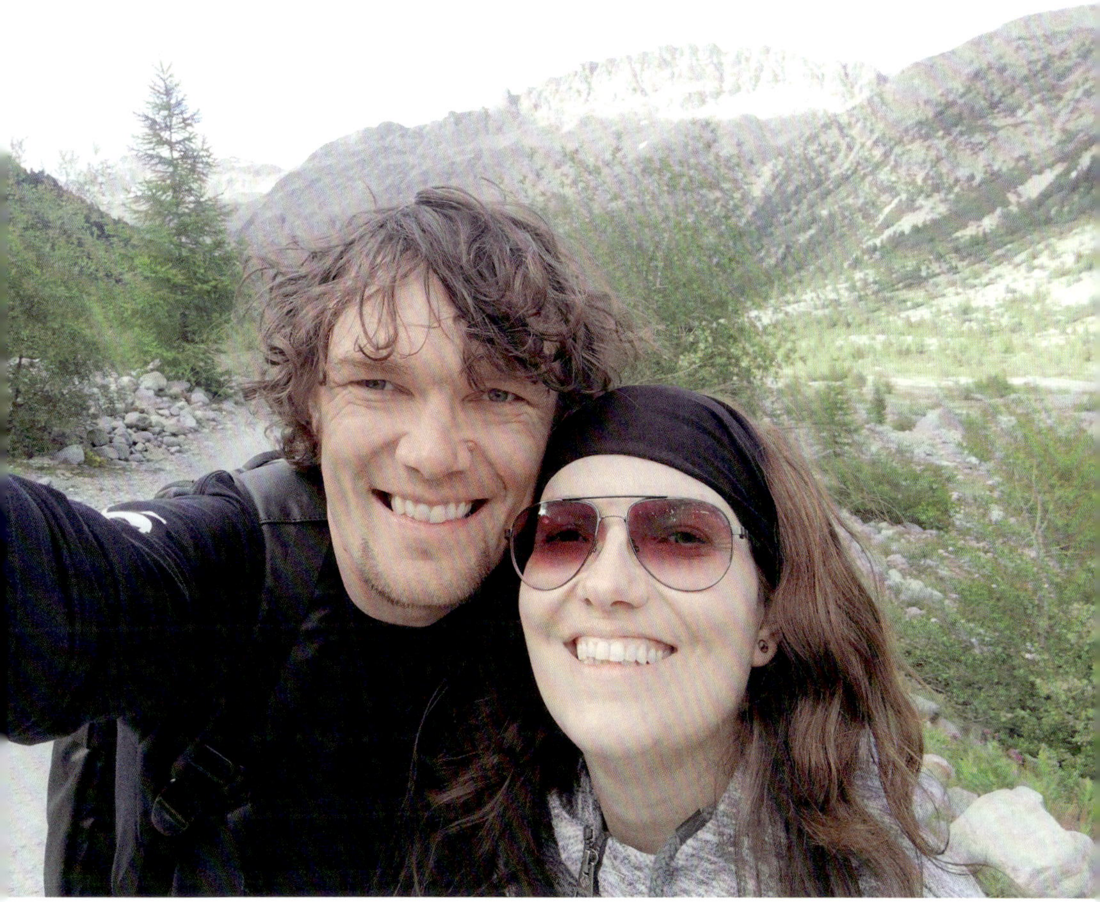

die Latte jährlich höher: Diese Ausgabe des RATA geht in beindruckenden 20:03 Stunden an Dominik Schranz. Ein neuer Streckenrekord, mit vielen starken Finisherzeiten im »Windschatten«. Lukas Kienreich, Trainings- und Staffelkollege von Christoph Strasser aus Graz, erreicht in 22:41 Stunden den achten Platz. Wohlgemerkt eine Zeit, die ihm 2007 noch den Sieg eingebracht hätte. Eine Wahnsinnsentwicklung.

Wahnsinn auch, was man an Eindrücken von der anderen Seite mitbekommt, wenn man sich bei einer solchen Tortur ausnahmsweise an den Streckenrand anstatt an die Startlinie stellt.

> *»Es ist schon beeindruckend, meinen Sport einmal von außen kennenzulernen, das aber hautnah! Ich habe mit Sabine, die mich im Trainingslager begleitete und die freie Zeit als Urlaub nutzte, auf Lukas gewartet und dabei natürlich auch die Fahrer vor ihm angefeuert. In der Nacht sieht man nicht viel, das Licht blendet, wenn der Fahrer da ist, erkennt man ihn an der Startnummer, ruft schnell ein paar Worte zu, klatscht, läuft ein paar Meter mit, und schon ist es wieder vorbei und man steht in der Finsternis. Die Leute erkennen mich alle, auch nachts – das freut mich schon sehr. Lukas hat ordentlich mit sich zu kämpfen gehabt, ich bin dann regelkonform die letzten paar Minuten neben ihm zur Passhöhe hochgefahren, habe ihm etwas erzählt, versucht, ihn abzulenken, Hilfe anzubieten, ihm einfach die harte Zeit zu vertreiben, wie das meine Crew bei mir machen würde. Oben beim Umziehen konnten wir nicht mehr viel tun, nur das Rad halten, damit seine Betreuer sich komplett um ihn kümmern konnten. Dann haben wir noch den Müll mitgenommen und kurz mit dem Team geplaudert, während Lukas schon mit superhellem Radlicht ein paar Meter vorausfuhr, was man beim RATA darf, üblicherweise aber nicht. Und schon war es wieder vorbei, und wir konnten ihm nur mehr die Daumen drücken, was sich letztendlich ausgezahlt hat.«*

Das Vorbeischauen des Szene-Idols am Streckenrand löst bei den Angefeuerten wahre Begeisterung aus. Man kann es sich nur zu gut vorstellen: Beim Kampf gegen den innigst verfluchten Berg steht plötzlich *der* Strasser da und feuert einen an. In dieser Szene wie ein kleines Weihnachtsgeschenk, hart erarbeiteter Ruhm und Ehrfurcht der Konkurrenz.

Kurz könnte Christoph sich daran gewöhnen, einmal ganz passiv anzufeuern und moralisch zu unterstützen, die Dankbarkeit der leidenden Kollegen und ihrer Helfer zu spüren. Dann zieht es ihn aber schnell wieder in die aktive Rolle und er fiebert der Aussicht entgegen, wieder selbst motivierende Botschaften und Begeisterung von außen zu bekommen. Dafür heißt es, beinhart weiterzuarbeiten, auch wenn er an diesem Abend euphoriebedingt erst um drei Uhr früh das Bett sieht und die Eindrücke ihn wachhalten.

Zum Glück gibt es als zusätzliche Motivationsspritze auch mal ein gemeinsames Training mit ehemaligen Konkurrenten, die sich mit den Jahren zu guten Bekannten und Freunden entwickelt haben. Einer davon, eine echte Schweizer Bergziege, ist Thomas Ratschob. Ratschob ist Mitglied einer sehr überschaubaren Truppe, die Christoph Strasser in seiner stärksten Zeit schlagen konnten – ihm gelang das unter anderem in Slowenien beim RAS 2009 und 2011. Schon länger hat er sich aus dem aktiven Rennbetrieb zurückgezogen, Form und Leidenschaft für das Schwitzen und Schinden auf dem Rad sind aber ungebrochen. Die gemeinsame Tour der beiden wird standesgemäß lang und hart: von St. Moritz über Maloja, Splügenpass, Tiefencastel und Albulapass, macht 180 Kilometer und 3.900 Höhenmeter. Das fordert seinen Tribut, auch für solche Granden. Die Eindrücke einer wunderschönen Gegend, gesammelt in feiner Gesellschaft, entlassen Christoph Strasser in einen verdienten Regenerationstag, an dem die Gedanken trotz des bevorstehenden zweiten Trainingsblocks in den Alpen ein paar Stunden ruhen dürfen.

In der Heimat warten – schon bald – sieben glatt asphaltierte Kilometer rund um eine Fliegerkaserne. Dort weht keine frische Brise wie in den Bergen; die Luft liegt schwül und feucht auf der Haut in diesen ersten Hochsommertagen…

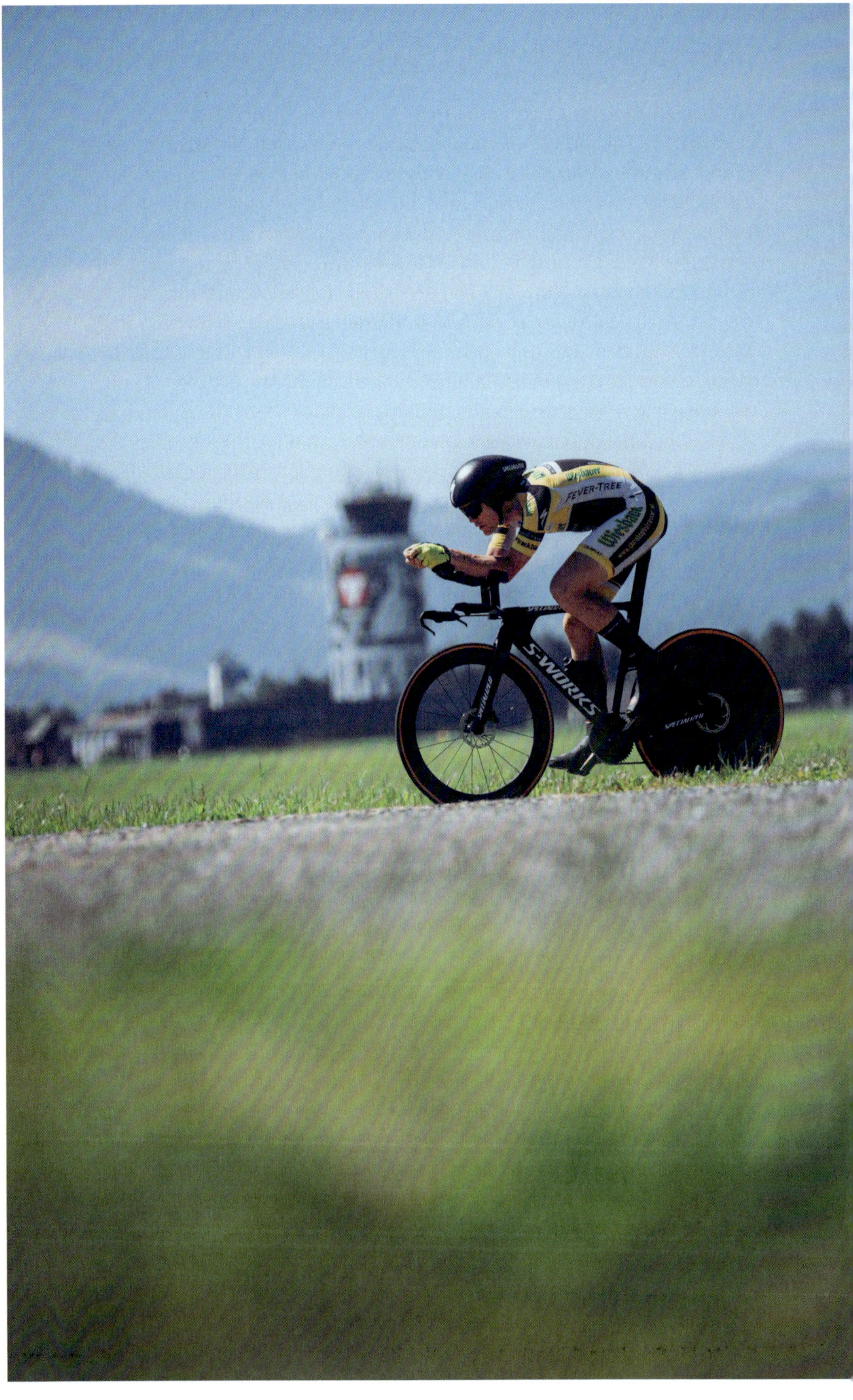
FEVER-TREE
S-WORKS

Stunde 19

DAS KLEINE (?) FINALE

TEIL EINS

Bald schon befindet sich Christoph Strasser im Tunnel der allerletzten Organisationsarbeiten, die Schweiz liegt hinter ihm, Alpenpässe und Landschaftsträumerei verschlungen vom Zeitraffer des sich nähernden Höhepunkts. Nicht mehr viel hat sich getan außer produktives Training bei guten Werten, alles ist so weitergelaufen, wie man es sich für diesen großen Belastungsbrocken nur wünschen konnte. Und nun ist es wie immer: die unzähligen Kleinigkeiten, die es noch aus dem Weg zu räumen gilt, damit die große Ruhe vor dem Sturm einkehren kann. Das Training steht jetzt nicht mehr täglich im Mittelpunkt, sondern drängt sich zwischen die Gespräche mit Journalisten, Officials, Bundesheeroffizieren und Betreuern. Diese Phase ist die zermürbendste: Eigentlich will man einfach nur lostreten, aber da sind diese vielen kleinen Pflichtaufgaben, die sich zu einem elendslangen Martyrium summieren und einem schon vor dem Start alle Energie rauben wollen.

Immerhin, Christoph ist diese Dinge längst gewöhnt. Und immerhin, es ist kein RAAM, die Wege sind kurz und das Team überschaubar. Die Kooperation mit dem Bundesheer erweist sich in den Augen des ehemaligen Zivildienstleistenden schnell als großer Pluspunkt: Nicht nur der Flugplatzleiter und Kommandant des Fliegerabwehrbataillons 2, Oberstleutnant Papst, sondern alle verantwortlichen Offiziere sind hilfsbereit, freundlich, engagiert und professionell. Das Fotoshooting mit dem bereitgestellten Eurofighter-Kampfjet ist das i-Tüpfelchen; Christoph mit Helm in der Armbeuge und braungebrannt wie Tom Cruise zu besten *Top Gun*-Zeiten. Durch die vom Militär gewährte Testfahrt ist auch die Vermessung der Strecke durch die WUCA, den vormals als UMCA bekannten, internationalen Dachverband für Ultracycling-Rekorde, bereits eingetütet. Ein präzises Garmin-File in Kombination mit den verfügbaren GPS-Karten reicht dafür heutzutage aus – nichts mehr mit Messrad und dazugehörigem Vermessungstechniker.

Das Tagebuch quillt über vor Lob des »Wehrdienstverweigerers« für den ihm entgegengebrachten Enthusiasmus:

> *»Ich muss zugeben, dass ich von den Bundesheeroffizieren mehr als positiv überrascht bin. Bisher kannte ich nur die klassischen Horrorstorys von*

befreundeten Grundwehrdienern. Da prallen dann zwei Fronten aneinander: natürlich, der eine oder andere Schleifer als Ausbilder, andererseits aber ebenso die nur schwer zu ertragenden, aufmüpfig-lässigen achtzehnjährigen Revoluzzer, die den starken Mann markieren wollen. Das kann für alle Beteiligten nicht besonders angenehm sein. Umso erfreulicher, dass die Offiziere, die ich bis jetzt kennengelernt habe, so mitfiebern. Echt coole Leute und die Begeisterung für den Rekord ist spürbar, was mir Freude und Motivation zurückgibt. Ich bin nicht nur geduldet und darf ein paar Kilometer Versorgungswege nutzen, sondern alle leben mit, bringen Ideen ein und sind produktiver, als ich als ehemaliger Zivi mir das je vorgestellt hätte.«

Heldenmärchen oder Rohrkrepierer?

Zugegeben, der Fliegerhorst Zeltweg mit seinem Hightech-Equipment ist ein Aushängeschild des Heeres und keine Allerweltskaserne. Begeisterungsfähigkeit für Höchstleistungen erwartet man hier eher als anderswo. Und trotzdem: Gerade in einem radsporttechnisch nicht besonders enthusiastischen Land wie Österreich und in Zeiten ausufernder Corona-Verordnungen, die es einer Organisation wie dem Bundesheer leicht machen würden, ein solches Anliegen abzuschmettern, ist dieser Einsatz nicht hoch genug zu bewerten. Üppige 25 Mann sollen am Rekordwochenende bereitgestellt werden, um das Team zu versorgen, die Strecke zu sichern und den Journalisten Einblick in das Geschehen zu gewähren, ohne dass Sicherheitsrichtlinien gebeugt werden müssen. Professioneller kann eine Generalprobe nicht ablaufen – und das ist gut so, denn noch immer ist keineswegs klar, ob es sich hier nicht schon um den großen Rekord handeln wird, wenn die USA weiterhin die Einreisebeschränkungen strikt aufrechterhalten. Es ist und bleibt eine dieser Geschichten, die bis zur letzten Sekunde zwischen großem Heldenmärchen und Rohrkrepierer umschlagen könnten.

Corona und die hauptsächlich für die pessimistischen Aussichten verantwortliche Delta-Variante, der man Resistenz gegen die Impfung – Christoph hat zwei Wochen vor dem Rekord endlich seine erste Dosis erhalten – nachsagt, bleiben ein Dauerthema. Ungeachtet dessen steigt der öffentliche Druck. Gehen sich die 1.000 Kilometer schon hier in Zeltweg aus, wird immer lauter und häufiger gefragt, auch wenn seine Antwort dieselbe bleibt. Der Juli sei dafür nicht ideal, ganz abgesehen vom physikalischen Limit des Luftwiderstands auf nur 650 Metern Seehöhe, weswegen er ja von Beginn an Colorado ins Auge gefasst hatte. Christoph Strassers Problem: Er ist zu schnell, als dass er das Wort »unmöglich« noch glaubhaft verwenden könnte. Und er selbst hält es nicht für gänzlich unmöglich, nach Jahren der konstanten Verbesserung und mit dem weiter optimierten

Material, etwa dem spezialangefertigten Zeitfahranzug, der die Strömungslinien um seinen kanonenkugelartig verkrümmten Körper bis hin zur kleinsten Verwirbelung glätten wird. Die Möglichkeit ist da, dass sich der Tausender schon bei der Generalprobe ausgeht, aber das wäre in etwa so, als würde Österreich die kurz vor dem Zeltweg-Wochenende zu Ende gehende Fußball-Europameisterschaft gewinnen. Dass das nicht passieren wird, weiß jeder, und doch gibt es dieses Gänsehautgefühl vor dem Achtelfinale gegen Italien und den frenetischen Jubel, kurz bevor der Linienrichter schließlich doch das späte Tor von Stürmer Arnautovic berechtigterweise wegen Abseits aberkennt.

Als Christoph die Mail mit den letzten Infos für sein Team verschickt, hat sich für die Fußballer die Prognose bereits bewahrheitet. Natürlich haben sie nicht gewonnen, sind gegen Italien, den späteren Europameister, knapp ausgeschieden. Aber er ist nicht die österreichische Fußballnationalmannschaft, er hat in seinem Sport mehr vorzuweisen als chronisch überzogene und bald schon enttäuschte Hoffnungen. Und irgendwie ehren ihn die enormen Erwartungen, bei allem Druck, den sie erzeugen, ja auch. Vor allem, da es sich bei dem Wochenende Mitte Juli um die *eine* Gelegenheit in diesem Jahr handeln könnte, alles auf der Strecke liegenzulassen. Um das zu ermöglichen, hat er für sich beschlossen, diesen Rekordversuch für sich stehen zu lassen. Das bedeutet: kein Gedanke an Colorado mehr, bis statt des großen Fragezeichens eine Zahl aus Zeltweg in Stein gemeißelt ist. Danach wären es noch sechs bis sieben Wochen bis zur Abreise, genug Zeit also, eine abgespeckte Version des Trips in die USA zu organisieren.

Mehr als das wäre ohnehin illusorisch, denn das diesjährige RAAM im Juni hat den europäischen Startern die Grenzen der noch immer nicht ansatzweise zurückgekehrten Reisefreiheit aufgezeigt: Einer der Zeltweg-Officials, Kurt Matzler aus Tirol, ein RAAM-Veteran mit vier Teilnahmen im Viererteam, musste seine geplante Solo-Premiere absagen. Schmerzhaft, wie jeder weiß, der schon einmal einen Solostart bei diesem Rennen planen »durfte«. Immerhin, als Referee der WUCA kann Kurt nun am vielleicht geschichtsträchtigen Rekordwochenende daheim auf österreichischem Boden teilhaben. Als RAAM-Starter ist er ebenso wie Christoph Strasser ein leidenschaftlicher Botschafter des Sports, gleichzeitig aber auch unabhängig genug, um objektiv die Leistung und das Umfeld des Versuchs zu überwachen – in der kleinen Szene, in der jeder jeden kennt, keine Selbstverständlichkeit. Außerdem ist er Universitätsprofessor für Strategic Management an der Universität Innsbruck und dementsprechend von Berufs wegen gewöhnt an eine akribische Arbeitsweise und korrekte Begutachtungen. Die perfekte Wahl also und ein wichtiger Haken auf dem Organisationsplan, denn auch den Referee erwartet einiges an Papierkram, abgesehen von der durchgefahrenen Nacht im Begleitauto, da sich laut

WUCA-Reglement der Rekordanwärter jederzeit in Sicht des Officials zu befinden hat.

Glücklicherweise haben sich zwei Betreuer aus Kurts Team ebenfalls kurzfristig bereiterklärt, den Rekord zu überwachen. Aufgrund der Dauer von 24 Stunden wären zwei Referees Pflicht. Drei sind besser, bieten Spielraum für einen unvorhergesehenen Ausfall. Irene Rohregger und Andreas Zemann, beide Chemiker an der Uni Innsbruck, bereiten den Rekord in Excel auf wie ein kleines Forschungsprojekt. Der nötige Rekordschnitt soll Runde für Runde mit der erzielten Ist-Zeit abgeglichen werden. Die Rolle der Offiziellen ist so simpel wie wichtig: die genaue Protokollierung der Durchfahrtszeiten, aber auch die Überwachung des regelkonformen Verhaltens von Fahrer und Crew. Dem Ultracycling hängt noch sein Exotenstatus nach, daher ist Kontrolle auch im Sinne des Athleten, der sich mit einer nachweislich seriös und sportlich fair zustande gekommenen Leistung in den Rekordbüchern verewigen will.

Es spricht allerdings nichts dagegen, wenn die Offiziellen mitfiebern, und das lässt sich, wenn man sich einen ganzen Tag mitten im Geschehen befindet, schwerer vermeiden als in anderen Sportarten. Die Officials dürfen im Rekordmodus zwar nicht aktiv mitbetreuen, allerdings können sie die eine oder andere Flasche mischen oder anreichen, wenn im Pacecar gerade die Wogen hochgehen, oder Hintergrundinfos und Durchgangszeiten liefern, sofern das ihre eigene Dokumentationsarbeit nicht behindert.

Point of no Return

Die eigens für die Rekordcrew gegründete WhatsApp-Gruppe nimmt, je näher der Starttermin am Freitag, dem 16. Juli, um Punkt 17:00 Uhr kommt, zunehmend an Fahrt auf. Und an jedem dieser langen Abende ist Christoph selbst einer der letzten, der Anweisungen, Hinweise oder Rückmeldung gibt. Auch wenn er auf dem Niveau der UCI WorldTour Radsport lebt, bleibt ihm die Knochenarbeit mangels exzessiver finanzieller Möglichkeiten auch hier nicht erspart. Er kann nicht vorschlafen, die Beine hochlegen oder sich in seine eigene Gedankenwelt zurückziehen, sondern muss sich mit den üblichen Kleinigkeiten herumschlagen: wer soll wann wo was aufbauen, mitnehmen, abliefern, und so weiter, und so fort... Das kurzfristige Brandlöschen ist Arbeitsalltag im Ultracycling und dennoch: Christoph muss aufpassen, sich seine Energie aufsparen und darauf achten, gut erholt an der Startlinie anzukommen.

Ist die Fieberblase nach der ersten Impfdosis etwa bereits ein Warnschuss? Tage vor einer solchen Aktion ist der »Point of no Return« längst überschritten – und immer noch gibt es die Hiobsbotschaften kurz vor knapp, die einen nicht aus der Ruhe bringen dürfen: kein Catering an der eigens vom Bundesheer per Ausnahmegenehmigung realisierten 500 m^2

großen Fanzone am Start/Ziel-Bereich zum Beispiel. Oder die Wetterprognose, die der Grund für den Start schon am Freitagnachmittag ist: Regen, Regen, Regen, eventuell schon zum Startzeitpunkt, und das soll sich das ganze Wochenende über nicht verbessern. Selbst Christoph muss einsehen: Ultracycling ist ein einziger Kompromiss, in allen Belangen.

So auch die finale Materialwahl: Latex-Schläuche wären die schnellsten, verlieren jedoch schon nach einigen Stunden Luft. Was für einen Stundenrekord auf der Bahn keine Rolle spielt, würde ihm hier einen Strich durch die Rechnung machen. Ebenso die Position: Was lässt sich 24 Stunden aushalten, was führt zu Leistungseinbußen aufgrund eines spätestens nach sechs Stunden völlig verspannten Rückens? Bei hohen Temperaturen: Aerohelm oder doch der normale, besser belüftete Straßenhelm? Der stromlinienförmige Helm schränkt die Wahrnehmung der Umgebungsgeräusche derart ein, dass er kaum für das Training auf offener Straße taugt. Zumindest weiß Christoph schon von seinen früheren Rekordversuchen und seinen Starts bei der 24-Stunden-Zeifahr-WM, wie sich sein Kopf nach Stunden in der Isolationszelle anfühlen wird. In der Wüstensonne von Borrego Springs glich das Helmklima schnell dem eines Dampfgarers. Immerhin, solche Beklemmungszustände werden ihm hier nicht zusetzen. Ebenso wenig die Frage, ob beim Langarm-Zeitfahranzug in letzter Sekunde noch die Schere zum Einsatz kommen muss, weil die aerodynamisch günstigste Variante, möglichst viel Haut mit dem Spezialstoff zu bedecken, an einem durchgehend heißen Tag einen gefährlichen Hitzestau zur Folge haben könnte. Der Anzug ist aber auch bei kühlem Wetter an der Grenze zum Komfort-Mindestmaß, das auf der Ultrastrecke gewahrt bleiben muss: Das Teil ist so eng, dass es kaum Luft zum Atmen und Durchstrecken lässt, und Christoph fühlt sich darin schon bei der Anprobe beklemmt. Auf die Toilette zu gehen, wird in diesem Outfit schwierig; wenn er muss, wird er es einfach laufen lassen, auch um sich die kleinsten Stehzeiten zu sparen. Die marginalen Verbesserungen am Aero-Setup sind ebenfalls ein Glücksspiel, denn im Gegensatz zu den bewährten Komponenten ist hier die Testzeit begrenzt. Erst kurz vor knapp treffen nach und nach die in Summe potenziell entscheidenden Beschleuniger ein und kommen einzeln testweise zum Einsatz. Aber wie sieht es mit der Zuverlässigkeit der Anbauteile aus: Wird es Defekte geben?

Sonderdienst in letzter Minute

Tausende kleine Entscheidungen über jede Einzelheit bis zum letzten womöglich bremsenden Detail sind noch abzuwägen. Immerhin halten sie Christoph auf Trab und dämpfen das Nachdenken über die immer lauter werdende Tausend. Im Team lautet der Marschplan: 39 km/h sind das realistische, der magische 40er-Schnitt und damit 960 Kilometer das (realistische) Traumziel. Weiter lässt Christoph sich nicht ausquetschen, und selbst wenn in seinem Kopf eine andere Zielsetzung herumgeistern würde, wäre das der letzte private unter einer Vielzahl von geteilten Gedanken.

Günstig beim Verdrängen des Drucks von außen trifft sich auch seine Entspanntheit, was die letzten Arbeiten am Material angeht: Bis zuletzt wird gebastelt, geschraubt, getüftelt. Andere Athleten würden eine gefühlte Ewigkeit vor einer derartigen Mammutaufgabe nicht mehr in das bewährte System eingreifen und längst fingernagelkauend vor einem fertig gepackten Begleitfahrzeug sitzen; so lässt sich jedoch nicht in neue Sphären vorstoßen. Aufbauend auf ohnehin schon pfeilschnellem Material, dem Specialized ShivTT, wird weiter verfeinert. Längst gewährt ihm sein Radausrüster auch Zugang zum Reifenmaterial der Straßenprofis, er fährt Gummis mit weniger Pannenschutz, dafür aber auch weniger Rollwiderstand. Was nicht von der Stange oder aus den Hallen von Specialized verfügbar ist, organisiert Christoph sich über private Kanäle – bis zuletzt.

Gibt es ein neues Bauteil, das Wattersparnis verspricht und zuverlässig ist, wird es auch noch am Vorabend vor dem Start verbaut. Schon beim RAN und im Höhentrainingslager konnte er eine von Marcus Baranski – einer Zeitfahrinstitution, die er beim ebenso legendären King of the Lake rund um den Attersee kennenlernte – empfohlene, trocken gewachste Kette testen. Läuft gut, verschmiert und reibt kaum, und das selbst auf langen Strecken und gerade bei feuchtem Wetter, wie es für den Tag X vorhergesagt ist. Die Langlaufeigenschaften sind allerdings begrenzt, so dass die Kette unmittelbar vor dem Rekordversuch frisch aufgelegt werden muss und bis auf ein dreißigminütiges Einfahren zur Beseitigung überschüssiger Wachspartikel am besten jungfräulich an den Start gebracht werden will. Während des Trainingslagers wurden auch die sündhaft teuren Speedlager aus Keramik, die an Kurbel und Schaltwerk zum Einsatz kommen werden, vom Baranski persönlich noch einmal zerlegt und neu mit Spezialgleitmittel behandelt. Die Trainingszeit nach dem Einbau: ebenfalls äußerst knapp bemessen.

Kompetenz schafft Vertrauen: Dieser Sonderdienst in letzter Sekunde ist nicht die einzige Hilfestellung, die der auch für renommierte Radsportmagazine testende und berichtende Zeitfahrguru in der Rekordvorbereitung beigesteuert hat. Auf seine Empfehlung hin drehen sich mittlerweile nicht nur Keramiklager in den Naben der Laufräder, sondern es wird auch noch ein extragroßes Monokettenblatt vorne zum Einsatz kommen, da so die Kette hinten auf den mittleren statt auf den äußeren, kleinsten Ritzeln laufen kann. Eine gerade Kettenlinie ergibt auch an dieser Stelle weniger Reibung, gleichzeitig vergrößern sich die Radien, die die Kette durchlaufen muss. Die extragroßen Schaltröllchen dienen demselben Zweck. Auch der

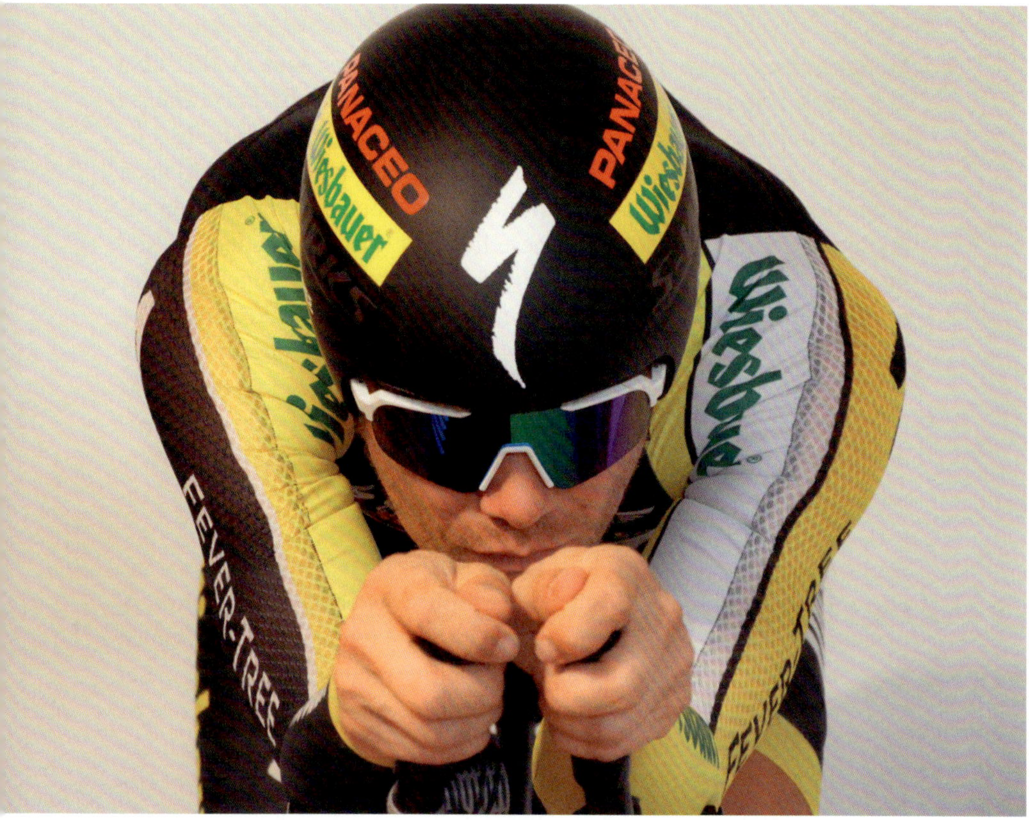
PANACEO
Wiesbauer
FEVER-TREE

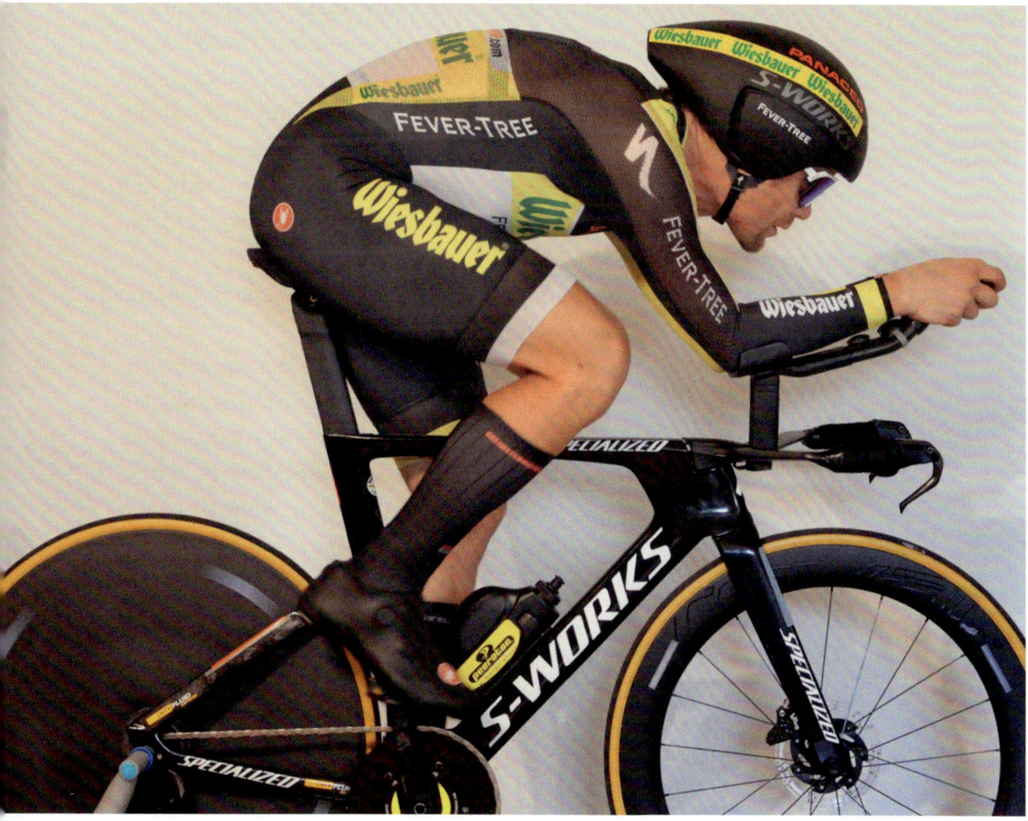
Wiesbauer
PANACEO
S-WORKS
FEVER-TREE
SPECIALIZED

Kontakt zum Aerodynamikinstitut an der Augsburger Radbahn lief über den anerkannten Experten, der selbst erfolgreich als Amateurzeitfahrer aktiv ist. Dort in Augsburg wiederum fiel nach langwierigen Positions- und Bekleidungstests die Entscheidung, in Italien, wo die besten Zeitfahrer unter den Straßenprofis ausgestattet werden, eben jene spät gelieferte, maßgeschneiderte Garnitur zu bestellen, die ihn jetzt schon bei der Anprobe vor dem Spiegel zum Schwitzen bringt. Das Hauptaugenmerk seines Bekleidungssponsors owayo liegt nicht auf dieser Spezialdisziplin, und großzügigerweise legt man ihm, einem der frühesten Zugpferde der mittlerweile etablierten Marke, beim Erreichen einer historischen Bestmarke keine Steine in den Weg. In solchen Momenten macht sich Sponsorentreue doppelt bezahlt. Und das Hören auf Ratgeber wie Marcus Baranski, die wissen, was sie tun.

Zupacken statt wegsehen

Eng und vertrauensvoll sind auch Christoph Strassers Partnerschaften zu den übrigen Beteiligten rund um den wichtigen Tag, der nicht zuletzt auch als Event vermarktet werden will. Vieles bleibt in eigener Hand oder in der seiner engsten Vertrauten Sabine, aber rund um diesen allerkleinsten Kreis schließt sich ein weiterer bestehend aus Weggefährten, mit denen ihn nicht selten Freundschaften bis zurück ins Kindesalter verbinden. Das totale Vertrauen gibt es nicht, aber das Team Strasser kommt diesem Idealbild doch sehr nahe. Wirklich alle ziehen an einem Strang, bis hin zu den Medienleuten, die genauso selbstverständlich eine Trinkflasche oder Windweste rauskramen und anreichen, wenn es sein muss, die mitleben und mitfiebern wie die eigentliche Kernmannschaft und dabei ihren eigentlichen Job, das Dokumentieren, nicht vergessen. Und obwohl es sich nicht um Spaßbremsen handelt, wenn es ums Feiern geht, kann man sich auf jeden Einzelnen im Team im Ernstfall verlassen, denn es wird zugepackt statt weggesehen.

Wenn in der WhatsApp-Gruppe etwas gepostet wird, vergehen kaum ein paar Sekunden, bis jemand seine Hilfe anbietet. Und es gibt immer etwas zu tun, bis zur letzten Minute. Hilfe beim Aufbau des Medienzelts, der Einkauf für die lange Nacht im Betreuerauto, das stille Mineralwasser für die Trinkflaschen, das fehlende Ladegerät für dieses oder jenes essenzielle Gerät. Einer oder eine schreit immer »hier!«, um die Lücke zu schließen und einem oder einer anderen aus der Patsche zu helfen. Nicht, dass alles von Beginn an fehlerfrei laufen würde, doch die Problemlösungskompetenz ist in dieser über Jahre hinweg eng zusammengeschweißten Mannschaft unvergleichlich. Was hier und da zu locker oder sogar nachlässig ob der Tragweite des gefassten Plans und dem groß aufgeblasenen Drumherum wirken könnte, ist im Ernstfall hocheffizient, weil keiner die indivi-

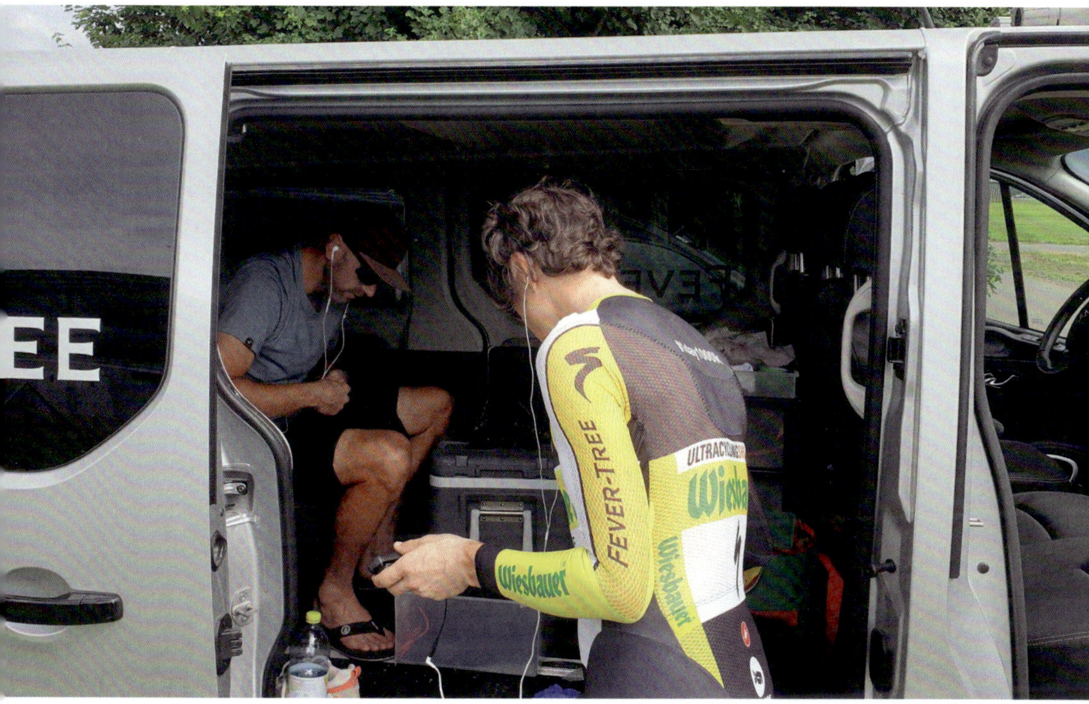
FEVER-TREE
Wiesbauer
Wiesbauer

duelle Verantwortung scheut und alle wissen, wann Raum für ein bisschen Laisser-faire ist – und wann der sprichwörtliche Hut brennt.

So bringt einen Wettkampftypen wie Christoph Strasser kaum mehr ein Wehwehchen oder Problemchen aus der Ruhe, auch nicht die äußeren Einflüsse, die das Ultracycling wie jeden Freiluftsport würzen. Das Wetter wieder. An diesem Freitagnachmittag, genau wie vorhergesagt: suboptimal. Dicke Wolkentürme bäumen sich über den Grasbergen im Hintergrund. Das Containerdorf, das als Quartier für die Bundesheersoldaten und als notdürftiger Unterschlupf für die Crew dienen soll, liegt schon um 16 Uhr, eine Stunde vor dem Startschuss, im Dämmerlicht einer höchstwahrscheinlich feuchten Nacht. Auch der endgültige Wetterbericht des Fliegerhorsts besagt: Es wird regnen. Wahrscheinlich viel, und das genau zum Startzeitpunkt. Kurz wird eine eventuelle Verschiebung zum Thema: Sollte der Platzregen genau zum Start einsetzen, könnte auch eine Stunde später losgefahren werden. Länger zu verzögern, würde nur das Schlechtwetterfenster zum Ende des Rekordversuchs verlängern, und außerdem ist es schwer, die Spannung über Stunden des Wartens aufrechtzuerhalten und nicht den ersten Müdigkeitseinbruch auf Ansage zu provozieren.

Keine Hektik

Ene Stunde vor dem Go durch den Flugplatzleiter Oberstleutnant Papst steht der Anblick, den die Crew rund um den Rekordversuch bietet, im krassen Gegensatz zu der fiebrigen Atmosphäre, wie sie vor einem Rennen mit breitem Starterfeld herrschen würde. Kein hektisches Gewusel ein- und ausparkender Begleit- und Medienfahrzeuge inklusive der üblichen Beinaheunfälle. Keine Kurzschlüsse, nach denen verzweifelt Sicherungen gecheckt und durchgebrannte Kabelstücke ersetzt werden. Keine ohrenbetäubenden Soundchecks an den Außenlautsprechern. Eben nichts von all dem hektischen Grundrauschen, das üblicherweise die Wichtigkeit und Dringlichkeit der Veranstaltung unterstreichen würde. Wer hier etwas zu tun hat, tut es – noch – still und leise. Die Medienleute verkabeln, das Bundesheer verteilt seine Streckenposten und Torwachen, etwas abseits an einer Hecke parkt der VW Caddy mit verspiegelten Heckscheiben, in dem Christoph Strasser sich hoffentlich rissfrei in seinen Anzug presst und dabei die letzten ruhigen Momente mit seiner Sabine vorübergehen lässt.

Vor dem Fahrzeug stehen die beiden Zeitfahrmaschinen: schwarz und schlicht bedruckt, großflächiger Rahmen, schon allein optisch pfeilschnell. In der Vorderansicht zeigt sich kaum eine Angriffsfläche für den Wind. Eines der zwei Räder, die Ersatzmaschine, trägt eine massive Finne hinter dem Sattel. Das Einsatzrad ist weniger martialisch und hat eine normale Sattelstütze im Tragflächenprofil – Christoph Strassers bevorzugte Optik, außerdem ein wenig wendiger, was in der Nacht und bei Seitenwind nicht außer Acht zu lassen ist. Der Sattel: eine 400 Euro Luxusauflage, die den mangelnden Komfort des ungewohnten Sitzpolsters im Zeitfahreinteiler etwas ausgleichen soll. Alles am Arbeitsgerät strahlt Wertigkeit aus und dass sich jemand über jedes Einzelteil seine Gedanken gemacht haben dürfte.

Was ebenso auffällt: Wo üblicherweise im Rahmendreieck die Flaschenhalter verschraubt wären, herrscht gähnende Leere. Die kleinen Inbusschrauben sind herausgedreht, stattdessen sind die etwa vier Millimeter breiten Löcher im Unterrohr mit schwarzem Klebeband verschlossen. Einen Trinksack oder ähnliche, im Rahmen verstaute Lösungen kann Christoph über diese Distanz nicht benutzen – stattdessen soll Runde für Runde an einer vorab ausgetüftelten Stelle die Verpflegung aus dem permanent in Schlagdistanz befindlichen Begleitauto angereicht werden. Bei weit über hundert geplanten Runden ergibt das nicht wenige Möglichkeiten, einen Bock zu schießen. Nicht auszudenken, wenn in der Hitze des Gefechts die eigene Mannschaft den Hauptdarsteller bei 50 km/h von der Strecke befördern würde. Einmal nicht aufgepasst und dem futuristischen Lenkeraufbau zu nahe gekommen, zumal beim nervösen Fahrverhalten dieser Geschosse auf dauernasser Fahrbahn... So viele mögliche Abzweige auf die Bahn des Scheiterns. Eine Dreiviertelstunde vor dem Start öffnet sich die hintere Schiebetür des abseits geparkten Vans mit dem nur für Insider verräterischen Kennzeichen CS 377. Es ist der übliche, ernste Blick, in dem sich Entschlossenheit und Konzentration mit unerschütterlicher Zuversicht mischen.

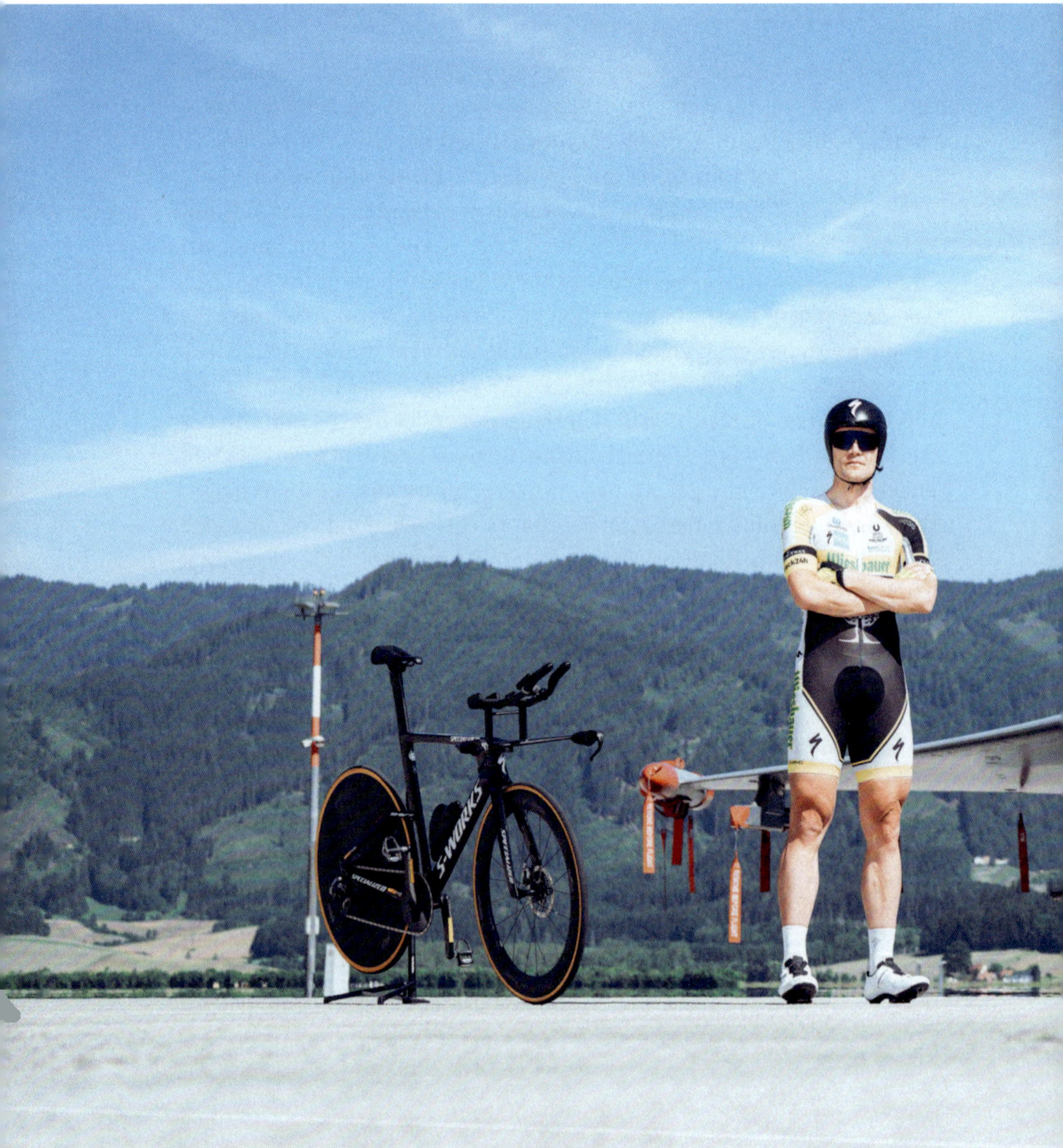

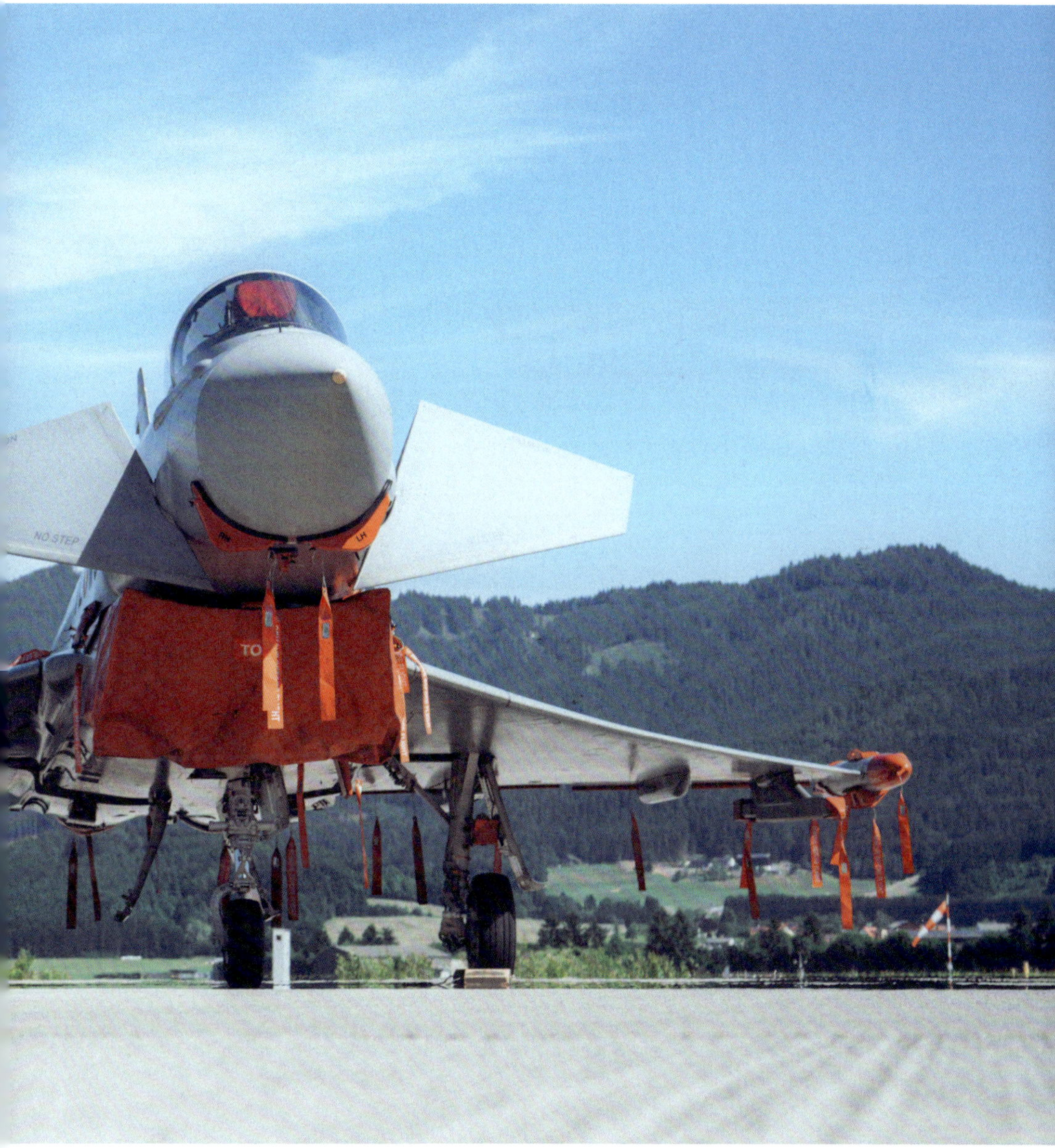
NO STEP

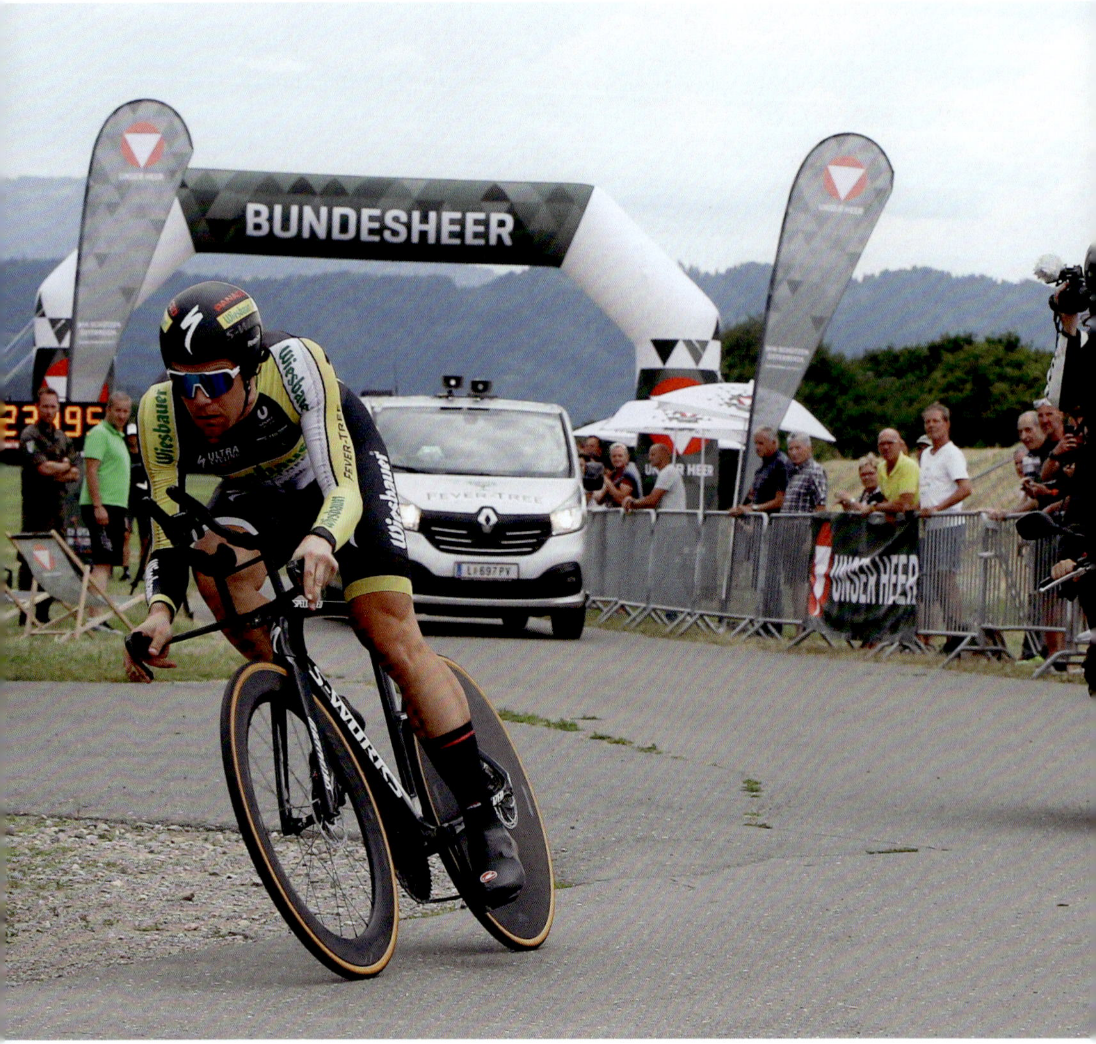
BUNDESHEER
UNSER HEER
Wiesbauer
FEVER-TREE
S-WORKS

Stunde 20

DAS KLEINE (?) FINALE

TEIL ZWEI

Noch fünfundzwanzig Minuten. Der Gewitterturm südlich des Flugfelds hat seine Farbe von weißgrau zu schwarz gewechselt. Ein Wolkenschleier zieht von den Hügeln im Norden über das Gelände. Der Blick nach Osten entlang des Murtals ist wenig verheißungsvoll: eine weiße Wand, ungemütlich. Stürmischer Westwind kommt auf, und noch immer herrscht im Startgelände unnatürliche Ruhe, als würde doch noch jemand in letzter Sekunde den Stecker ziehen. Immerhin: Ein paar Zuseher haben sich mittlerweile auf den Erdwall verirrt, der den Flugplatz von der direkt angrenzenden Autobahn trennt. Der Lärm ist ohrenbetäubend; steht man auf dem Wall, bekommt man die volle Breitseite des vorbeiziehenden Lebens ab. Keiner der Vorbeifahrenden kann ahnen, was nur ein paar Meter hinter dem Begrenzungszaun gleich seinen Lauf nehmen wird.

Geht man ein kleines Stück weiter den Hügel hinab in Richtung der Streckenbegrenzung, stirbt der Lärm und man ist wieder bei der Sache: Irgendwo da hinten, zwischen den militärgrünen Uniformen und Bannern, schwingt sich der Hauptdarsteller in Schwarz-Weiß-Gelb auf ein viel zu kleines Damenrad in rosa-violetter Neunzigerjahre-Lackierung. Der letzte komfortable Toilettengang vermutlich. Zwei ältere Herren mit überdimensionalen Teleobjektiven und vermeintlich großem Radwissen unterhalten sich über Sinn und Unsinn des kürzlich absolvierten Höhentrainingslagers. Sie kennen jedes Detail zur Vorbereitung der letzten Monate. Was sie besorgt, ist das Wetter. Hitzig geht es in der Diskussion zur Sache, es wird gehadert, das Schlimmste befürchtet. Die einhellige Meinung: »In zwei Stunden hat sich das so oder so erledigt, denn wenn es erst richtig zu regnen beginnt, wird der Versuch doch sicher abgebrochen!« Wahre Experten des Sports.

In Hörweite sammelt sich eine stillere Gruppe merklich ausgemergelter Gestalten mit der üblichen Radfahrerbräune: Im Unterschied zu den überinformierten Zaungästen handelt es sich um echte Insider, nämlich Rennfahrer wie Lukas Kienreich, der Christoph Strasser gut kennt. Hier weiß jeder: Einen Abbruch wird es, Sturz oder schwere Komplikationen ausgenommen, bei ihm niemals geben. Niemand weiß allerdings so recht, was in diesem Moment zu tun oder zu sagen ist, ob noch Zeit bleibt für einen letzten Glückwunsch, eine Aufmunterung, wie es bei einem offenen Rennstart unter Trainingskollegen üblich wäre. Die Zurückhaltung siegt, und es ist nicht leicht an den Athleten heranzukommen, denn das Bundesheer regelt den Zutritt in die Betreuerzone streng. Hier wird das Alleinsein des Sportlers im Moment der Wahrheit offensichtlich. Bei aller moralischen Unterstützung von außen, die Verantwortung liegt nur auf Christophs bald schon tief über den Zeitfahrlenker gebückten Schultern.

24:00:00

Die letzten zehn Minuten brechen an: Betreuer Florian Kraschitzer bringt in aller Ruhe die Reifen der Ersatzmaschine auf Solldruck, die erste Wahl steht bereit und kommt zuletzt an die Reihe. Warum so spät? 24 Stunden und hoffentlich weit über 900 Kilometer lang soll der ideale Reifendruck erhalten bleiben.

Vom südlichen Talrand ist kaum mehr etwas zu sehen, dennoch haben die grauschwarzen Schleier, die vermutlich nur ein paar Kilometer weiter abregnen, den Kurs noch immer nicht erreicht. Die angedachte Verschiebung ist vom Tisch, der Start soll pünktlich um 17 Uhr erfolgen. Der Einpeitscher vom Bundesheer hat das Mikrofon in die Hand genommen und versucht, die kleine Fangemeinde einzustimmen. Laute und schnelle Musik dröhnt plötzlich aus den Boxen. Immer noch hat alles den Charakter einer Probeveranstaltung, wie der Soundcheck vor dem eigentlichen Festival. Die große Bühne sieht jedenfalls anders aus. Fünfzehn, vielleicht zwanzig geparkte Autos zählt der Wiesenparkplatz, es gibt keinen Bierstand, keine belgische Pommesbude, nur ein paar Zelte und aufblasbare Werbebanner und Beachflags in militärgrün. Der Unteroffizier mit dem Mikrofon hat die Ärmel hochgekrempelt und hebt nun die Stimme etwas entschlossener, denn die letzten Vorbereitungen am Rad sind beendet. Zwei Minuten noch.

Christoph Strasser hat Helm und dunkle Spiegelbrille aufgesetzt, die weit über knöchelhohen Latexüberschuhe übergezogen und rollt langsam und gegen den Uhrzeigersinn – und gegen die spätere Fahrtrichtung – die rund zweihundert Meter zum Startbanner. Er kommt am Tribünenwall vorbei, das Scheibenhinterrad aus Carbon macht schon bei knapp über Schritttempo das charakteristisch schabende Anströmgeräusch, das pure Geschwindigkeit suggeriert. Die Windfahnen am Start sind gegen ihn gerichtet, er wird also mit dem Wind im Rücken starten. Der Windsack im Kasernengelände, durch das die Gegengerade auf der anderen Seite der im Zentrum des Kurses gelegenen Landebahn führt, hängt schlaff. Kein schlechtes Zeichen für die ersten Stunden. Doch wie schnell kann eine Gewitterzelle die Windrichtung ändern? Solche Gedanken dürfen ihn nicht umtreiben, es zählt nur mehr das stoische Hinnehmen aller Gegebenheiten.

Er steht am Start, neben dem digitalen Countdown-Timer, der auf »24:00:00« geschaltet ist. Eine Minute noch. Es gibt kein Startband und keinen Kanonendonner, nur einen Soldaten mit Beachflag als improvisierter Absperrung. Das Bild erinnert an das Zurückhalten eines Rennpferds in der Startbox oder an die vor die Nase des Piloten gehaltene Stopptafel in der Boxengasse beim Formel-1-Rennen. Doch hier werden keine Pferde durchgehen und auch keine Reifen durchdrehen: Wer Christoph Strasser kennt, weiß, dass er gelassen startet. Ob RAAM oder 24-Stunden-Einzelzeitfahren, auf den ersten Metern wirkt es häufig, als ließe er sich absichtlich Zeit, so als hätte er es nicht nötig, sich zu beeilen. Natürlich steckt dahinter auch ein schlauer Gedanke: Wozu schon auf den ersten Metern einer so langen Ausfahrt die Muskulatur mit einer unnötigen Wattspitze belasten. Gleichmäßigkeit und Effizienz. Ab Sekunde eins.

Strecke frei

Der Wind verweht den Countdown des Moderators, die Fahne legt sich von der Startlinie abgewandt fast horizontal in eine Böe. Und plötzlich beginnt der Timer zu laufen, und die erste Zahl ist eine »23«: Die Strecke ist frei. Der bemühte Jubel erinnert eher an ein Tor beim Meisterschaftsspiel in der Kreisliga denn an das Schlusszeitfahren einer Grand Tour. Der gewählte Gang lässt den Start träge aussehen, wie man es von Bahnfahrern mit ihren Starrnaben kennt. Die ersten Tritte noch sitzend, danach im Wiegetritt, bringt Christoph Strasser seine Maschine auf Tempo. Die scharfe Rechtskurve etwa hundert Meter nach der Startlinie lässt genug Platz, er nutzt sie voll aus und beschleunigt weiter. Und dann, unmittelbar nachdem er den noch immer unscheinbar am linken Streckenrand geparkten Caddy passiert hat, auf dessen Beifahrersitz Sabine gerade die Onlinekanäle füttert, bringt er sich in Aeroposition.

Mit Ausnahme einiger weniger Antritte und Lockerungsübungen sowie der drei scharfen Kurven pro Runde, die je nach Wind und Konzentration nur teilweise auf dem Aufleger zu fahren sind, wird er die nächsten 24 Stunden in dieser einem andauernden Unterarmstütz ähnlichen Zwangslage zubringen. »Rosige« Aussichten, an die er besser nicht jetzt schon denkt. Zum Glück warten im Hier und Jetzt knifflige Aufgaben, denn die erste Runde ist auch für den Routinier eine Zitterpartie. Ganz ohne Adrenalinschub geht selbst mit seiner Erfahrung kein Start vorüber, dazu kommt das mangelnde Training auf dem schwer zugänglichen Kasernengelände. Er muss in den Kurven riskieren, darf es aber nicht übertreiben, bis er sich an das Limit herangetastet hat. Noch ist es trocken, immerhin. Die Strecke ist denkbar unoriginell, dafür im Profil wie gemacht für die geplante Raserei. Eine Runde misst genau 7,58 Kilometer, und pro Durchgang macht Christoph etwa 19 Höhenmeter, denn die Landebahn steigt nach Westen unmerklich an. Auf der ersten Hälfte geht es also leicht bergauf durch das Kasernengelände, während er mit Rückenwind auf der leicht abschüssigen Start/Ziel-Gerade seine Höchstgeschwindigkeit erreichen wird.

Der erste Teil der Strecke ist auch visuell der spannendere, denn hier gibt es wenigstens ein bisschen optischen Kontrast. Nach einem halben Kilometer wird die Hecke am linken Streckenrand durch einen offenen Maschendrahtzaun abgelöst. Auf diesem Abschnitt fährt er nur wenige Meter neben der öffentlichen Bundesstraße, an der sich ein paar Läufer und Radfahrer zum Anfeuern versammelt haben. Rechterhand befinden sich Betriebsgebäude des Bundesheers, die die Strecke günstig gegen Seitenwind von Westen abschirmen. Ein paar hundert Meter weiter beginnt schon der sicherheitstechnisch sensiblere Bereich mit den Hangars und einigen neuen Kasernengebäuden – hier herrscht auch während der Rekordfahrt Film- und Fotografieverbot seitens des ansonsten mehr als kulanten Gastgebers. Die Hangars am rechten Streckenrand werden von einer etwa fünf Meter hohen Lärm- und Sichtschutzmauer nach links abgeschirmt, was der Strecke für ein paar hundert Meter beinahe Tunnelcharakter verleiht. In dieser Passage dürfte selbst bei Gewitter kaum Windeinfluss zu befürchten sein.

Anschließend öffnet sich die Strecke ein wenig: Der Kasernenhof mit seinen Grünflächen und den Wohngebäuden inklusive Kantine und Soldatenheim, das für die Dauer des Rekords großzügigerweise auch die Zivilisten aus dem Betreuerteam versorgt, liegt vor ihm. Man fühlt sich wie im Luftfahrtmuseum: Ins Auge sticht vor allem ein Saab Draken, der als Vorgänger des aktuellen Eurofighter-Kampfjets heute anmutet wie ein martialisches Relikt aus dem Kalten Krieg oder der Feder eines verrückten Raumfahrtprofessors. Dem Laien stellen sich allein beim Gedanken an einen Flug in diesem alles andere als Sicherheit ausstrahlenden (jedoch tatsächlich jahrzehntelang unfallfrei betriebenen) Höllengerät die Nackenhaare auf. Das Flugzeug besteht eigentlich nur aus einer gigantischen Schubdüse und weit nach vorne gezogenen, aggressiv wirkenden Tragflächen mit maulartigen Einlässen – als würde der Pilot auf einer Rakete reiten, die gierig die Luft verschlingt. Ein nicht ganz unpassendes Motiv. Ablenken sollte Christoph der selbst im aufgebockten Zustand beeindruckende Metallkoloss besser nicht, denn hier befindet sich auch die vermeintliche Schlüsselstelle der kurzen Runde: ein Kreisverkehr, der theoretisch voll zu fahren ist, allerdings ungünstig nach außen abfällt und außerdem stärker befahren ist als der Rest der Strecke. Der Asphalt könnte schmierig sein – in Kombination mit der nächtlichen Feuchte und einem zunehmend ermüdeten Gehirn eine Sollbruchstelle.

Die erste Durchfahrt durch den Kreisverkehr gelingt Christoph souverän, nach zwei, drei kraftvollen Umdrehungen im Wiegetritt ist er wieder in Position. Weiter durch den Kasernenhof nähert er sich der geplanten Verpflegungsstelle; hier befindet er sich auf der breiten Hauptdurchzugsstraße im Kasernengelände. Links an einer Einmündung sorgt ein Wachposten mit grüner Signalkelle für Ordnung – kein kaserneninterner Störenfried soll dem Ehrengast in die Quere kommen. Mit seiner in den Nacken geschobenen Feldkappe kann der junge Mann den Rekrutenstatus nicht verhehlen. Immerhin, eine verhaltene Anfeuerung, und das obwohl es sicher spannendere Aufgaben gäbe, als hier die ganze Nacht im Off zu stehen.

Kopf runter

Kurz hinter dem Posten schwenkt die Strecke leicht nach links – zuvor werden allerdings noch in den Asphalt versenkte Schienen passiert, was Christophs steife Zeitfahrmaschine ordentlich rattern lässt. Im Feuchten könnte auch das spannend werden. Danach eine kleine Rampe von vielleicht fünf Höhenmetern hinauf, die einzige Steigung, die auch als solche erkennbar ist. Hier öffnet sich die Strecke nach rechts zu einem breiteren Asphaltstreifen zwischen Versorgungsgebäuden – die Verpflegungszone. Am Ende dieses Bereichs steht rechterhand der moderne Flughafentower. Davor ein asphaltierter Parkplatz, auf dem eine Handvoll Autos parken. Vermutlich die diensthabenden Fluglotsen, denn Rekord oder nicht, die Piste bleibt für Notfälle weiterhin in Betrieb.

Eine weitere kleine Schikane folgt gleich nach der Verpflegungszone: Hier geht es die kleine Rampe nach rechts wieder bergab, dann rumpelnd über eine schmale Zulieferpiste und in einer voll zu nehmenden, leichten Linkskurve wieder leicht bergauf, bevor die linkerhand von einem weiteren Sichtschutzwall abgeschirmte Strecke noch weitere 800 Meter schnurgerade die linke Pistenbegrenzung entlang führt. Auf diesem Abschnitt ist es einsam; ein einspuriger Versorgungsweg hineinasphaltiert in die freie Fläche. Rechts hinten könnte Christoph in etwas mehr als zwei Kilometern Entfernung das Start/Ziel-Gelände ausmachen, wenn er sich denn umdrehen dürfte, was ihm die Grundsätze der Aerodynamik verbieten. Also Kopf runter und voll antreten: Hier zeigt der Tacho des Begleitfahrzeugs gute 45 km/h – weiterhin steigt die Strecke leicht an.

Die Wende am Ende der Landebahn sieht auf dem Streckenplan enger aus, als sie ist. Obwohl Christoph Strasser hier tatsächlich eine Kehre von 180 Grad durchfährt, kann er die Passage ob des gutmütigen Kurvenradius voll und in Zeitfahrposition nehmen. Nach rechts öffnet sich ein beeindruckender Blick auf die knapp drei Kilometer lange Hauptpiste – leider sind die Begrenzungslichter nicht eingeschaltet. Ein weiterer Wall auf der linken Seite begleitet ihn zurück in Richtung der letzten anspruchsvollen Linkskurve. Zum Glück hat das Bundesheer in letzter Sekunde eine Stre-

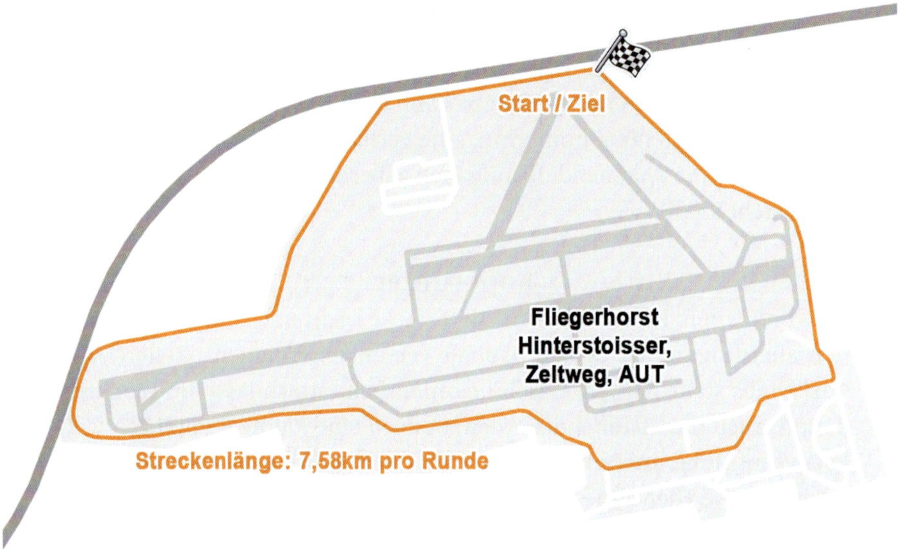

ckenbegrenzung aus Absperrhütchen springen lassen, denn ansonsten wären Brems- und Einlenkpunkte auf dem sich kaum gegen das umgebende Gras abhebenden Asphaltstreifen ohne Begrenzungslinien sehr schwer zu treffen.

Hinzu kommt, dass es seit dem Wendepunkt am Ende der Landebahn nun leicht bergab geht. Der zusätzliche Schub lässt die Tachonadel auf 55–60 km/h klettern, beinahe Abfahrtstempo. Unmöglich, diese unscheinbar aussehende Linkskurve voll und ohne Umgreifen zu nehmen. Gleich beim ersten Durchfahren muss Christoph zweimal ansetzen; der Tempoverlust hält sich dennoch in Grenzen, kaum ist er am Scheitelpunkt vorüber, liegt er bereits wieder in Idealposition auf dem Rad. Ein Ausritt wäre hier beruhigenderweise auch weniger schmerzhaft, denn es gibt keine Kollisionshindernisse und das üppige Gras würde einen Sturz lindern. Auch materialtechnisch wäre ein Wegrutschen auf die linke Seite natürlich weniger verhängnisvoll, denn dort gibt es keine sensiblen Komponenten, die beschädigt werden könnten. Zeit kosten würde eine solche Aktion dennoch, also lieber bleiben lassen.

Links der Strecke noch ein gesperrter Zufahrtsweg und gleich danach verabschiedet sich der Erdwall zugunsten einer dicht wuchernden Hecke, die extra für den großen Tag frisch gestutzt worden zu sein scheint. Dennoch neigt sie nach oben hin wie ein natürlicher Windfang über. Knapp dreihundert Meter weiter noch ein leichter Knick nach rechts und dann nach weiteren sechshundert Metern eine ernsthafte Rechtskurve, allerdings wesentlich offener und verglichen mit der vorhergehenden Linken einfacher zu fahren, wenngleich hier der aufbrausende Wind schon in Runde eins kleine Äste und Blätter auf die Strecke geweht hat. Auf der Start/Ziel-Gerade erreicht Christoph Höchsttempo, zu Beginn des Tribünenwalls sind das bei der ersten Durchfahrt etwa 60 km/h in der kaum abschüssigen Ebene. Der erste Umlauf ist nach ziemlich genau zehn Minuten Geschichte.

Das Tempo stimmt

Der Durchschnitt wird eingeblendet: über 45 km/h trotz stehenden Starts. Christoph Strasser kommt so schnell angerast, dass er auch in der ersten Kurve umgreifen und einmal leicht nachsteuern muss. Das Tempo stimmt, der Rest wird sich einspielen. Im Publikum wird schon diskutiert, ob der unerwartet hohe Schnitt der Anfangseuphorie geschuldet sein könnte. Was hat er sich vorgenommen? Wie viel Watt tritt er, um so schnell zu sein? Wann wird sich das einpendeln? Die kurze Runde erfreut den Statistiker, denn jede kleinste Variation lässt sich zeitaktuell analysieren. Wie wird die nächste Runde ausfallen? Gab es ein Problem? Hat sich der Wind unmerklich geändert?

Knapp zehn Minuten später die Antwort: Diesmal liegt der Schnitt sogar über 46 km/h, durch Kurve eins zieht Christoph eine grundsolide Bahn, lenkt ein ohne die kleinste Korrektur. Seine Miene zeigt keine Regung und in dieser frühen Phase auch keine merkliche Anstrengung. Wie legt er es an? Ein, zwei Runden könnte der böige Wind mitgeholfen haben, aber selbst das kann das Höllentempo auf einem Rundkurs kaum erklären. Ebenso wenig adrenalingetränkte Unvernunft, dafür ist er zu erfahren. Und zu sehr Zahlenmensch: Er startet nie zu schnell, bricht nie unerwartet ein. Oder etwa heute doch? Noch immer hängen die Wolken bedrohlich tief, das große Fragezeichen, wie sich die Kurven im feuchten Zustand fahren lassen würden, steht weiterhin im Raum. Das könnte ihn alles kosten, denn obwohl der Kurs ganz offensichtlich extrem schnell ist, ist das ein Schwachpunkt, eine ausgewachsene Achillesferse verglichen mit einem echten Rundkurs ohne scharfe Richtungsänderungen. Aber: Noch bleibt das Wetter stabil, die Ortskundigen meinen sogar zu sehen, dass es aufklart. Die Optimistischsten unter ihnen spekulieren gar mit ein paar trockenen Stunden, bis sie in der Nacht wohl oder übel eintreffen wird: die als sicher prognostizierte Niederschlagszelle.

Die nächste Durchfahrt: Schon von weitem sieht man die Kraft, die in jeden Tritt fließt. Anders als die üblichen dünnbeinigen Klassementfahrer im Profi-Peloton erzielt Christoph Strasser eine höhere Tretleistung nicht über die gesteigerte Frequenz, sondern tritt einen härteren Gang bei gleichmäßig niedrigen 70 bis 80 Umdrehungen pro Minute. Bradley Wiggins, eine Zeitfahrlegende und ehemaliger Stundenweltrekordhalter, war in seiner aktiven Zeit als niedrigfrequenter Treter bekannt. Doch selbst er erzielte durchschnittlich über hundert Umdrehungen in Zeitfahrwettkämpfen. Basierend auf ihrer zu erwartenden Tretleistung über diese Dauer wählen Anwärter auf den Stundenweltrekord wie der aktuell Beste, Victor Campenaerts, die starre Übersetzung für eine angepeilte Optimumkadenz von 102–104 Umdrehungen pro Minute und beißen sich dann bis zum letzten Tropfen an diesem Wert fest. Kleinere und leichtere Fahrer siedeln sich im Zeitfahren gerne weit über 110–120 Umdrehungen an, da ihnen die schiere Brachialgewalt fehlt, den großen Gang dauerhaft in Fahrt zu halten.

Christoph hat sich nie in diese Richtung entwickelt, seit Anbeginn verfügt er über dicke Oberschenkel, ausreichend Masse und einen dementsprechend kraftvollen Fahrstil. Mehr noch, hinter dem vergleichsweise trägen Trettempo steckt System: Erstens verschwendet er über die lange Dauer wenig Leistung, da der Wirkungsgrad der Muskulatur überraschenderweise bei niedrigen Trittfrequenzen am höchsten ist, zweitens ist es aus naheliegenden Gründen bei zunehmender Ermüdung koordinativ immer schwieriger, die Trittgeschwindigkeit aufrechtzuerhalten, was bei einer Konditionierung auf hohe Kadenzen spätestens nach ein paar Stunden unweigerlich zur Verlangsamung führen würde. Christoph hingegen kann das, was er zu Beginn auf den Asphalt bringt, durch seine kraftbetonte Fahrweise lange beibehalten – so als würde er langsam und Schritt für Schritt einen hohen Berg erklimmen.

So effizient und zweckmäßig das ist, so wenig elegant sieht es manchmal aus: Das Rad arbeitet mit, was den seitlichen Impulsen geschuldet ist, die Christoph den Pedalen beim Hinunterdrücken mitgibt. Auch der Oberkörper bewegt sich bei ihm, wenn er derart hohe Gänge tritt, mehr als man es von der üblichen Profiübertragung im Sportfernsehen kennt. Der Kommentator auf Eurosport würde fortgeschrittene Ermüdung konstatieren – bei ihm ist es kein Grund zur Besorgnis, sondern lässt nur den Schluss zu, dass der Druck aufs Pedal stimmt.

Konstanter Schnitt

Die nächste Runde, sekundengenau, konstanter Schnitt. Die ersten Gäste verabschieden sich, spannender wird es bis morgen um etwa dieselbe Zeit nicht mehr. Im Bundesheerzelt, das den Soldaten als wetterfester

Unterschlupf dient, wird sich auf die lange Nacht eingerichtet, während aus den Lautsprechern unpassend harte Technomusik dröhnt. Die Gruppe von Rennfahrerkollegen unterhält sich angeregt. Sie wissen, was sie hier sehen und welche Konsequenzen das haben könnte. Es sind erst ein paar Runden, doch die Botschaft ist klar: Das zuvor ausgegebene Minimalziel von 39 km/h und selbst das realistische Idealziel eines glatten 40er-Schnitts haben nichts mit der Realität dieses Tages, dieses Kurses, seines Setups zu tun. Christoph Strassers Trainingspartner und Freunde können sich vorstellen, was in ihm vorgeht. Er ist ein Zahlenmensch. Dass es derart rollt, wird ihn selbst überraschen. Er wird schon begonnen haben, zu rechnen und zu tüfteln, was ihn dieser oder jener Faktor pro Runde kosten könnte. Und er wird längst bemerkt haben, wie viel Luft ihm mit dem aktuellen Tempo selbst auf den Traumschnitt von 41,7 km/h bliebe, den er für den Tausender treten müsste.

Es sind erst ein paar Runden, gerade einmal vier Prozent auf die volle Distanz gerechnet. Vier Prozent, die aber mehr aussagen, als der Moderator mit seiner bereits merklich belegten Stimme und die schon in ihren Autos sitzenden Fans, die sich zum Abendessen aufmachen und dort höchstwahrscheinlich die Anekdote vom Wahnsinnigen, der die ganze Nacht durchtreten wird, genüsslich ausbreiten werden, ahnen können.

Trotz der bereits einsetzenden Dämmerung ist es wieder heller, wirkt stabil, nicht so, als würde jeden Moment der Höllensturm über ihn hereinbrechen. Der Hochnebel hat sich etwas zurückgezogen, und man sieht wieder die malerischen Hügel im Hintergrund. Von Start/Ziel kann man als Zaungast, wenn man sich eingesehen hat, Christophs Fahrt auf der Gegengerade verfolgen. In dieser Totalen geht das Gefühl für die Geschwindigkeit, die einem beim Vorbeibrausen von den lauten Geräuschen des in die Kurve gelegten Scheibenlaufrads vermittelt wird, komplett verloren. So als führe er ohne Kraftanstrengung und wie auf Schienen.

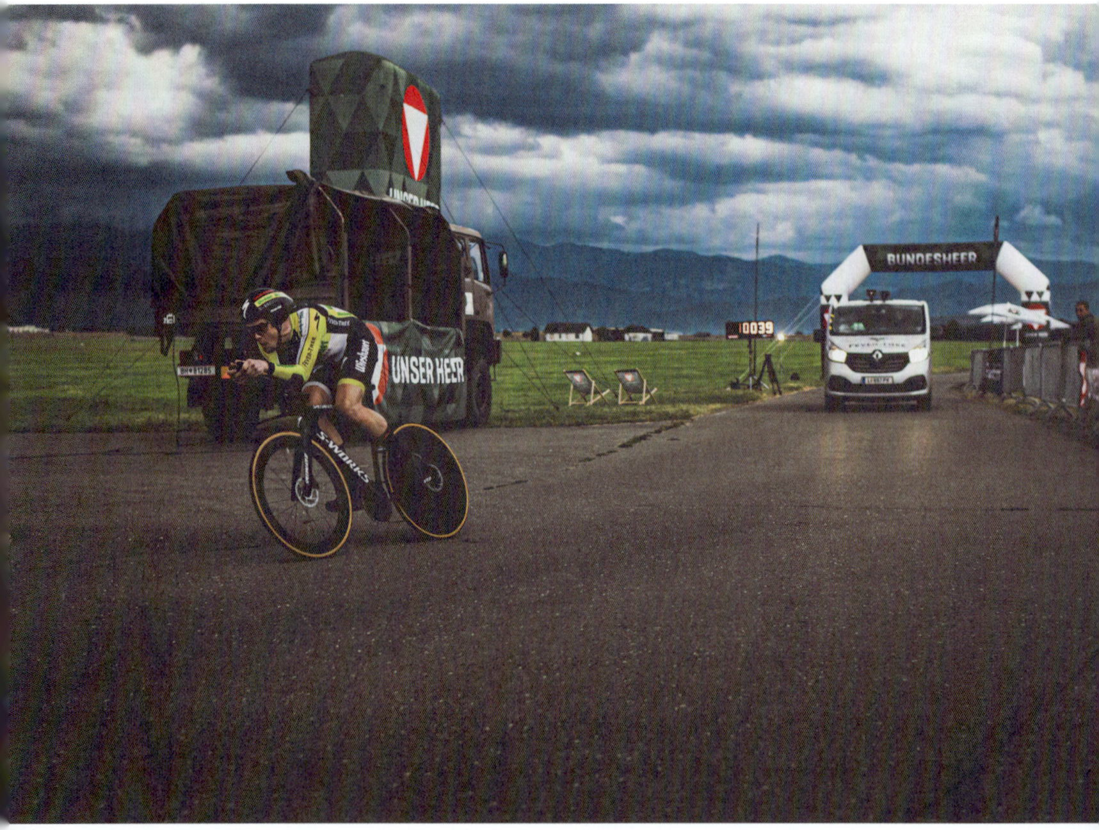
UNSER HEER
BUNDESHEER
S-WORKS

Stunde 21

DAS KLEINE (?) FINALE

TEIL DREI

Der Timer zeigt 22:00:00. Ein Zwölftel des Rekordversuchs ist abgehakt. Die Lage scheint von außen unverändert, bis auf kleine stilistische Variationen in der Anfahrt der Startkurve, die Christoph Strasser je nach Wind und Selbstbewusstsein einmal mit, einmal ohne Umgreifen nimmt. Seinen inneren Kampf bekommt niemand mit, der nicht den Pacecar-Funk verfolgt. Seinen Betreuern entgehen die im Tonfall gedrückten Reaktionen auf den üblichen Quatsch, der zum Zeitvertreib nur so sprudelt, natürlich nicht. Dennoch lassen sie ihn das mit sich selbst ausmachen und überspielen die missmutigen Antworten. »Keine Ahnung, es geht so mittelmäßig. Hauptsache, das neue Headset funktioniert, das originale hat unter dem Helm keinen Platz gehabt!« Was würde es bringen, Probleme zu wälzen, die nicht medizinischer Natur oder anderweitig signifikant für die Reaktionen des Teams sind.

Mit den unvermeidlichen Reibungsverlusten, während sich der Körper an die akute Langzeitbelastung anpasst, muss Christoph bis auf die Ablenkung, die ihm die permanente Verbindung ins Fahrzeug bietet, selbst fertigwerden. Gut, dass er weiß, wie sich das üblicherweise abspielt. Sein Schmerzmanagement profitiert von den zahllosen Starts, die ihm immer wieder eines vor Augen geführt haben: Der körperliche Verfall ist kein kontinuierlicher Prozess, sofern man es nicht zu Beginn übertrieben hat. Was sich nach zwei Stunden anfühlt wie das leibhaftige Fegefeuer, wird ein paar Stunden später nicht zwingend zur noch größeren Katastrophe mutiert sein. Schmerzen, vor allem wenn es sich um Verspannungen ob der nicht gerade komfortablen Sitzposition handelt, vergehen auch wieder. Nicht immer und nicht ganz, aber sie steigern sich nicht ins Unaushaltbare, sondern pendeln sich normalerweise ein.

Christoph hat gelernt, sich selbst nüchtern zu befragen: Wie ordne ich den Leidenszustand ein, auf einer Skala von null bis zehn? Im Moment befindet er sich bei neuneinhalb, was ihn sogar dazu bringt, mehrmals die Position für ein schnelles Stretching zu verlassen. Nicht, dass er ein Übermensch wäre, dem der Schmerz nichts anhaben kann. Natürlich hadert er, wie jeder andere in seiner Situation das täte, kämpft mit negativen Gedanken und würde sich wünschen, dass ihm jetzt, da sich die Beine so gut anfühlen, andere Körperpartien nicht in die Quere kämen. Nur die Bewältigungsphase ist bei Christoph Strasser kürzer als bei den meisten, vermutlich fast allen anderen.

Vielleicht ist der Druck von außen in diesem Fall auch ein Segen, denn was sollte er auch sonst tun, als die Rückenschmerzen zu verdrängen und den ersten Tiefpunkt mental zu verdauen, ohne auch nur das kleinste bisschen nachzulassen. Apropos verdauen: Wenn nur der Magen nicht wäre, der sich gleichzeitig unangenehm bemerkbar macht. »Beine passen super, Rücken und Magen ziemlich katastrophal. Hilft nichts, es kann nur besser werden…«, lautet Christophs knappe Statusmeldung. Zu viel steht auf dem Spiel, zu viele Menschen haben Zeit in ihn und diesen Rekord investiert. Weiter, einfach immer weiter, Tritt für Tritt und Runde für Runde, es wird sich wieder geben.

Günstige Gelegenheit

Beim Rundgang durch das Start/Ziel-Gelände blickt man derweil in viele beschäftigte Gesichter: Der Rennleiter des Race Around Austria, Michael Nussbaumer, bereitet den nächsten Livestream-Einstieg vor. Klein hat er angefangen, mit einem Drei-Mann-Rennen rund um Österreich im Jahr 2009. Heute ist das RAA eine der, wenn nicht die größte und bestorganisierte Radsportveranstaltung Österreichs. Nussbaumer ist längst auch in der Organisation von Profirennen wie der Österreich-Rundfahrt gefragt und könnte mit seiner Bühnenerfahrung genauso gut zur Hauptsendezeit im ORF moderieren. Gefilmt wird von einem slowenischen Kamerateam, das ebenfalls beim RAA auf Herz und Nieren geprüft und für gut befunden wurde. Die Herrschaften wissen, was sie tun, und liefern Übertragungsqualität wie für das internationale Sportfernsehen.

Man kennt solche Bilder kaum vom Ultracycling. In Videos und Livestreams wirkte das Langstreckenfahren bisher zwar meist hart und abenteuerlich, aber auch eher gemächlich, wie eine unendlich lange Radtouristikfahrt. Bei der Übertragung aus Zeltweg indes geht es Schlag auf Schlag, das Studio in Vorarlberg dirigiert die drei Kameras, das Endprodukt gibt die Dynamik des immer noch mit über 45 km/h Durchschnitt bestrittenen Zeitfahrens perfekt wieder. Sogar ein Kameramotorrad gibt es. Als langjähriger Bewunderer des Sports hat man das Gefühl: So könnte man die Langstrecke auch für die breite Masse verkaufen. Einige Sender haben auch tatsächlich Live-Einstiege angekündigt, und je spektakulärer der Kilometerstand in ein paar Stunden ausfallen wird, desto realistischer scheint auch eine flächendeckende Berichterstattung. Die Gelegenheit ist günstig: Die Fußball-Europameisterschaft ist vorbei, die Olympischen Spiele haben noch nicht begonnen. Die Tour de France läuft gerade, es ist also Radsportzeit. Der große Langstreckentag schafft es sogar in die Tour-Berichterstattung von Jens Voigt und Co. auf Eurosport.

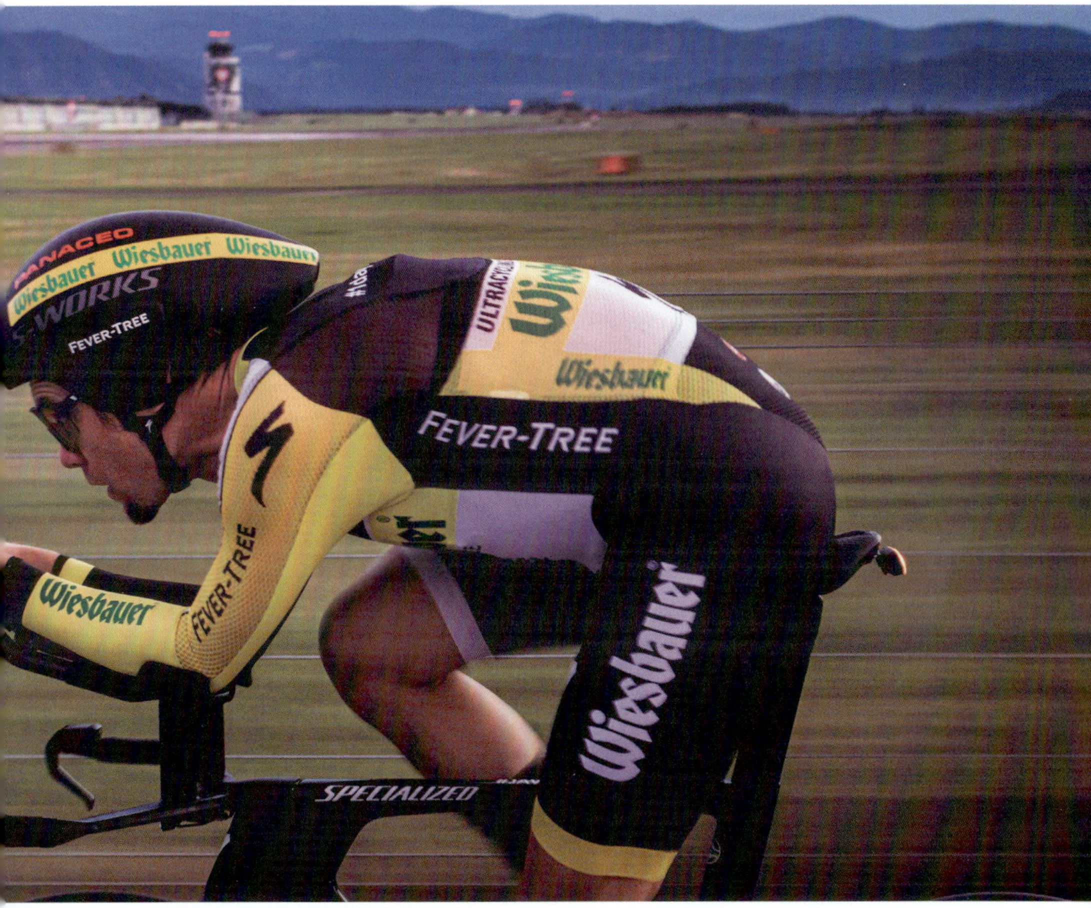
PANACEO
Wiesbauer Wiesbauer Wiesbauer
S-WORKS
FEVER-TREE
Wiesbauer
FEVER-TREE
FEVER-TREE
Wiesbauer
Wiesbauer
SPECIALIZED

Aber auch ohne das große Fernsehen sprechen die Zuseherzahlen auf den Online-Plattformen Bände: Schon nach wenigen Stunden bewegen sie sich auf einem mit der Österreich-Rundfahrt vergleichbaren Niveau – bei einer Veranstaltung mit nur einem Protagonisten und ohne klingende Teamnamen und telegene Bergankünfte wohlgemerkt. Das hilft nichts gegen die peinigenden Rückenschmerzen und den immer noch flauen Magen – aber irgendwie doch. Im Medienzelt wird gescherzt, Christoph führe immer mindestens zwei oder drei km/h schneller, wenn die Kamera neben oder hinter ihm die Fahrt bezeuge. Weil er es partout nicht leiden könne, beim Schwächeln erwischt zu werden. Das funktioniere selbst am achten Tag des RAAM noch.

Irgendwo steckt ein Fehler

Die Dämmerung schreitet fort, die Lichter der Begleitfahrzeuge sind nun schon von weitem deutlich zu erkennen, angeführt von einem kleinen, aber noch intensiveren Punkt aus weißem Licht. Kein Regen. Vermutlich noch länger nicht. Schnitt unverändert hoch – viel zu hoch. Nach über drei Stunden kann das keiner Anfangsbegeisterung mehr geschuldet sein und auch nicht der günstigen Rückenwindböe auf der Zielgerade. Irgendwo hat sich ein Berechnungsfehler eingeschlichen: Die auf Basis der Seehöhe und des entsprechenden Cw-Werts für einen Schnitt von über 42 km/h kalkulierte Mindestleistung von 280–290 Watt scheint von Stunde zu Stunde gröber danebenzuliegen, denn eigentlich sollte er an Tretleistung abbauen, tatsächlich fährt er jedoch nahezu konstant, jedenfalls was das Tempo angeht. Oder drückt Christoph Strasser gewollt mehr, als er vor dem Rennen verraten wollte, mehr als je zuvor in einem Rennen dieser Distanz? Selbst die Betreuer im Begleitfahrzeug scheuen sich – noch – davor, ihn nach der durchschnittlichen Wattzahl zu fragen. Es fühlt sich an, als könne die kleinste Unstimmigkeit, der kleinste falsche Eingriff die Blase zum Platzen bringen; niemand will dafür verantwortlich sein. Und sollte Christoph sich einen geheimen Plan zurechtgelegt haben, so ginge das nur ihn und seinen Trainer Max Kinzlbauer etwas an – der still das Pacecar um den Rundkurs manövriert und sich nichts in diese Richtung anmerken lässt.

Eine knappe halbe Stunde vor der vollständigen Finsternis hält das Begleitauto noch einmal zum Betreuerwechsel. So ein Stopp ist schon in Rennen über mehrere Tage ein stressiger Anblick, und das gilt umso mehr hier, wo das Grundtempo derart hoch ist: ein Wirrwarr von Beinen, Rucksäcken und Ausrüstungsgegenständen, wie beim Umsteigen in einer überfüllten U-Bahnstation. Keine Sekunde zu lange soll der Fahrer vorne alleine gelassen werden, denn ein Defekt könnte jederzeit passieren und wäre in einem solchen Moment ganz besonders frustrierend. Deshalb werden mit ausreichend Vorlaufzeit per WhatsApp oder klassischem Telefonanruf der genaue Ablauf und die nötigen Aufstockungen im Fahrzeug besprochen. Ist der Zeitpunkt da, wird als Erstes gecheckt, ob alle und alles parat stehen wie geplant. Erst dann wird voll angebremst, die Türen fliegen auf, der Wechsel vollzieht sich ohne ein Wort zu viel, lediglich die nötigsten Informationen werden im Kommandoton ausgetauscht. Kaum zwanzig Sekunden später drehen die Reifen des Kleinbusses durch – die hintere Schiebetüre schließt sich erst im Fahren. Im niedrigen Gang wird der Motor aufgezogen, bis es heult; mit achtzig, neunzig, hundert Stundenkilometern braust der Kleinbus über die gesperrte Strecke. Immer wieder erstaunlich, wie lange es dennoch dauert, einen Radfahrer bei diesem Tempo wieder einzuholen. Erst wenn das Rücklicht wieder in Sicht kommt, wird heruntergebremst, die um die Türgriffe geklammerten Betreuerhände entspannen sich – und der Alarmzustand weicht dem Normalbetrieb. Kurz vor dem Kreisverkehr im Kasernenhof ist das Gespann wieder vereint. Mindestens bis Mitternacht, wenn der nächste Schichtwechsel ansteht.

In der Kurvenausfahrt klebt der Lichtkegel nicht so am vorausfahrenden Radfahrer, wie er sollte – beinahe passiert ein Missgeschick. Über Funk bestätigt Christoph Strasser den vom Auto aus nur zu erahnenden Blindflug. »Ihr müsst auf einen Meter am Hinterrad bleiben, sonst bin ich völlig blind!«, bekräftigt er bei kurzem Augenkontakt durch das offene Beifahrerfenster in der Verpflegungszone. Und die verspiegelte Brille müsse weg, schnellstmöglich. Das ist im Tohuwabohu des Wechsels untergegangen. Das Problem nur, das Modell mit den transparenten Gläsern für die Nachtfahrt ist nirgends aufzufinden. Im schwarzen Etui, nein, vielleicht doch im kleinen Netzsack, genau dem, hinten in der unteren Schublade, oder doch in der mittleren. Nervöse Betreuerfinger, die krampfhaft kramen und die zweifelhafte Ordnung nicht verbessern. Diskussionen wie im unaufgeräumten Kinderzimmer, und das bei 50 km/h und engstem Formationsflug, der nicht den kleinsten Fehler erlaubt. Schließlich ist das gute Stück gefunden; genau dort, wo der penible Packmeister vorne auf dem Rad es zuallererst vermutet hatte. Gelächter, und einhellig die Meinung: Das müsse man Christoph ja nicht unbedingt auf die Nase binden. Wenn es nur bei solchen Kleinigkeiten bliebe... Doch die erste Durchfahrt der brenzligen Kurve mit den Absperrhütchen im Dunkeln macht allen bewusst: Das wird eine lange Nacht und noch gar nichts ist in trockenen Tüchern.

Zu sehr im Flow

Dass es bei Radrennen nicht ganz StVO-konform zugeht, ist jedem bekannt, der schon einmal eine Übertragung von einem Klassiker oder der Tour de France im Fernsehen verfolgt hat. Wenn Kameramotorräder und Materialwagen versuchen, einem Peloton auf einer Abfahrt zu folgen, zeigt sich die Ebenbürtigkeit des unmotorisierten Gefährts in diesem Terrain.

Man sieht zu und fragt sich bange, was wäre, wenn eine dieser fragilen Gestalten in der nächsten Kurve wegrutschen würde. Tatsächlich aber ist, was so atemraubend spektakulär aussieht, nicht annähernd so gefährlich. Die Physik hilft, wie man sieht, wenn es doch einmal passiert: Die Zentrifugalkräfte treiben den rutschenden Radfahrerkörper aus der Kurve heraus und damit aus der Bahn des heranbrausenden Trosses. Wenn... denn der Abstand stimmt. Was hier allerdings nicht der Fall ist. Bei der geforderten Maßarbeit bleibt kein Raum für den kleinsten Fehler. Christoph bekommt es zum Glück nicht mit, und er wäre auch zu sehr im Flow, um einen zweiten Gedanken an das permanente Risiko zu verschwenden.

Im Auto sieht das anders aus: Finger krallen sich in die Polsterbezüge, ob am Beifahrersitz oder auf dem hinteren Platz des Officials, der selbst Rennen fährt und nun diese Perspektive kennenlernt. Schultern werden unterbewusst hochgezogen, Kiefer angespannt; ein paar Sekunden betretenes Schweigen, bis diese eine prekäre Stelle hoffentlich ein weiteres Mal ohne Zwischenfall überwunden ist. Nur keine Reifenpanne am Auto. Geschweige denn Schlimmeres. Als Fahrer des Kleinbusses ist man nicht permanent angestrengt; am Steuer hat man Zeit genug, sich die Konsequenzen eines Ausritts oder einer Kollision vorzustellen: den am Unterboden entlangschleifenden Körpers des überfahrenen Freundes, verheddert in ein dreizehntausend Euro teures Supergeschoss. Jeder gute Betreuer begreift seine Verantwortung, weiß um die verdrängten Gefahren und verdrängt sie. Bemüht sich um lockere Finger am Lenkrad, um einen emotionslosen Blick auf die Aufgabe. Mit Selbstbewusstsein einlenken, dort hinsehen, wo man hinfahren will. Den Abstand zum 26 Millimeter dünnen Gummi von Christophs Hinterrad und zum kleinen Blinklicht knapp darüber auch im Spiel der Fliehkräfte beibehalten, bloß kein Zaudern – und das äußere Reifenpaar schrammt fühlbar hart an der Grasnarbe entlang, der Radius ist perfekt ausgenutzt. Die leichte Rechtskurve, die kein Problem sein sollte: Ein kleiner Ast hat sich auf die Strecke verirrt, genau in die Ideallinie. Wieder eine kleine Unsicherheit.

Die darauffolgende Start/Ziel-Kurve wirkt risikotechnisch ganz okay, jedenfalls aus der Fahrerperspektive. Nicht unbedingt, wenn man als Angehöriger an der Strecke steht: Christophs Mutter nimmt der knapp kalkulierte Abstand zwischen dem Hinterrad ihres Sohnes und dem Kühlergrill des sich hart in die Kurve legenden Zweieinhalbtonners sichtlich mit. Kurz hat er sich noch umgedreht, dabei etwas gesagt. Was das gewesen sei, fragt sie sichtlich besorgt die Schwiegertochter neben sich. Ob irgendjemand sonst es verstanden habe? Irgendwas mit Abstand... Seine unmittelbare Rückmeldung über Funk an das Betreuerteam – »So ist der Abstand viel besser, perfekt...« – verliert sich im Fahrtlärm. Einer der Umstehenden hat es mitbekommen und kann sie beruhigen, dass das mit dem knappen Hinterherfahren schon seine Richtigkeit habe. Ganz wohl scheint ihr dabei weiterhin nicht zu sein, welcher Mutter wäre das? Das alles ist nichts Neues, und sie weiß, dass die, die sich da die Nacht um die Ohren schlagen, wissen, was sie zu tun haben. Dennoch, es wird Zeit, sich zu verabschieden und zu Hause abzulenken, immerhin nur für eine Nacht diesmal, nicht gleich für ein paar Tage oder eine ganze Woche.

Jede Runde ein Schluck

Fast Forward: ein paar schnelle Umläufe später, nichts passiert bis auf einige spektakuläre Aufnahmen von Manuel »Hausi« Hausdorfer, dem Fotografen und betreuungserfahrenen Beifahrer. Auf dem Wiesenstreifen neben der Landebahn abgesetzt, hat er zwei Runden lang das Zeitfenster mit sternenklarem Himmel genutzt, denn das Event will und muss auch vermarktet werden, und das geht nur mit solchem Bildmaterial. Währenddessen übernimmt der Official Kurt Matzler den Job, von hinten die Getränke anzureichen: entweder ein geöffnetes Päckchen Ensure Plus oder eine der signalgelben Trinkflaschen mit Kohlenhydratgetränk nach Spezialmischung von Peeroton. Möglichst jede Runde zumindest ein kleiner Schluck, so der Plan, was bislang hervorragend funktioniert, die kleinen Startschwierigkeiten bei zwei Stunden Fahrzeit ausgenommen. Durch das hintere Seitenfenster ist die Aushilfsbetreuung knifflig: Erstens sieht der Mann am Steuer vom Fahrersitz aus dann praktisch gar nichts mehr vom Radfahrer, weil dieser sich im toten Winkel befindet. Zweitens ist das Seitenfenster so klein und ungünstig positioniert, dass sich der gut und gerne über 1,90 Meter große Kurt dreimal verrenken muss, um seine Aufgabe erfolgreich zu erledigen. Das tut der sicht- und hörbaren Freude des sympathischen Tirolers auch zu später Stunde keinen Abbruch.

Eine großartige Gelegenheit sei es für ihn, das alles miterleben zu dürfen. »Wahnsinn, wie konstant er fährt. Einfach Wahnsinn«, schwärmt er jedes Mal, wenn er eine aktuelle Zwischenzeit in das Excel-Protokoll klopft und dabei bass erstaunt den Kopf schüttelt. Nur zwei Wochen vor dem Abflug zum RAAM – seinem ersten Solo-RAAM, dem einen, großen Ding, das das Corona-Jahr nicht begraben hätte dürfen – hatte Kurt Matzler die Hiobsbotschaft vom Konsulat erhalten. Die Einreise in die USA sei auch mit Ausnahmen und Sondergenehmigungen nicht zu stemmen. Keine Chance. Kommen Sie nächstes Jahr wieder, vielleicht. Oder übernächstes. Wer weiß das schon? Wir danken für Ihr Verständnis. Da käme ihm diese inspirierende Erfahrung gerade recht. Ob ihm wohl einer eine schöne Runde in der Gegend empfehlen könne, für eine Radausfahrt am Sonntag. Das Gaberl vielleicht, ein Pass von gut tausend Höhenmetern. Und zurück über den Packsattel und den Obdacher, macht dann gute zweieinhalbtausend. Ja, das wäre etwas. Das RAA warte ja noch, Mitte August.

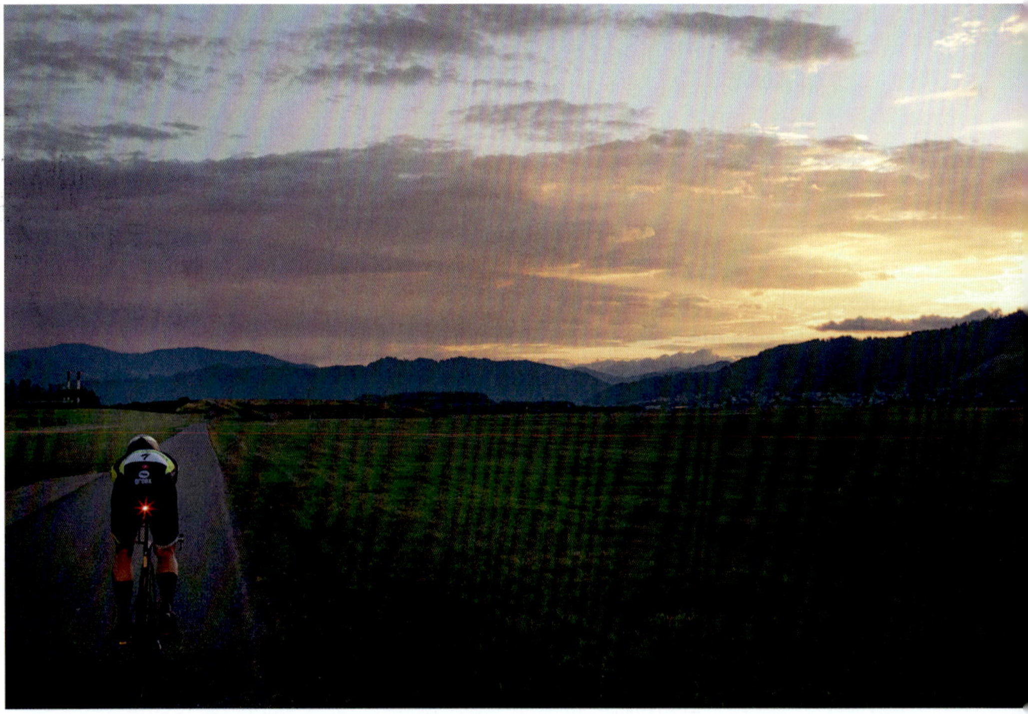

Kein Stück Verbitterung ist bei Kurt zu spüren, dabei ist ein abgesagtes RAAM keine Kleinigkeit, zum einen für die Psyche, die sich auf einen derartigen Brocken auf dem Teller natürlich längst eingestellt hat, zum anderen was die Rückabwicklung aller Verpflichtungen und Verbindlichkeiten angeht, vom Sponsoring über die gebuchten Quartiere und Mietwagen bis hin zur verhagelten Urlaubsplanung einer acht- bis zwölfköpfigen Mannschaft. Für ihn Teil des Spiels. Nächstes Jahr, nächster Versuch, mit dem Team Rotary RAAMs Polio, das bereits über drei Millionen Euro für den Kampf gegen Kinderlähmung aus Amerika habe »heimbringen« können. Drei Millionen, bei einem Randsportereignis für masochistisch veranlagte Insider! Kurt Matzler geht damit nicht hausieren, man muss ihm die eigenen Leistungen bzw. die seines Teams und der großzügigen Unterstützer geradezu aus der Nase ziehen. Das RAA sei er auch schon einmal solo gefahren, im letzten Jahr, jaja, recht passabel sei es dort für ihn gelaufen. Um die Schlafstrategie für das RAAM zu testen. Das habe ganz gut funktioniert. Kennt man die im Ultracycling vermehrt zu beobachtenden Selbstdarsteller mit ihren fantastischen Vorstellungen, merkt man: Er ist keiner davon. Das wird schon werden, hoffentlich, im nächsten Jahr. Zuversicht und Bescheidenheit sprechen dafür.

Und Cut, Zieldurchfahrt, schon wieder Punktlandung bei knapp über zehn Minuten. »Wahnsinn, einfach spitze!« Kurt kommt aus dem Schwärmen gar nicht mehr heraus, widmet sich der akribisch geführten Ernährungsliste – auch da hilft er mit – und der nächsten Trinkflasche…

Völlig verlassen

Die Strecke ist jetzt bis auf jene, die hier etwas zu tun haben, völlig verlassen. Christophs Mutter sitzt im Auto Richtung Kraubath und hat für in ein paar Stunden Frühstück vom Stammbäcker für die ganze Crew versprochen. Da kommt ein Victory-Zeichen mit zwei unmerklich vom Aufleger gehobenen Fingern von ihrem Sohn. Auch wenn jemand aufgepasst hätte, es wäre von hinten aus der Betreuerzone kaum zu sehen gewesen. Das war nur für Sabine, die mit verschränkten Armen neben dem geparkten Caddy steht und ebenso unmerklich nickt. Paarkommunikation. Die Mühle läuft mal wieder.

Es geht auf die Verpflegungszone zu, da kommt die Bestätigung: »Der Magen hat sich gebessert, Aufstoßen und Brechreiz sind weg. Bei der nächsten Verpflegung bitte ein ganzes Ensure – das geht auf ex!« Und angesprochen auf die Rückenschmerzen verrät Christoph: reduziert auf fünf von zehn auf der subjektiven Schmerzskala, gut auszuhalten. Kein Stretching mehr in den letzten zwei Stunden und auch kaum ein Verlassen der Zeitfahrposition – allesamt Zeichen, die das dem aufmerksamen Beobachter im Folgefahrzeug bereits verrieten. Lediglich eine leichte Asymmetrie entlang seiner Wirbelsäule ist weiterhin feststellbar, das Sitzpolster ist auf dem Sattel ein wenig gegen die Mitte verschoben. Das ist anatomisch bedingt und kein Zeichen für schmerzbedingtes Ausweichen. Beim Treten ist keine Ungleichmäßigkeit zwischen links und rechts erkennbar, die Beinachsen sind makellos. Das sagen auch seine Trainingsauswertungen: Christoph Strasser tritt extrem gleichmäßig und bringt auch nach Stunden noch mit beiden Beinen nahezu dieselbe Leistung auf das Pedal, was nicht selbstverständlich ist, denn bei den meisten Fahrern ermüdet eine Seite früher als die andere. Fraglich natürlich, ob ihnen das bewusst ist. Denn wer fährt schon so regelmäßig über die Ermüdungsgrenze hinaus und zeichnet dabei lückenlos auf?

Gleichmäßig niedrig sind auch Christophs nächste nächtliche Rundenzeiten. Ein paar Sekunden über den vollen zehn Minuten, etwas über dem 45er-Schnitt, noch immer. Er nähert sich dem nächsten Zwischenrekord: Die 300 Kilometer werden in unter 6:45 Stunden fallen. Die WUCA-Rekorde über 100 Kilometer und 100 Meilen hat er längst in der Tasche, den Letzteren in knapp über dreieinhalb Stunden. Was er über vermeintliche Rekordzeiten auf solch überschaubaren Distanzen denkt, daraus macht Christoph teamintern keinen Hehl: Er siedelt sie irgendwo zwischen unbedeutend und lächerlich an, sie spielen keine Rolle an diesem Tag. Die geringe sportliche Wertigkeit spiegelt sich im Faktum, dass er die aktuellen Bestmarken im Vorbeigehen mitnimmt. Das ist nicht mangelnder Respekt, nur Realismus: Wie viele Triathleten mögen auf der Ironman-Distanz schon schneller gefahren sein? Sicher auch der eine oder andere Straßenprofi im überlangen Zeitfahrtraining – zumindest über die glatte Hundert. Christoph selbst könnte, wüsste er um eine wartende Ziellinie, über 100 Kilometer oder 100 Meilen gut und gerne noch ein paar km/h drauflegen, ohne spezifisch dafür trainieren zu müssen. So etwas wirft kein besonders professionelles Licht auf die WUCA. Auch nicht auf den Langstreckensport insgesamt, der sich schließlich gänzlich anders definiert. Aber sei es drum; der Dreihunderter im Einzelzeitfahren spielt da schon in einer anderen Liga, ab hier gewinnt das Superlativ »Ultra« legitime Berechtigung. Danach folgen praktisch Schlag auf Schlag weitere Rekorde, die er unterbieten könnte: 200 Meilen, 300 Meilen, die Bestmarke über zwölf Stunden und der Fünfhunderter in Kilometern, dann die 500 Meilen und so weiter…

Wildwechsel

Ein Hase flitzt aufgeschreckt quer über die Fahrbahn. Christoph muss sich kurz aufrichten, im seitlichen Schatten des zentral vor dem Fahrzeug fokussierenden Lichtkegels ist der unerwartete Besuch bis kurz vor knapp unsichtbar. Wildwechsel ist immer so ein Thema beim Nachtfahren; die

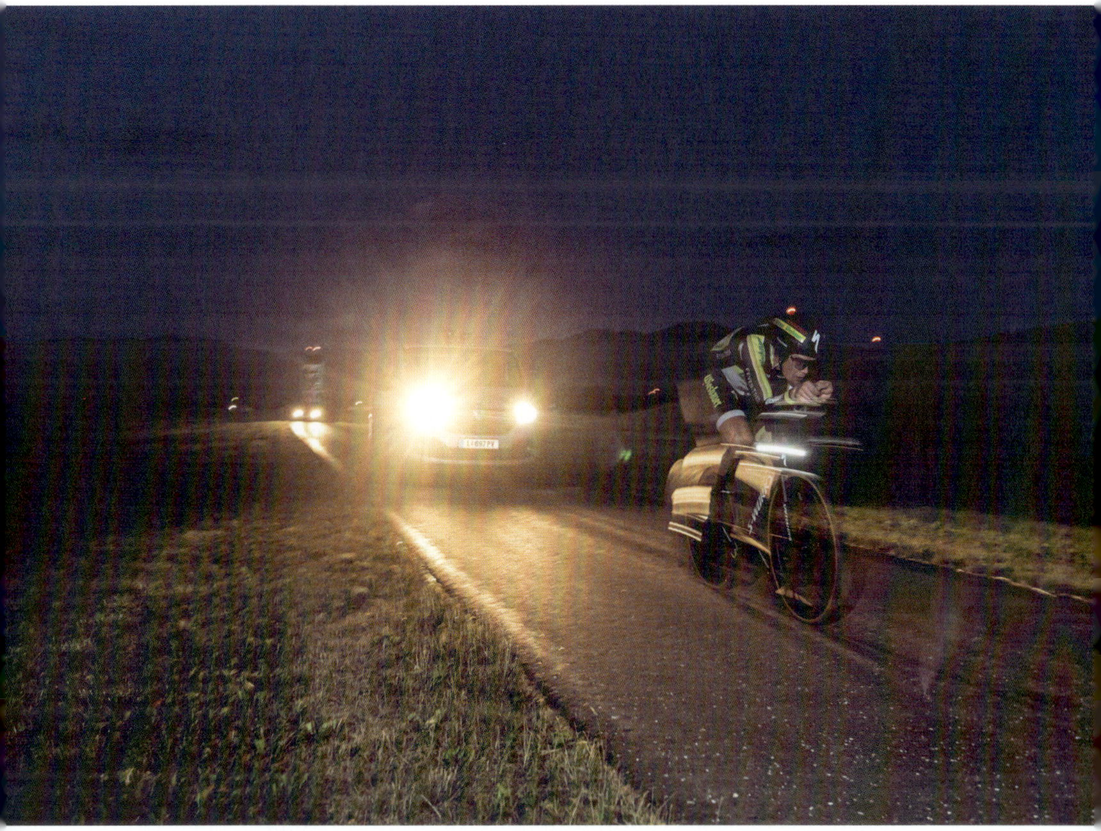

Zäune um das Flugfeld sollten immerhin die größeren Kaliber fernhalten – hoffentlich. Ein zweiter Artgenosse folgt auf dem Fuß, diesmal sieht man ihn zum Glück schon von weitem seine Haken rechts über die freie Wiese schlagen, als wolle er sich ein verspieltes Wettrennen mit dem Konvoi liefern. »Komm uns nur nicht in die Quere«, kann man das Tierchen und seine vielleicht noch verborgenen Freunde aus dem Auto heraus nur im Stillen beschwören.

Unter den objektiven Risiken steht der Crash über ein kaum fünf Kilogramm schweres Fellvieh mit Schlappohren weit oben auf der Unrühmlichkeitsskala. Ex aequo: ein Überschlag aufgrund eines sich in den Vorderradspeichen verheddernden Stöckchens. Wieder hat sich ein solcher mitten in die Ideallinie am Eingang der Zielgerade verirrt. Der muss weg, möglichst bald. »Einsatzbefehl an die Grundwehrdiener, sofort!«, wird über Funk zum Running Gag. Oder doch lieber weiterschlafen lassen, die armen Gesellen? Aus dem Fahrzeug heraus ist der kleine Stock in voller Fahrt kaum zu erkennen und wird beim nächsten Versuch auch prompt verpasst. Erst in der übernächsten Runde kann Hausi, mittlerweile nach getaner Fotoarbeit wieder zurück auf dem Beifahrersitz und mit dem Laptop auf dem Schoß schwer damit beschäftigt, die Aufnahmen in Echtzeit der informationshungrigen Außenwelt zukommen zu lassen, den Übeltäter dingfest machen. »Weiter rechts, noch nicht, gleich, hier!«, die Anweisungen von vorne. Vollbremsung, Laptop rücksichtslos auf die Seite geschmissen, Tür noch im Fahren auf, Sprung hinaus und schnell das gute Stück seitlich in die Hecke geworfen. Und dann mit Vollgas dem schwindenden roten Licht hinterher. Trotzdem gelingt es kaum, das Hinterrad bis zum immerhin knapp einen Kilometer entfernten Zielbogen einzufangen.

Nach wie vor drückt Christoph Strasser hier weit über 50 km/h, nicht der geringste Ausreißer bisher. Eine Stunde, sechs Runden. Der Dreihunderter ist erledigt, in 6:38:58 Stunden statt der wenige Stunden zuvor im betreuerinternen Ratespiel prognostizierten und an sich schon wahnwitzigen 6:45 Stunden. Nicht einmal diese paar Minuten wollte der Irre da vorne sich Zeit lassen. Ein inneres Kopfschütteln. Kurt, der die Zahlen parat hat, kann die Zeit neben der aufsummierten Ist-Distanz kaum glauben: Der Kurs für die ersten zwölf Stunden steht auf weit über 500 Kilometern. Bis zu 540 Kilometer könnten es werden, selbst dafür sieht es gar nicht mal schlecht aus, so wie Christoph die maßgeschneiderte Ernährung in sich hineinschüttet und trotz der frischen 16 °C von sich aus nach mehr verlangt. Schon das zweite Mal ein kräftiger Sprühregen aus der Sattelregion – auch die Verdauung funktioniert also blendend, zum Amüsement aller. Wo gehobelt wird, fallen Späne. Kein Grund sich zu genieren, wenn man dabei ist, Geschichte zu schreiben. Eine Pinkelpause macht eine Minute, macht 750 Meter Verlust. Keine Option.

Tatsächlich: 540 Kilometer sind es bei Halbzeit. Wie müsste dann der Schnitt für die zweite Hälfte ausfallen, um den Tausender zu schaffen? Das Resultat klingt erfreulich – und gleichzeitig erschreckend – machbar. Zumindest für ihn. Keiner spricht es aus. Keiner will es verschreien. Wie lange noch, bis sich die kleinste menschliche Varianz einschleicht? Magen? Krampf? Hasenragout? Tausend Abzweigungen, und noch ist nichts gewonnen.

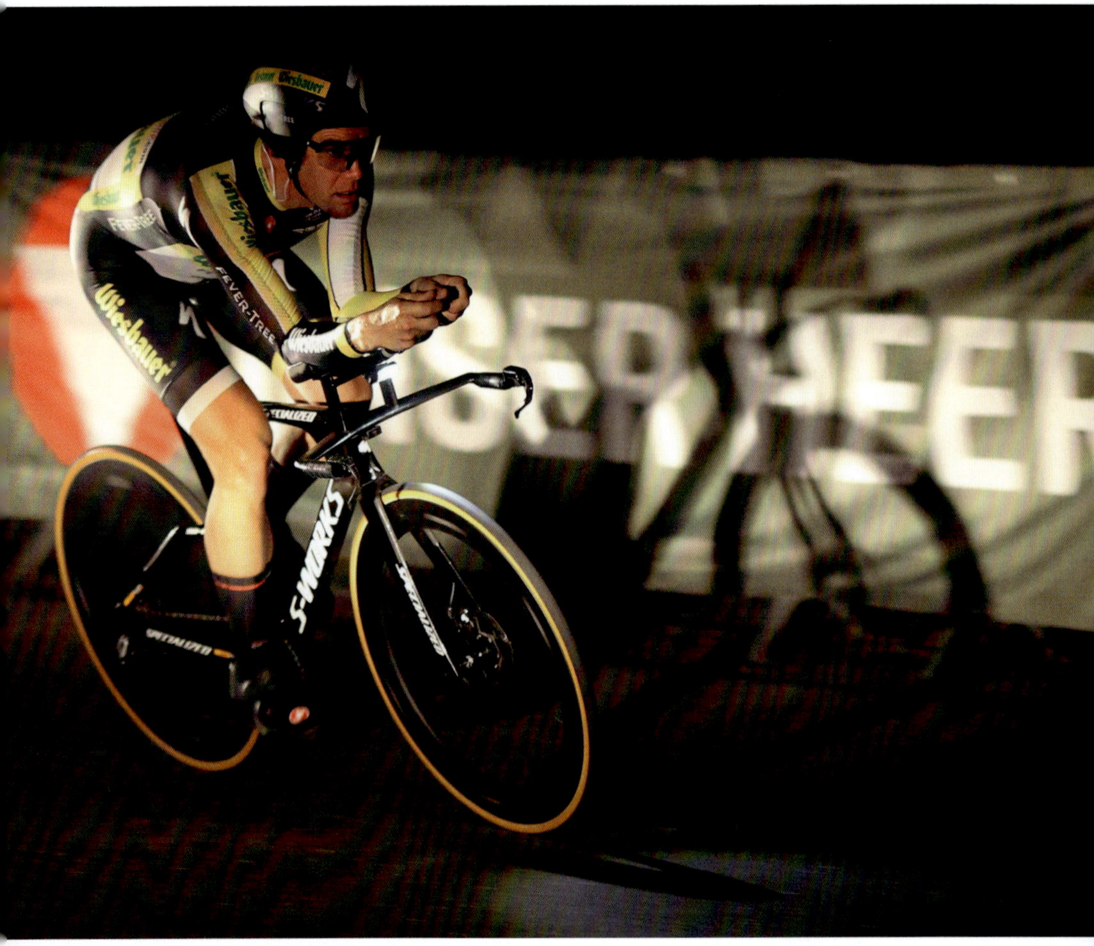
Wiesbauer
FEVER-TREE
S-WORKS

Stunde 22

DAS KLEINE (?) FINALE

TEIL VIER

Betreuerwechsel. Es ist kurz nach Mitternacht, der alte Rekord über 200 Meilen ist pulverisiert, der neue steht seit wenigen Minuten bei 7:08:45 Stunden. Max übernimmt das Steuer, Florian von Hausi den Beifahrersitz. Auch Kurt lässt sich nach dreieinhalb Stunden Büroarbeit unter Extrembedingungen ablösen. Im Zielgelände ist es totenstill. Bis weit in die Nacht hinein bot die Beschallung mit harter Partymusik zumindest für ein paar Augenblicke pro Runde so etwas wie Rennfeeling. Jetzt rührt sich im Bundesheerzelt und dem angrenzenden Containergebäude nichts mehr, nur die Torwache harrt still und tapfer aus. Zuseher: Fehlanzeige. Nein, doch nicht ganz, ein Zweier-Fanclub scheint ausharren zu wollen. Einer der beiden wird mit seiner roten Regenjacke zum nächtlichen Fixpunkt jeder Durchfahrt. Ahnt er, dass ihn der durchfahrende Christoph Strasser trotz Tunnelblicks sehr wohl bemerkt? Vermutlich eher nicht. Ansonsten ist der Parkplatz ausgestorben.

Als wolle er die völlige Ruhe nicht stören, ist auch der Wind eingeschlafen. Die Nacht ist nicht sternenklar, aber es riecht definitiv nicht mehr nach Regen. Wer hätte sich das gedacht? Oder erträumt? Als Gute-Nacht-Gruß hat der Moderator noch die Prognose aus Fliegersicht dagelassen: Bis neun Uhr morgens soll es trocken bleiben. Danach allerdings wird es kein weiteres Wetterglück geben – was vom Himmel muss, muss vom Himmel. Die Vorhersagegenauigkeit in diesen Tagen lässt zwar sehr zu wünschen übrig, aber es wird das Beste sein, sich auf ein feuchtes letztes Drittel einzustellen. Für Christoph Strasser ist das einfach: Was soll er, während die Kaserne schläft, auch anderes machen, als seinen Stiefel weiterzufahren.

Wenn die Prognose wenigstens dahingehend hielte, dass er die verbleibenden finsteren Stunden – es sind vielleicht noch fünfeinhalb oder sechs bis zum Morgennebel – ohne zusätzliche Sichtbehinderung und die Gefahr rutschiger Kurven abspulen könnte… Auf Nachfrage ein beinahe entschuldigendes Achselzucken beim Überbringer der Botschaft. Im Tagesverlauf sei fraglich, wie viel im unteren Murtal hängenbleibe: Von einem kurzen Schauer mit anschließender Besserung über Mittag bis hin zu einem hartnäckigen Dauerregen über die Zielzeit hinaus sei alles möglich. Das beste Wetterradar sei nicht in der Lage, das verlässlich einzugrenzen.

Es wird schon gerechnet

Nicht nur meteorologisch, auch sportlich ist der Blick in die Zukunft gefährlich, und dennoch kann man sich, wenn man Christoph kennt, sicher sein: Auf dem Rad wird schon gerechnet. Der Zwischenstand nach sieben Stunden waren 315 Kilometer. Wie sollte er da nicht rechnen? Ein ziemlich glatter 45er bis da hin, macht 3,3 km/h Polster auf den Tausender-Schnitt. Wie damit umgehen? Einfach weiter, klar – aber wie lange soll man die Realität von sich wegschieben, dass es mehr als sensationell aussieht? Mit jeder Stunde, in der Christophs Tempo nicht merklich fällt, sinkt der für die verbleibende Strecke nötige Kilometerschnitt drastisch. Schon zu diesem frühen Zeitpunkt müsste er für den glatten Tausender »nur« mehr knapp über 40 km/h halten; damit hat er die Utopie schon in den Bereich seines vorher ausgelobten, realistischen Traumziels verschoben. Das verdrängen? Sich daran festhalten und über sich hinauswachsen? Was auch immer er denkt, er macht es gut.

Die Konstanz im ersten knappen Drittel ist beinahe surreal: Zieht man die schnellste Rundenzeit (9:53 Minuten bei 46 km/h) von der langsamsten (10:18 Minuten bei 44,2 km/h) ab, ergibt sich eine Differenz von 25 Sekunden oder 1,8 km/h. Bezogen auf die schnellste Runde sind das nur knapp über vier Prozent – nicht auf einer Radbahn in der Halle wohlgemerkt, sondern auf einem Freiluftkurs und bei wechselnden Lichtverhältnissen. Es ist nicht leicht nachzuvollziehen, wie Christoph Strasser das macht. Was sich jedoch relativ leicht nachvollziehen lässt, ist die Menge an Energie, die er dem Motor zuführen muss, weil er sie nicht aus den vorhandenen Speichern generieren kann. Für die angepeilten circa 270 Durchschnittswatt ergibt sich plus Grundumsatz ein Gesamtbedarf von etwa 27.000 kcal über 24 Stunden. In Worten: Siebenundzwanzigtausend! Müsste man diese Energiemenge zuführen, ergäbe das über 1.100 kcal pro Stunde, etwa der Gegenwert von acht reifen Bananen. 192 Bananen vom Start bis ins Ziel. Prost Mahlzeit.

Natürlich wäre eine derartige Zufuhrmenge schon physiologisch nicht machbar, die Verdauung würde streiken, von allen möglichen sonstigen medizinischen Konsequenzen ganz zu schweigen. Zum Glück fehlt ein wichtiger Posten in der Rechnung, denn Christoph verfügt über Speicher und Ziel seines harten Trainingsjahres war ja unter anderem, den Fettstoffwechsel zu maximieren, um auf diese Langzeitspeicher auch bei ambitioniertem Tempo bestmöglich zugreifen zu können. Trainer Max Kinzlbauer hat auf Basis der aktuellsten Leistungstests diese Komponente im Vorfeld bestimmt: Ungefähr 640 kcal/h kann sein austrainierter Körper bei dieser Belastung theoretisch aus Fettreserven mobilisieren. Macht eine Summe von über 15.000 kcal über die volle Dauer. Plötzlich liegt die nötige Zufuhrmenge »nur« mehr zwischen 12.000 und 14.000 kcal, berechnet aus dem

Defizit zwischen Gesamtbedarf und maximaler Bereitstellung aus dem Fettstoffwechsel. Immer noch ein enormer Wert im Bereich von 500 kcal, die stündlich verzehrt werden müssen, damit es Christoph Strasser nicht doch noch den Stecker zieht.

Jeder, der das Gefühl eines guten, alten »Hungerasts« kennt, weiß, wie sich der Blick zu einem Tunnel verengt, begleitet von einem kribbelig-leichten Gefühl im Kopf, wie es auch beim Blutspenden gerne auftritt. In den langen Rennen gibt es diese Tiefs häufig, man reagiert mit einer leicht erhöhten Zufuhr, sitzt die ein, zwei Stunden, die es dauert, bis sich wieder das gewünschte Gleichgewicht einstellt, bei einer geringeren Leistung aus, verliert vielleicht ein paar Minuten oder mehr, je nach Streckenprofil. Hier, wo alles auf Teufel kaum raus optimiert ist, sieht das ganz anders aus. Deshalb wird Christoph, während die Hälfte seiner Crew sich zur Regeneration für ein paar Stunden in einen der warmen Schlafcontainer, auf die Rückbank des Campingbusses oder ins schnell aufgestellte Zelt begibt, weiter die zwei Erfolgskomponenten in sich hineinschütten: das proteinreiche Ensure Plus, das ihm bei sechs RAAM-Siegen bei extremsten Bedingungen gute Dienste geleistet hat, sowie die Kohlenhydratmischung, die mit Wasser angerührt auch der Hydration dient und für die zu erwartende Schweißrate auf Verträglichkeit optimiert wurde.

Nichts mit Traumland

Von wegen Totenstille. Der Autobahnlärm und ein Stromaggregat auf Volllast machen den Betreuerschlaf unruhig; jeder vorbeifahrende LKW klingt wie ein Jumbojet beim Abheben. Und alle zehn Minuten ein paar vereinzelte Klatscher von den beiden Nachtschwärmern oder einem der zur Aufsicht verdonnerten Soldaten. Es ist die größte Kunst des Betreuers, während seiner Schicht total präsent, abseits davon aber mit dem Kopf woanders und idealerweise beim Entspannen zu sein. Nicht auf Kommando einschlafen zu können, ist ein übliches Ärgernis, für die Rennfahrer bei mehrtägigen Veranstaltungen. Kaum ein Athlet, der nicht von einer solchen Erfahrung berichten kann: endlich Pause, aber nichts mit Traumland, stattdessen der Gedankenkreisel – ich muss, muss, muss (!) jetzt schlafen. Am Ende macht gerade dieser Druck das natürlich unmöglich, und nach einer Stunde oder zweien sitzt man wieder auf dem Rad und die Augen fallen unbarmherzig zu, man würde sich am liebsten selbst ohrfeigen. Weniger bekannt, aber ebenso belastend ist dasselbe Phänomen bei den fleißigen Helfern im Hintergrund: Schichtwechsel, noch vier Stunden, also ewig Zeit, aber bis man herunterkommt von der Aufregung sind nur mehr zwei übrig, jetzt schnell in den Schlafsack. Doch ganz lässt einen das Geschehen doch nicht los. Wie mag es dem Fahrer wohl gehen? Welche Krise steht gerade an? Waren das zehn Minuten zwischen dem vorletzten und dem letzten Klatschen oder doch elf? Und so weiter, bis der Wecker einen kalt aus ungeträumten Träumen reißt.

Hier ist das nicht die ganz große Katastrophe, denn in jedem Fall endet alles am kommenden Nachmittag. Trotzdem: Die schlimmsten Stunden folgen erfahrungsgemäß kurz nach der Dämmerung. Die Nacht selbst hat ihre eigene Dynamik, aber die feuchte Kälte der frühen Morgenstunden wird wie zäher Kaugummi an Augenlidern und Zeitfahrreifen kleben. Pure Katerstimmung wird sich bei dem einen oder anderen einstellen, wenn das lange herbeigesehnte Tageslicht in der Realität ein bisschen zu grell für die übermüdeten Augen scheint. Noch dazu wird die Dämmerung recht genau mit der Halbzeit des Rekordversuchs zusammenfallen. An diesem von vielen Athleten bei Ultracycling-Wettkämpfen gefürchteten Punkt – oder kurz davor – wird zudem oft ganz neu gewürfelt. Die Erkenntnis, dass erst die Hälfte geschafft sein soll, in Anbetracht dessen, wie weit es bis hierhin schon gewesen ist, kann die Moral des härtesten Beißers zermalmen. Resignation und ein merklicher Abfall können folgen, und genau dann wird ein ausgeruhtes Betreuerteam seine beste Versicherung sein. Umgekehrt kann, wenn die Waagschale erst beginnt, sich in Richtung Ende zu neigen, ein ungeahnter Schub eintreten, so dass der Kopf wieder Hoffnung fasst.

Christoph Strasser zeichnet eine außerordentliche Stabilität aus, und nur selten sieht man bei ihm eine moralische Schlagseite. Andererseits: Er musste selbst mit all der jahrelangen Routine auf höchstem Niveau erst selten derart an seine körperlichen Grenzen gehen, denn entweder dauerten seine großen Rennen so lange, dass er nicht mit diesem Ausgangstempo startete, oder er konnte sich bis zu diesem Punkt in Zeitfahren mit direkter Konkurrenz schon ein derartiges Sicherheitspolster aufbauen, dass zumindest der Sieg als grundsätzliche Motivation jedes Mal greifbar war. So oder so, noch ist es längst nicht so weit, sich über diesen neuralgischen Wendepunkt graue Haare wachsen zu lassen.

Dirty Talk

Akuter Handlungsbedarf ist die beste Ablenkung: Ein unvermittelter Schlag gegen das Vorderrad reißt Christoph aus dem Dirty Talk mit seinen frisch motivierten Nachtwächtern im Begleitfahrzeug. Es muss ein Stein auf der Fahrbahn gewesen sein. Davon liegen Stunde für Stunde mehr auf der Strecke, vermutlich in den rasant geschnittenen Kurven von den Grobprofilreifen des Kleinbusses mitgenommen und irgendwo, wie hier, wieder abgelagert, bereit, einen Reifen aufzuschlitzen. Wo auch immer sie herkommen mögen, dieser eine hat seine Bestimmung erfüllt. *Pfffffff*, der Klang eines sich verabschiedenden Schlauches. Nur ein Augenblick, bis Christoph Strasser realisiert: Ich muss tatsächlich stehen bleiben. Die

Meldung an das Team: »Jungs, Reifendefekt! Ich rolle langsam aus, bitte überholt mich und richtet das Ersatzrad her!« Und so gibt es schließlich doch, nach knapp acht Stunden, eine erste kurze Erlösung für die arbeitenden Muskeln, das erste volle Durchstrecken des Körpers im aufrechten Stand. Kein angenehmes Gefühl, eine Qual, jede Sekunde entspricht 12,5 verlorenen Metern. Christoph kann förmlich spüren, wie der virtuelle Gegner, geeicht auf die magische Zahl, ihm auf den Fersen ist.

Es sind nur wenige Sekunden, bis die raumgreifende Heckklappe der mobilen Kommandozentrale den rettenden Ersatz ausspuckt: die zweite Maschine mit der futuristischen Heckflosse, den Koloss für die Ebene. Optisch nicht unbedingt Christophs Favorit, aber ein vollwertiger Ersatz allemal. In dieser Runde fällt der Schnitt auf 38 km/h; ein Zeitverlust von eineinhalb Minuten. Kein Drama, aber doch so etwas wie ein schmerzhafter Kratzer im Lack. Eine halbe Stunde später noch ein Ausreißer in der Statistik, denn nun wechselt Christoph zurück auf die erste Maschine, an deren Vorderrad der Defekt behoben wurde. Gleichzeitig wird ein Funktionsfehler am Funkempfänger behoben. Macht erneut eineinhalb Minuten Defizit, in Summe sind es drei Minuten auf eine verpatzte Dreiviertelstunde Fahrzeit. Dabei muss es jetzt aber auch bleiben, der Rhythmus darf nicht gebrochen werden. Bei aller Beherrschung: Christoph braucht ein paar Runden, um sich wieder freizufahren. Drei Minuten, das entspricht 2.250 gefahrenen Metern. Oder drei gemütlichen Pinkelpausen…

Bis zur Halbzeit werden es die letzten verlorenen Minuten gewesen sein. Es ist sein Talent, sich von kleinen Rückschlägen nicht blockieren, sondern nur noch weiter anstacheln zu lassen. Er fährt wie von einem anderen Stern: Zwischen Stunde acht und Stunde zwölf liegt der negative Ausreißer, abgesehen vom erwähnten Funkausfall zeitgleich mit dem Zurückwechseln auf das erste Rad, bei einem Rundenschnitt von 43 km/h. Zehn von 23 in dieser Phase zurückgelegten Umläufen erledigt er mit einem Schnitt von mehr als 44 km/h . Einmal schraubt er sich sogar zurück auf 44,6 km/h, was circa 97 Prozent des in den ersten Stunden maximal erzielten Werts von durchschnittlich 46 km/h bei offensichtlich günstigen Windbedingungen entspricht. Eine negative Abweichung von drei Prozent nach zwölf Stunden – so sieht eine flache Ermüdungskurve aus!

Vereinzelte Kuhglocken

Rund um Stunde elf fallen zwei weitere Rekorde: Die 300 Meilen knackt Christoph Strasser in 10:52:38 Stunden, die Latte über 500 Kilometer legt er auf 11:16:05 Stunden. Beides wird ihm nicht einmal durchgegeben, der Fokus liegt woanders. Zur Halbzeitmarke, gleichzeitig der Ziellinie für den Weltrekord über 12 Stunden, poppen auf der großen Anzeigetafel, die von der Ladefläche eines knapp dreißig Meter nach der Ziellinie geparkten militärischen LKWs die ganze Nacht über ins Nirwana gestrahlt hat, 532,2 Kilometer auf. Vereinzelte Kuhglocken und Tröten sind zu vernehmen. Corona hat den Sportfan an leere Ränge gewöhnt; dennoch ist der Kontrast zwischen der gut gemeinten Unterliga-Fußballplatz-Atmosphäre und dieser Traumzahl absurd.

Schon der alte Rekord von 487 Kilometern, aufgestellt 2020 in Slowenien von Stanislav Verstovšek, konnte sich sehen lassen – die draufgepackten 45,2 Kilometer tun dem keinen Abbruch. Bei der üblichen Überlegenheit, die Christoph Rennen für Rennen untermauert, und in Anbetracht des annähernd optimalen Verlaufs seiner ersten Halbzeit, ist die Differenz sogar erstaunlich überschaubar. In dieser Erkenntnis verbirgt sich zudem ein kleiner erhobener Zeigefinger: Verstovšek ging in der zweiten Hälfte sichtlich der Sprit aus. Mit 427 Kilometern verlor er 60 Kilometer auf die eigene Vorgabe, happige fünf Kilometer pro Stunde. Dabei dürfte er gekämpft haben wie ein Löwe, auf dem Weg zu einer starken neuen Bestmarke, für die alles angerichtet schien. Kurz im Kopf überschlagen: Mit derselben Ermüdungskurve würde Christoph selbst bei diesem Halbzeitstand den Tausender knapp verfehlen. Bestenfalls wäre es eine nervenaufreibende Punktlandung. Wetterkapriolen oder weitere Defekte würden das jähe Ende der erhofften Sensation bedeuten…

Positiv betrachtet hat Christoph den benötigten Restschnitt erfolgreich auf 39 km/h gedrückt – immer noch eine Hausnummer, jedoch weit weg von den durchschnittlich 44,3 km/h des bisherigen Verlaufs. Ein langer Arbeitstag, nichts weiter. Was zu tun übrigbleibt, um Colorado und alle Spekulationen um dünne Höhenluft und schnellen Indycar-Asphalt obsolet zu machen, war noch gestern Mittag sein realistisches Minimalziel für die volle Distanz. Jetzt, nur 15 Stunden später, sind alle und allen voran er selbst klüger. 39 Stundenkilometer, zu treten vom gemütlichen Samstagsfrühstück mit weichem Ei und Tageszeitung bis zum Nachmittagskaffee mit Kuchen, wenn er absteigen darf – sie nehmen sich plötzlich unspektakulär aus neben den zahlreichen, sich weit in den Vierzigern bewegenden Werten, die auf der Anzeigetafel schon eine anständige Kolonne ausmachen. Tatsächlich sind die zwei verkorksten Runden rund um den nächtlichen Defekt die einzigen, die eine drei vorne stehen haben. Und selbst diese Blindgänger mit substanziellen Stehzeiten lagen nur einen winzigen Stundenkilometer hinter dem neuen Soll. Es müsste zu machen sein, sogar mit Spielraum, ohne Zitterfinale.

Festbeleuchtung und Dezibelattacke

Der Himmel ist regenverhangen und der Wind frischt auf; jetzt spürt man das nahende Eintreffen des unvermeidlichen Niederschlags. Auch die Betreuerzone wacht auf: Riesige Brotlaibe in transparente Plastikfolie ver-

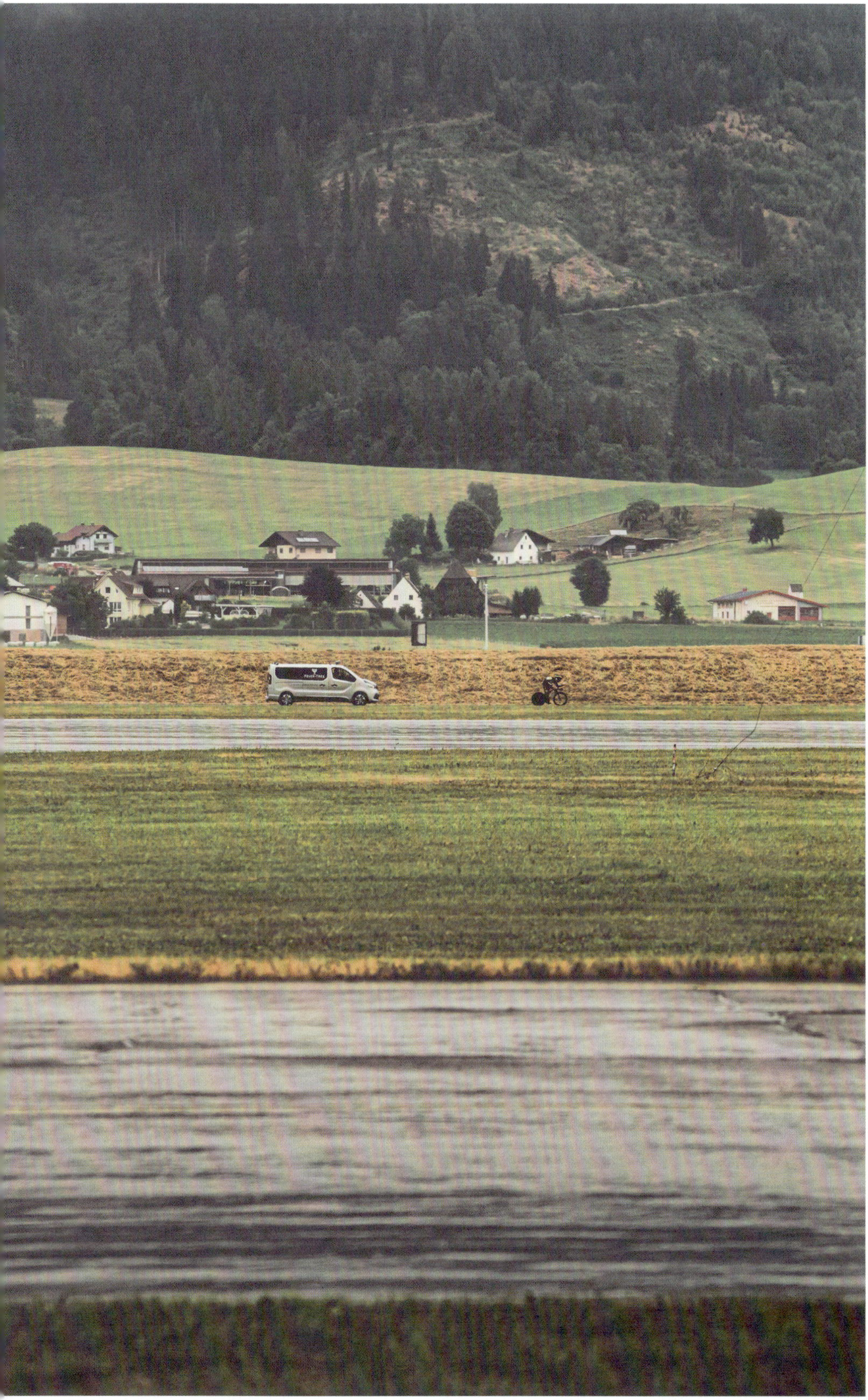

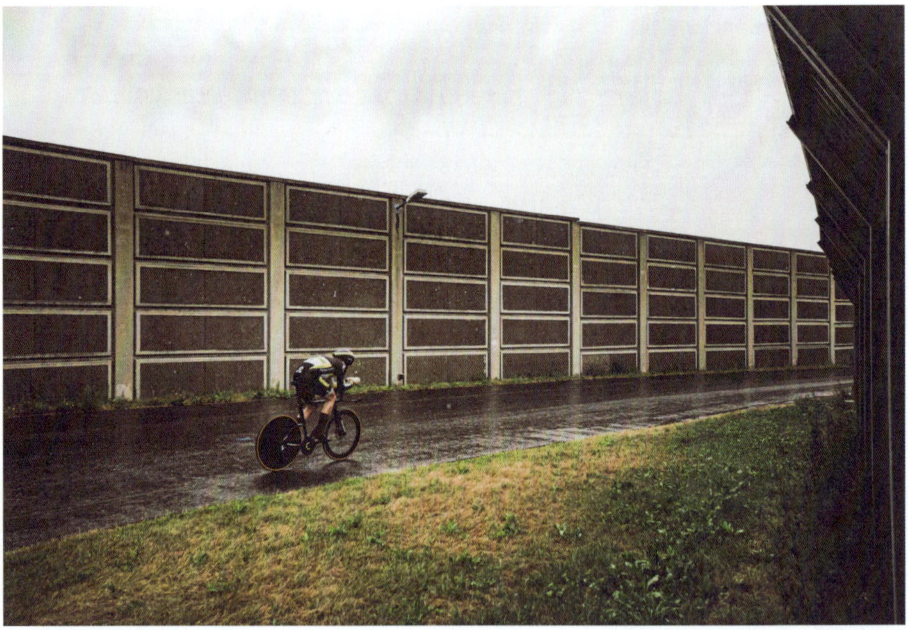

packt werden in den Bundesheercontainer geliefert, dazu die Konservendosen mit Aufstrichen, die jeder Rekrut kennt und innig liebt. Man amüsiert sich über Jürgen »Grooxi« Gruber, der scheinbar über die üppige Bewirtung im Soldatenheim das Filmen des immer besonders begehrten Sonnenaufgangs verpasst hat. Allgemeines Kopfschütteln – wer hätte gedacht, dass die spartanischen Quartiere als Wellnesshotel taugen? Aber kein Groll: Was er filmt, ist immer perfekt, darauf kann man sich verlassen.

Im Begleitauto steht der nächste Wechsel an. Kurt Matzler ist zurück im Dienst, Max Kinzlbauer bekommt eine verdiente Pause – die letzte vor der heißen Schlussphase, in der er als Trainer und Schlüsselfigur im Team womöglich besonders gefragt sein wird. Flo Kraschitzer macht noch ein bisschen weiter, er fühlt sich fit. Die Anlage wird wieder hochgefahren. Nicht, dass die reichlich flotte Musik zur verschlafenen Uhrzeit passen würde, aber vielleicht hilft sie ja, die tierischen Gäste zu vertreiben, die sich in der Nacht auf der Strecke getummelt haben. Beim Betreuerwechsel wird von einem vermeintlichen Dachs berichtet, der sich zu der wilden Hasenschar gesellt hat. Die Dezibelattacke wird es bestimmt richten – und wenn nicht die, dann die plötzlich und ohne große Vorwarnung eingeläutete Flughafenübung. Die Festbeleuchtung rund um die Hauptpiste gibt ein schönes Bild ab – das hätte man sich als Hintergrund für die Nachtfahrt gewünscht!

Der Parkplatz des Towers hat sich merklich gefüllt und an der Einfahrt stehen ein paar Soldaten, die entweder gerade ihren Dienst beendet haben oder gerade die Frühschicht antreten, und begrüßen ihn und das Begleitfahrzeug mit begeistertem Jubel. Löschfahrzeuge brausen auf die Piste und liefern sich in einigen hundert Meter Entfernung ein unbeabsichtigtes Rennen mit Christoph. »Schaut, da drüben! Ein Einsatz? Wie cool ist das?!«, freut der sich über die willkommene Abwechslung. Die seitlichen Zufahrten werden mit kleineren Einsatzfahrzeugen abgesperrt – und wieder klatscht jeder, der nichts Besseres zu tun hat, dem vorbeiradelnden Gast Beifall. Es ist dieselbe durchwegs positive Grundstimmung, die den Rekordversuch schon seit dem frühen Nachmittag des Vortages, eigentlich schon seit der ersten unverbindlichen Kontaktaufnahme aus der Not des gestrandeten Profis heraus, prägt. Dieses Wochenende ist schon jetzt eine mehr als positive Eigendarstellung des Heeres, das zweifellos nicht unumstritten ist, jedoch häufig aufgrund plakativer Vorurteile – eine Gemeinsamkeit mit dem Ultracycling.

Noch mehr Jubel an Start/Ziel, das Soldatenzelt ist aufgewacht. Und weitere Anfeuerung von der kurz danach links an die Strecke grenzenden Bundesstraße. Läufer, die stehen bleiben, Radfahrer, an die weißen Fahrbahnbegrenzer gelehnt. Die meisten mit seitlich kurz geschorenen Ansätzen und in den gedeckten Farben gekleidet, die hier gerne getragen werden. Morgensport auf beiden Seiten des Zauns, fühlbarer Respekt. Ein kurzer Seitenblick, über Funk kann man hören: »Grüß euch, danke Leute!« Sogleich ist der Kopf wieder gerade, der langgezogene Zeitfahrhelm bremst bei seitlicher Anströmung. Keine Kompromisse. Das Tageslicht verrät den Alterungsprozess, den Christoph Strasser über die Dauer eines langen Rennens im Zeitraffer durchmacht. Vom fit und gesund aussehenden, braungebrannten Enddreißiger zum verquollenen Greis mutiert steigt er jeweils vom Rad, ein paar Tage später ist alles wieder normal.

Er wird stiller

Christoph wird zusehends still über Funk, antwortet merklich verzögert und mit gepresster Stimme, passend zu den tiefhängenden Tränensäcken und der bleichen Gesichtsfarbe. Er verlangt einen Schuss Guarana Energy Boost, eine mildere Alternative zu den üblichen, aber magenbelastenden Koffeintabletten. Das weiße Pulver wird dick mit Wasser angemischt, so dass der Messlöffel beinahe in dem kleinen Gefäß zum Anmischen steht. Prost – wenn's hilft.

Ein solches Tief ist nie schön, und sofort beginnt das Kopfrechnen. Andererseits: Niemand mit dem kleinsten bisschen Erfahrung hätte erwartet, dass es ganz ohne Einbruch über die Bühne geht. Ist dies das erste Tief, das die Bezeichnung auch verdient? Was Christoph Strasser gelernt hat: Man kann es nicht erzwingen, muss den Marschplan einfach weiterverfolgen, bis sich Geist und Körper hoffentlich fangen und selbst aus der düsteren Gummizelle befreien. »Burschen, ich bin müde. Bitte Scheiße reden«, lautet das trockene Kommando von vorne. Geheimnis gelüftet: Was in Radrennen wachhält, ist nicht die Rezitation von Bibelversen oder Klassikerpassagen. Es werden ebenso wenig die weltpolitischen Großfragen durchdekliniert. Was funktioniert, ist großteils ordinär, dämlich, kindisch. Manchmal wiederum erstaunlich tiefgründig, wenn man zwischen den Zeilen liest. Jedenfalls voll von Insider-Bemerkungen, deren Sinn sich nur erschließt, wenn man die Szene und ihre schillernden Aushängeschilder kennt.

Eine der wichtigsten Qualitäten des Betreuers im Pacecar: spontan und in jeder Stimmungslage witzig sein zu können oder zumindest in der Lage, den Raum mit Schall zu füllen. Der verpeilte Stand-up-Comedian kann zur Geheimwaffe werden, während Seriosität und Beherrschung an diesem Punkt nicht gerade Schlüsselqualifikationen sind. Noch besser sind gespaltene Charaktere, sprich Leute, die leistungsorientiertes Denken mit einer Prise Wahnsinn vereinen. Es fließt einiges an Wasser die Mur herunter, bis man eine Gruppe herausdestilliert hat, die dieser Beschreibung entspricht. Christoph Strasser ist auch das gelungen.

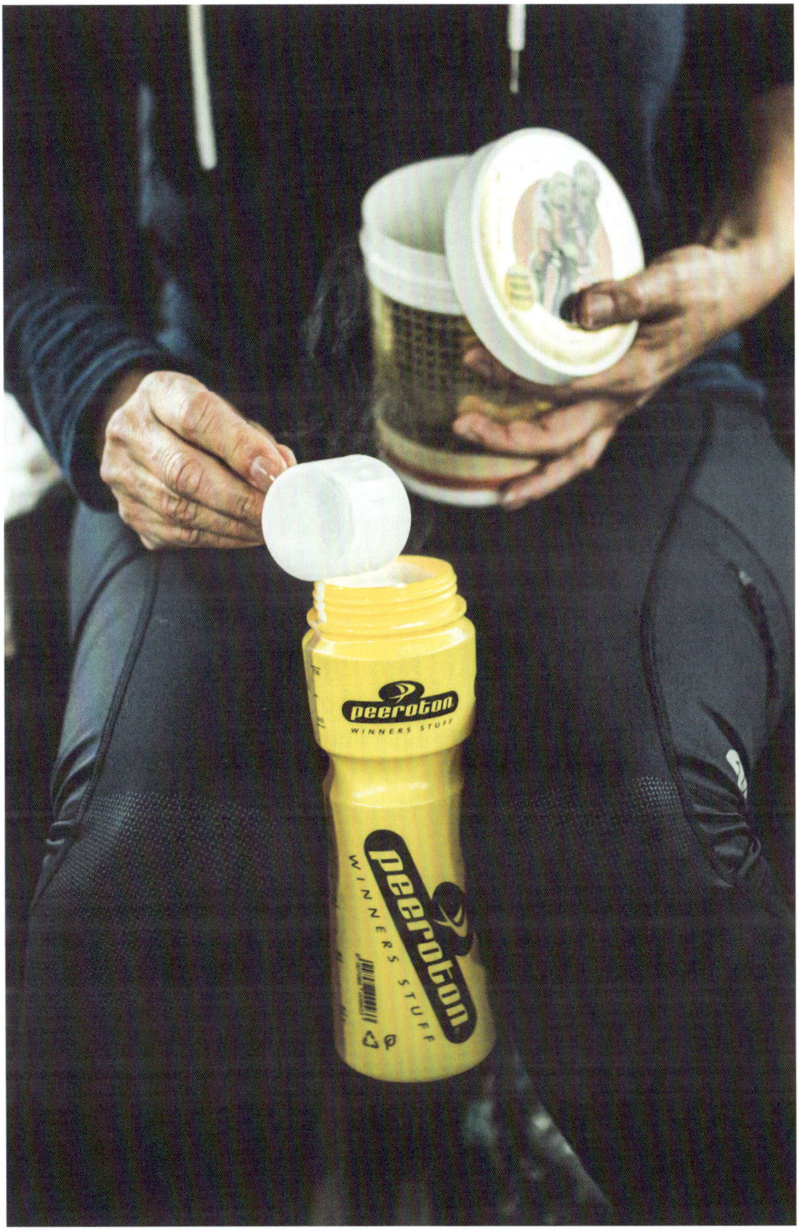
peeroton
WINNERS STUFF
peeroton
WINNERS STUFF

Bei Start/Ziel hampelt ein bärtiger Überdrehter herum, feuert an wie verrückt. Zwei Runden später hat er von Flo, der nun doch noch eine kurze Auszeit bekommt, den kommunikationsintensiven Beifahrersitz übernommen. Der zugestiegene Georg »Schorsch« Michl ist prädestiniert für die Rolle des gutmütigen Pausenclowns und ein begehrter Einpeitscher für die schweren Stunden. Als Sportredakteur für die *Kleine Zeitung* – eine Hausnummer hier in der Steiermark – kam er ursprünglich in der Rolle des Berichterstatters ins Team. Mittlerweile ist er, wie die anderen, auch ein Fan, Freund, unermüdlicher Helfer. Der Chef persönlich hat ihn angefordert, er liefert ab.

Sofort stabilisiert sich Christophs Schnitt auf der Gegengeraden, die in der vergangenen Stunde merklich Körner gekostet hat. Jede Wortmeldung aus dem Pacecar ein Treffer: Absolute Highlights sind die nicht wiedergabefähigen Stimmenimitationen bekennender Radsport-Aficionados von zweifelhafter Prominenz. Auch im Auto herrscht sofort frischer Wind. Schorsch verschüttet den guten Teil eines halbvollen Ensure über seinen Kapuzenpullover und kippt den Rest in einer komödiantischen Szene aus dem geöffneten Beifahrerfenster. Nur ein paar hundert Meter später will Christoph sein angefangenes Ensure doch noch fertigtrinken – wo jetzt in der Eile eine halbvolle Packung hernehmen, ohne dass der Frevel auffällt? Legendärer Slapstick.

Voll im Rennfieber

Wieder zwei Runden später soll der Livestream ein weiteres Mal online gehen: Moderator Michael Nussbaumer und einer der slowenischen Kameramänner quetschen sich hinten zu Kurt, werden gleich in der ersten Kurve durch den immer noch tückisch nach außen hängenden Kreisverkehr durchgewürfelt wie in einer überdimensionalen Waschmaschine. »Na servas, Burschen!«, lautet die knappe Reaktion auf Oberösterreichisch. »Nussi«, wie er in der Szene genannt wird, ist selbst ein Vollblutsportler. Lange braucht er nicht, um sich zu akklimatisieren: Ein paar Minuten später ist er voll im Rennfieber und überschlägt sich im ersten Direkteinstieg vor Begeisterung. Schorsch hat Christoph über Funk natürlich vorgewarnt: Nicht alles muss live geteilt werden, also schön sprechen bitte. Und ordentlich treten – die Runden unter Beobachtung werden die schnellsten seit geraumer Zeit. Solide 43 km/h im Durchschnitt, die Müdigkeit scheint vorläufig überwunden.

Neben der an sich schon spannenden, rasanten Perspektive durch die Windschutzscheibe gibt es für die Zuseher am Frühstückstisch reichlich zu besprechen: Kurt Matzler präsentiert den bisherigen Verlauf des Rekordversuchs in Zahlen und kommt dabei, bei aller ihm innewohnenden, wissenschaftlichen Sachlichkeit, aus dem Schwärmen nicht heraus. Nichts verschreien dürfe man, natürlich. Dann wird Schorsch Michl als Außenreporter eingespannt, das Mikro geht direkt an die Gegensprechanlage. Christophs Stimme kracht übertragungsbedingt, dennoch klingt sie wieder frisch, unverbraucht. Das Resümee: »Eigentlich geht es mir erstaunlich gut. Wirklich erstaunlich gut.« Wie ein Analyst von außen beginnt er schon, die Gründe für seinen Erfolg – allen voran die geglückte Ernährung – zu sezieren. Dabei tritt er vom Kameramotorrad begleitet wieder mehr als 50 km/h die Gerade hinunter. Gewollt oder ungewollt klingt durch: Er scheint tatsächlich extrem zuversichtlich zu sein.

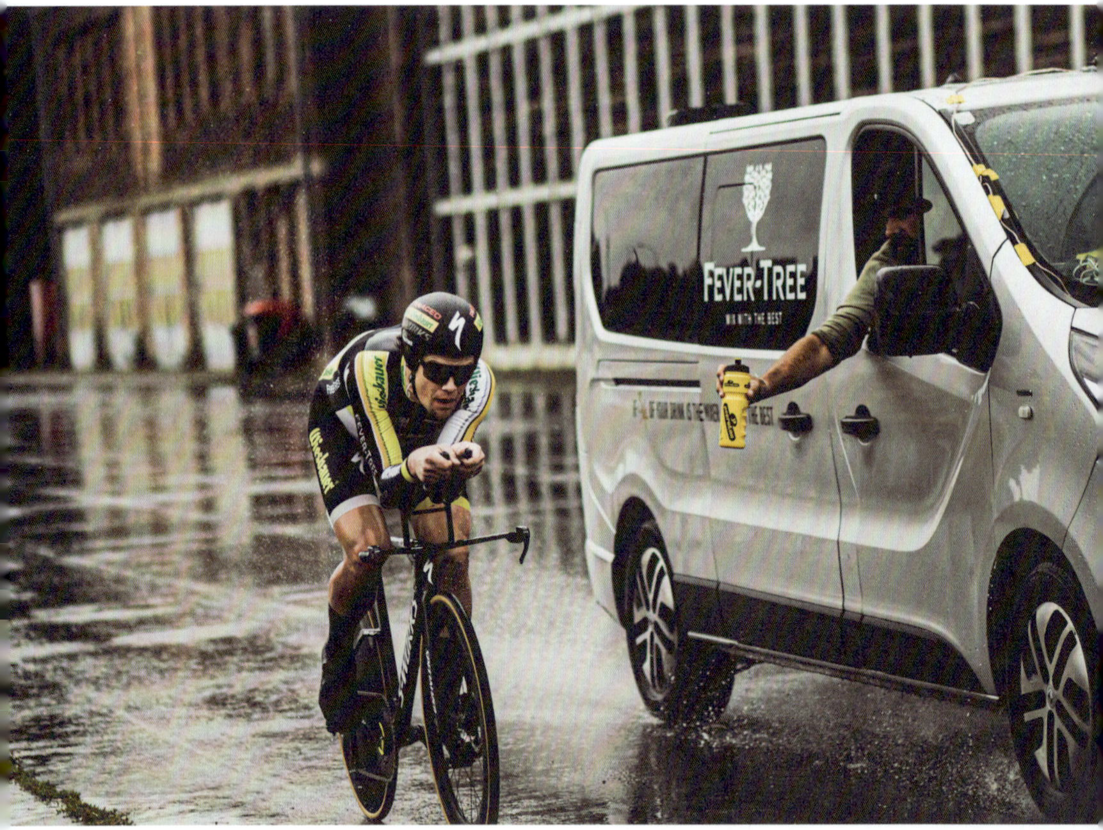
FEVER-TREE
MIX WITH THE BEST

Stunde 23

DAS KLEINE (?) FINALE

TEIL FÜNF

Der Regen setzt unmerklich ein und scheint nicht die Absicht zu haben, das Streckengelände so bald wieder verlassen zu wollen. Noch während Christoph Strasser für den Livestream seinen Ausblick für das anstehende Schlussdrittel abgibt, wird dem Publikum bildhaft vermittelt, wie schnell sich das Blatt wenden kann. Mit lautem Quietschen der Scheibenbremsen nimmt er die scharfe Linkskurve und muss, von einem Stein abgelenkt, mit rutschendem Vorderreifen ein zweites Mal ansetzen. Jetzt ist es am heikelsten: Der Asphalt ist noch nicht vom Staub der vorhergehenden Sommertage reingewaschen. Regnet es stundenlang, wird der Grip vermutlich wieder besser. Außerdem passen sich die Reaktionen dem glatteren Belag an, die Bremspunkte stimmen wieder. Bis dahin ist es ein Eiertanz. Erneutes Quietschen, die Rechtskurve nach Start/Ziel war alles andere als optimal, Christoph musste aufmachen, einige Tritte auslassen. Was im Kleinbus dazu kommentiert wird, ist erneut nicht jugendfrei. Zum Glück ist die Liveschaltung unterbrochen.

Der Kreisverkehr. Erwartungsgemäß miese Bedingungen, keine Rede von einem sauber durchgezogenen Radius, stattdessen ein für ihn ungewöhnliches Gerutsche und Gestottere mit großem Tempoverlust, bis er, weit hinter dem Scheitelpunkt an den linken Fahrbahnrand gedrängt, im Wiegetritt wieder Fahrt aufnehmen kann. »Der geht beschissen…«, raunt es merklich verunsichert aus dem Funk.« War zu sehen… Der Absperrposten steht im Regen wie ein begossener Gartenzwerg. »Armer Hund…«, murmelt Christoph beiläufig. Da waren ja noch die Schienen kurz vor der Verpflegungszone – im Trockenen vernachlässigbar, im Regen ein Knüppel zwischen den Beinen. Dreimal zehn Fingerknöchel spannen sich an. Maximale Aufmerksamkeit im aus der wohltemperierten Fahrgastzelle mitleidenden Team. Könnte man den verbleibenden Dreihunderter nur nach drinnen verlegen…

Wie geht's den Beinen?

Unauffällig hat sich ein Militärfahrzeug hinter den Tross gesetzt. Richtig, da war ja noch etwas. Ein Start, eine Landung oder sogar beides war für den frühen Vormittag angekündigt. Keiner im Team weiß genau, wer oder was da landen soll. Die Spekulationen laufen heiß. Hat es mit dem benachbarten Red Bull Ring in Spielberg zu tun? Ein Privatjet etwa? Doch ein geplanter Übungsflug trotz Pistensanierung? Die Antwort bleibt offen. Der dunkle Wagen folgt schon die dritte Runde in konstantem Respektsabstand, als sich plötzlich und ohne Vorwarnung zwei Eurofighter-Kampfjets mit großem Getöse in Bewegung setzen. Von den Hangars abgeschirmt sind sie zunächst nicht zu sehen, bis sie sich im steilen Winkel von der Landebahn erheben. Der von den Triebwerken der zweistrahligen Kraftpakete erzeugte Schalldruck überschlägt sich; ein für den Zivilisten beeindruckendes Schauspiel. Jetzt wird der Sinn der Fahrzeugbegleitung klar: Das Abheben der Jets wurde extra so getaktet, dass Christoph sich gerade während der Beschleunigungsphase im Lärmschatten befand. Erneut ein nicht selbstverständlicher Spezialservice. Laut genug war es dennoch und ein willkommenes Gesprächsthema für den Funk, denn die Augen werden wieder schwer, nachdem die Medienleute ausgestiegen sind.

Noch ein Schuss Guarana und den Fokus halten, aktiv gegen das Abdriften arbeiten, zum Beispiel mit Zahlenspielen wie der Berechnung der aktuellen Rundenzahl; viel mehr kann er nicht unternehmen. Im Team versucht man, Christoph aktiv in Gespräche einzubinden. Ausnahmsweise kommt deshalb auch die ansonsten tunlichst vermiedene Frage nach der aktuellen Befindlichkeit: Wie geht's den Beinen, dem Rücken, dem Allerwertesten? »Die Beine sind super. Eher unwahrscheinlich, dass ich noch einbreche.« Das ist eine Ansage nach mehr als 700 Kilometern! Regen und Müdigkeitseinbrüche haben dem Tempo kaum geschadet: Immer noch ist er auf Kurs, den neuen Weltrekord schon nach sage und schreibe einundzwanzig Stunden, also bereits um 14 Uhr Ortszeit, in der Tasche zu haben. Nur: Um den knapp verbesserten Rekord geht es längst nicht mehr, daher kann von Entspannung keine Rede sein, vielmehr wird der gefühlte Druck noch steigen, wenn es ins Finale geht. Oder? Die Zahlen stellen selbst das in Frage: Noch immer liegt der bisher erzielte Schnitt bei ziemlich genau 44 km/h, macht nach beinahe achtzehn Stunden oder drei Viertel der zur Verfügung stehenden Zeit eine Restdistanz von 208 Kilometer, die in sechs Stunden zurückgelegt werden muss. 208 durch sechs ergibt 34,67. Christoph kann rechnen und klar denken: Den knappen Fünfunddreißiger tritt er im Leerlauf. Und muss ihn trotzdem erst treten.

Keinen Tropfen übrig lassen

13 Uhr. Es trübt und regnet sich wieder richtig ein. Alles, was sich vielleicht dazu entschlossen hätte, einen nachmittäglichen Abstecher an die Strecke zu machen, verkriecht sich stattdessen im heimeligen Wintergarten, der Kellersauna oder zum lethargischen Zappen auf die Couch. Sieht man in Christophs Gesicht beim Vorbeifahren, könnte der Kontrast zur spießbürgerlichen Idealvorstellung eines Wochenendnachmittags nicht größer

sein. Obwohl der Schnitt in dieser Phase merklich fällt und, katalysiert durch die anhaltende Kälte, endgültig auch die Ermüdung einsetzt, holt er sichtbar alles raus, was nur geht. »Alles geben, damit kein Tropfen übrig bleibt im Tank« – man kann sehen, dass sich diese Vorgabe auch nach neunzehn Karrierejahren nicht geändert hat. Die Trittfrequenz ist jetzt noch ein wenig niedriger als in den ersten Stunden, und vom Streckenrand betrachtet sieht es so aus, als käme der Automatismus, den aufgelegten Gang Mal um Mal um die Ecke zu bringen, längst vollständig aus Christophs Unterbewussten.

Auch wenn sich szenefremdes Publikum in Grenzen hält: Ein paar Enthusiasten haben sich Bierbank und Partyzelt aufgestellt und machen es sich gerade dauerhaft gemütlich. Sie planen also offenbar, bis zum bitteren Ende das Wetter auszusitzen. Und wie immer auf der die Exzentriker geradezu magisch anziehenden Langstrecke tauchen die auf, die im Training gerne mal die Extreme ausloten. Der in Wien beheimatete Rennfahrerkollege Philipp Reiterits zum Beispiel, der selbst bei dieser Wetterprognose im Morgengrauen zu Hause losgeradelt ist, um das monumentale Stundenlang-im-Regen-Kreisen nicht zu verpassen. Anreise aus Wien, das bedeutet gute 180 Kilometer mit einem ernsthaften Bergpass als Streckenteiler. Das Ganze natürlich mit leichtestem Gepäck, sprich: Er hat nicht viel mehr dabei als eine minimalistische Regenhaut, die eher an Klarsichtfolie denn an ein vollwertiges Kleidungsstück erinnert. Genau solche Charaktere sind es, deren Begeisterung in dieser Disziplin volle Stadionränge mit positiver Verrücktheit aufwiegen. Zum Glück, sagt Philipp, erwarte er jeden Moment seine nachgereiste Partnerin mit einer Ladung trockener Klamotten. Die Lungenentzündung scheint abgewendet, in der Zwischenzeit wärmt er sich mit der Analyse der vergangenen zwanzig Stunden.

Etwas abseits noch ein bekanntes Gesicht: der Paraathlet Thomas Frühwirth, der neben zahlreichen Europa- und Weltmeisterschaften sowie Paralympischen Spielen selbst schon Staffel-RAAM und -RAA in den Armen hat. Dort konnte er seine Hartnäckigkeit unter Beweis stellen; eine streitbare Persönlichkeit ist er allemal. Die langen Herausforderungen hält er für lohnende Abenteuer, vielleicht für Selbstfindungstrips. Den von keinem wie Christoph Strasser so hartnäckig propagierten Leistungssportaspekt verortet er anderswo. Wird dieser Tag an seiner resoluten Meinung zum Ultracycling rütteln? Denkbar, aber ungewiss. Wie alle Umstehenden scheint Thomas eine gute Zeit zu haben, und wie die meisten lokalen Größen mit Ultraerfahrung dürfte es ihn hierhergezogen haben, um seinen Respekt zu erweisen. Sie alle eint, auf ihrem jeweiligen Level, die Leidenschaft, ans Limit und im Zweifelsfall den schwierigen statt des leichten Wegs zu gehen. Letztendlich ist das der Magnet, der die Startlisten solch absurd anmutender Veranstaltungen zuverlässig füllt und Versuche wie diesen gebiert.

Kein fortschreitender Kontrollverlust

Innerhalb des Betreuerbereichs teilen Bundesheersoldaten und Zivilisten längst nicht nur aufgrund des miserablen Wetters und der kühlen 15 °C die wenigen trockenen Plätze unter den tapfer standhaltenden Zeltdächern. Das gemeinsame Fachsimpeln, Spekulieren und fassungslos Bewundern überwindet alle Dienstgrade und Ressentiments, sofern dies die gemeinsam durchgemachte Nacht nicht längst getan hat. Wo das Denkmal für den Fabelrekord denn hinkommen soll, fragt man sich, und wie die Versorgung während der Siegesfeier sicherzustellen ist – man will sich nicht lumpen lassen. Tabletts mit von Christoph Strassers Mutter höchstpersönlich belegten Brötchen gehen um und werden freudig und dankbar geteilt.

Auch in das vorbeiradelnde, von der anhaltenden Feuchte aufgedunsene Gesicht ist etwas Frische zurückgekehrt. Immer wieder hat die Bewässerung von oben in den letzten Stunden nachgelassen, nur um kurz darauf wieder an Intensität zu gewinnen. Auch das ein Charakteristikum solcher Unternehmungen: die vielen kleinen zerstörten Hoffnungen, und immer gilt es die Ohrfeige auszuhalten, weiter durchzuhalten, nicht zu hadern. Gegen 14 Uhr soll der alte Rekord fallen. Hilft ihm der nahende Zwischenerfolg, die Gänsehaut, das unter den hauchdünnen Anzug kriechende, schließlich durch und durch gehende Taubheitsgefühl, das der kalte Fahrtwind schon bei solch moderaten Temperaturen verursachen kann, durch warme Gedanken zu verdrängen? »Wie geht's deinen Fingern, willst du Handschuhe anziehen?« »Nein, geht noch. Handschuhe sind außerdem schlecht für die Aerodynamik!« Ein gemeinsames Lachen. Aus der Pacecar-Kommunikation lässt sich kein fortschreitender Kontrollverlust ableiten. Abgesehen von einer bei diesen Verhältnissen verständlichen Heiserkeit und einer unmerklichen Verzögerung in den immer noch klaren – und humorvollen – Antworten ist ihm nichts anzumerken. Und immer wieder, wenn jemand, den Christoph kennt, dort in der Nähe seines geparkten Wagens steht und Blickkontakt sucht, das kleine V aus Zeige- und Mittelfinger, die er dafür kaum vom Aufleger hebt.

Der aktuelle gefahrene Schnitt liegt jetzt bei knapp über 40 km/h, die Rundenzeiten etwas über elf Minuten. Es ist erstaunlich, wie rasch und gründlich sich die Perspektiven verschieben können, so dass ein Vierziger-Schnitt nach »nur mehr« statt nach »noch immer« aussieht. Dabei hat Christoph Strasser lediglich zehn, fünfzehn Prozent seines Ausgangstempos eingebüßt. Runde um Runde derselbe Rhythmus, derselbe Anblick, und plötzlich ist es eine knappe Stunde später, und mit der nächsten Durchfahrt bereits soll er Inhaber der neuen Bestmarke über 24 Stunden sein. Das war doch das ausgegebene Ziel: ein neuer Rekord, ein gelungener Test. Doch so viel mehr steht inzwischen auf dem Spiel.

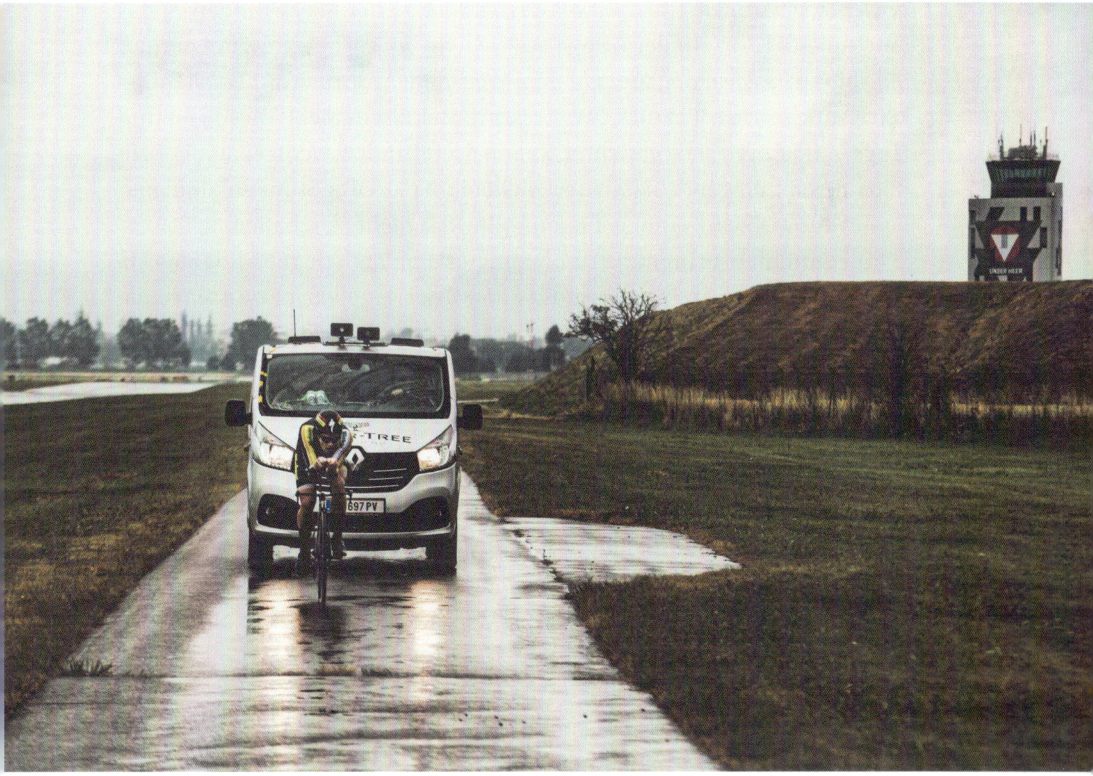

Das Medienteam um Michael Nussbaumer hat Schutz auf der Hochterrasse über den Schlaf- und Toilettencontainern gesucht. Chips und Semmeln mit Cabanossi-Wurst vom Sponsor Wiesbauer werden mit übernächtigtem Appetit verschlungen. Michael trennt sich sichtlich ungern vom gemütlichen Korbsessel. »Aber zum Rekord nicht einsteigen, das kannst du nicht bringen…«, bekräftigt er sein letztendliches abruptes Hochfahren, als müsste er den bevorstehenden freiwilligen Regeneinsatz vor sich selbst rechtfertigen. Ein aufforderndes Nicken an die Slowenen in ihren dicken Allwetterkombis soll signalisieren: Los Jungs, es hilft nichts, die Pause ist vorbei. Zwischen zwei herzhafte Bissen passt die knappe Frage: »Record, now?« Ja, genau. Alles bleibt, wo es ist, in knapp dreißig Sekunden ist das eingespielte Team auf der Treppe aus rutschigem Lochblech, Kameras und Mikrofone im Anschlag und auf dem Weg, dem Anspruch auf Vollständigkeit Genüge zu tun. Ein neuer Weltrekord. Mehr ist es nicht. Die Augen sind längst auf fernere Ziele gerichtet. Knapp drei Stunden, weniger als neunzig noch zurückzulegende Kilometer. Nicht einmal dreißig Stundenkilometer. Keine Ahnung, wie es ihm gelingen sollte, das nicht zu schaffen.

Die Durchfahrt ringt Christoph Strasser eine zaghaft geballte Faust ab, fast so, als habe man ihm über Funk die Order gegeben, er müsse Freude über einen halbwegs erfolgreichen Zwischensprint weit vor der eigentlichen Ziellinie heucheln, obwohl er nichts im Sinn hat als den Gesamtsieg. Ein bisschen Klatschen, ein lauter Song aus den übersteuernden Lautsprechern, eine Anmoderation, die zumindest versucht, dem bereits Erreichten Rechnung zu tragen. Und wie die 121 Mal zuvor: das tiefe Resonanzgeräusch des in die Kurve gelegten Scheibenlaufrads, begleitet von einem kurzen, stillen Gebet, der Gummi möge auch dieses 122. Mal auf der Fahrbahn, die jetzt auf jeden Fall bis zum Ende feucht bleiben wird, haften. Es ist eine neue Zeitrechnung, ein zweites erstes Mal. Denn jetzt läuft ein neuer Kilometerzähler, tickt ein neuer Countdown, ein historischer. Das raubt weder dem alten noch dem gerade neu aufgestellten Rekord ihre Bedeutsamkeit und ist doch… anders, und ja, mehr.

»Ich hab' so Schiss…«

Noch ist es aber ein Stück, das leise Selbstgespräch ins Headset spricht Bände: »Ich hab' so Schiss, dass ich genau in der Zielkurve wegrutsch' und Sabine abräume. Dann kleben wir gemeinsam auf meinem Auto. Bleib konzentriert, Alter!« Eine halbe Stunde später zeigt der Wettergott keine Gnade: Aus dem Dauerregen wird ein regelrechter Gewitterschauer, es prasselt in dicken Tropfen nieder, als gäbe es kein Morgen. Der Kilometerzähler steht auf genau 940 Kilometern. Noch 60 Kilometer zu fahren, in 2:20 Stunden. Nicht ansatzweise Grund zur Panik. Es könnte zu hageln, ja, zu schneien beginnen, selbst das würde ihn jetzt nicht mehr aufhalten. Trotzdem, die

Dramatik schaukelt sich auf. Und dann, nach ziemlich genau 22:15 Stunden Fahrzeit, bleibt Christoph Strasser unvermittelt stehen. Völlig unerwartet, nach dem stundenlangen, unbeeindruckten Kreiseln. Was ist los, gibt es ein ernsthaftes Problem? Gott sei Dank, das Team scheint nicht beunruhigt, Florian hilft ihm beim ungelenken Einfädeln in die Armlöcher seiner Softshelljacke.

Der erforderliche Restschnitt gibt es her, nur nichts riskieren für den Extrakilometer mehr, es zählt nur die eine Zahl, die schon so greifbar wird. Eine weitsichtige Entscheidung, mit Köpfchen. Das ist wichtig, jetzt im absoluten Finale. Jeder Stillstand, jeder Störfall, schmerzt gerade, wo der Zug einfach am Rollen gehalten werden will, doppelt; und doch kommt es letztlich nur darauf an, Ruhe zu bewahren, nichts als Ruhe, bis es erledigt ist. Der Gesamtschnitt liegt ja noch immer über 43 km/h, bei weniger als 40 Kilometern Restdistanz, das ist Fakt. Ebenso die Gesetzmäßigkeit, dass, wie immer am Schluss der ganz langen Distanzen, jetzt so etwas wie der freie Fall der Zahlen beginnt: Bald wird Christoph die verbleibende Strecke theoretisch schon laufen, bald darauf schnell, dann langsam im Spaziertempo gehen können. Solange er auf dem Rad bleibt, spielt ihm von nun an die Zeit in die Hände. Minute um Minute bei normaler Radgeschwindigkeit lassen die Distanz, den Druck, das Gefahrenpotenzial weiter schmelzen.

Christoph Strasser weiß natürlich längst, dass er es schaffen wird. Aber die Belastung ist so groß, die Leistung so außergewöhnlich, dass man darüber paranoid werden kann. Bald sind es noch 20 Kilometer, dafür 70 Minuten Zeit. Ein guter Jugendläufer könnte jetzt schon zu Fuß übernehmen. Oder er selbst könnte den Kreis schließen und wieder auf das Damenrad in Kampflackierung umsteigen, dem geschundenen Allerwertesten zuliebe. Sein Gesicht lässt nicht auf dieses Vorhaben schließen, und was unter dem schützenden Terrassendach lachhaft und wie praktisch schon erledigt anmutet, ist ihm vermutlich aller Sicherheit zum Trotz nach wie vor ein mittelgroßes Ärgernis, weil jetzt auch sein Körper Entlassung aus der freiwilligen Zwangslage wittert. Fertigfahren muss man, leider, auch wenn schon alles entschieden ist. Die Schultern werden sich weiter verspannen, die Waden zwicken, das Gesäß die trotz dicker Vaselineschicht wundgeriebenen Stellen schmerzhaft an das durch die Übermüdung überreizte Gehirn melden, bei geringer Hoffnung auf vorzeitige Erlösung.

Christoph kennt das alles und noch Schlimmeres. Und: Seine Leistung bislang bringt ihn immerhin in die luxuriöse und völlig unerwartete Lage, selbst für das Überziel nicht in den roten Bereich drehen zu müssen. Trotzdem, ein zu frühes Lockerlassen in diesem Sport birgt immer die Gefahr des totalen Zusammenbruchs, also besser weiterdrücken, immer weiter. Und konzentriert bleiben, nicht diese eine Kurve, nach beinahe 130 Wiederholungen, alles verderben lassen. Es wäre schlimmer als ein Sturz im Zielsprint, denn keiner neutralisiert die Wertung an der 3.000-Meter-Marke, und ihm steht morgen auch kein neuer Etappenstart bevor, um die Schmach wieder auszubügeln. Bei etwa 990 Kilometern der zweite Defekt aus dem Nichts. Nur vierzig Minuten nach der widerspenstigen Zähmung enger Jackenärmel auf aufgeweichter Haut drückt dieses erneute Missgeschick den aktuellen Rundendurchschnitt schon wieder. Ein »Echt jetzt!?«-Moment vom Feinsten. Zur Belohnung winkt das Zweitrad mit der ungeliebten Mega-Finne hinten am Sitzrohr, die jedem Olympiasegler Angst einjagen würde.

Äußere Gelassenheit

Am Terrassengeländer – die Hochfläche hat sich zur Oase für pausierende Betreuer, Medienleute und Zuseher entwickelt – unterhalten sich, während unten die sich häufenden, kleinen Unregelmäßigkeiten vom Team weiterhin mit äußerlicher Gelassenheit bewältigt werden, zwei Herren im besten Alter. Der eine redet ohne Unterlass auf den anderen ein. Dieser, groß, braungebrannt, mit trotz des dann und wann kleinen Aufruhrs tiefenentspanntem Gesichtsausdruck, ist der Vater von Christoph Strasser. Amüsant, dass der andere davon nichts zu wissen scheint, bis zur beiläufigen Auflösung des Geheimnisses durch Strasser senior, nach der das Gespräch plötzlich nicht mehr so einseitig scheint.

Auch Severin Zotter, Sieger des RAAM 2015 und ehemaliger Trainingspartner aus Graz, hat sich still und leise zur nun merklich anwachsenden Schar auf der Terrasse gesellt. Mit seinem Sohn Jonathan beim Kartoffelessen hält er sich im Hintergrund, ein Star inkognito sozusagen. Wer kennt hier die Geschichte seiner freundschaftlichen, aber nicht minder epischen »Schlacht« mit Christoph in den Rocky Mountains, aus der er – eine absolute Rarität – als Sieger gegen den Topfavoriten hervorging, nachdem dieser gesundheitlich massiv angeschlagen in der Ebene von Kansas die Segel streichen musste. Severins stiller, nachdenklicher Blick geht in Richtung seines schon im jüngsten Alter voll vom Radsportfieber erfassten Sprosses, der förmlich am Geländer klebt.

Viele haben Christoph Strassers lange Karriere begleitet, sind dazugekommen, weggegangen, freiwillig oder aus ökonomischem oder sonstigem Zwang, bei wahrlich nicht geringen Entbehrungen. Er selbst aber ist zwanzig Jahre lang unbeirrt dabeigeblieben, gegen jede Wahrscheinlichkeit als erfolgreicher Profi. Deshalb dreht er unten seine Runden und kann bald, wenn er sich auch endlich in einen der tiefen Sessel fallen und einfach lockerlassen darf, auf etwas zurückblicken, um das ihn die paar hier, die das Geleistete zumindest ansatzweise einordnen und die dafür nötige Überwindung nachfühlen können, insgeheim wohl auch ein wenig beneiden.

Da kann es vielleicht nicht schaden, ihn gleich wieder auf den harten Boden der Realität zurückzuholen: Die scherzhafte Bemerkung, dass Christoph direkt nach der Zieldurchfahrt zum Toilettenputz anzutreten habe, wird zum Running Gag im Pacecar. Tatsächlich heißt es: Nach der Veranstaltung ist vor dem Großreinemachen. Auf eigene Verantwortung muss die Container-Anlage vom Team Strasser wieder in Schuss gebracht werden, auch die weniger rühmlichen Spuren des harten Tages gehören dazu. Das war Auflage für die Benutzungsgenehmigung, und er möchte, wie es seine Art ist, einen guten und vor allem verlässlichen Eindruck hinterlassen, also gab es keine Einwände.

Unerklärliches Wunder

Die Optik ist inzwischen eher suboptimal: seit dem Umziehstopp dick eingepackt wie ein Michelin-Männchen, dazu das Ersatzrad mit der seltsamen Finne unterm Hintern. Doch bei der nächsten Durchfahrt an Start/Ziel brettert Christoph mit von der Gischt behinderter Sicht vorbei an der wieder flottgemachten ersten Wahl und lässt das Team stehen wie bestellt und nicht abgeholt. Die Zuseher recken irritiert von der Konfusion auf der Strecke die Hälse. Nur keine Fehler mehr jetzt, nicht dass ihn das eigene Team noch unbeabsichtigt vom Rad holt. Dicke Wäsche und monströs deformierter Untersatz für die finalen Aufnahmen? Das wird ihn stören.

Und dann, endlich, der große Schwenk auf die Zielgerade, das Finale vom Finale, Runde 132 ist beinahe komplett. Die Runde, nach der er nun eigentlich wirklich absteigen und als König nach Hause fahren könnte. Es wird natürlich nicht der letzte Umlauf sein, der Countdown lässt ihm noch 42 Minuten. Eine knappe Dreiviertelstunde Puffer. Das nimmt sich in Anbetracht der prognostizierten Unerreichbarkeit des Vorhabens aus wie eine halbe Ewigkeit. Denkt Christoph schon daran, wie das am besten zu erklären, gar zu rechtfertigen sein wird? Wahrscheinlich nicht. Aber ein bisschen komisch wird es sich schon anfühlen, gleich den Sack zuzumachen, und das nicht einmal ansatzweise knapp.

Dass es nach zwei Drittel oder drei Viertel der Zeit noch eine realistische Chance geben könnte, dass er vielleicht ein weiteres Mal mit einer Fahrt wie um sein Leben einen Weg finden könnte, in einem Wimpernschlagfinale die Wahrscheinlichkeit Lügen zu strafen, diesen Hoffnungsschimmer hätte er sicher gerne leben lassen. Aber ein Zeitüberschuss in dieser Größenordnung? Ein solches Hirngespinst hätte er wohl sofort verdrängt, denn Realismus ist Christoph Strasser mindestens so wichtig wie Optimismus. Natürlich, man darf nicht außer Acht lassen, dass auf einen vollen Tag gerechnet selbst das Äquivalent einer großzügig verlängerten Büromittagspause gerade einmal etwas mehr als zweieinhalb Prozent ausmacht. So gesehen doch wieder eine Punktlandung, wenn, ja, wenn es nicht

Hochleistungssport wäre, in dem Hundertstel zu Ewigkeiten mutieren und ein ganzer Stundenkilometer über dem geforderten Durchschnitt zum unerklärlichen Wunder.

Immer und immer wieder wird er sich in den kommenden Tagen fragen: Was war mit der Aerodynamik los? Was mit dem Rollwiderstand? Wieso, zum Kuckuck, lagen die Berechnungen so eklatant daneben? Aber, und daran lässt sich in ein paar Sekunden nicht mehr rütteln: Es war so. Das Gesamtsystem hat gewissermaßen die Summe seiner Einzelteile überholt. Mehr noch, sie deklassiert. Als habe er das alles vorher schon gewusst – es wissen müssen. »Hat er?«, spekulieren die, die sich jetzt vom Streckenrand aus in ihn hineinzuversetzen versuchen. Eines zumindest wird sich unmittelbar klären: Wie fällt der Jubel desjenigen aus, der gerade die denkbar größte Hürde in seinem Sport genommen hat? Christoph Strassers trockene Antwort: Er entfällt. War ihm der gebrochene Weltrekord wenigstens die von ihm erwartete Publikumsgeste wert, so sieht es zumindest von der 200 Meter entfernten Hochterrasse so aus, als habe es trotz lautstarkem Einpeitschen des im Nieselregen überkochenden Moderators gar keine sichtbare Regung gegeben. Selbst wenn, viel kann es nicht gewesen sein.

Ist Christoph also doch am Limit, wenigstens das? Das bleiche Boxergesicht lässt keine eindeutigen Rückschlüsse zu. Kann es sein, dass er sich nicht ganz sicher ist, ob die Tausend bereits gefallen ist, weil der Fahrtwind die eindeutige Botschaft verweht hat? Unsinn, dafür ist das Team zu entspannt, hat den ständig offenen Informationskanal Funk zu gut im Griff. Dafür ist Christoph auch zu abgebrüht. Viel eher geht es ihm darum, jetzt, wo das angenommene Optimum weit übertroffen, die Sensation aufgetischt ist, ein neues Optimum zu definieren. »Wenn schon Geschichte schreiben, dann so richtig. Geben wir noch mal alles!«, peitscht er sich und die Crew noch einmal an. Den Blick immer nur nach vorne – mit dieser Profiqualität ist er immer gut gefahren. Im Hintergrund lauert schon, es ist nur eine Frage der Zeit, die leise Stimme: Wie wäre es in Colorado gelaufen?

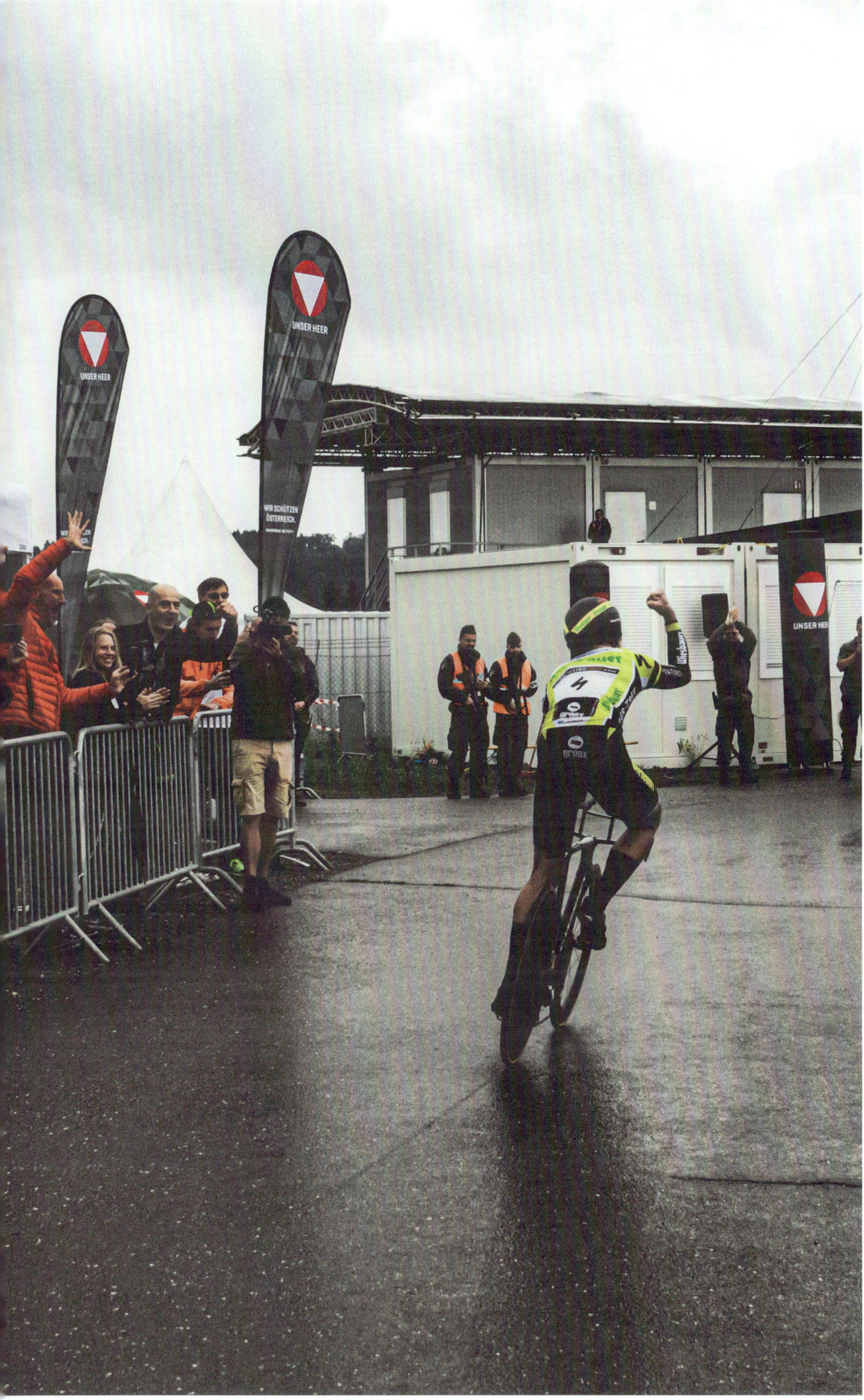
UNSER HEER
UNSER HEER
WIR SCHÜTZEN ÖSTERREICH.
UNSER HEER

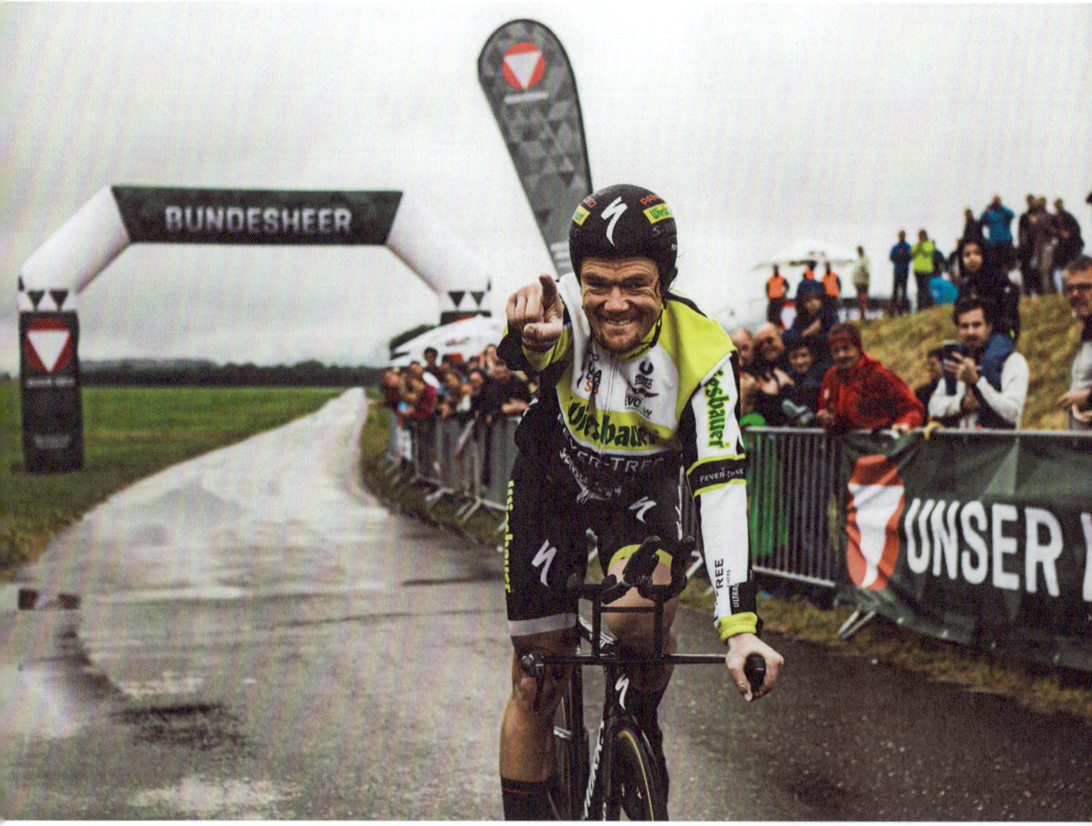
BUNDESHEER
UNSER

Stunde 24

AFTERMATH

Der Rest ist unspektakulär und geht in dieselbe Geschichte ein wie das mörderische Sprintfinale, in dem nur eine Woche zuvor der 36-jährige Brite Mark Cavendish sich seinen 34. Tour-de-France-Etappensieg holte und damit den Rekord des erfolgreichsten Radrennfahrers aller Zeiten einstellte. Cavendish steht jetzt auf derselben Stufe wie der große Eddy Merckx, Christoph Strasser steht bis auf weiteres alleine ganz oben. Vier Runden, nachdem der Tausender geknackt ist, steigt er vom Rad. Diesmal gehen die Arme nach oben, es gibt die Emotionen, den Jubel, die Erleichterung ist in das abgekämpfte Gesicht geschrieben. Zu einem Sprint im Stehen wie bei Cavendish hat es nicht mehr gereicht, bei 45 km/h Grundtempo zu verschmerzen. Der Durchschnitt der letzten beiden Runden lag wieder zweieinhalb Stundenkilometer über jenen der vergangenen Stunde, so sieht Zielsprint im Ultracycling aus. Drei Runden vor Schluss gelang außerdem der Radwechsel zurück auf das Vorzeigemodell doch noch, zumindest dieser stilistische Makel ist damit für den glorreichen Zieleinlauf wieder behoben. Die wärmenden Schichten bleiben, wo sie sind, schließlich ist es nach wie vor Ultracycling, auch wenn es bei dem noch immer vorgelegten Tempo auf den ersten Blick nicht so aussieht.

Die letzte Runde wird nicht voll gezählt, die Uhr sprang auf »00:00:00«, als Christoph gerade auf der Gegengerade hinter den Kasernengebäuden auftauchte. Drei Kilometer Abzug, bedeutungslos. Die schnelle Überschlagsrechnung ergibt ein Resultat von 1.026 Kilometern. Im Zielbereich sammeln sich drei Generationen der Familie Strasser, die alle diese Zahl erst verdauen müssen. Es hat sich doch noch eine ansehnliche Menge gebildet, die sich jetzt an die Streckenbegrenzung drängt. Wie zum Start rollt er auch jetzt im Schritttempo gegen die Fahrtrichtung. Christoph klatscht ab, nickt zu und bedankt sich artig, honoriert die Begeisterung mit aufrichtiger Dankbarkeit. Minuten später hat er Gelegenheit, das über das Mikrofon des Moderators zu bekräftigen – plötzlich hört man die Strapazen, weil er sie auch vor sich selbst nicht mehr verstecken muss.

Jetzt beginnt auch die Nachbereitung. Eine Pause, in der sich erst mal zurückzieht, um alles sacken zu lassen? Fehlanzeige. Ob Fans, Reporter oder Forenpolizisten, die die Sinnhaftigkeit seines Tuns durchdeklinieren werden: Der Rekord gehört längst auch ihnen. Oft schön, manchmal mühsam, definitiv vereinnahmend – der Austausch mit der Öffentlichkeit ist Teil des Spiels. In den Tagen nach dem Zieleinlauf wird man Christoph Strasser kaum leichter erreichen als in jenen vor dem Start. Die kurze Aufmerksamkeitsspanne will genutzt werden.

Sein Freund Severin Zotter versucht, dem auf den Schultern getragenen Sohn einen guten Blick zu ermöglichen. Es ist ein Gedrängel, in dem es keinen Legendenbonus gibt. Naturtalente sind sie beide, haben viel gewonnen und Maßstäbe gesetzt. Und doch ist nur einer von ihnen übrig geblieben, was das Ultracycling betrifft. Und dieser eine – Christoph –, der da auf der anderen Seite der Absperrung in Familienmitgliedern und Gratulanten in Tarnfarbe untergeht, hat einmal mehr eine Grenze verschoben, die selbst in dem Kopf über den Schultern, auf denen das Kind quengelt und sich um eine bessere Aussicht reckt, als unerreichbar galt. Er wird zufrieden sein. Vorläufig.

Permanent nur gerechnet

»A ship does not sail with yesterday's wind«, lautet ein berühmtes Zitat des Westernautors Louis L'Amour. Treffender lässt sich Christoph Strassers ungebrochene Einstellung seit zwei Jahrzehnten in einem Satz nicht zusammenfassen. Schnell ist er meistens wieder der Analytiker, der die harten Fakten aus dem emotionalen Hoch, das ein Sieg oder Rekord mit sich bringt, destilliert. Sein erster Kommentar auf Social Media bricht aus diesem Schema aus, bekräftigt, dass er selbst perplex vor der zu diesem Zeitpunkt noch nicht von der WUCA verifizierten, jedoch wohl dennoch in Stein gemeißelten Zahl von 1026,2 in 24 Stunden zurückgelegten Kilometern steht.

»Warum geht eigentlich etwas, was nicht zu gehen hat?«, beginnt er seinen Erfahrungsbericht. »Warum habe ich ein Jahr lang herumgerechnet, mit Luftwiderstandswerten, Leistung, Kalorienverbrauch, Rollwiderstand, usw., und mich wegen der dämlichen Höhenlage verrückt gemacht, deshalb auf der ganzen Welt eine passende Strecke im wettergünstigsten Monat gesucht, wenn es doch ganz unkompliziert und daheim vor der Haustüre funktioniert, noch dazu wo es mir stundenlang auf den Kopf regnet und dadurch die Kurven rutschig sind?!«

Bei der Fahrt, erklärt Christoph, habe er permanent nur gerechnet, wie der Schnitt sich entwickeln dürfte, wie viel er habe verlieren dürfen, um noch über den 1.000 Kilometern zu bleiben. Und als er gemerkt habe, dass er quasi gar nicht abfalle, sei ihm klar geworden, dass das sein Tag werden würde. Die punktgenaue Trainingsplanung von Max Kinzlbauer habe auch nicht geschadet. Ein entscheidender Schlüssel, dem der Trainer besondere Aufmerksamkeit gewidmet habe, sei dabei die Ernährung gewesen: Dauerhaft 110 Gramm Kohlenhydrate pro Stunde, ohne sich übergeben zu müssen, das konnte nur bei perfekter Abstimmung, den richtigen Tempe-

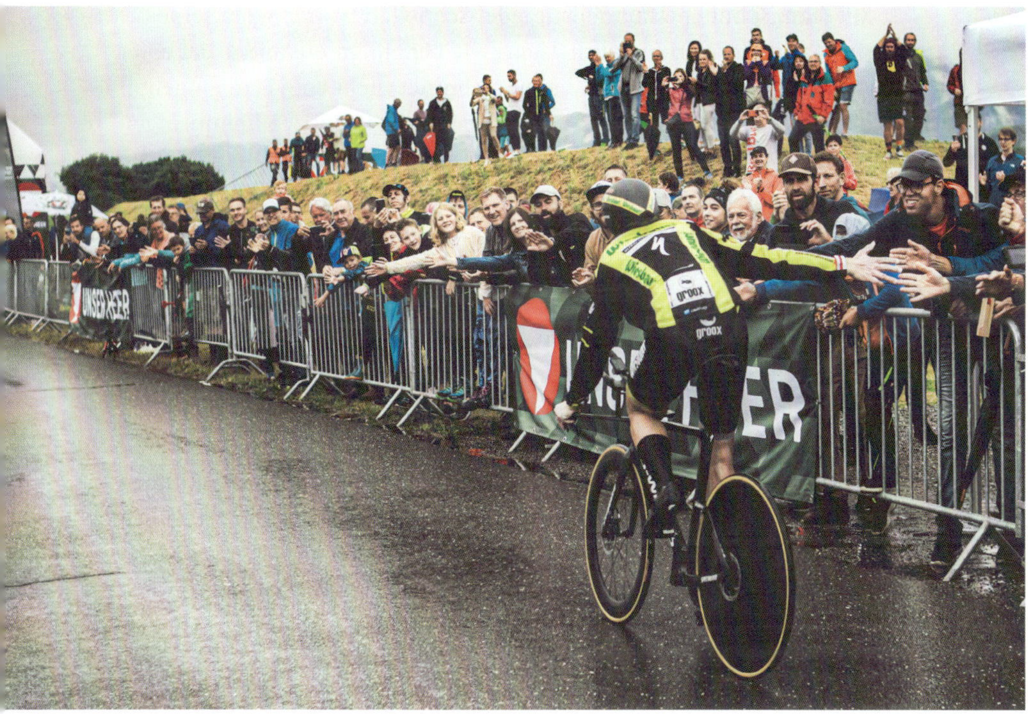

raturen und der optimalen Vorbereitung der Verdauung auf diese Monsterladung Kalorien funktionieren. Nicht die Anzahl an Produkten – die Ernährung beschränkte sich nur auf die zwei bewährten Komponenten plus ein bisschen Guarana zum Wachhalten –, aber die grammgenaue Dosierung habe den Boden für eine Fahrt in der Konstanz eines Schweizer Uhrwerks geebnet. Christophs Ensure-Fasten schon Tage vor den langen Rennen ist altbekannt. Diesmal wurden weitere Kniffe getestet. »In den Tagen vor dem Versuch gab es noch Nahrungsergänzungsmittel von Bonusan und Panaceo Pro Support, die speziell für eine stabile Verdauung sorgen sollen. Insgesamt konnte ich so laut Endprotokoll etwa 13.000 kcal in den 24 Stunden von Zeltweg verdrücken.«

Mit jeder schnellen Runde, mit jeder schnellen Stunde seien seine Gewissheit und Motivation gewachsen – wie bei einem Ausreißer bei einer Grand Tour, der kurz vor dem Ziel noch immer nicht vom Feld eingeholt worden ist und langsam realisiert, dass er den Etappensieg heimbringen wird. Dass es aber so klar ausgehen würde, selbst bei mentalem Rückenwind durch die unerwartet guten Verhältnisse und die funktionierende Verdauung in den ersten Stunden, hat ihn, wenn man seinen erfrischend ehrlichen Postings glauben darf, selbst auf dem Rad lange beschäftigt. »Ich habe mir permanent gedacht: Alter, verdammt, was ist da los? Wo kommt der Speed her? 1026,2 Kilometer in 24 Stunden: Ich habe das nicht für möglich gehalten. Dass ich die bestehende Bestmarke von 914 Kilometern überbieten kann, da war ich mir ziemlich sicher. Mit 960 Kilometern habe ich spekuliert, ich wollte den 40er-Schnitt fahren – ja, runde Zahlen sind irgendwie einfacher im Kopf zu verankern, wenn es um Zielsetzungen geht. Aber 1.000 Kilometer zu schaffen, das war für mich überhaupt keinen Gedanken wert, weil ich mir keine unrealistischen Ziele setzen möchte, sondern solche, die ich auch erreichen kann. Wie gut es dann lief, wie ich durch die Aerodynamik mit ›nur‹ 272 Watt so schnell sein konnte: Ich fasse es noch immer nicht ganz.«

Lieber einfach machen

Wo kam der Speed her? Eine berechtigte Frage. Ihm selbst ist es nach getaner Arbeit natürlich egal, die Freude überwiegt eindeutig die Zweifel an der Korrektheit der physikalischen Theorie. Die Erleichterung klingt durch: »Das finde ich gerade sehr, sehr lustig, und es zeigt ein bisschen, dass man oft wirklich nicht zu viel rechnen sollte, sondern besser einfach tun! Und dass es schöner ist, sich nicht wie oft empfohlen das Unmögliche als Ziel zu setzen, um das Mögliche zu erreichen, sondern mit etwas Demut realistische Ziele zu verfolgen, sich auf den dafür nötigen Prozess zu konzentriert und die Freude am Tun zu behalten.« Schlussendlich derart über das gesetzte Idealziel hinauszuschießen, wie es ihm gerade gelungen ist, schadet natürlich nicht. Und auch wenn es keine große Bedeutung mehr hat, sollte das auch für eine kleine Nachbetrachtung in Zahlen gelten...

Per Berechnung vorausgesagt hätten 280–290 Watt ausreichen sollen, um die 41,67 km/h, also den nötigen Schnitt für 1.000 Kilometer in 24 Stunden, zu halten. Das klitzekleine Problem an der Sache bringt er wie folgt auf den Punkt: »Diesen Wert kann ich nicht drücken. Schon gar nicht in der schnellen, aber ergonomisch ungünstigeren Sitzposition, die schon im Vorjahr auf der Bahn in Augsburg getestet, errechnet und eingestellt wurde.«

Darum Colorado. Denn berechnet war weiterhin, dass für die augenscheinlich unerreichbaren 41,67 km/h in der dortigen Höhenlage von 1.600 bis 1.800 Metern ansehnliche 40 Watt weniger benötigt würden. »240–250 Watt kann ich definitiv drücken, das habe ich schon öfter geschafft!«, war er sich schon in der Vorsaison sicher und hätte damit den Rekord schon damals eintüten können – wäre Corona ihm nicht in die Quere gekommen. Also die Verschiebung auf 2021, weitere Optimierungen, unter anderem ein weiterer Höhentest in St. Moritz, der ergab, dass diese Höhenlage ihm tatsächlich in Sachen Leistungsentfaltung nicht wehgetan hätte. Dass es zum Ernstfall in Colorado nicht kommen würde, damit musste Corona-bedingt zu diesem Zeitpunkt schon spekuliert werden; wie es tatsächlich kommen sollte, damit, so beteuert Christoph auch nach dem Rekord, habe er nicht einmal geliebäugelt.

Und dennoch, herausgekommen ist im Flachland Steiermark, dass die am Ende erreichten 42,75 km/h mit 272 Durchschnittswatt weit näher an dem lagen, was er früher schon getreten hatte, als sich irgendjemand in seinem Umfeld, inklusive der Aerodynamikexperten in Augsburg und anderswo, hätte vorstellen können. »Ziemlich klar, was die zahlreichen kleinen Optimierungen an Sitzposition, Aero-Setup und Bike noch ausgemacht haben. Aber eben: unerwartet«, konstatiert er. Punkt.

Oder besser Ausrufezeichen, denn erst in der Nachbetrachtung wird ihm die Tragweite des Rekords und dessen Rezeption in der Radsportwelt klar. Nicht einer, sondern zahlreiche ehemalige Profis haben Anteil genommen, Anfeuerungsbotschaften geschickt oder seine Leistungen in ihren Fernsehkommentaren gewürdigt. Das adelt natürlich und zeigt, wie er es selbst auf Social Media formulieren wird, dass »der Ultrasport in den letzten Jahren echt vorwärtsgekommen ist und nicht mehr belächelt oder als sportlich wertloses Getue von ›nichtschlafenden Radwanderern‹ abgetan wird.«

Immer noch perplex

Ob mit oder ohne Anerkennung der Ehemaligen aus dem Profi-Peloton der Neunziger- und Zweitausenderjahre: Die professionelle Herangehensweise und der sportliche Wert hinter einer solchen Leistung stehen für sich alleine, und die abenteuerlichen Radwanderer wird es nicht stören, dass

Leute wie Christoph Strasser den ideologischen Graben zum »normalen« Straßenradsport sukzessive zu verkleinern versuchen, so dass vielleicht bald auch immer mehr Quereinsteiger von dort den Sprung in die Welt des Ultracyclings wagen werden. So wie der nicht zur Tour de France nominierte australische Profi Lachlan Morton, der sich im Juli 2021 kurzfristig dazu entschloss, dem Feld in einer heroischen Ein-Mann-Fahrt hinterherzujagen und es schlussendlich auf dem Weg nach Paris auf seiner »The Alt Tour« mit wehen Knien und in Sandalen tretend zu überholen. Aktionen wie diese, mit einem erzielten Spendenaufkommen in den Hunderttausenden zugunsten des World Bicycle Relief, belegen den potenziellen Werbewert der Langstrecke, und Christoph Strasser gilt selbst für Profiverhältnisse als guter Vermarkter (was ihn in einer eher eigenbrötlerischen Szene noch zur mittelgroßen Ausnahme macht). War er auch bislang mit Sicherheit nicht kamera- oder mikrofonscheu und in seinem Herkunftsland keineswegs medial unterrepräsentiert, so bot der Rahmen des Rekords diesbezüglich Möglichkeiten, wie sie bislang bei Langstreckenrennen rar gesät sind: ein einzelner Protagonist im Mittelpunkt, eine für die Aufmerksamkeitsspanne außenstehender Zuseher gerade noch vertretbare Dauer und ein Kurs, der eine weitgehende Abdeckung des Ereignisses bei überschaubarem Aufwand zuließ.

»Der Live-Stream von K19, der so professionell und hochwertig gemacht war, mit drei Kameras und einem Moderator permanent vor Ort, dazu die Anmoderation der Live-Einstiege aus dem Studio. Wenn ich mir das jetzt alles selbst aus der Zuschauerperspektive ansehe, bin ich immer noch perplex«, betont Christoph. »Das sah einfach aus, wie auch ein Zeitfahren bei den Profis übertragen werden würde. Position, Speed, Kurven, Equipment, alles hat nach Straßenradsport ausgesehen, und alles wurde perfekt eingefangen. Ich habe jetzt beim Nachsehen der Aufnahmen die Hosen voll, wenn ich sehe, wie ich mit 45 km/h um die engen Kurven gebrettert bin...«

Alles in allem wirklich eine Werbung für den Sport und ebenso für das Bundesheer als eine seiner traditionellsten Förderinstitutionen. Viel mehr gibt es für Christoph auf die Schnelle nicht mehr zu sagen, außer ein großes »Danke!« an das Heer und alle seine Repräsentanten am Fliegerhorst Hinterstoisser an diesem phänomenalen Wochenende. An seine Langzeitsponsoren, die auch bei pandemischem Schlechtwetter an Bord geblieben sind. An die treuen Fans, live und auf Social Media. Und natürlich an die Officials vor Ort sowie an sein unermüdliches Team, für das die Begleitung seiner Vorhaben längst vom reinen Freundschaftsdienst zum Selbstzweck und zur Dauerinspiration geworden ist. Damit kommt das Projekt »#1day1000k« als erfolgreich erledigt zu den Akten.

Sich immer noch einmal zu überbieten und »so etwas als Alleinunterhalter mit riesigem organisatorischen Aufwand auf die Beine zu stellen«, wie Severin Zotter in den darauffolgenden Tagen in einer persönlichen Gratulations-Mail an Christoph, dessen Partnerin Sabine und sein Team die Rahmenbedingungen auf den Punkt bringt, ist schon bemerkenswert. Severins Botschaft endet mit einer Respekts- und mehr noch einer Freundschaftsbekundung, die schwerer wiegt als jedes publikumswirksame (und wohlverdiente) Lob im Fernsehkommentar: »Viel größer noch als meine Bewunderung für das Sportliche ist mein Respekt vor deiner persönlichen Leistung, deiner Konsequenz, deinem stets bodenständigen Zugang zu allem, dennoch innovativ und nach vorne blickend, ein wenig nach den Sternen greifend und träumend. Und vor deinem Gespür für die Menschen, mit denen du dich umgibst, ohne abzuheben und auf Augenhöhe. Dich zu verfolgen, ist immer wieder eine riesige Inspiration für mich.«

Die Sache mit der Inspiration ist ein wiederkehrendes Thema in der Diskussion um Christoph Strasser und andere Ausnahmeathleten der Langstrecke, und wie schon mehrmals zuvor wird auch diese Leistung nicht ausschließlich positiv kommentiert werden. Sich einen anständigen Beruf suchen, niemanden mit seinem Egoismus belästigen oder mitsamt aller übergeschnappten Träume gleich ganz in der Versenkung verschwinden solle er, wenn es nach so manchem Kommentar in den Online-Foren der Boulevardmedien ginge. Aber zum Glück wird ja niemand gezwungen, sich inspirieren zu lassen… Die gut gebuchten Veranstaltungen und die schiere Masse an Glückwünschen von Hobby- und Nichtsportlern zeigen, dass ein bisschen Fremdträumen doch die eine oder andere Idee für das eigene Leben bringen kann, wenn man es denn zulassen möchte. Für diese Leute endet Christophs Rekordwochenende oder der anstehende Vortragsabend vielleicht in einer längeren Ausfahrt oder einem Waldlauf, den sie sonst nicht eingeschoben hätten. Und darauf lässt sich doch aufbauen.

Für Christoph Strasser selbst endet das Jahr schon deutlich vor dem eigentlich erst für September erhofften perfekten Tag verfrüht. Genauer gesagt zwei Monate zu früh. Ein langer Trainingsblock entfällt jetzt. Stattdessen quält er sich im Sommer noch durch ein 24-Stunden-Einzelzeitfahren in Dänemark, stürzt dort gleich zu Beginn seit langem wieder einmal schwer und trägt dennoch, nach zahlreichen Defekten und einer würdigen Aufholjagd, mit 827 Kilometern den Sieg davon. Direkt im Anschluss belohnt er sich mit einem Ausflug ins Land seines geliebten Legos, um dann – ziemlich genau zum für Colorado geplanten Startzeitpunkt – auf der kroatischen Insel Krk einen radarmen Urlaub mit Sabine zu verbringen. Kein übles Ersatzprogramm.

Was wäre auf dem Speedoval, in der Höhe, bei durchgehender Trockenheit noch möglich gewesen? Alles Schall und Rauch und für den Moment völlig unwichtig. Für den Moment…

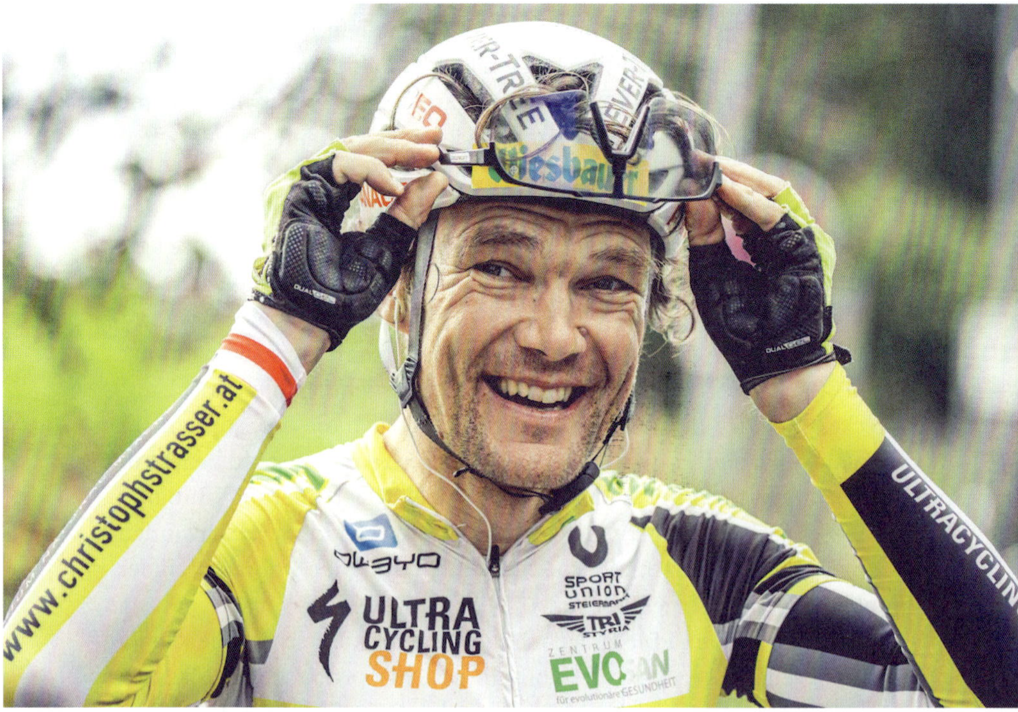
www.christophstrasser.at
ULTRA
CYCLING
SHOP
SPORT
UNION
TRI
STYRIA
ZENTRUM
für evolutionäre GESUNDHEIT
ULTRACYCLING

INTERVIEW MIT CHRISTOPH STRASSER

VOM 20.09.2021

Christoph, der Rekord hatte – trotz seines hohen sportlichen Stellenwerts – den Vorteil, dass, wie du selbst in Interviews betont hast, die »Nachwehen« im Vergleich zu einem mehrtägigen Rennen relativ harmlos ausgefallen sind. War ob der Tragweite trotzdem etwas anders als beispielsweise nach deinen zahlreichen Siegen bei 24-Stunden-Rennen? Wie lange hat es gedauert, wieder im Alltag anzukommen und das große Saisonziel als verfrüht abgehakt zu begreifen?

»Das alles war eigentlich sehr angenehm, in jeder Hinsicht. Körperlich hat mir die Tage danach nicht wirklich viel gefehlt, weil ich während der Rekordfahrt nie über den oberen Grundlagen-Ausdauerbereich kam, ich musste keine steilen Rampen bewältigen oder auf Tempowechsel eines Konkurrenten reagieren. Weil die Nahrungszufuhr so gut funktionierte – ansonsten wäre die Fahrt ja gar nicht gelungen und ich hätte nicht am Ende noch guten Druck aufs Pedal bringen können –, hatte ich auch keine total leeren Muskeln oder wahnsinnig schweren Beine. Ich war wirklich selbst erstaunt, wie wenig körperliche Nachwehen ich in den Tagen danach spürte. Am meisten schmerzten mich die Verspannungen in Rücken, Nacken und Schultern.

Auch im Alltag bin ich recht bald wieder angekommen, was sicher auch an der Nähe des Rekordkurses an meinem Zuhause liegt. Keine Zeitumstellung, kein anderes Klima und vor allem: keine übermäßige geistige Müdigkeit. Nach zwei Nächten war das Schlafdefizit wieder aufgeholt, und ich konnte mit klarem Kopf den Anfragen der Medien nachgehen. Was mich nach einem RAAM oft total stresst, ging diesmal sehr leicht und mit viel Spaß und Freude von der Hand. Ich konnte den ganzen Rummel endlich genießen, war aber auch froh, dass es wieder nur ein paar Tage lang anhielt. Als Dauerzustand wäre dieses Rampenlicht und das Erkanntwerden in der Öffentlichkeit für mich nicht vorstellbar.«

Seit deinem Rekord sind jetzt schon gut zwei Monate ins Land gezogen – genug, um die erste Euphorie abflauen zu lassen. Kannst du schildern, welche Phasen du nach einem solchen Brocken durchmachst bzw. wie die Trainingsmotivation, die Belohnungen, die kleinen Nachlässigkeiten in den Tagen und Wochen danach aussehen?

»Die Trainingsmotivation war nach der Rekordfahrt gar nicht schlecht, auch wenn für mich sehr bald klar war, dass die Reise nach Colorado nicht stattfinden wird. Diese Entscheidung wurde mir dann ja ohnehin von den Anfang September nach wie vor gültigen Einreisebeschränkungen aus der EU in die USA abgenommen. Aber wenn man körperlich fit ist, macht auch das Training Spaß, und es lief nach einer Woche mit nur leichtem regenerativen Rollen schon wieder gut. Im Laufe der Jahre habe ich es mir generell angewöhnt, nach einem Saisonhöhepunkt nicht zu sehr nachzulassen, sondern für weitere Rennen zu trainieren, selbst wenn noch nicht ganz klar ist, was noch folgen wird. Wir haben mit einigen Freunden natürlich schon etwas gefeiert, aber die großen Feierlichkeiten und Nachlässigkeiten hole ich eher in der Trainingspause im Herbst nach.«

Du bist kein großer Freund von Stolz über Erreichtes – hat sich daran etwas geändert?

»Daran hat sich nichts geändert. Ich bin dankbar und glücklich, dass es so gelaufen ist, dass es zu keinem Bundesheer-Ernstfall am Flugplatz kam, dass sich das ›Hasenfleisch‹ nicht in meinem Vorderrad verfangen hat und dass ich nicht aus der Kurve auf die Motorhaube meines Autos gesegelt bin. Oft wird nach einem Erfolg nur der eigene Anteil betrachtet. Natürlich habe ich viel in Training, Vorbereitung und Planung investiert, das ganze über viele Jahre in meinem Kopf reifen lassen und langfristig an das Ziel ›#1day1000k‹ geglaubt. Aber ich vergesse auch nicht, dass ich über viele Jahre hinweg das nötige Glück hatte, im Sinne von sehr wenigen Stolpersteinen in Form von Stürzen, Krankheiten oder Ähnlichem. Es gibt auch andere, die hart arbeiten, und trotzdem bleibt der große Erfolg schlussendlich aus.

Man muss trotz des Regens auch sagen, dass das Wetter auf unserer Seite war, auch wenn das im ersten Moment im Angesicht der Bilder der letzten Stunden aus Zeltweg komisch klingen mag. Aber Wetter setzt sich aus mehreren Komponenten zusammen: Temperatur, Wind und Niederschlag. Die Temperatur war ein Jackpot. Tag und Nacht stabile 15 °C im Juli, besser könnte es nicht sein. Auch der Wind war ziemlich schwach und hat bis auf zwei Stunden am ersten Abend nicht gestört. Nur der Regen in den letzten neun Stunden und vor allem ganz gegen Ende war ungemütlich. Würde man diese drei Komponenten als Drittel eines Ganzen sehen und für jedes dieser Drittel die guten und schlechten Stunden aufteilen, käme man so auf 15 Prozent ›schlechtes Wetter‹ und 85 Prozent ›gutes Wetter‹. Es hätte also viel mehr schieflaufen können, was zum Glück nicht passiert ist.«

Du bist ein realistischer Typ und meistens sehr schnell wieder in der Planungsphase des nächsten Ziels. Wie sieht es dieses Mal aus? Hat der Tausender ein Loch gerissen, das es jetzt erst einmal mit etwas Gleichwertigem aufzufüllen gilt? Oder bist du in Gedanken schon bei der Verbesserung der 1.026 Kilometer, zum Beispiel unter optimalen Bedingungen auf dem Oval in Colorado?

»Aktuell habe ich wirklich noch keine genaue Vorstellung, wohin die Reise als Nächstes geht. Jetzt steht erst einmal die Herbstpause an, das Training wird wieder reduziert und die Freizeitaktivitäten nehmen zu, der Kopf darf rasten und dann kommen bestimmt gute Ideen für das kommende Jahr. Die Idee, es in Colorado noch einmal zu versuchen, steht natürlich im Raum. Das ist aber nicht dringend und reizt mich nur, wenn rundherum alles passt, wenn man ohne Probleme wieder reisen darf, wenn ich auch meine Betreuer dabeihaben kann. Mit der Brechstange muss ich das nicht erzwingen.

Generell ist die Situation so, dass bei vielen Veranstaltungen auf der Ultradistanz nach der Corona-Zwangspause etwas die Luft draußen ist bzw. dass die Dichte an Spitzenfahrern eher abnimmt. Daher weiß ich auch noch nicht, ob ich das RAAM nochmals in Angriff nehmen will, denn so wie es 2021 über die Bühne gegangen ist, mit nur zwei weiblichen und zehn männlichen TeilnehmerInnen, wovon insgesamt drei gefinisht haben – die Gesamtwertung gewonnen hat mit Leah Goldstein übrigens erstmals eine Frau –, hat es für mich im Verhältnis zum enormen Aufwand zu wenig sportlichen Reiz. Mich motiviert wirklich der Wettkampf und daher bin ich hier noch am Abwarten. Dort wo die sportliche Herausforderung am größten ist, dorthin zieht es mich. Es gibt so viele schöne Veranstaltungen, da will ich mich jetzt noch nicht festlegen, sondern lieber den Herbst genießen.«

Wie war die mediale Rezeption deines Rekords bzw. die Rückmeldungen aus der Proficommunity? Während der Rekordversuch lief, wurde ja sehr viel darüber berichtet, gab es danach vermehrt Post auch aus der Straßenrennszene?

»Ich war wirklich erstaunt, dass mein Rekordversuch in den Übertragungen der Tour de France zum Beispiel auf Eurosport über mehrere Tage hinweg immer wieder erwähnt wurde. Mir wurden danach einige Mitschnitte und Videos davon geschickt und viele meiner Fans schrieben mir, dass es jetzt endlich die gebührende Aufmerksamkeit gibt. Das war schon sehr cool, aber es hielt auch nicht enorm lange an. Da es während der Tour stattfand, war natürlich der internationale Fokus sehr stark auf die Profis in Frankreich gerichtet, bald danach gab es auch noch Olympia mit der österreichischen Sensationssiegerin Anna Kiesenhofer und später auch noch die WM. 2021 war ein sehr spannendes und dicht gefülltes Radsportjahr, insofern wurden generell alle großen Rennen zelebriert, dann aber recht zügig der Blick wieder nach vorne gerichtet. Genau

so war es auch bei mir. Die langfristige mediale Aufmerksamkeit lief wie üblich eher über Fachmagazine im Radsportbereich, die bringen auch jetzt noch vereinzelte Reportagen oder Interviews.«

Du hast stets betont, dass es dich freut, dass das Ultracycling mehr und mehr auf dem Radar von ehemals großen Straßenprofis wie beispielsweise Jens Voigt auftaucht. Auch die Professionalisierung bzw. das Wahrgenommenwerden als professionelle Disziplin waren dir seit jeher wichtig. Was antwortest du den Langstreckenpuristen, die diesen Trend kritischer sehen? Siehst du eine Gefahr durch mehr Geld oder unschöne Praktiken aus dem traditionellen Straßensport?

»Diese Bedenken finde ich übertrieben. Ultracycling wird immer eine kleine, familiäre Szene im so vielfältigen Radsport bleiben. Dass es professionalisiert wird, glaube ich nicht, dazu fehlen die großen Sponsoren, die publikumswirksamen Großveranstaltungen und die damit verbundenen Preisgelder.

Sogar innerhalb des Ultracycling gibt es nochmals unterschiedliche Ausprägungen: Vor allem die Rennen ›unsupported‹, also mit Selbstversorgung und Gepäck auf dem Rad, erfreuen sich immer größerer Beliebtheit. Aus gutem Grund: Sie sind einfach zu organisieren, die Kosten sind überschaubar, es ist kein großes Team nötig, und sie bieten eine absolut puristische Erfahrung. In der Natur und teilweise auf Naturstraßen, mit freier Routenwahl, ohne Hilfe von außen, das ist laut Berichten von Aktiven eine wahnsinnig schöne Erfahrung. Im betreuten Ultracycling wie dem RAAM oder dem RAA gibt es viele, die sich hier einen Lebenstraum erfüllen wollen und das gemeinsame Erlebnis mit der Crew suchen, ein Land oder einen Kontinent zu umrunden oder zu durchqueren. Stimmung und Erfahrungen im Team sind für mich eine der schönsten Seiten dieses Sports! Und dann gibt es eben auch TeilnehmerInnen, die es so wie ich sehr sportlich sehen und eher die Rennfahrermentalität mitbringen – die sind aber eher in der Unterzahl. Gerade diese Vielfalt sehe ich als sehr positiv, und es freut mich ebenso sehr, dass mein persönlicher Anspruch mit der professionellen Herangehensweise wahrgenommen wird. Ich würde das aber niemals als ›besser‹ ansehen wollen als den Zugang der Puristen. Ein weiterer wichtiger Unterschied zum Straßenradsport ist auch, dass es im Ultracycling keine Hürden gibt. Es ist keine Zugehörigkeit zu einem Kader oder einem lizenzierten Team nötig. Mitfahren kann hier im Prinzip jeder.«

Wie meistens gab es nach dem Rekord neben dem überwiegend positiven Feedback auch kritische bzw. sogar herabwürdigende Stimmen in den Onlineforen einiger Printmedien. Aussagen der Marke »Der soll sich einen ordentlichen Job suchen« zum Beispiel, aber auch das altbekannte Dopingthema kam hier und da zur Sprache. Leider kann man diesen wunden Punkt im Radsport nicht ausklammern, und gerade deine

Erfolge stechen im Ultracycling so weit heraus, dass dich das berechtigterweise auch für einen genau prüfenden Blick prädestiniert. Du stehst für sauberen Sport – wie antwortest du darauf, wenn man dir deine Leistungen »nicht glaubt«? Wie sah das konkret nach dem sensationellen und völlig überraschend schon in Zeltweg aufgestellten Fabelrekord aus?

»Ich musste tatsächlich einige Male schmunzeln, als ich diese Kommentare gesehen habe. Das Argument, dass ›der Strasser mal was Richtiges arbeiten soll‹, sowie die Antworten à la ›der kann ja nix, außer Radfahren, und nicht mal das gut, sonst wäre er bei der Tour de France‹ zeigen ein bisschen, wie manche Leute ticken. Ist laut dieser Argumentation jeder Sportler, jeder Künstler, jeder Musiker, jeder Schauspieler oder jeder Autor zu bekritteln, weil er kein Handwerker ist? Im weitesten Sinne geht es bei all diesen Tätigkeiten um Unterhaltung, um Show, um Inspiration. Aber es geht auch darum zu zeigen, was alles möglich ist, was ein Mensch schaffen kann.

Es gab aber sehr, sehr viele positive und wertschätzende Rückmeldungen, und wenn ich Zeichnungen von Kindern, die mal Radfahrer werden wollen, oder Fotos von Radfahrern bekomme, die sich bei mir bedanken und berichten, dass sie wegen mir ein Rad gekauft und mit dem Sport begonnen haben, dann freut mich das natürlich viel mehr, als mich die wenigen Kritiker beschäftigen. Ich glaube, es ist auch ein Lernprozess, sich über die wertschätzenden Rückmeldungen zu freuen und sich nicht von den negativen runterziehen zu lassen.

Bezüglich Dopings habe ich nach ›#1day1000k‹ generell nur vereinzelte Meldungen gelesen. Ich kann zu diesem Thema auch nur ganz pragmatisch sagen, dass ich es in gewisser Weise nachvollziehen kann, dass schlecht informierte Skeptiker ihre Zweifel haben. Das Argument: ›Wenn bei der Tour so viele gedopt sind, obwohl sie nur ein paar Stunden im Peloton fahren müssen, wie soll dann jemand sauber sein, der einen ganzen Tag lang über 42 km/h ohne Windschatten unterwegs ist?‹ ist auf den ersten Blick ja nicht unlogisch. Jeder, der meinen Werdegang über viele Jahre kennt, in denen ich mich in ganz kleinen, aber kontinuierlichen Schritten weiterentwickelt habe, und der auch die physiologischen Anforderungen eines Ultrarennens kennt, wird aber verstehen: 270 Watt über diesen Zeitraum sind für einen 80 Kilo schweren Menschen absolut realistisch und nachvollziehbar. Das lässt sich aus der Fettstoffwechselrate und der benötigten Kohlenhydratzufuhr auch gut berechnen und belegen.

Im Ultraausdauersport werden keine maximalen Leistungen über kurze Zeiträume erbracht, wo der Motor im dunkelroten Bereich arbeiten muss und die gefüllten Kohlenhydratspeicher leeren kann. Hier geht es um das Gleichgewicht der Leistungserbringung und gleichzeitigen Kalorienzufuhr. Wenn wir uns das plumpe Beispiel eines Autos vor Augen führen: Selbst ein Bolide der Formel 1 kann nur so lange fahren, bis der Tank leer ist, danach muss nachgetankt werden. In meinem Sport ist nun das Problem, dass das Tanken nur limitiert möglich ist, das heißt der Magen kann nicht unendlich viel Nachschub aufnehmen und verarbeiten. Um zurück auf das Auto zu kommen, wäre das in etwa so, als würde man die Tankmenge auf zehn Liter pro Stunde begrenzen und müsste damit in 24 Stunden so viele Kilometer wie möglich fahren. So könnte natürlich auch ein Formel-1-Auto nicht ansatzweise am Limit bewegt werden, technische Tricksereien für das letzte Quäntchen Leistung wären somit unnötig. Genauso bringt über diese langen Zeiträume Doping keinen Mehrwert, es sei denn, man könnte damit die Energiezufuhr über den Magen erhöhen. Und bei einem RAAM kommen noch viele andere Faktoren hinzu, Schlafentzug, Hitzemanagement, Zeitmanagement in den Pausen – da kann an so vielen Schrauben gedreht werden, die mehr bringen und im Vergleich zu Aufputschmitteln oder Stimulanzien in diesem körperlich kritischen Zustand nicht lebensgefährlich sind.«

Nach dem Rekord hast du dich noch für ein 24-Stunden-Einzelzeitfahren in Dänemark entschieden – und bist dort schon in der ersten Runde bei hohem Tempo schwer gestürzt. Du hast das Rennen dann dennoch mit 827 Kilometern souverän gewonnen, aber ganz ehrlich: War auch ein bisschen die Luft raus nach dem großen Ding ein paar Wochen davor?

»Ich möchte es anders beschreiben: Es war viel mehr Lockerheit da, die ich in dieser Form selten erlebe, weil meistens vieles geplant, vorbereitet und über Sponsoren finanziert werden muss. Beim ›Helnaes24‹ in Dänemark war ich aber eher spontan am Start, weil ich anstelle des eigentlich geplanten, zweiten Rekordversuchs in Colorado noch ein größeres Rennen fahren wollte. Ich habe das auch als gemeinsamen Ausflug mit Sabine gesehen. Die Entscheidung zu starten fiel erst eine Woche vorher, wir haben dann alles schnell eingepackt, uns ein Zimmer gebucht und waren bald darauf unterwegs. Körperlich konnte ich noch von der guten Form profitieren, die ich mit dem Training, das ich drei Tage nach dem Rekord wieder aufnahm, erhalten habe.

Und dann der frühe Sturz. Danach dachte ich mir: ›Soll ich weiterfahren oder aufgeben? Ich muss niemandem mehr etwas beweisen, die Saison ist schon jetzt genial gelaufen.‹ Aber andererseits konnte ich auch sonst nichts tun, weder am Strand liegen – es regnete leicht, war kühl und windig –, noch im Hotel meine Wunden versorgen – wir hatten während des Rennens logischerweise kein Zimmer. Daher stieg ich nach etwa dreißig Minuten Zwangspause mit Radreparatur und Wundversorgung wieder auf mein Rad und wollte einfach sehen, ob ich den Rhythmus wiederfinde. Wehtun wird es sowieso, war meine Devise, egal ob auf dem Rad oder nicht, denn Schürfwunden sind immer unangenehm. Und schlussendlich ist es dann trotz des wenig perfekten Verlaufs – ich hatte im Anschluss noch vier weitere Platten und musste sogar andere Fahrer um Ersatzmaterial anbetteln, und Sabine war im Dauereinsatz – mit viel Ruhe und Geduld in den wichtigen Situationen für mich gut gelaufen.

Ich habe nicht entnervt das Rad in den Graben geschmissen, sondern habe sofort nach Lösungen gesucht und mich nicht aus der Ruhe bringen lassen. Das alles kam daher, dass ich es locker nahm und kein perfektes Rennen fahren, sondern einfach das Bestmögliche aus jeder noch so ungünstigen Situation machen wollte. Das war mental sicher eine noch bessere Leistung als in Zeltweg, wo eigentlich fast alles ideal nach Plan gelaufen ist und ich mehr erreicht habe als erhofft. Wenn du hinter den Erwartungen bleibst, kommen oft die Emotion oder das Ego durch, du bist enttäuscht und frustriert. Daher habe ich in Dänemark enorm davon profitiert, dass ich keine großen Erwartungen hatte.

Rückblickend bin ich sehr froh, dass sich das Pech des Jahres vollständig auf Dänemark konzentrierte, während ich in Zeltweg davon verschont blieb. Ein richtiger Kurzurlaub war es dann natürlich leider keiner mehr, weil ich aufgrund der Schürfwunden im Anschluss an das Rennen ziemlich wenig unternehmen konnte. Immerhin der Besuch im Legoland ging sich trotzdem aus…«

Nach Dänemark ist die Saison für dich bis auf ein paar kleine Rennen voraussichtlich beendet. Du wirst dich wohl auch nicht auf neue Pläne festnageln lassen, zumal Corona ab Herbst ja leider wieder alles in Frage stellen dürfte. Dennoch: Hat der Rekord irgendwas an deinen langfristigen Zielen bis hin zur Karriereplanung insgesamt geändert? Was kann, was soll noch kommen?

»Wie schon oben gesagt, das weiß ich wirklich noch nicht genau. Ich habe noch Feuer und Motivation in mir, aber noch kein genaues Ziel. Die Situation ist für mich wirklich eine total neue: Ich hatte zwar nie die genaue Vision, Rekordsieger des RAAM zu werden oder Ähnliches, und als ich mit dem Sport begann, hätte ich mir nie erträumt, dass ich einmal so viel erreiche. Jetzt plötzlich ist da auf einmal nichts mehr, das ›unbedingt geschafft werden will‹.

Nach den ersten Erfolgen beim RAAM habe ich immer von Jahr zu Jahr gedacht und geplant, und als dann fünf Siege zu Buche standen, war es irgendwie klar, dass auch der sechste das logische Ziel sein wird. Dieses brennende Ziel habe ich momentan noch nicht. Aber ich war immer so eingestellt, dass ich den Sport nicht deswegen betreibe, um auf einer Checkliste ein Häkchen nach dem anderen setzen zu können. Ebenso wenig, weil ich alles gewinnen will, sondern weil mich dieser Sport in der Summe aller Tätigkeiten inklusive des aufwändigen Trainings sehr erfüllt. Insofern glaube ich, dass es bald neue Ziele geben wird, und lasse mich selbst überraschen, was da noch kommen wird. Und wenn ich mich für etwas entscheide, werde ich mich wieder bestmöglich darauf vorbereiten.«

Ein Schlüsselfaktor war, wenn es nach dir und deinem Trainer geht, die perfektionierte Ernährung. Kann das der nächste große Sprung nach der Optimierung der Schlaf- und Pausenstrategie werden, die dir schon

vor ein paar Jahren gelungen ist? Wo siehst du ansonsten noch Entwicklungspotenzial, nicht unbedingt nur in Bezug auf deine persönliche Leistung, sondern vielleicht auch für die nächste Generation an Langstreckenfahrern?

»Mein Ernährungskonzept auf der Langstrecke bis hin zum RAAM war bisher auch schon sehr gut durchdacht und ausgereizt. Die Zufuhr sollte das abdecken, was verbraucht wird. Der Verbrauch nimmt auf der Langstrecke und insbesondere bei ganz langen Rennen wie dem RAAM aber parallel zur Leistung ab und spielt dann nicht mehr die Schlüsselrolle. Man sieht das auch daran, dass ich bei meinen erfolgreichen Fahrten kaum an Gewicht verloren habe und bis zum Schluss eine vernünftige Leistung erbringen konnte. Auch wenn die durchschnittlich 160 bis 170 Watt über acht Tage nach verhältnismäßig wenig klingen, glaube ich nicht, dass da noch so viel mehr zu schaffen ist. Die Ermüdung des Gehirns ist ab einer gewissen Distanz bzw. Fahrzeit der Hauptfaktor, der auch den Körper unweigerlich müde werden lässt.

Ich glaube aber, dass einige der Erkenntnisse beim Rad-Setup und bei der Aerobekleidung auch für mehrtägige Rennen umsetzbar sein könnten. Wobei natürlich klar ist, dass man nicht in dieser extremen Sitzposition bleiben kann und dass das Rad tagelang durchhalten muss, sprich Reifen und Kette müssen robuster und langlebiger sein, was der Tempomaximierung widerspricht. Auch ein Zeitfahranzug wäre über die Distanz eines RAAM und bei den entsprechenden Bedingungen nicht praktikabel. Dort müssen immer Kompromisse her: Komfort, Hygiene, Stabilität über viele Tage und so weiter haben höchste Priorität. Die Kleidung muss toilettenpausentauglich und wärmeregulierend sein. Man stelle sich nur vor, man müsste für jeden Klogang den Anzug ausziehen und sich danach wieder in dieses enge Teil quälen, wenn einem schon alles wehtut und der Körper so träge ist wie üblicherweise nach zwei, drei Tagen Rennzeit.«

Zu guter Letzt: Wie lange wird deiner Meinung nach der Rekord, solltest du es nicht selbst noch einmal versuchen, Bestand haben? Glaubst du, dass deine Fahrt Interessenten aus dem konventionellen Profizirkus angelockt haben könnte? Könnte das 24-Stunden-Einzelzeitfahren als die ultimative Messlatte gar ein Eckpfeiler in der Zukunft des leistungsorientierten Ultracycling werden?

»Natürlich wäre es ein seltsames Gefühl, wenn gleich im nächsten Versuch eines anderen Athleten meine Marke überboten würde. Das glaube ich zwar nicht, denn die Latte liegt jetzt schon ambitioniert hoch, aber wieso sollte es nicht irgendwann passieren? Ich wünsche mir sogar, dass vermehrt Versuche stattfinden, denn damit gewinnt das Ganze auch an Wertschätzung und Bedeutung. Einige werden vielleicht scheitern, aber es wird auch jemandem gelingen. Warum sollte ich der Einzige bleiben, der das erreicht?

Ich persönlich glaube, dass einige Leute aus dem Profizirkus definitiv das körperliche Potenzial dazu hätten, weil es über 24 Stunden noch nicht so sehr auf die mentale Stärke, die Bewältigung des Schlafentzugs oder die Langzeitmotivation ankommt. Wenn zum Beispiel ein körperlich robuster Fahrer mit eher muskulösem Körperbau – also ein Spezialist für flache und sehr schnelle Zeitfahren – wie seinerzeit Fabian Cancellara oder heute Filippo Ganna oder Wout van Aert, um nur einige prominente Beispiele zu nennen, über 24 Stunden fahren würde, fände ich das extrem spannend. Die pragmatische Frage lautet nur: Warum sollte das ein solcher Fahrer tun? Es gibt nicht unbedingt viel Ruhm und Ehre zu gewinnen und noch viel schlimmer: Damit macht man sich die restliche Saison ziemlich kaputt, trainiert im Vorfeld speziell und ist danach lange Zeit müde. Ob es sich lohnt, dafür die wichtigen Klassiker, eine Top-Platzierung bei der Tour de France oder eine WM-Medaille zu opfern? Vielleicht sehen wir so etwas am Ende einer Karriere, als krönenden Abschluss. Ich würde das großartig finden!

Generell glaube ich auch, dass es durch den technischen Fortschritt in Zukunft noch weiter gehen kann. Man muss nun nicht mehr die unfassbar hohen Wattwerte treten, wenn man sich mit der Aerodynamik beschäftigt. Und es könnten Fahrer aufkommen, die bei ähnlichem Gewicht/Leistungs-Verhältnis durch einen günstigeren Körperbau mit wenig Angriffsfläche gute Voraussetzungen haben könnten. Dennoch: Es gibt einige Bestmarken, die glaube ich nur sehr schwer zu verbessern sein werden, und dieser Rekord gehört eher in diese Kategorie als zum Beispiel mein Rekord über die 24 Stunden auf der Indoor-Bahn. Dieser wird sicher nicht ewig halten, rein theoretisch müsste dort nämlich mehr als auf der Straße möglich sein. Dort kommt die Psyche sehr stark ins Spiel: Das Ertragen der Monotonie, die nötige Konzentration in den Steilkurven und die unvermeidbare Zermürbung setzten mir damals stark zu. Rein körperlich war ich im Velodrome Suisse aber weit davon entfernt, mein Potenzial aufs Parkett zu bringen – meine Leistung fiel damals deutlich ab und schlussendlich standen 218 Watt Durchschnitt zu Buche. Bisher gab es einige gescheiterte Versuche, meinen Rekord von 941 Kilometern zu brechen – diese wurden aufgrund von Übelkeit, mentaler Erschöpfung sowie eines Sturzes abgebrochen. Wenn es jemandem gelingt, mental stabil und körperlich stark zu bleiben, werden diese 941 Kilometer aber in absehbarer Zeit überboten werden.«

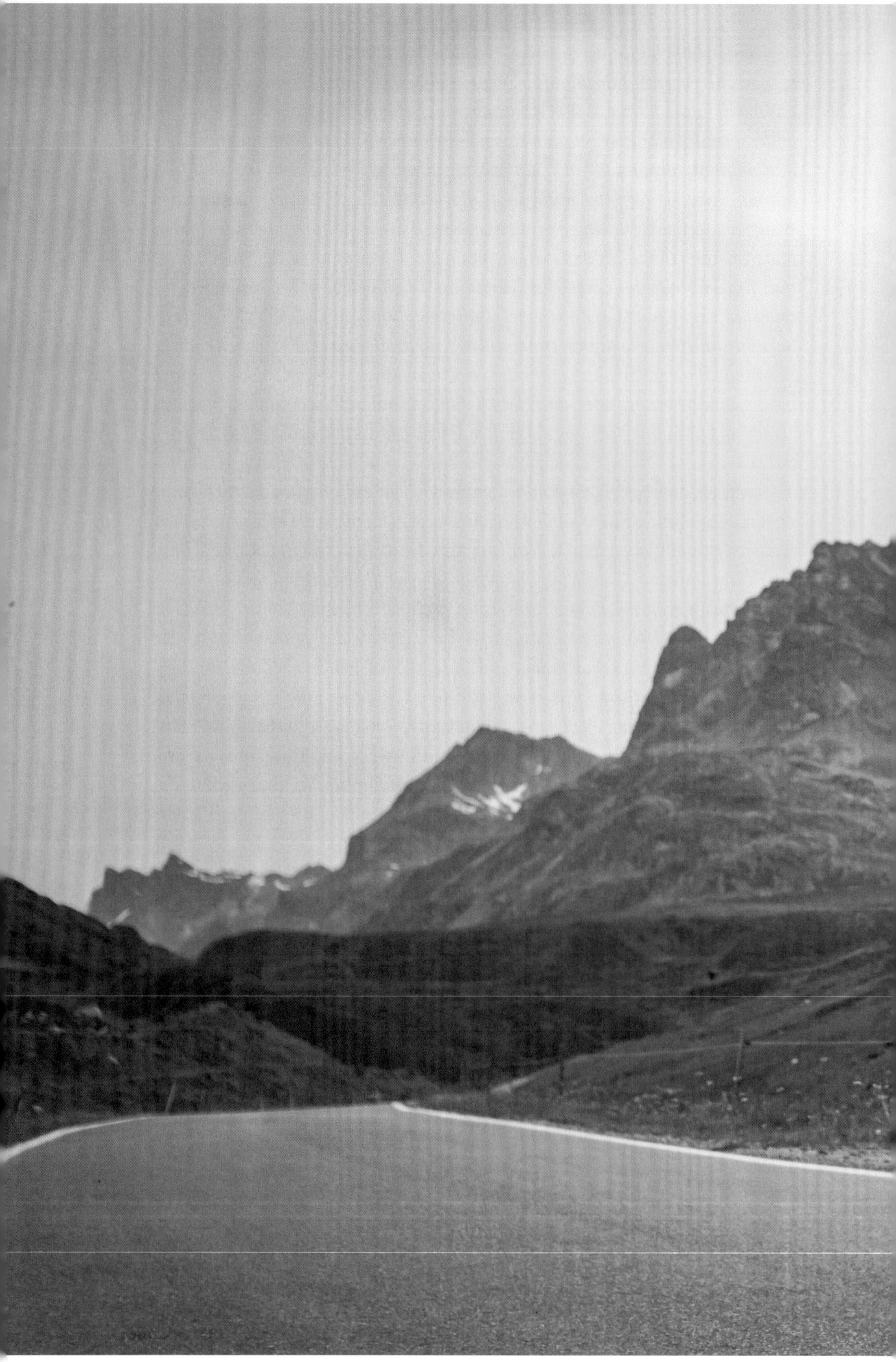

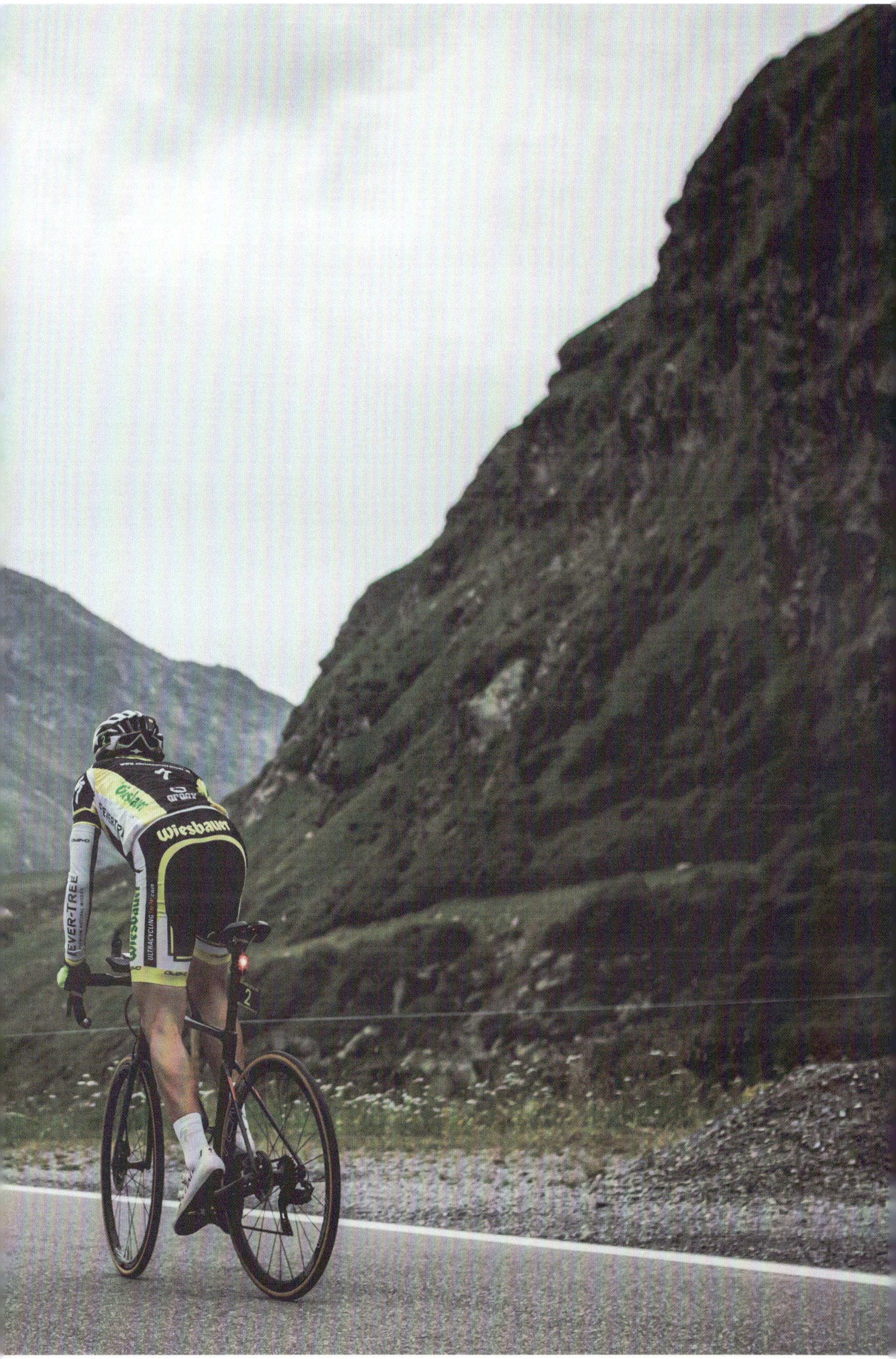
Wiesbauer
FEVER-TREE

24H-WELTREKORD »ROAD«

16./17. JULI 2021 – CHRISTOPH STRASSER (AUT)

ORT:	FLIEGERHORST HINTERSTOISSER, ZELTWEG (AUT)
RUNDENLÄNGE:	7,58 KM
START:	16. JULI 2017, 17 UHR
NEUE BESTMARKE:	1.026,2 KM
ALTE BESTMARKE:	914 KM (STANISLAV VERSTOVŠEK)

Ø GESCHWINDIGKEIT: 42,75 KM/H

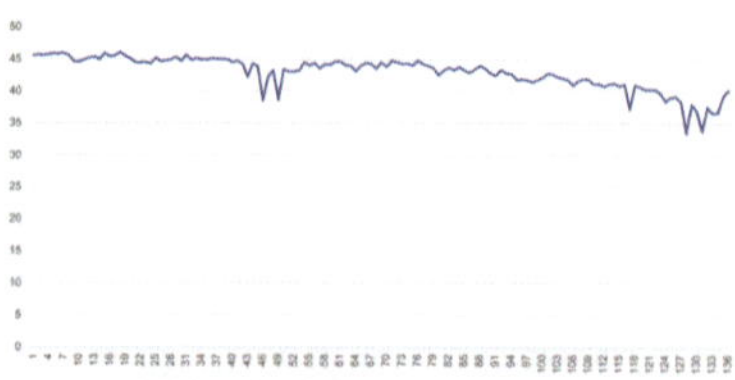

GESCHWINDIGKEIT / RUNDE (KM/H)

Ø HERZFREQUENZ: 136 BPM

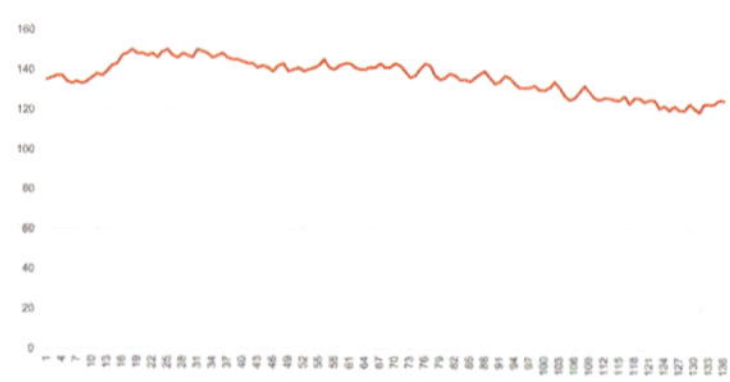

HERZFREQUENZ / RUNDE (BPM)

Ø LEISTUNG: 272 WATT

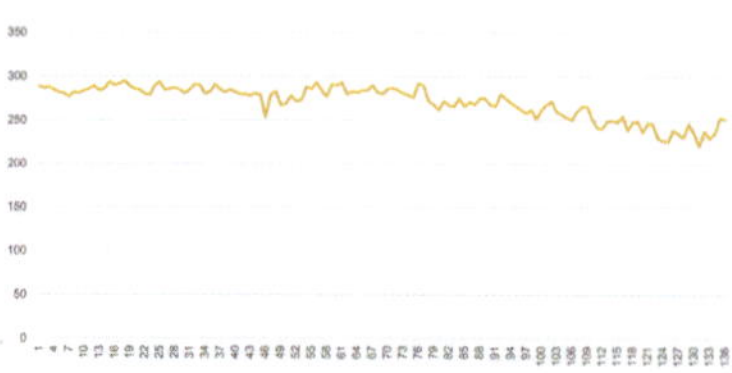

Ø LEISTUNG / RUNDE (WATT)

TRAINING STRESS SCORE: 1.220

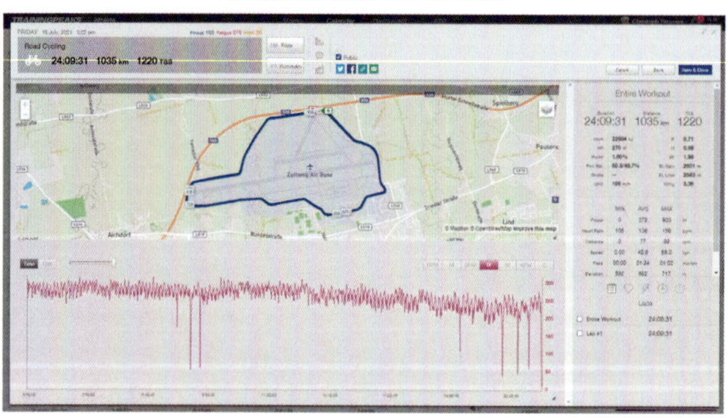

AUFZEICHNUNG DER REKORDFAHRT IN DER SOFTWARE »TRAININGPEAKS«

Christoph Strassers 24-Stunden-Weltrekorde im Vergleich

	1DAY1000K, ZELTWEG	24H TRACK, GRENCHEN	24H ROAD, BERLN
KATEGORIE:	24H ROAD	24H INDOOR TRACK	24H ROAD
ORT:	FLIEGERHORST HINTERSTOISSER, ZELTWEG, AUT	VELODROME SUISSE, GRENCHEN, SUI	TEMPELHOFER FELD, BERLIN, GER
START:	16. JULI 2021, 17 UHR	14. OKTOBER 2017, 13 UHR	20. MÄRZ 2015, 15 UHR
ZEIT:	24:00:00 H	24:00:00 H	24:00:00 H
DISTANZ:	1.026,2 KM	941,8 KM	896,17 KM
HÖHENMETER:	2.601 M	0 M	1.650 M
Ø GESCHWINDIGKEIT:	42,75 KM/H	39,24 KM/H	37,34 KM/H
Ø LEISTUNG:	272 W	218 W	254 W
TRAINING STRESS SCORE:	1.220	836	1.050
Ø HERZFREQUENZ:	136	139	137
FLÜSSIGKEITSAUFNAHME:	18,5 L	19,4 L	15,2 L
ENERGIEAUFNAHME:	13.452 KCAL	10.115 KCAL	12.740 KCAL
ENERGIEVERBRAUCH:	27.500 KCAL	22.400 KCAL	25.900 KCAL
Ø TRITTFREQUENZ:	78 U/MIN.	75 U/MIN	80 U/MIN
RUNDENLÄNGE:	7,58 KM	250 M	11,73 KM
ANZAHL DER RUNDEN:	136	3.767	77
SEEHÖHE:	670 M Ü. NN	451 M Ü. NN	50 M Ü. NN
TEMPERATUR:	15 °C	21 °C	3 °C
HÖCHSTGESCHWINDIGKEIT:	61,6 KM/H	44 KM/H	49,2 KM/H
KÖRPERGEWICHT:	80 KG	79 KG	78 KG
SPEZIFISCHE LEISTUNG:	3,44 W/KG	2,76 W/KG	3,25 W/KG
STEHZEIT:	2 MIN.	1 MIN.	7 MIN.
PANNEN:	2	–	1

Die im Rahmen von #1day1000k verbesserten Weltrekorde

	CHRISTOPH STRASSER 16./17. JULI 2021	BISHERIGER WELTREKORD	DIFFERENZ
100 KILOMETER:	2:12:14 H	2:21:42 H	- 9:28 MIN
200 KILOMETER:	4:25:31 H	4:44:09 H	- 18:38 MIN
300 KILOMETER:	6:38:58 H	7:10:59 H	- 31:52 MIN
500 KILOMETER:	11:16:05 H	12:18:42 H	- 1:02:37 H
1.000 KILOMETER:	23:18:20 H	28:50:40 H	- 5:32:20 H
100 MEILEN:	3:32:57 H	3:48:06 H	- 15:28 MIN
200 MEILEN:	7:08:45 H	7:43:45 H	- 35:05 MIN
300 MEILEN:	10:52:38 H	11:51:17 H	- 58:39 MIN
500 MEILEN:	18:20:26 H	20:43:50 H	- 2:23:24 H
6 STUNDEN:	270,85 KM	252,20 KM	+ 18,65 KM
12 STUNDEN:	532,23 KM	487,00 KM	+ 45,23 KM
24 STUNDEN:	1026,2 KM	914,02 KM	+ 112,18 KM

BILDNACHWEIS

Seite 2	24-Stunden-Rekord Zeltweg, Juli 2021 – *Manuel Hausdorfer*
Seite 8/9	Race Around Austria, August 2020 – *Manuel Hausdorfer*
Seite 10	David Misch – *Marion Luttenberger*
Seite 11	Christoph Strasser, 2017 – *Manuel Hausdorfer*
Seite 12	David Misch und Christoph Strasser beim Grillfest nach dem RAAM 2013 – *Lex Karelly / lexkarelly.com*
Seite 16	Race Around Austria, August 2020 – *Lex Karelly / lexkarelly.com*
Seite 20	Race Around Austria, August 2020 – *Manuel Hausdorfer*
Seite 23	Race Across America 2013, Tag 5 – *Lex Karelly / lexkarelly.com*
Seite 26	Race Across America 2015, Christoph Strasser und Severin Zotter – *Lex Karelly / lexkarelly.com*
Seite 29	Race Around Austria 2020, Siegerehrung mit Robert Müller – *Elisa Haumesser / www.racearoundaustria.at*
Seite 35	Race Around Niederösterreich, September 2020, Start – *Lex Karelly / lexkarelly.com*
Seite 40	Race Around Niederösterreich, September 2020 – *Lex Karelly / lexkarelly.com*
Seite 44	Race Across America 2015, DNF – *Lex Karelly / lexkarelly.com*
Seite 51	Race Around Niederösterreich, September 2020 – *Lex Karelly / lexkarelly.com*
Seite 52	Bergtour, November 2020 – *Christoph Strasser privat*
Seite 55	Indoortraining – *Christoph Strasser privat*
Seite 62	Race Across America 2013, Ziel – *Lex Karelly / lexkarelly.com*
Seite 67	Race Across America 2013, Ziel – *Lex Karelly / lexkarelly.com*
Seite 74	Race Around Slovenia 2009, mit Jure Robič – *www.racearoundslovenia.si*

Seite 81	24-h-Zeitfahrweltmeisterschaft 2018, Borrego Springs – *Vic Armijo*
Seite 86	Trainingsausfahrt, Frühjahr 2021 – *Lex Karelly / lexkarelly.com*
Seite 92	Race Across America 2013, im Ziel mit Rainer Hochgatterer – *Lex Karelly / lexkarelly.com*
Seite 95	Race Across America 2017, mit Teamchef Michael Kogler – *Manuel Hausdorfer*
Seite 98	Vortrag, Oktober 2019 – *Manfred Obexer, Studio K19*
Seite 104	Race Across America 2015, die Crew macht Stimmung – *Lex Karelly / lexkarelly.com*
Seite 110	»Sitzfleisch«-Podcast, mit Florian Kraschitzer – *Christoph Strasser privat*
Seite 118	Trainingsausfahrt Frühjahr 2021 – *Lex Karelly / lexkarelly.com*
Seite 125	Trainingslager Zypern, Februar 2018 – *Sabine Prager*
Seite 128	Online-Vortrag, Februar 2021 – *Lex Karelly / lexkarelly.com*
Seite 131	Race Across America 2012, Tag 8, mit Rainer Hochgatterer – *Lex Karelly / lexkarelly.com*
Seite 135	Vorbereitung Race Across America 2018, mit Max Kinzlbauer – *Manuel Hausdorfer*
Seite 138	Portaitfoto Juli 2021 – *Wolfgang Grebien / GEPA pictures*
Seite 143	Race Across America 2018, die versammelte Crew vor dem Start – *Lex Karelly / lexkarelly.com*
Seite 147	Helnaes24 in Dänemark, August 2021, mit Lebensgefährtin Sabine Prager – *Niels Husted*
Seite 148	Im »Win Tunnel« von Specialized in Kalifornien, Juni 2014 – *Lex Karelly / lexkarelly.com*
Seite 153	Pressefotos Wiesbauer 2009/2021 – *Christoph Strasser privat; Lex Karelly / lexkarelly.com*
Seite 158	Specialized ShivTT – *Christoph Strasser privat*
Seite 162	Race Around Niederösterreich, September 2020 – *Lex Karelly / lexkarelly.com*

Seite 169	24-Stunden-Weltrekord Tempelhofer Feld, März 2015 – *Lex Karelly / lexkarelly.com*
Seite 172	Als Vortragsredner, November 2017 – *floro Veranstaltungs GmbH*
Seite 179	Race Across America 2012, Tag 5 – *Lex Karelly / lexkarelly.com*
Seite 184	Laktatmessung durch Trainer Max Kinzlbauer, Vorbereitung RAAM 2019 – *Christoph Strasser privat*
Seite 194	Race Around Niederösterreich, Mai 2021 – *martinsteiger.at*
Seite 201	Race Around Niederösterreich, Mai 2021 – *martinsteiger.at*
Seite 204	Race Around Niederösterreich, Mai 2021 – *Alfred Nevsimal*
Seite 211	Während des Höhentrainingslagers in St. Moritz, Juni 2021, mit Lebensgefährtin Sabine Prager – *Christoph Strasser privat*
Seite 214	Testfahrt auf dem Fliegerhorst Zeltweg, 15. Juni 2021 – *Lex Karelly / lexkarelly.com*
Seite 221	Zeitfahrposition 24 Stunden, Generalprobe auf der Rolle – *Sabine Prager*
Seite 223	Letzte Vorbereitungen, 16. Juli 2021 – *Andreas Zemann*
Seite 226/227	Fotoshooting mit Eurofighter, 15. Juni 2021 – *Lex Karelly / lexkarelly.com*
Seite 228	24-Stunden-Weltrekord, Zeltweg, 16. Juli 2021 – *Wolfgang Grebien / GEPA pictures*
Seite 234	Streckenplan des Rundkurses auf dem Fliegerhorst Hinterstoisser in Zeltweg – *Christoph Strasser privat*
Seite 238	24-Stunden-Weltrekord, Zeltweg, 16. Juli 2021 – *Manuel Hausdorfer*
Seite 241	24-Stunden-Weltrekord, Zeltweg, 16. Juli 2021 – *Manuel Hausdorfer*
Seite 246	24-Stunden-Weltrekord, Zeltweg, 16. Juli 2021 – *Manuel Hausdorfer*
Seite 249	24-Stunden-Weltrekord, Zeltweg, 16. Juli 2021 – *Manuel Hausdorfer*
Seite 252	24-Stunden-Weltrekord, Zeltweg, 16./17 Juli 2021 – *Wolfgang Grebien / GEPA pictures*

Seite 259	24-Stunden-Weltrekord, Zeltweg, 17. Juli 2021 – *Manuel Hausdorfer*
Seite 260	24-Stunden-Weltrekord, Zeltweg, 17. Juli 2021 – *Manuel Hausdorfer*
Seite 263	24-Stunden-Weltrekord, Zeltweg, 17. Juli 2021 – *Manuel Hausdorfer*
Seite 266	24-Stunden-Weltrekord, Zeltweg, 17. Juli 2021 – *Manuel Hausdorfer*
Seite 271	24-Stunden-Weltrekord, Zeltweg, 17. Juli 2021 – *Manuel Hausdorfer*
Seite 277	24-Stunden-Weltrekord, Zeltweg, 17. Juli 2021 – *Manuel Hausdorfer*
Seite 278	24-Stunden-Weltrekord, Zeltweg, 17. Juli 2021 – *Manuel Hausdorfer*
Seite 281	24-Stunden-Weltrekord, Zeltweg, 17. Juli 2021 – *Manuel Hausdorfer*
Seite 286	Helnaes24/Dänemark, nach dem Rennen, August 2021 – *Niels Husted*
Seite 296/297	Race Around Austria, August 2020 – *Manuel Hausdorfer*